새로 쓴
오백년 고려사

새로 쓴

오백년 고려사

역사학자 박종기의 정통 고려 역사

전면개정판

박종기 지음

전통과 현대의 접목을 위해

아마도 대중이 가장 많이 읽은 역사책은 역사 교과서일 것이다. 초등학교부터 고등학교까지 학교 교육에서 가장 오랜 기간 교육받는 과목의 하나가 역사이기 때문이다. 그러면서도 대중들에게 가장 오해받고 잘못 대접받고 있는 과목이 바로 역사과목이다. 그야말로 '교과서식'의 딱딱한 문체와 사실 전달에 치중한 서술이 그렇게 된 주요한 이유의 하나였다. 그래서 많은 사람이 역사 교과서를 '내가 읽은 마지막 역사책'으로 기억한다.

대학에서 역사학을 강의한 지 벌써 20년이 지났지만, 언제나 부딪히는 문제는 '어떻게 하면 역사를 오늘의 우리와 연결시켜 그야말로 살아있는 역사로 되살릴까'하는 점이다. 그러나 생각만 앞섰을 뿐 구태의연한 강의방식이 문제였다. 실제 시대사 강의의 얼개는 매양 교과서 식의 목차와 제목을 염두에 두고 준비하곤 했다. 심지어 그것이 나의 역사 연구조차 그런 방식으로 옭아매는 것이 아닌가 하는 반성이 항상 가슴을 짓누르곤 했다. 최근 몇 년간 나는 거기에서 벗어나기 위해 강의 방식을 바꾸고 내용을 보완했더니, 학생들의 반응이 점차 달라졌고, 강의를 통해 새로운 분야를 연구할 의욕이 생기면서 스스로 대수롭지 않게 여기고 절실하지 않다고 생각했던 주변의 연구가 새롭게 눈에 띄는 성과도 있었다. 가르치는 일과 배우는 일이 서로를 북돋운다는 의미의 '교학상장敎學相長'이라는 선현의 말씀이 새삼스럽게 가슴에 와 닿았다.

그 결실이 이 책의 출간이다. 고려왕조사 전반을 포괄하되, '고려왕조의 전통과 문화가 오늘의 우리에게 무엇을 남겼는가'에 초점을 맞추고 강의하다 보니, 자연 '고구려·백제·신라 3국과 조선왕조와 비교해서 고려왕조의 전통과 문화의 특성은 무엇인가'가 중심 주제가 되었다. 고려사 전반을 다루기는 했으나, 전 분야를 빠짐없이 서술하려고 하지는 않았다. 반면, 저자가 직접 연구한 것은 아니지만 중요하다고 여겨지는 주변 연구자의 연구 성과를 대폭 반영했다. 개설서의 특성상 불가피한 일이었다. 그리고 고려왕조의 특성을 다루다 보니 자연히 그런 특성이 형성된 고려 전기의 내용은 풍부한 반면, 고려 후기 내용은 소략하다는 점이다. 그러나 그에 관한 자세한 사실이나 연대기적인 내용은 다른 많은 개설서에서 다루고 있으므로, 그것을 참고하면 되리라는 말로 책임을 모면하려고 한다.

이 책은 고려왕조의 역사가 우리 역사 연구에서 여전히 불모지나 다름없다는 문제의식에서 출발한 것이기도 하다. 한국사 개설 강의

때마다 강사들이 알찬 강의를 다음번으로 미루는 최우선 '고려考慮' 대상이 고려사라는 한 연구자의 우스갯소리처럼, 고려왕조의 실상은 역사 연구자들에게조차 잘 알려지지 않은 분야이다. 고려왕조를 중세 사회라는 큰 테두리 속에서 바라보는 고려사 연구자들조차 좀 더 성숙하고 발전된 중세 사회인 조선왕조로 나아가는 중간 단계로 이해하는 경향이 없지 않았다. 고려를 조선보다 미숙한 사회, 성숙한 중세 사회로 나아가는 과도기 사회로 이해해온 것이다.

고려왕조의 역사는 우리에게 잘 알려지지 않은, 그야말로 베일에 가려져 있는 역사이다. '우리 역사' 하면 대부분 고대의 삼국과 조선을 먼저 떠올리고, '전통'이라 하면 조선왕조의 전통으로 일반화한다. 그러나 고려 역시 조선과 마찬가지로 500여 년간 장기 지속하면서 '또 하나의 전통'을 만들어냈다. 이 책은 우리의 의식과 행동 속에 알게 모르게 잠재된 '또 하나의 전통'을 복원하여 역사 인식의 지평을 넓히는 데 힘을 쏟았다. 역사 이해의 효용성을 일깨우는 '아는 만큼 보인다'라는 화두가 이 책을 통해 다시 한번 확인되었으면 하는 것이 필자의 간절한 바람이다.

원래 이 책은 대학에서 역사를 전공하는 학생들을 위한 개설서로 준비한 것이지만, 개설서가 지닌 나열식·열거식 서술에서 벗어나 '고려적인 특성의 형성과 그 변화'라는 일관된 관점을 지니려고 했다. 아울러 고등학교를 졸업한 정도의 사람이면 누구나 읽을 수 있는 대중 역사서에 눈높이를 맞추려 했다. 이를 위해 기존 역사서의 전통적 문체인 그야말로 '역사 교과서' 식의 서술방식에서 벗어나 강의한 그대로 이야기식 문체를 살려보았고, 제목이나 목차도 독자가 쉽게 접근

할 수 있도록 꾸몄다. 그러다 보니 강의 주제에서 벗어나 곁가지를 친 내용도 적지 않다. 필자의 치부를 드러내는 것 같아 부끄러운 마음도 없지 않으나, 역사서의 또 다른 맛을 보여준다는 편집진의 간곡한 요청에 따르기로 했다. 어쩌면 이야기식 문체와 주제를 벗어난 듯한 주변 이야기가 오히려 이 책의 또 다른 맛이라면 맛일지도 모른다는 생각도 들었다. 또한, 조선왕조나 삼국의 역사와 비교하는 방식으로 고려왕조의 특성을 정리하는 내용이 많이 가미되었는데, 그런 부분이 저자의 전공이 아니라서 흠이 될 수도 있을 것이다.

이 책은 궁극적으로 우리의 전통을 현대사회에 어떻게 접목할 것인지에 초점을 맞추었다. 그것은 '역사와 현실의 일체화'란 문제와 연결된다. '고려왕조의 역사와 전통이 오늘의 우리에게 어떻게 해석되고 읽혀야 할지'란 문제가 이 책을 쓰는 내내 머릿속에서 떠나지 않았다. 욕심과 만용으로 이 책을 준비했다.

역사학은 과거 인간의 행위와 경험에 관한 사실의 단순한 집적과 정리가 아니라, 과거의 여러 사실 가운데 의미 있는 사실을 통해 오늘의 우리를 되돌아보고 풍요로운 삶에 대한 새로운 전망과 메시지를 던져주는 학문이어야 한다. 의미 있다고 생각되는 사실을 연구 대상으로 선택하는 일 자체가 역사가의 창조적인 활동이다. 그러한 창조적인 행위로 인해 역사는 언제나 새롭게 해석되고 다시 쓰인다. 역사는 역사가 자신의 해석의 역사라는 말이 새삼스럽지 않은 것은 이 때문이다. 역사가는 기억의 창고로부터 과거 사실을 끄집어내 대중에게 전달하는 단순한 중개자일 수 없다. 과거의 전통과 문화를 현재의 관점에서 재해석함으로써 현재와 미래 우리의 삶에 새로운 전망을 던져주는 것이 오늘의 우리에게 바람직한 새로운 역사일 것이다. 이러한 생각이 이 책을 통해 얼마나 전달되었는지는 독자 여러분의 판단에 맡긴다.

이 책을 내는 데 여러분의 도움을 받았다. 먼저 모든 고려사 연구자들에게 고마움을 표시하고 싶다. 물론 그들의 연구 성과 가운데 필자에게 필요한 부분만 선택한 것이 사실이지만, 이 책은 전적으로 현재의 연구 성과가 없었더라면 출간될 수 없었기 때문이다. 또한, 이 책이 나오기까지 인내심을 갖고 원고를 읽고 따가운 충고와 조언을 해준 김태식 씨, 김기덕·박종진·이익주·채웅석 교수께 감사드린다. 그리고 책의 내용에 맞게 도판과 사진을 정리하고 원고를 교정하느라 피서도 없이 한여름 무더위를 넘긴 부천대학교 강사 홍영의 선생과 대학원생 강은정 씨께 다시 한번 고마움을 전한다.

1999년 8월 하순
공사와 무더위로 얼룩진 북악골 연구실에서 머리말을 쓰다

고려왕조 역사 탐색의
길잡이를 자처하며

1999년 《5백년 고려사》를 출간하고 20여 년이 흘렀다. 출간 20주년에 맞추어 개정판을 출간하기 위해 지난해부터 동분서주했으나, 결국 해를 넘기고 말았다. 이 책은 《새로 쓴 5백년 고려사》2008에 이은 두 번째 개정판이다. 1999년 책을 처음 출간할 당시 '잊힌 왕조', '베일 속 왕조'로 치부되던 고려왕조를 '또 하나의 전통'을 지닌 왕조로 살려내고, 그러한 전통이 현재와 어떻게 접목되는지를 밝혀 우리 역사에 대한 이해와 인식의 지평을 넓히려 했다. 또 고려왕조는 고구려·백제·신라 삼국과 조선을 잇는 단순한 징검다리 역할을 한 왕조가 아니라, 이 왕조들과 구별되는 독자성을 가진 왕조임을 밝히려 했다.

이런 고려왕조의 역사와 의미를 되살리려는 시도에 연구자보다 일반 대중이 더욱 공감하고 격려해주셨다. 이에 힘입어 2008년에 출간한 개정판은 '또 하나의 전통'의 핵심 내용을 다원주의에 기초한 다원사회로 파악하고, 그러한 특성을 고려 역사 속에서 탐색하고자 했다. 이와 더불어 다원사회의 특성이 오늘날과 미래의 우리 사회에 어떤 의미와 전망을 제시할 것인가 하는 문제를 적극적으로 탐색하려 했다. 고려왕조에 관한 개괄적인 지식을 단순히 전달하는 데 머물지 않고, 고려왕조가 우리 역사에서 차지하는 위상과 현재적 의미를 살피는 데 더 관심을 두고 집필했다.

이번 2020년 개정판은 그 취지를 더욱 효과적으로 전달하기 위해 구성과 내용을 크게 수정, 보완했다. 책은 1부와 2부로 나누어 구성했다. 제1부 '다원사회 고려를 만들다'는 고려의 정치·경제·외교에 관한 내용을 모았다. 정치·사회·경제 구조 등 다원사회의 뼈대를 이루는 여러 구조의 특성을 새롭게 정리했는데, '3시기 구분법'에 따라 고려왕조의 전체 흐름을 조망하고, 고려왕조의 특성을 보여주는 다원주의와 이에 기초한 다원사회의 개념 및 내용을 많이 보완했다. 나아가 개방성과 그에 기초한 개방정책이 고려왕조를 새로운 단계로 도약시키는 원동력이었음을 밝혔다. 신체조직의 실핏줄처럼 중앙과 지방을 연결해 한반도 최초의 통일왕조를 유지케 한 조운漕運과 역참驛站 조직에 주목했다. 조운·역참 같은 기초조직은 본관제·군현제·부곡제를 유지하는 데도 크게 이바지했다. 외교 편에서는 다원적인 국제 질서의 특성과 본질이 고려왕조의 건국과 문물 수용에 끼친 영향을 새롭게 조망했다. 보주성 반환을 둘러싸고 고려와 거란이 벌인 100년여간 1014~1117의 영토 분쟁을 고려 전기 대외정책의 중심문제로 서술하고, 고려·원 관계의 전환점이 된 삼별초 항쟁과 이를 전후한 역사를 새롭게 보완했다. 참고로, 이전 책에 서술한 신분·직역 구조는 새로 구성한 증보판의 각 편에 부분적으로 반영하고 나머지는 생략했다.

　제2부 '역동적인 삶을 살다'는 고려의 인간·문화·사회에 관해 서술했다. 고려시대를 살았던 국왕·관료·민의 존재 형태와 각각의 사회 조직, 문화와 사상을 다루었는데, 느슨하고 산만한 서술구조를 크게 바꾸어 새롭게 구성했다. 2부 2장 '역사 인식과 그 변화'는 새로 집필한 글이다. 고려시대의 역사 인식과 역사서 편찬의 특징을 '다원주의 역사 인식'으로 규정하여 서술하고, 원의 고려 지배 이후 성리학 중심의 '일원주의 역사 인식'에 의해 그 특성이 변화하는 과정을 살폈다. 고려를 천자국으로 자처한 고려 중기 지식인들의 자부심 넘치는 문명 의식도 추가로 다루었다. 고려인들은 자국의 개방정책에 힘입어 동아시아 세계의 보편성을 접하면서 고려의 정체성을 자각하고 새로운 문화와 문명을 창조했다. 그 결과 고려청자·고려지·나전칠기·금속활자·대장경·불화 등 동아시아에서 호평받은 명품 문화유산을 남겼는데, 이러한 문화유산의 문화적·기술적 특성을 서술에 새로 반영했다. 원의 고려 지배 이후 부곡인·환관·역관·군인 등 하층민의 정치적·사회적 진출 같은 역동적인 삶의 모습도 새롭게 소개했다.

　각 편에 반영된 새 원고는 전체 분량의 30퍼센트에 달한다. 기존의 문장도 내용을 수정, 보완하는 과정에서 크게 다듬었다. 이전 책에서 각 편의 줄거리에서 벗어나 곁가지를 친 내용은 수정하거나 생략했는데, 주제를 벗어났지만 읽고 생각해볼 만하다고 판단되는 내용은 각 장 말미의 '깊이 읽기'로 남겨두었다.

　이 책의 초판을 출간한 이후 20년 동안 역사학은 눈부신 성과를 거두어왔다. 그러나 특정 시대에 연구가 집중되는 '연구의 편중' 현상도 심해지고 있다. 또 역사학의 현재성을 강조하면서 나타나는 역사 인식의 '이념화' 현상도 심화되고 있다. 이는 역사학의 발전 과정에서 나타나는 현상일 수 있지만, 한편으로 학계 내부만의 문제가 아니라는 점에서 우려스러운 점이 있다. 이로 인해 역사 연구의 본령인 역사학적 상상력의 보루가 점점 좁아져 역사학의 위기로 연결될까 걱정스럽다. 역사학은 인간과 사건의 근원과 전개를 밝히는 인과因果의 학문이다. 한곳에 치우치지 않는, 역사학적 상상력에 기초한 열린 시각만이 역사학과 역사 인식의 수준을 높일 수 있다. 고려왕조의 역사 또한 역사학적 상상력을 얻고 기르는 데 부족함이 없는 연구 분야이다. 개정판 출간을 결정하게 된 것도 역사 연구와 인식에서 균형추가 필요하다는 판단 때문이다. 역사에 대한 대중의 관심과 사랑도 역사학이 존재하는 또 하나의 이유다. 그런 만큼 역사학의 연구 성과를 대중과 공유하면서 역사의 세계를 탐구하고 여행하고픈 필자의 자그마한 바람이 이 책을 통해 실현되었으면 한다. 또한 많은 갈래의 물줄기가 저마다의 물길을 따라 흘러 마침내 큰 강에서 합류하듯이, 이 책이 조화와 상생의 다원주의 가치로 새롭게 주목받는 고려왕조의 세계를 탐색하는 길잡이가 되었으면 한다. 소중한 자식처럼 정성스레 책을 펴내준 휴머니스트 김학원 대표와 편집부에 감사를 전한다.

새로운 계절을 기다리면서
2020년 2월 박종기

2부 역동적인 삶을 살다
— 인간·문화·사회 편

1장 고려를 통치한 사람들

2장 다양성과 개방성이 조화를 이룬 문화와 사상

1부

다원사회 고려를 만들다

— 정치 · 경제 · 외교 편

시대 개관과 왕조의 특성

1. 고려왕조 건국과 역사 전개

왕조 건국의 역사적 의미

고려왕조918~1392는 조선왕조와 마찬가지로 한반도에서 약 500년간 존속한 나라입니다. 신라에 이어 두 번째로 통일왕조를 이루었지요. 이런 고려왕조의 등장이 역사적으로 어떤 의미가 있는지 살펴보겠습니다. 이는 같은 시기 동아시아 세계에 고려왕조가 어떤 영향을 끼쳤는지를 살펴보는 것이기도 합니다.

  고려왕조의 건국과 후삼국 통합은 기존 지배층의 전면적인 교체와 한반도 천년 통일국가의 수립을 알리는 신호탄이었습니다. 한반도에 처음으로 통일국가를 수립한 신라의 경우 기존의 지배층인 진골귀족이 통일 후에도 지배층의 지위를 유지했고, 조선왕조는 고려 후기 지배층인 무신 집단과 사대부 세력이 건국을 주도했습니다. 두 왕조의 통일 혹은 건국 과정에서 지배층의 전면적인 교체는 없었지요. 반면

에 고려는 신라 말에 새롭게 대두한 지방의 호족세력이 통일신라 지
배층인 중앙의 진골귀족을 넘어뜨리고 세운 나라입니다. 지배층이 중
앙의 진골귀족에서 등장한 지 얼마 안 된 지방의 호족세력으로 전면
교체된 것이지요. 후삼국 통합전쟁을 승리로 이끈 것도 호족세력이었
습니다. 이 점에서 고려왕조는 혁명적인 왕조라고 할 수 있습니다.

고려는 신라가 항복한 이듬해인 태조 19년936 견훤의 아들 신검神劍
이 이끄는 후백제군과 일리천一利川, 경북 구미시 해평면을 흐르는 낙동강
지류에서 최후의 결전을 치릅니다. 당시 전투를 위해 편성된 고려군은
8만 7,500명가량이었는데, 이 중에는 36명의 성주나 장군, 즉 호족세
력이 이끄는 군사가 전체의 40퍼센트를 넘을 정도로 많았습니다. 고려
왕조 건국과 후삼국 통합에 지방세력의 역할이 절대적이었음을 보여주
는 좋은 예이지요. 거기에다 고려는 수십 년에 걸친 통합전쟁의 후유증
을 극복하고 지역과 계층의 통합을 이루어 한국사에서 최초로 진정한
통일국가를 수립했습니다. 이때 수립된 통일국가는 조선을 거쳐 1948
년 한반도가 남북으로 분단되기까지 약 1,000년간 유지되었습니다.

고려왕조는 옛 삼국의 다양한 사상과 문화를 통합하고 포용해 새
로운 문화를 창조했습니다. 사실 신라는 고구려와 백제를 정치적으로
통합했을 뿐 고구려나 백제의 다양한 인적 자원이나 문화적인 요소를
통합하는 데는 실패했습니다. 태조는 〈훈요십조訓要十條〉에서 불교가
고려 건국에 큰 역할을 했음을 인정하면서도 간신과 승려가 결탁해
사원을 빼앗거나 함부로 사원을 짓는 등 장차 불교가 낳을 수 있는 폐
단을 경계했습니다. 나아가 풍수지리와 제천 행사를 강조하고, 유교
이념에 입각한 제도의 확립을 당부했습니다. 이후 고려 왕실이나 관

청 등의 행사에는 불교뿐 아니라 도교·유교·제천 의식이 아무 거리낌없이 시행되었습니다. 이러한 사실은 고려왕조 초기에 이미 다양한 종교와 사상이 공존하면서 새로운 문화가 창조되기 시작했음을 보여줍니다.

고려왕조는 동아시아 세계에도 큰 영향을 끼쳤습니다. 고려가 후삼국을 통합하고 얼마 안 가 동북아시아 지역은 영토 분쟁으로 몸살을 앓았습니다. 송나라960~1279는 거란이 점령한 지금의 중국 허베이성河北省 일대 연주燕州·운주雲州 등 16개 주의 반환을 거란에 요구했고, 고려는 옛 고구려 영토를 회복하기 위해 북진정책을 추진했습니다. 두 나라의 견제를 받은 거란은 983년부터 주변의 여진족을, 985년에는 발해의 후신인 정안국을 차례로 정벌한 뒤, 993년에 고려, 10여 년 뒤인 1004년에는 송나라와 전쟁을 합니다. 1010년부터 1019년까지는 다시 고려와 전쟁을 벌였지요. 전쟁은 거란이 송과 고려 두 나라를 완전히 굴복시키지 못한 채 마무리됩니다. 거란은 군사·외교적으로 고려나 송보다 우위에 있었지만, 이들을 압도하지는 못했지요. 그래서 동아시아에 고려·송·거란요 세 나라가 일종의 세력 균형을 이루는, 이른바 다원적인 국제 질서가 형성됩니다. 이 과정에서 고려왕조가 추진한 북진정책은 군사·외교의 측면에서 결과적으로 거란의 세력 팽창을 저지해 이러한 다원적 국제 질서가 형성되는 데 이바지했습니다. 고려는 송과 거란의 대립을 이용해 압록강 유역까지 영토를 확장하는 실리를 얻기도 했지요. 또 고려는 송과 거란을 비롯한 주변국과 다양한 형태의 문물 교류를 이어감으로써 고려의 문물과 문명을 한 단계 도약시켰습니다.

고려왕조 시기 구분

고려왕조가 약 500년 동안 장기 지속한 사실은 예사로운 일이 아닙니다. 조선왕조1392~1897도 500년을 이어갔지요. 고구려기원전 37~기원후 668, 백제기원전 18~기원후 660, 신라기원전 57~기원후 668 3국은 거의 700년 동안 공존했습니다. 신라는 통일 이후 시기까지 포함하면 무려 1,000년간 이어졌습니다. 고조선은 이 세 나라보다 훨씬 더 오래 존속했지요. 개별 국가의 역대 왕조들이 이처럼 500년 이상 장수한 예는 세계사에서 유례를 찾기 힘들 만큼 드문 일로서, 한국사를 특징짓는 주요한 특징 중 하나로 손꼽을 수 있습니다.

이웃나라 중국의 왕조들은 어떠했을까요? 기원전 1046년부터 기원전 250년경까지 약 800년간 존속했다는 주나라는 기원전 770년 견융犬戎의 공격을 받고 호경鎬京, 산시성 시안에서 낙읍洛邑, 산시성 뤄양으로 수도를 옮긴 뒤로 수많은 제후국을 거느린 천자의 나라에서 '주周'라는 이름만 남은 소국으로 전락합니다. 그래서 중국인들은 이때부터 진秦이 중국을 통일한 기원전 221년까지를 '춘추전국시대'라고 부릅니다. 따라서 주나라를 제외하면 한漢나라기원전 206~기원후 220가 가장 수명이 긴 왕조로서 약 400년간 존속했지요. 그 외 위·촉·오 3국과 5대 10국 중에는 수명이 수십 년에 불과한 왕조도 많았지요. 이같이 중국은 300년 이상 지속한 왕조가 드물 정도로 역대 왕조들의 수명이 짧았습니다.

우리 역사에서 개별 왕조를 시대 구분의 한 단위로 간주하는 것도 각 왕조의 장기 지속성 때문인데, 고려왕조가 존속한 시기를 중세, 조선왕조 시기를 근세로 구분하는 것이 바로 그 예입니다. 고대는 고구려·백제·신라 3국이 공존한 시기를 말합니다. 어떤 이는 이러한 구분법을 왕조 중심 사관이라 하기도 하지만, 개별 왕조가 500년 이상 장기 존속한 것은 그 나름대로 독특한 역사성 혹은 시대격時代格을 지녔기 때문이라 볼 수 있지요. 그렇지만 500년 고려왕조의 역사를 체계적으로 이해하기 위해서는 일정한 단위로 시기를 구분할 필요가 있습니다. 여기서는 고려왕조 역사를 전기·중기·후기의 세 시기로 나누어 각 시기의 특징을 살펴보려 합니다.

이 책에서 제시할 이른바 '3시기 구분법'은 그동안 한국 학계가 견지해온 고려왕조 시기 구분법과 차이가 있습니다. 그동안 학계에서는 고려왕조를 전기와 후기로 나누는 '2시기 구분법'이 주류를 이루었습니다. 무신정변으로 무신정권이 수립된 1170년의종 24을 그 분기점으로 간주하지요. 1170년을 기준으로 하면 전기와 후기는 각각 약 250년과 220년이니, 1170년은 고려왕조 전체의 절반에 해당하는 시점이기는 합니다. 그러나 이러한 구분은 고려왕조의 역사를 너무 단순화할 우려가 있습니다. 고려왕조를 단순히 전기와 후기로 구분하면 양쪽 다 200년을 훌쩍 넘어, 하나의 시기로 보기에는 둘 다 너무 긴 것이 사실입니다. 이런 경우 각각의 특성이나 두 시기의 차별성을 제대로 짚어내기가 어렵습니다. 각 시기에 다양한 편차를 지닌 역사 사실들이 서로 복합적으로 얽혀 있는 것도 부인할 수 없지요.

고려왕조를 무신정변을 기준으로 전기와 후기, 두 시기로 나누는 2시기 구분법을 처음으로 제기한 것은 조선 초기의 역사가들입니다. 《고려사》 기록에 따르면, 1170년 의종이 개경 근교 보현원普賢院에 행차해서 문신·환관과 함께 술과 오락을 즐기는 사이 추위와 허기에 지친 무신들이 분개해서 쿠데타를 일으켰다고 합니다. 그리고 이를 기점으로 고려 역사가 이전과는 다른 방향으로 전개되었다며 무신정변을 중심으로 전기와 후기로 시기를 구분하고 전기 사회를 긍정적으로 기술한 반면에, 후기 사회를 문란한 사회로 서술했습니다. 조선왕조의 건국을 합리화하는 데 목적이 있었기 때문입니다. 그런데 현대 역사 연구자들도 조선 초기 역사가들처럼 무신정변을 고려왕조의 역사가 크게 변동하는 분수령으로 이해하고, 무신정변의 원인을 고려 정부가 '숭문억무崇文抑武', 즉 문신을 숭상하고 무신을 억누르는 정책을 시행한 때문이라고 합니다. 이 정변으로 무신들이 정권을 장악하면서, 문벌귀족 중심의 정치 질서가 붕괴하는 커다란 변화가 일어났다고 하지요.

무신정변 이후 100년간 이어진 무신정권1170~1270은 우리 역사에서 유례를 찾을 수 없을 만큼 특이한 현상으로서, 실제로 국왕과 관료 집단으로 구성된 전근대 사회의 전통적 지배체제인 왕정王政체제에 급격한 변동을 가져다준 큰 사건인 것만은 분명합니다. 하지만 무신정변이 일어난 원인에 대해 이런 식으로 이해하는 것은 올바른 접근법이 아닙니다. 그 경우 무신정권이 등장하게 된 배경을 정치·사회·경제의 여러 측면에서 고찰하여 합리적으로 설명하는 데 어려움이 있습니다.

조선왕조의 역사가들과 현대의 많은 연구자가 주장하는 것처럼 정말로 무신정변은 500년 고려사의 물줄기를 바꾸어 놓은 결정적인 사건이었을까요? 이를 알아보려면 그 전에 일어난 두 개의 사건에 주목해야 합니다. 1126년인종 4 개경에서 일어난 '이자겸의 난'과 1135년인종 13에 서경에서 일어난 '묘청의 난'이라는 두 차례의 커다란 정변이 그것입니다. 무신정변을 포함한 이 정변들은 불과 50년 사이에 지배 세력 내부에서 벌어진 정치적 사건입니다. 현재 많은 연구자가 이 사건들을 별개의 사건으로 이해하고 그 원인을 달리 보고 있지요.

무신정변은 12세기 전반에 일어난 두 차례의 정변에서 이미 잉태되고 있었습니다. 인종仁宗, 재위 1122~1146 즉위에 공헌한 인종의 장인 이자겸李資謙, ?~1126이 점차 권력을 독점하자, 인종은 측근을 시켜 이자겸을 제거하려다가 도리어 왕궁을 점령당하고 왕위조차 위협받게 됩니다. 얼마 지나지 않아 이자겸이 제거되어 왕권을 회복하지만, 개경의 문벌 정치에 대한 하급 관료나 백성들의 불만과 이미 실추된 왕권은 돌이킬 수가 없었습니다. 그래서 인종이 고민하게 된 것이 서경 천도였습니다. 정치의 무대를 개경에서 서경으로 옮겨 개경의 문벌세력을 억누르고 왕권을 강화하려는 목적이었지요.

● 이자겸과 묘청

이 틈을 타 서경 출신의 승려 묘청妙淸, ?~1135이 수도를 개경에서 서경으로 옮기자고 인종을 설득합니다. 그런데 천도가 개경 관료들의 반대로 사실상 좌절되자 묘청이 1135년 자신의 무리와 함께 금나라 정벌을 명분으로 난을 일으킵니다. 묘청의 난은 곧바로 진압되었고, 진압에 공을 세운 김부식 등 문벌세력이 다시 권력을 장악합니다. 문벌세력에게 둘러싸인 채 즉위한 인종의 아들 의종毅宗, 재위 1146~1170은 김부식이 사망한 후 왕권의 부흥을 꿈꾸며 내시, 환관과 술사, 친위 군사들로 자기 세력을 꾸립니다. 그리고 이들 사이의 권력 다툼에서 시작된 것이 바로 우리가 '무신정변'이라 부르는 사건이지요. 이 권력 다툼에서 승리해 무신정권을 수립하고 그 수장이 된 정중부鄭仲夫, 이의방李義方 등도 의종을 호위하는 친위 군사였습니다. 이자겸의 난과 묘청의 난,

━━ **거제 둔덕기성(屯德岐城)** 통일 이전 신라 때 처음 축조된 성곽으로, 경상남도 거제시 둔덕면에 있다. 무신정변으로 폐위된 고려 의종이 3년간 머물렀던 곳이라 하여 '폐왕성(廢王城)'으로도 불린다. 문화재청 제공.

무신정변은 모두 지배층 내부의 갈등과 대립이 빚어낸 결과였던 것입니다.

역사적 사건을 제대로 이해하기 위해서는 그것이 일어나게 된 근원이나 배경을 먼저 살펴야 합니다. 그런 면에서 무신정변은 12세기 초부터 쌓여온 정치·경제·사회의 여러 모순에서 초래된 일입니다. 무신정변이 고려 전기 사회의 변동을 초래했다면, 그 조짐은 이미 12세기 전반기에 나타나고 있었던 것입니다. 따라서 12세기 전반을 고려사 전개에 있어 하나의 전환점, 즉 고려 중기 사회의 시작으로 보아야 할 것입니다. 이에 대해서는 뒤에서 자세하게 언급하기로 하겠습니다.

고려 전기, 개방정책 추진과 고려적 질서 확립

10세기 초 건국 이후 11세기 말 숙종 즉위 이전까지 약 2세기간의 고려 전기는 고려적인 질서를 정비하고 완성해나가는 시기였습니다. 그런데 이 시기에 고려적인 질서를 확립한 데는 이를 가능케 한 원동력이 하나 있었습니다. 바로 고려 정부가 건국 이후 대내외에 실시한 개방정책입니다. 이 정책은 고려왕조가 개방국가의 모습을 갖추어 나가는 계기가 되었습니다. 구체적으로 살펴볼까요?

고려 정부는 건국과 후삼국 통일에 협조한 지방의 호족세력을 어떤 형식으로든 지배 질서 속에 포섭하는 일이 시급했습니다. 이는 후삼국 통합전쟁 과정에서 분열되고 격앙된 민심을 수습하고 통합하여 통일왕조로서 기틀을 다지는 일이기도 했습니다. 이를 위해 행한 대표적인 정책이 '본관제本貫制'입니다. 태조 때부터 각지의 호족에게 성씨를 부여하고 그들의 근거지를 본관으로 삼게 한 것이지요. 그리고 각각의 본관을 다시 정치·경제·군사·교통의 중요성에 따라 경京·목牧·도호부都護府 등의 주현으로 편제하고 주변의 영세한 군현을 속현으로 묶은 뒤 주현에 예속시켜 군현 영역으로 조직했습니다. 또한, 국가가 필요로 하는 각종 물품의 생산과 낙후된 지역의 개발을 위해 향·소·부곡 등의 부곡 영역을 편제했습니다. 중앙정부는 이렇게 포섭한 호족들의 협조를 얻어 영역 내 주민들의 유망流亡을 방지하고 전란으로 황폐해진 토지를 개간하여 향촌 사회를 안정시키는 한편, 조세와 역역力役을 안정적으로 수취하여 왕조의 재정 기반을 확보하고자 했습니다. 이는 근거지에 대한 지방 호족세력의 지배권을 인정하는 조치로, 지배세력으로서 그들의 권위를 인정하고 자율성을 보장하는 것이기도 했지요. 중앙과 지방의 안정, 나아가 왕조의 안정을 위해 지방 호족세력의 존재를 인정하고 그들과 타협하고 공존하는 정책을 펼친 것이니, 일종의 개방정책이라 할 수 있습니다.

고려왕조는 대외적으로도 개방정책을 추진했습니다. 동아시아 여러 왕조와 활발한 문물 교류를 통해 외국의 선진 문물을 수용한 것은 물론, 외국 출신의 문사文士와 기술자를 받아들여 왕조의 모습을 새롭게 변화시켰습니다. 구체적으로 광종光宗, 재위 949~975 때 중국의 과거제를 도입하여 새로운 인재를 충원함으로써 지배세력의 교체를 꾀했습니다. 경종景宗, 재위 975~981 때는 전시과田柴科를 정비했는데, 이 역시 중국의 토지제도를 참고한 것입니다. 성종成宗, 재위 981~997 때는 당나라에서 실시한 3성 6부의 중앙 관료제도 및 2군 6위의 군사제도를 수용해 중앙집권체제의 제도적 기반을 마련하고자 했습니다.

현종顯宗, 재위 1009~1031은 제1차 거란전 직후인 995년성종 14에 제정되었던 12절도사節度使 체제를 혁파하고 5도호都護·75도·안무사安撫使 체제를 마련했다가, 1018년현종 9 이를 철회하고 전국에 4도호·56 지주군사知州郡事·28진장鎭將·20현령縣令 체제를 시행했습니다. 현종의 이러한 개혁 조치는 성종 14년에 마련되었던 군정적軍政的인 조직을 해체하고 민정적民政的인 군현 조직을 확립한 의의가 있습니다. 현종 때 완성된 군현제는 고려 군현제도의 기본 골격이 되어 고려 말까지 유지되었습니다. 문종文宗, 재위 1046~1083은 중앙의 관직 및 관원의 정원과 관품을 확정했습니다. 1049년문종 3에는 국가에 공을 세운 사람의 자손에게 토지와 시지를 지급하는 '양반공음전시법兩班功蔭田柴法'을 제정했지요. 1076년문종30에는 경종 때 제정되고 목종 때 개정된 전시과 제도를 양반 전시과로 확정하고 녹봉제 또한 완비합니다. 이로써 체제 면에서 고려적인 질서가 대부분 완성되지요.

11세기 문종 대에 이르러 고려 사회가 이렇게 안정기에 접어들면서 국왕과 과거 출신 관료들 사이에 마찰이 일어납니다. 국왕은 정책을 결정하거나 인물을 등용하는 과정에서 군신 관계의 구분을 강조하며 엄격한 위계질서의 확립을 통해 신하들의 불법과 월권 행위를 방지하려 했습니다. 이는 국왕권의 강화와도 직결되는 문제였지요. 반면, 신하들은 사서士庶의 구분을 강조하면서, 이에 기초한 질서와 제도의 확립을 주장합니다. 여기서 '사士'는 이른바 '관료'이고 '서庶'는 일반 '민民'입니다. 관료들은 자신들을 민과 분명히 구분함으로써 지배세력으로서 자신들의 위상을 강화하고 역할을 확대하고자 한 것입니다. 이처럼 사서의 구분, 즉 지배 질서에 참여하는 계층과 그렇지 못한 계층을 구분하는 이념은 '사민분업四民分業'으로 발전합니다. '사민四民'은 구체적으로 '사·농·공·상士農工商'을 뜻하는 것으로, '사'를 제외한 '농·공·상'을 '서'로 묶어 '사'와 구분함으로써 '사'의 위상을 높이고 지배 질서를 확립하자는 것이었죠. 11세기 문종 대에 이처럼 군신 혹은 사서의 구분을 강조하는 이데올로기가 대두하면서 국왕과 신하 간에 일정한 갈등과 대립이 생기고, 이것이 12세기 전반 잦은 정쟁으로 나타나면서 고려 중기 사회로 전환되는 시발점이 되었지요.

고려 전기는 이같이 광종 대의 과거제 도입과 성종 대의 관제 개혁, 이어 현종 때의 지방제도 개혁이 문종 때의 관제 개혁과 전시과 제도의 완성으로 마무리되면서 고려적인 지배 질서가 정착되고 완성된 시기였습니다.

고려 중기, 정치·사회 변동과 사적 영역 확대

이렇게 볼 때 12세기 전반은 고려사에서 한 시기가 끝나고 새로운 시기, 즉 고려 중기가 시작되는 분기점이 됩니다. 12세기 초 즉위한 숙종肅宗, 재위 1095~1105과 그 아들 예종睿宗, 재위 1105~1122은 모두 여진 정벌, 화폐 주조, 수도 이전을 추진합니다. 이러한 정책을《고려사》에서는 '신법新法'이라 기록하고 있는데, 그 이전 송나라에서 왕안석王安石, 1021~1086이 중심이 되어 추진한 신법과 비슷합니다. 왕안석이 추진한 신법이란 적극적인 대외 경략과 부국강병책을 말합니다. 조선 초기 역사가들이 숙종과 예종의 정책을 신법이라 표현한 것도 이들의 정책이 왕안석의 신법과 유사한 대외 정벌 및 부국강병책이었기 때문입니다. 숙종과 예종의 정책은 기존의 문벌세력을 누르고 국왕 중심의 정치를 회복하기 위한 것이었습니다. 그러나 잘 알려진 대로 1104년 숙종의 제1차 여진 정벌과 1107년 예종의 제2차 여진 정벌이 실패하면서 숙종과 예종의 신법은 관료 집단의 저항에 부딪혔고 결국 실패로 끝납니다. 신법정책이 실패하자 궁지에 몰린 예종과 그 아들 인종은 인주 이씨 이자겸의 딸을 왕비로 맞아 왕권을 보장받으려 했지요. 이때부터 외척이 발호하기 시작합니다. 이자겸의 난과 묘청의 난은 인종이 외척의 발호를 막고 새로운 정치를 시행하려는 과정에서 일어나게 된 것입니다.

정치적인 동요와 함께 사회적으로도 커다란 변화가 시작됩니다. 12세기 초 여진 정벌에 따른 군사 징발과 막대한 전비 부담에 시달리던 민이 거주지를 벗어나 다른 지역으로 도망하는 이른바 '유망' 현상이 일어나게 된 것입니다. "유망이 계속되어 열 집 가운데 아홉 집이 비었다"〔《고려사》권12, 예종 즉위년1105 12월〕라는 표현에서 알 수 있듯이, 당시에는 전국적인 규모의 하층민 유망 현상이 나타났습니다. 유망은 백성들이 거주 지역을 벗어나 다른 지역으로 도망해 국가의 조세와 역역 체계에서 벗어나려 한 것으로, 소극적 저항의 한 형태라고 할 수 있지요. 이런 현상은 무신정권 성립 이후 대규모 농민항쟁으로 발전합니다.

고려 중기가 시작되는 12세기 전반부터 정치와 사회에서 나타난 이러한 변화로 인해 고려 전기 질서가 크게 흔들립니다. 지배층 내부의 대립과 갈등이 계속되면서 국가적 위기의식이 고조된 데다, 지배층이 하층민의 광범위한 거주지 이탈이란 문제를 제대로 수습하지 못했던 것입니다. 12세기 이후의 이러한 시대 상황이 결국 무신정변으로 이어진 것이지요.

무신정변 이후 정중부·경대승·이의민·최충헌·최이 등 무신 출신이 고려왕조의 정치·경제·군사권을 장악한 채 나라를 실제로 통치하는 무신정권이 무려 100년 동안 계속됩니다. 국왕과 관료 중심의 정치 체제는 이 시기에도 여전히 유지되지만, 이는 형식에 불과했습니다. 더욱이 이 기간 동안 세계 최강국 몽골의 침입을 받아 약 30년간 대몽항전1231~1259을 치르게 되지요. 그러나 1259년고종 46 국왕과 문신 관료 집단의 주도로 고려 정부가 몽골과 강화講和를 맺으면서 무신정권은 사실상 붕괴합니다. 고려왕조는 이때부터 원의 지배를 받게 된 것이나 다름없었죠. 이상과 같이 12세기 전반부터 몽골과의 전쟁이 종식된 13세기 중반까지를 고려 중기로 구분합니다.

고려 중기에는 인주 이씨 이자겸의 사례에서 보듯 왕실과 통혼한 가문외척을 중심으로 몇몇 가문이 문벌門閥을 형성하며 왕권을 제약할 정도로 성장합니다. 이로 인해 국왕과 관료 집단 중심의 정치체제가 위협을 받으면서 정치 질서가 변동하기 시작합니다. 게다가 12세기 전반 하층민의 유망 현상에 이어 무신정권기에는 농민을 비롯한 하층민의 봉기가 계속됩니다. 무신정권기에는 특히 중방重房·정방政房·도방都房·교정도감教定都監 같은 새로운 정치 기구를 중심으로 무신 권력자가 인사권과 군사권을 장악했을 뿐 아니라, 사병私兵을 꾸리기까지 합니다. 그 밖에 토지제도인 전시과 제도가 붕괴하고 권세가들 사이에서 농장 같은 대토지 소유가 일반화하는 등 특징적인 모습이 나타납니다.

여러 부분에서 나타난 이러한 일련의 현상은 사적 영역이 확장되는 추세를 가속화했습니다. 이는 고려 전기 왕정체제의 공적 영역과는 다른 모습들로서 고려 중기의 특징적인 현상이라 할 수 있지요. 그리고 공·사 두 영역 간 충돌이 여러 가지 사회 모순을 초래하면서 고려 사회는 커다란 변동을 겪게 됩니다. 이 시기에 하층민의 유망과 삼국 부흥 운동 같은 고려왕조를 부정하는 농민항쟁이 대대적으로 일어난 것도 이러한 현상의 결과라 할 수 있지요. 무신정권기에는 하층민 출신이 권력의 정상에 오르는 등 신분제 역시 크게 흔들립니다. 이런 상황에 몽골군의 침략이 계속되어 이른바 '내우외환'이 겹친 시기였던 것이지요. 이 시기를 고려 중기로 구분하고 변동기라 규정한 것은 바로 이 때문입니다.

고려 후기, 개혁 정치와 왕조 교체

고려 후기는 원 간섭기와 공민왕 이후의 고려 말, 두 시기로 나눌 수 있습니다. 고려가 몽골에 항복한 1259년 이후, 제주도에서 삼별초 항쟁이 진압되고 충렬왕이 즉위한 1274년부터 공민왕이 즉위하는 1351년까지를 원 간섭기라 하는데, 이 기간 동안 충렬·충선·충숙·충혜·충목·충정왕 등 모두 6명의 국왕이 재위했습니다. 이 시기 고려 국왕은 원의 공주와 혼인했고, 원 공주 소생의 고려 왕자는 원나라에서 교육을 받고 성장한 후 고려에 돌아와 왕으로 즉위했습니다. 고려 국왕의 즉위와 국왕권 행사가 전적으로 원의 승인과 지원에 달려 있었기 때문에, 6명의 국왕 중 절반이 원에 의해 중간에 폐위되었다가 복위하는 현상도 나타납니다. 이를 '한 국왕이 거듭 왕위에 오른다' 하여 '중조重祚'라 하는데, 원의 고려 지배가 국왕 임명권을 장악한 위에서 이루어졌음을 뒷받침합니다. 고려의 군사권 역시 원나라가 철저하게 장악했지요. 원 간섭기의 본질은 여기에 있습니다.

고려 말은 공민왕恭愍王, 재위 1351~1374의 즉위로부터 시작됩니다. 공민왕 즉위 무렵에는 원이 쇠퇴하면서 고려에 대한 원의 영향력이 크게 줄어들고, 10여 년 뒤에는 명나라가 건국1368되어 동아시아 정세도 크게 변화합니다. 고려에서는 왜구를 격퇴한 이성계 등 신흥 무장세력과 성리학을 익힌 이색李穡·조준趙浚·정도전鄭道傳 등 신진 사대부 세력이 새로운 정치세력으로 등장함에 따라 왕의 측근에 의해 주도되던 정치 질서도 변화하지요. 그런데도 원 간섭기와 공민왕 이후의 시기를 '고려 후기'라는 하나의 시기로 묶는 것은 '개혁 정치'라는 커다란 흐름이 두 시기를 관통하고 있었기 때문입니다. 원 간섭기에는 충선왕·충숙왕·충목왕 등이 개혁 정치를 주도했으며, 공민왕 이후 고려 멸망 때까지 주목할 만한 개혁 조치들이 이어졌습니다. 공민왕 대의 반원反元 개혁과 신돈辛旽의 내정 개혁, 이후 이성계·정도전 일파의 사전私田 개혁이 그 예입니다. 그래서 우리 역사에서 고려 후기를 흔히 '개혁 정치의 시대'라 합니다.

고려 후기에는 왜 개혁 정치가 계속되었을까요? 고려 사회는 이미 12세기 후반 무신정변과 농민항쟁으로 사회 모순이 크게 드러나기 시작했습니다. 민심의 이반과 정치세력의 자기 분열이 빚은 결과였지요. 그러나 최씨 정권의 강압적인 진압책과 곧이어 벌어진 몽골과의 전쟁으로 고려왕조는 이런 사회 모순을 해결할 기회를 찾지 못했습니다. 이런 상황에서 전쟁이 수습되고 원 간섭기가 시작되자 지배세력 내부에 민심을 수습하지 않으면 왕조의 존립이 위태로워질 것이라는 위기의식이 자라납니다. 원나라도 고려의 누적된 사회·경제적 모순을 제한적인 수준에서나마 완화하지 않으면 고려 지배가 불가능하다는 것을 잘 알고 있었습니다. 원 간섭기 개혁 정치는 이같이 고려의 지배층과 원나라의 정치적 이해관계가 맞아떨어진 결과입니다. 따라서 당시의 개혁은 고려 사회의 모순을 해결하기보다는 원나라나 고려 지배층의 정치적 의도에 맞게 부분적으로 제도를 개편하거나 보완하는 데 그쳤습니다. 즉, 토지 소유관계나 수취제도를 전면적으로 개편하기보다는 일부 관제나 군사제도를 원의 고려 지배에 유리한 방향으로 개편하는 등 개량적인 차원에서 이루어진 개혁이었습니다. 흔히 이때의 개혁을 '반원 개혁'이라고 이해하지만 사실은 원의 지원과 조종에 따른 것이었지요. 그것이 당시에 이루어진 개혁의 본질입니다. 이처럼 원의 지원과 의도가 반영된 개혁이라는 점에서 원 간섭기의 개혁 정치를 '반원적反元的'이라고 이해하기는 힘듭니다.

비록 원 간섭기 개혁은 개혁 추진세력의 취약성과 글자 그대로 '원의 간섭'으로 실패한 개혁으로 평가되지만, 개혁을 하나의 역사적 대세로 자리 잡게 했다는 점에서 의미가 있습니다. 원나라가 쇠퇴하고 성리학이 수용되기 시작한 14세기 후반에 개혁 정치가 크게 추진력을 얻게 된 것도 원 간섭기 개혁 정치의 경험이 있었기 때문이라고 할 수 있지요.

고려 말 개혁 정치는 공민왕 때부터 시작됩니다. 공민왕은 원의 영향력이 쇠퇴하는 틈을 타 본격적인 개혁을 시도합니다. 공민왕은 기철奇轍, ?~1356 일파 등 부원세력을 처단하고 원나라가 쌍성총관부雙城摠管府를 설치해 지배한 동북 지역함경도와 강원도 일대을 회복하는 등 반원 개혁이라는 면에서 상당한 성과를 얻었습니다. 그러나 신돈을 등용하고 전민변정도감田民辨整都監을 설치해 의욕적으로 추진한 토지 개혁 등의 내정 개혁에는 실패합니다. 그럼에도 공민왕의 개혁은 성리학으로 무장한 신진 사대부가 이후 개혁 추진세력으로 결집하는 계기가 되었습니다.

고려 말 개혁은 1388년 위화도 회군 이후 본격화됩니다. 공민왕의 개혁을 계기로 결집하기 시작한 신진 사대부 세력이 이성계를 중심으로 한 신흥 무장세력과 결합하면서 전제 개혁을 비롯한 전면적인 개혁을 시도합니다. 1388년우왕 14 6월 위화도 회군을 단행한 이성계를 비롯한 무장세력과 사대부 세력이하 개혁파은 요동 정벌을 주도한 우왕과 최영이 이끄는 정치세력을 제거하고 정치적 실권을 장악합니다. 위화도 회군은 철령위鐵嶺衛 문제를 두고 긴장 관계에 놓여 있던 명나

• 전제 개혁

라와 화해하는 계기가 되기도 했지요. 개혁파는 먼저 전제 개혁을 단행합니다. 이 조치는 권세가의 토지 탈점奪占으로 경작지를 잃은 하층 농민, 과전을 제때 받지 못한 하급 관료층과 군인들의 절대적인 지지를 얻었습니다. 개혁파는 전제 개혁을 통해 위화도 회군과 국왕 폐위로 이어진 쿠데타의 명분과 정당성을 획득하려 했습니다.

개혁파는 개혁에 반대하는 정치세력을 제거하면서 점차 정치적 주도권을 장악해나갑니다. 1389년창왕1 11월에는 우왕 복위 사건을 명분으로 개혁 반대세력을 제거합니다. 이해 12월에는 명나라 예부에서 보낸 황제의 뜻이 담긴 자문咨文, 외교 문서을 몰래 열어본, 이른바 '예부자문 사건'을 구실로 '폐가입진廢假立眞, 가짜를 폐하고 진짜를 세운다'의 논리를 내세워 창왕을 폐위합니다. 폐위된 창왕은 곧바로 우왕과 함께 죽임을 당하고 공양왕이 즉위합니다. 이 과정에서 우왕과 창왕을 지지하고 전제 개혁에 반대한 세력이 제거됩니다. 1391년공양왕3 5월에는 윤이尹彝·이초李初 사건으로 전제 개혁에 반대한 세력이 거의 다 제거되지요. 같은 달 과전법科田法이 공포되어 관료들에게 과전이 지급되면서 이성계 일파의 개혁은 마무리됩니다. 사실 고려 말 신진 사대부와 이성계 일파가 추진한 개혁은 우리 역사에서 가장 성공한 개혁이라 할 수 있습니다. 그 결과 그들이 바라던 새로운 왕조 '조선'이 들어섰으니까요.

전제 개혁을 비롯해 고려 말 개혁파가 주도한 일련의 개혁이 성공한 데는 특히 성리학이 커다란 역할을 했습니다. 성리학은 개혁 정치와 함께 고려 후기 사회를 상징합니다. 14세기 이후 수용되기 시작한 성리학은 개혁파가 개혁의 방향과 목표를 분명하게 설정하는 데 이바지했지요. 성리학은 '치자治者, 지배층'의 도덕적 각성과 경세經世의식을 강조하여, 탈점과 수탈의 주체인 권세가 대신 유교 경전에 밝고 행실이 바른 '경명행수經明行修', 즉 도덕성과 책임의식을 가진 인물을 이상적인 관료로 부각했습니다. 이로써 불법적인 인사人事의 온상인 정방을 혁파하고 문무 인사권을 이부吏部와 병부兵部에 돌려주어 이상적인 관료를 선발하는 한편, 전민田民 탈점으로 형성된 사전을 혁파하고 과전을 복구하여 새로운 관료층의 경제 기반을 마련한다는 개혁의 방향과 목표가 설정되었던 것입니다. 성리학이 고려 후기 개혁 정치의 방향타 역할을 한 것이지요.

정리하자면, 고려왕조 500년은 전기·중기·후기 세 시기로 나눌 수 있는데, 그중 10세기와 11세기에 해당하는 고려 전기는 고려적인 제도가 정착·완성되어간 시기였습니다. 광종 대의 과거제 도입958과 성종 대의 관제 개혁983, 현종 대의 지방제도 개혁1018이 문종 대의 관제 개혁과 전제 개혁1076의 완성으로 마무리되면서 고려적인 지배 질서가 형성된 시기라 할 수 있습니다. 12세기부터 시작된 고려 중기는 커다란 변동기로, 민의 유망과 항쟁, 무신정변과 그로 인한 무신정권의 성립, 몽골과의 전쟁 등 일련의 내우외환으로 고려 사회의 모순이 크게 드러난 시기였습니다. 원 간섭기에 돌입한 1270년대 이후는 중기 이래 축적되어온 제반 사회 모순을 개혁하고, 새로운 정치세력이 대두하여 개혁을 성공으로 이끎으로써 고려왕조의 몰락을 재촉하고 새로운 왕조의 길을 닦는 시기였습니다. 바로 고려 후기에 해당하지요. 이같이 고려 역사를 크게 전기, 중기, 후기 세 시기로 나누어 보는 것이 고려사를 이해하는 데 보다 효과적인 방법이 될 것입니다.

2. '다원사회' 고려의 특성

다원주의와 다원사회

앞에서 고려왕조를 세 시기로 구분해서 각 시기의 흐름과 특성을 살펴보았습니다. 여기서는 500년 고려왕조를 하나의 역사 단위로 묶어 왕조가 지닌 역사성 혹은 시대격, 즉 왕조의 특성을 살펴보기로 하겠습니다. 이는 왕조가 500년 동안 장기 지속한 원인을 찾는 작업이자 고려왕조가 오늘의 우리에게 던져주는 메시지를 찾는 작업이기도 하지요.

역사 해석은 당대의 역사 과제나 연구 경향의 영향을 받습니다. 이를테면, 지금 우리는 냉전 이데올로기의 붕괴와 함께 '지구촌'이란 말을 실감할 정도의 급격한 지구화 추세에 놓여 있습니다. 또한, 21세기 인류 사회는 획일성과 배타성이 아닌 다양성과 개방성, 역동성을 요구하고 있습니다. 그러나 한반도에서는 세계 유일의 분단 상황이 계속되고 있고, 사회 내부적으로는 지역 간·계층 간 반목과 대립이 심화하고 있으며, 저소득 계층과 외국인 거주자, 다문화 가정이 급격히 증가하는 추세 속에서 이로 인한 사회적 갈등도 깊어지고 있습니다. 따라서 지역과 계층, 인종을 아우르는 사회 통합, 남과 북을 아우르는 민족 통합이야말로 오늘날 우리 사회와 우리 민족이 당면한 과제라고 할 수 있습니다. 민족 통합과 사회 통합만이 급격한 세계사의 변동에 대응할 수 있는 유일한 우리의 생존 무기라는 것입니다.

우리 사회와 우리를 둘러싼 세계가 이렇게 변화하고 있는데도 여전히 냉전 이데올로기와 이에 기초한 체제 간의 경쟁과 대립이라는 낡은 역사 인식의 틀에 얽매여 있는 모습을 볼 수 있습니다. 이런 식의 역사 인식은 우리 사회가 당면한 문제를 해결하기는커녕 이해하기조차 불가능하게 만듭니다. 이제는 고려사를 포함한 우리 역사 전반에 대한 새로운 성찰과 새로운 역사학의 방법론을 모색할 시점에 와있는 것입니다. 그것은 '역사는 과거와 현재의 대화'라는 원론에 좀 더 충실한 역사학입니다. 구체적으로 현재와 무관한 역사 연구, 죽은 과거에 관한 연구가 아니라 현재와 연결되어 살아 움직이는 과거에 관한 연구입니다. 그 대안을 고려의 역사와 전통에서 찾을 수 있습니다.

이 책에서 제시하는 고려왕조의 새로운 모습이란 '다원사회多元社會'의 특성을 지닌 고려왕조입니다. 이러한 특성이 고려왕조가 오랫동안 존속한 이유 중 하나일 것입니다. 그렇다면 '다원사회'란 무엇일까요?

다원사회는 다원주의에 기반을 둔 사회입니다. 다원주의pluralism는 철학·정치학·사회학·행정학·교육학 등 여러 학문 분야에서 널리 언급되는 개념이며, 분야에 따라 다양하게 정의되고 있습니다. 그러나 본질적인 의미는 크게 다르지 않습니다. 여기서는 철학의 개념을 원용해 다원주의를 '다수의 독립된 실재實在를 인정하고, 그것에 의해 근본이 유지될 수 있다는 세계관'이라 정의하겠습니다. 그동안 우리에게 익숙했던, 하나의 원리와 가치만을 강조하는 일원주의, 곧 '일원론적 세계관'과는 반대의 뜻이지요. 고려 사회는 다양한 질서와 원리의 공존을 인정하는 다원주의에 기초한 다원사회였습니다. 다양한 개별 실체에 의해 유지되면서도 이들이 유기적으로 어우러져 사회의 통합력을 발휘하는 것이 다원사회의 강점입니다. 이와 달리 골품제의 원리로 운영된 통일신라와 성리학의 원리로 유지된 조선은 일원적인 사회라고 할 수 있습니다. 일원주의는 그동안 우리 역사를 해석하는데 통용되어온 익숙한 개념이지만, 다원주의는 상대적으로 생소한 개념입니다. 따라서 다원주의에 기초한 다원사회의 모습과 특징에 대해 간단하게 살펴보기로 하겠습니다.

다원사회는 기본적으로 다원성과 통합성을 특징으로 합니다. 이는 사상과 문화 면에서 두드러지지요. 고려는 불교·유교·도교·풍수지리·민간 신앙 등 다양한 사상을 용인하면서, 그것을 팔관회八關會 같은 국가적인 의례로 통합함으로써 다양성이 지닌 개별성과 분산성을 극복하고자 했습니다. 문화 면에서도 내부적으로는 중앙 문화와 지방 문화 등 다양한 문화의 공존을 인정하면서 대외적으로는 고려가 문화의 중심지임을 자부하고 주변의 이민족을 야만시하는 문화적 자존의식을 과시했습니다.

다원성

다원사회의 특성 중 하나인 다원성은 흔히 다양성과 같은 뜻으로 사용되지만, 다른 의미를 지닐 때도 있습니다. 다양성은 이념·사상·

가치 등에서 본질적인 차이는 없지만, 형태·존재·상징 등 외형상 차이가 나타나는 것을 말합니다. 예를 들면 주리론主理論과 주기론主氣論은 유교 사상 내부의 다양성을 보여줍니다. 반면에 다원성은 본질상 다른 개체가 일정한 관계 속에서 공존하는 것을 말합니다. 유교와 불교는 사상과 신앙에서 본질이 다름에도 공존하는 것과 같은 이치이지요. 고려 사회의 다원성을 구성하는 개체들은 독립성을 유지했습니다. 하지만 항상 대등하거나 평등하지는 않았습니다. 권력 행사나 신분 관계의 작용에 따라 개체 간 차별과 서열이 존재하기도 했습니다. 예를 들어 사상의 측면에서 불교·유교·도교·풍수지리·민간 신앙 등 다양한 사상이 충돌하지 않고 공존했지만, 불교는 국가나 왕실 혹은 국왕의 비호를 받아 다른 사상에 비해 주도적인 위치에 있었습니다.

●
통합성

　다원사회의 또 다른 특성인 통합성은 다양한 사상과 문화 간 대립과 갈등을 방지하고 조화와 균형을 유지하는 역할을 했습니다. 나아가 다양한 사상과 문화를 융합해 새로운 문화를 창조하는 역할도 했습니다. 통합성은 개체 사이의 조화와 균형을 유지하는 한편, 개체를 융합하여 새로운 개체를 창조하는 역할도 하는 것이지요. 서구의 다원주의 이론가 라이프니츠Gottfried W. Leibniz, 1646~1716는 다원성과 통합성의 균형을 강조했고, 그 균형이 유지될 때만이 정치·사회 영역에서 안정과 발전을 이룰 수 있다고 했습니다. 고려왕조에서 불교·유교 등 다양한 사상이 충돌 없이 공존한 것은 통합성이 작용하고 있었기 때문입니다. 대장경은 목판 인쇄술과 종이 제작 기술, 불교에 관한 높은 학문적 이해, 몽골 침입에 대한 저항 고취 등 기술과 문명, 사상과 인문이 융합되어 창조된, 통합성의 산물입니다. 팔관회는 다양하고 이질적인 사상과 문화를 왕조 질서 속에 포섭해 통합하기 위한 국가적 행사였습니다. 본관제도 마찬가지였습니다. 고려 정부는 왕조 건국에 협력한 지방세력에게 성씨를 주고 근거지를 본관으로 삼게 해 그들의 권위와 자율성을 인정하는 한편, 그들에게 주민의 교화, 조세와 역역 수취의 의무를 부과했습니다. 본관제는 약 반세기의 통합전쟁으로 분열된 지역과 민심을 통합하는 역할을 했으며, 중앙과 지방의 타협과 공존을 가능케 하여 왕조가 장기 지속하는 데 이바지했습니다.

다원사회의 형성 배경

다원주의는 서구에서 종교 개혁과 종교 전쟁으로 말미암아 절대적이던 교황권이 쇠퇴하고 국가와 종교가 분리되는, 패러다임의 혁명적 변화 속에서 대두했습니다. 다원주의는 가치와 질서, 존재의 절대성을 부정하고 가치의 상대성과 다양성·다원성을 존중하는 개념으로, 서구 근대 시민사회의 형성에 크게 이바지했습니다. 우리 역사에도 다원주의가 대두한 시기가 있었습니다. 바로 신라 말과 고려 초인데, 이 무렵을 전후해서 다원사회가 형성되었지요. 여기에는 그럴 만한 국내외적인 배경이 있었습니다.

먼저 내적인 배경입니다. 신라에서는 통일 이후에도 진골귀족이 예전과 다름없이 지배층의 지위를 유지했습니다. 고려 말에는 사대부가 권문세족을 무너뜨리고 왕조를 교체했지만, 지배의 측면에서 보면 고려에서 조선으로의 왕조 교체는 지배층 내부의 수평적 권력 교체에 불과했지요. 다시 말해 기존 지배층 안에서 권력이 한쪽에서 다른 쪽으로 이동한 데 지나지 않았던 것입니다. 이에 반해 고려왕조는 진골 중심의 골품체제, 왕경민王京民과 지방민 간 차별적인 지방제도와 신분제도를 해체하고 성립되었습니다. 그 주역은 '촌주'·'성주'·'장군'으로 불리는 지방의 호족세력으로서, 중앙의 진골귀족과는 그 성격이 크게 다른 집단이었지요. 신라 말 고려 초 호족세력의 등장과 집권은 지배의 측면에서도 혁명적인 변화라고 말할 수 있습니다.

지배세력의 혁명적 교체와 함께 사상 면에서도 커다란 변화가 있었습니다. 먼저 경주 중심의 귀족 불교가 해체되고 지방에서 선종 교단이 대두했습니다. 이는 우리 역사에서 불교 신앙과 불교 종단 다원화의 길을 열었습니다. 또한, 경주의 국왕과 진골귀족부터 지방의 민에 이르기까지 불교 신앙의 주체가 다원화되었습니다. 지방 호족세력의 참여와 협조로 건국된 고려왕조는 풍수지리·도참사상 등 지방 하층민의 토속 신앙도 공인했습니다. 당나라에서 유학한 후 돌아와 골품제의 한계와 모순을 절감한 6두품 세력은 유교 정치이념을 치국의 이념으로 제공했습니다. 이상의 여러 요인이 사상의 다원화를 이루는 데 크게 공헌했던 것입니다.

다음은 외적인 배경입니다. 10세기와 11세기 초에는 동아시아 세계의 주도권을 둘러싸고 나라와 종족 간에 치열한 영토 분쟁이 잇달았습니다. 5대 10국과 발해의 멸망, 송과 거란의 전쟁, 고려와 거란의 전쟁, 거란의 여진 정벌 등이 구체적인 예이지요. 이로 인해 한족漢族·거란·발해·여진 등 다양한 국가의 주민과 종족이 고려왕조에 유입되기 시작합니다. 이를 '내투來投, 귀화' 현상이라 하는데, 11세기 전반 현종 때 시작된 내투 현상은 금나라가 건국되는 12세기 전반까지 계속됩니다. 그리하여 고려의 주민 구성은 다원성을 띠게 되고, 고려왕조에 유입된 여러 종족의 고유한 문화가 고려 문화와 공존하고 융합하면서 문화의 다원성 및 다원사회 형성에 이바지하게 됩니다.

이제 고려의 통일왕조 성립기에 다원사회가 형성되었음을 보여주는 구체적인 예를 들어보겠습니다. 고려왕조는 후삼국을 통일하면서 삼국의 다양한 인적·물적 자원을 흡수하고 유지한 왕조입니다. 왕조 정부는 왕조 건국에 협력한 다양한 성향의 지방세력에게 성씨를 하사하며 그들의 근거지를 본관으로 삼게 했습니다. 또한, 본관 지역을 행정·교통·군사·생산의 중요도에 따라 다시 주현과 속현으로 편제하는 한편, 개간으로 신설된 촌락을 지방 행정 구역으로 편성하고 국가가 필요로 하는 물품 생산을 위해 향·부곡·소 같은 특수 행정 구역을 설치했습니다. 주현과 속현으로 구성된 군현 영역과 향·부곡·소 등으로 구성된 부곡 영역 등 다양한 영역 구성은 마치 수많은 육각형의 방이 모여 하나의 벌집을 이룬 것 같은 모습이었습니다. 이에 관해서는 1부 2장 '다원사회의 기초가 된 조직과 제도'에서 자세하게 설명하겠습니다. 어쨌든 이렇게 왕조 건국과 후삼국 통일에 협력한 옛 삼국 출신 지방세력을 인정하고 존중한 정책은 고려에 다원사회가 형성되었음을 보여주는 구체적인 예가 됩니다.

다원사회 형성의 또 다른 예는 고려왕조의 통치 철학에서도 찾아볼 수 있습니다. 태조 왕건이 죽기 얼마 전 자손들에게 남긴 유훈에는 태조의 통치 철학과 왕조의 정책 방향이 담겨 있는데, '훈요십조'라고 불리는 열 가지 항목이 그것입니다. 여기서 태조는 불교가 고려왕조 건국에 큰 역할을 했음을 인정하면서도 절의 난립이나 승려의 정

개태사지 석조여래삼존입상 개태사는 충청남도 논산에 소재한 절로, 일리천 전투에서 패한 후백제의 신검이 항복을 청한 장소에 세운 것이라 한다. 왕건은 후삼국 통합을 이렇게 부처의 은덕으로 돌렸지만, 〈훈요십조〉에서 보이듯 불교가 이를 빌미로 신앙의 역할을 넘어 정치에 개입하게 해서는 안 된다는 입장을 분명히 했다. 사진의 불상들은 통합전쟁에서 희생된 사람들을 기리기 위한 것으로, 흔히 '개태사 삼존불상'이라 부른다. 문화재청 제공.

치 간여 등 불교의 폐단을 경계했습니다. 또한, 유교 윤리를 바탕으로 문물과 제도를 확립할 것을 강조했습니다. 흔히 고려의 국교는 불교, 조선의 국교는 유교라는 말을 하지만, 이 말은 조선과 비교할 때 고려 왕조가 상대적으로 불교를 중시한 사실을 강조한 데 불과합니다. 태조 왕건은 〈훈요십조〉에서 불교뿐 아니라 유교·도교·풍수지리 등 다양한 사상의 공존을 당부하기도 했지요. 실제로 국가의 공식 행사에서 불교는 물론 도교·제천 의식이 거리낌 없이 시행되었을 정도로 고려왕조는 다양한 사상의 공존을 추구했습니다. 고려왕조의 특성인 다원사회는 이같이 고려의 통일왕조 성립기에 이미 그 기초가 닦였다고 볼 수 있습니다.

'삼한 일통'과 '대일통' 의식

고려의 다원사회를 유지한 이념적 기반 중 하나는 '일통의식一統意識'입니다. 무슨 뜻일까요? 두 가지 뜻이 담겨 있습니다. 첫째는 삼국이 하나로 통합되어 그 주민도 하나가 되었다는 뜻의 '삼한三韓 일통의식'을 말합니다. 그동안의 연구에 따르면, 삼한 일통의식은 신라의 삼국 통일에서 기원한다고 합니다.《고려사》최응崔凝 열전에는 후삼국 전쟁이 한창일 때 고려 태조가 문사 최응에게 "신라가 9층 탑을 세워서 일통의 업一統之業을 이룩했다. 지금 나는 개경에 7층 탑, 서경에 9층 탑을 세워 부처의 힘을 빌려 나쁜 무리를 제거하고 삼한을 통합하고자 한다. 그대는 나를 위해 발원문을 지어달라"고 말한 기록이 있습니다. 태조 왕건은 신라가 황룡사 9층탑을 세워 삼국을 통일한 일을 '일통지업一統之業'이라 표현했는데, 여기서 '일통'은 삼국을 통합했다는 뜻이지요.

둘째는 새로운 천자국의 탄생 혹은 천하의 통일이라는 뜻의 '대일통大一統'입니다. 이는 삼한 일통의식과 다릅니다. 중국의 고전인《춘추春秋》에 따르면, 대일통의 '통統'은 '시작'을 뜻합니다. "군왕이 천명을 받아 천하에 정교政教를 반포하고, 공후公侯로부터 서인庶人, 만물에 이르기까지 모두 천명을 받은 군왕을 받들어 천하에 새로운 정치가 시작되는데, 이를 대일통이라 한다"라고 했지요. 이같이 중국사에서 일통은 '대일통'의 뜻으로만 사용되었습니다. 고려도 이런 대일통 의식을 공유했습니다.

> 중국의 삼대三代, 하·은·주가 정삭正朔, 책력을 고치고 연호를 칭한 것은 모두 대일통으로 백성들이 보고 듣는 것을 새롭게 하고자 함이다. 이 때문에 때를 틈타 나라를 세워 천하를 다투거나 간사한 영웅들이 천하의 패권을 엿보는 경우가 아니면 변두리의 작은 나라로서 천자의 나라에 신속臣屬, 신하로 예속됨한 나라는 사사롭게 연호를 칭해서는 안 된다.
>
> — 《삼국사기》 권5, 진덕왕 4년(650)

650년 신라가 당나라 연호를 사용한 사실에 대해 《삼국사기》에 김부식이 피력한 개인적인 견해입니다. 고려 전기에 천자가 천하를 통일했다는 의미로 '대일통'이 사용되었음을 보여줍니다. 고려 후기에도 이런 의미로 '대일통'이 사용되었습니다. 다음은 1382년 7월 명나라가 남쪽의 운남雲南 지역을 평정하자 우왕이 명나라에 보낸 표문表文, 외교 문서의 일부입니다.

> 춘추의 대일통이 중원중국의 국운을 열게 했습니다. 우레와 같은 천자의 군대를 정돈하니, 그 위엄이 남쪽 끝까지 이르렀습니다. 승전의 소식이 멀리 전파되었으니, 기뻐하는 기운이 높이 올랐습니다.
>
> — 《고려사》 권134, 우왕 8년(1382) 7월

이때의 '대일통' 역시 천자가 천하를 통일한 사실을 뜻하며, 그 용례가 고려 후기에도 줄곧 사용되었음을 확인하게 됩니다.

그동안 우리 학계는 일통의식의 또 다른 의미인 '대일통'에 주목하지 않았습니다. 정확하게 말하면, 고려를 조선처럼 중국 중심의 조공-책봉 체제하의 제후국으로 간주했기 때문에 《고려사》 등에 등장하는 '대일통'이란 용어를 아예 거론조차 하지 않았던 것입니다. 옛 삼국의 다양한 인적·문화적 자원을 흡수하고 통합해 천하를 통일함으로써 다원주의를 기반으로 하는 새 문화를 창조했다는 고려인들의 자부심 속에는 반세기에 걸친 후삼국 통합전쟁에서 승리하고 고려 스스로 천자국 체제를 건설했다는 '대일통' 의식이 자리 잡고 있었던 것이 분명합니다. 대일통 의식이 고려 다원사회 형성의 이념적 기반이 된 것도 그 때문입니다.

고려왕조의 개방성

다원사회의 또 다른 특성은 사회와 경제 면에서 나타나는 개방성과 역동성입니다. 고려 사회는 우리 역사에서 유례를 찾아볼 수 없을 정도로 하층민의 운동과 정치적 진출이 활발했고, 그에 따라 신분 이동 또한 매우 활발했던, 역동성을 지닌 사회였습니다. 이에 대해서는 2부 3장 '역동적인 하층민의 삶과 사회 진출'에서 자세하게 다루기로 하겠습니다. 한편 수도 개경 인근의 벽란도를 비롯한 서해안 일대는 당시 송·거란·여진뿐 아니라 멀리 아라비아의 상인들까지 드나드는 동아시아 무역의 중심지였습니다. 이는 고려왕조가 대외무역을 용인하고 나아가 장려하는 개방적인 자세를 취했기 때문입니다. 개방성은 고려의 국력을 융성하게 했을 뿐 아니라, 문화의 번성에도 큰 역할을 했습니다. 무역 활동이 가장 활발했던 12세기에 고려의 문화가 크게 번성한 사실이 이를 증명합니다. 고려왕조의 개방성은 오늘날 우리 사회의 당면 과제인 지구화의 문제를 고찰하는 데에도 참고가 되리라 생각합니다. 지금부터 고려왕조의 개방성 혹은 국제성을 드러내는 요소들을 좀 더 구체적으로 살펴보면서 그 이유를 밝혀보고자 합니다.

바다 상인이 세운 나라

한국사의 역대 왕조는 전통적으로 농업 생산에 의존하는 농업국가의 성격을 지니고 있으며, 고려왕조 역시 예외는 아닙니다. 그러나 고려왕조는 농업국가인 동시에 해양국가였습니다. 이 점은 고려왕조의 또 다른 특성이자, 고려왕조의 개방적 성격을 뒷받침해주는 좋은 예가 됩니다. 사전의 의미를 따르면, 해양국가란 '국토의 전체 또는 대부분이 바다로 둘러싸여 있는 나라'를 말합니다. 사전에서는 이같이 지리적 특성에 주목하지만, 실제로는 바다를 국가 운영의 한 수단으로 삼는, 즉 대외무역이나 교역을 통해 부를 축적하고 이를 위해 대외적으로 개방적인 정책을 추구하는 국가를 해양국가라고 하지요.

해양국가

농업국가의 생산 기반은 토지입니다. 농업국가에서는 인간의 모든 삶이 토지에 묶여 있어 정착 생활이 주를 이룹니다. 그에 따라 토지 소유에 기초한 폐쇄적인 자연 공간, 자급자족의 생산 단위, 지리적으

로 가까운 공동체와의 연대를 통한 인적·물적 네트워크가 형성됩니다. 이러한 네트워크는 개별 공동체의 유지에 더욱 큰 목적을 둔 보수적이고 폐쇄적인 성격을 띠게 됩니다. 농업 기술의 발전과 농산물의 상품화가 더딜수록 이러한 네트워크는 상대적으로 더 보수적이고 폐쇄적인 양상을 띠게 마련입니다. 따라서 농업국가에 대외적으로 개방적인 성격을 기대하기는 어려운 것이 사실이지요.

이에 비해 해양국가는 원거리 이동이 불가피한 때문에 더 넓은 범위의 네트워크를 형성하게 되고, 그러한 네트워크를 유지하기 위해 다른 공동체에 대해 개방적일 수밖에 없지요. 특히 바다를 통한 원거리 무역은 생산지와 판매지의 가격 차이 때문에 때로는 예측 불가능할 정도로 큰 이윤을 낳습니다. 더욱이 상품의 생산과 판매에 전적으로 의지할 필요 없이, 유통과 중개만으로도 이윤을 남길 수 있습니다. 이러한 여러 이유로 해양국가는 언제나 외부 세계에 관심을 가지고 개방적인 자세를 유지합니다.

고려왕조가 역대 어느 왕조보다 적극적인 개방정책을 펴게 된 이유도 이런 해양국가로서의 성격을 지녔기 때문입니다. 이뿐만 아니라 당시 고려왕조를 둘러싼 몇 가지 국내외적인 환경도 개방정책의 원인이라 할 수 있는데, 이에 대해 살펴보기로 합시다.

우리 역사에서 바다 상인, 즉 해상海商의 전형적인 예를 꼽으라면 통일신라 시기의 장보고張保皐, ?~846를 꼽을 수 있습니다. 통일신라 때는 중국 당나라의 상업 장려책과 맞물려 중국과 우리나라를 비롯한 동아시아 국가들과 멀리 서남아시아 여러 국가 간에 활발한 교역이 이루어집니다. 당나라를 이은 송나라 역시 대외무역을 장려하여 이를 통해 재정 수입을 확대하는 정책을 취합니다. 송나라와 밀접한 관계에 있던 고려도 그 영향을 받아 통일신라기 해상 활동의 전통을 그대로 이어가게 됩니다. 그러나 보다 근본적인 원인은 고려 왕실에서 찾을 수 있지요.

고려왕조를 세운 태조 왕건과 그 조상들은 원래 개경을 근거지로 활동한 해상세력입니다. 《고려사》 첫머리 고려 왕실의 역사를 기록한 '고려 세계高麗世系'에 태조 왕건의 할아버지 작제건作帝建이 고려왕조의 국조國祖로 기록되어 있는데, 이 작제건의 아버지가 당나라 숙종肅宗, 재위 756~762이라 합니다. 이는 왕실의 조상을 미화하려는 상징 조작 정도로 보는 것이 타당할 것입니다. 어쨌든 이에 따르면, 당나라 숙종이 배를 타고 개경의 길목인 예성강으로 들어오다가 썰물 때가 되어 배가 진창에 빠지자, 배에 있던 동전을 꺼내 진흙 위에 뿌린 뒤 이를 밟고 상륙했습니다. 그 때문에 이곳을 '돈으로 덮인 포구'라는 뜻의 '전포錢浦'라 불렀다고 합니다. 1530년에 편찬된 《신증동국여지승람新增東國輿地勝覽》에는 고려 말 역사책 《주관육익周官六翼》을 인용해 당나라 선종宣宗, 재위 847~859이 전포에 왔다고 기록되어 있기도 합니다(권4, 개성부 상開城府上 산천山川 전포 조 참고). 어쨌든 '전포'라는 지명은 예성강을 중심으로 수많은 재화가 오간 당시의 정황을 드러내는 적절한 이름이라 여겨집니다. 이렇게 예성강 포구의 중심에 '돈 냄새' 물씬 풍기는 바다 상인 출신인 왕건의 조상이자 고려 왕실의 조상이 자리를 잡았습니다. 한편 작제건은 아버지를 만나러 상선을 타고 중국으로 가던 중 풍랑을 만났고, 바닷속 용궁에서 서해 용왕의 딸인 용녀龍女와 결혼해 태조 왕건의 아버지 용건龍建, 혹은 융隆을 낳았다는

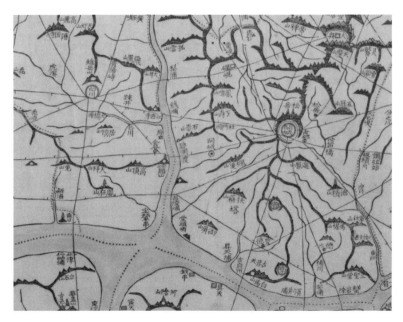

설화도 있습니다. 이 설화도 고려 왕실의 조상이 바다와 불가분의 관계를 맺고 있음을 알려줍니다.

태조 왕건이 태봉국 황제 궁예의 결정적인 신임을 받게 된 것도 해군대장군(海軍大將軍)이 되어 후백제 견훤의 근거지인 지금의 나주 지역을 점령했을 때입니다. 바다 상인의 후예답게 태조 왕건이 해군 장수로서 천하 통일의 첫걸음을 내디딘 사실도 매우 상징적입니다. 또한, 태조 왕건의 29명의 후비 가운데 서열이 가장 높은 제1비 신혜왕후(神

惠王后 유씨柳氏와 제2비 장화왕후莊和王后 오씨吳氏는 모두 서남해 해상세력의 딸입니다. 왕건이 개성 지방의 성주에서 궁예의 장수로서 큰 공을 세워 결국 고려왕조를 세우기까지 조상 때부터 해상 활동으로 축적한 자기 집안의 자본과 서해 해상세력과의 네트워크가 큰 힘이 되었을 것입니다.

활발한 대외 교류

해상세력의 후예가 왕조 건국의 주역이 되었으니, 왕조가 이후 개방적인 대외정책을 취한 것은 어쩌면 당연하다고 볼 수 있지요. 다음의 통계는 그러한 사정을 잘 보여줍니다. 960년 송나라 건국 이후 약 260여 년 동안 고려가 송나라에 사신을 파견한 횟수는 57회, 반대로 송나라가 고려에 사신을 파견한 횟수는 34회입니다. 그런데 송나라 상인이 고려에 온 횟수는 120회로 송나라 사신이 고려에 온 횟수의 4배에 달합니다. 이때 온 상인의 숫자만 해도 최소한 5,000명으로, 공식 외교를 통해서만 교역을 허락한 조선왕조와는 상당히 다른 상황이었음을 알 수 있지요. 이 수치도 고려 조정에 물건을 바쳐 기록에 남은 송나라 상인들에 한한 것으로, 기록에 없으나 무역 거래의 관행상 송나라 상인 못지않은 많은 고려 상인이 송나라를 방문했을 것입니다. 이같이 고려와 송나라 간 상인의 교류는 우리가 생각한 것 이상으로 빈번했다고 보아야 할 것입니다.

또 하나의 예를 들겠습니다. 거란과의 전쟁이 끝난 1019년현종 10 이후 문종 후반까지 약 50년간 고려와 송나라는 외교 관계를 단절한 상태였습니다. 문종이 재위 12년1058에 송나라와의 외교 관계를 재개하려 하자, 신하들은 다음과 같은 이유로 반대합니다.

우리나라는 문물과 예악이 번성한 지 이미 오래고, 상선이 줄을 이어 왕래하며 날마다 진귀한 물자를 들여오고 있습니다. 그러니 굳이 외교 관계를 맺어 송나라의 도움을 받을 일이 있겠습니까? 거란국과 우호 관계를 영원히 끊으려는 것이 아니라면 송나라와 외교 관계를 맺어서는 안됩니다.

— 《고려사》 권8, 문종 12년 8월

신하들의 이 같은 반대는 국왕에게 정국의 주도권을 뺏기지 않으려는 뜻도 있었지만, 실제로 송나라와의 공식적인 외교 관계 재개가 거란을 자극할 뿐 아니라 민간 차원의 교역을 통해 외국의 물자가 풍부하게 공급되고 있는 마당에 별다른 실익이 없다는 현실적인 계산도 깔려 있었습니다. 이로 미루어 보아 당시 고려와 거란은 물론 고려와 송나라 간에도 교역을 통한 민간 차원의 활발한 문물 교류가 이루어지고 있었음을 알 수 있지요. 이러한 상황은 그로부터 약 170년이 지난 1220년 벽란도의 모습을 묘사한 이규보李奎報, 1168~1241의 시에도 잘 나타납니다.

조수가 밀려왔다 다시 밀려가고, 오가는 뱃머리 서로 잇대었네

潮來復潮去來去舶首尾銜相連

아침에 배가 이 누 밑을 떠나면, 한낮이 못 되어 남만에 이른다네

朝發此樓底未午棹入南蠻天

사람들은 배를 물 위의 역마라고 말하는데, 바람처럼 달리는 준마도 이
만 못하네 人言舟是水上驛我導追風駿足較此猶遷延

만약 돛단배 바람 속에 달리듯 한다면, 순식간에 봉래 선경에 이르리니
若使孤帆一似風中去倏忽想到蓬萊仙

어찌 달팽이 뿔 위에서 아옹다옹 다투리오, 배 타면 어딘들 가지 못하랴
何況區區蠻觸界假此木道何處不洄沿

—《동국이상국집》권16, 또 누樓 위에서 조수를 보고
동료 김군에게 줌

이 시는 당시 수많은 배가 끊임없이 드나들던 예성강 포구의 벽란
도를 실감 나게 그리고 있습니다. 멀리 남중국 등지에서 들어오는 무
역선들 때문에 소란스럽고 번성한 항구를 바라보면서 배를 타고 머나
먼 타국으로 나가보고 싶다는 생각을 한 사람이 단지 이규보만은 아
니었을 것입니다. 무신정변이 일어난 지 50년이 지난 시점이지만, 벽
란도를 중심으로 전개된 왕성한 대외무역은 여전히 개성을 풍요로운
도시로 만들고 있었던 것이지요.

개경의 이러한 모습은 원 간섭기인 14세기에도 변함이 없었습니다.
다음의 노래는 당시 수도 개경에 많은 외국인이 살고 있었다는 사실
을 증명하는 좋은 예입니다.

쌍화점雙花店, 만두 파는 가게에 쌍화 사러 갔는데
회회回回, 이슬람계 서역인 이비가 내 손목을 잡네

이 말이 이 가게 밖에 나고 들면

다로러거디러, 조그만 새끼 광대 네 말이라 하리라

더러둥셩 다리러디러 다리러디러 다로러거디러 다로러, 그 자리에 나도

자러 가리라

위 위 다로러거디러, 그 잔 데같이 지저분한 곳이 없네

이슬람계 상인들이 만두 장사를 하면서 고려 여인과 정을 통하는 내용의 고려가요로, 활발하면서도 자유로운 개경 저잣거리의 모습을 보여줍니다. 나아가 외국 상인들이 자유롭게 상행위를 할 정도로 개방적인 고려의 모습이 드러나지요.

당시 수도 개경의 관문 벽란도는 송·거란·여진·일본뿐 아니라 아라비아 상인까지 드나들며 무역을 할 정도로 번성한 국제 무역항이었습니다. 고려의 문화가 절정을 이룬 시기도 바로 대외무역이 가장 활발했던 12세기입니다. 그 결과 13세기 초 개경은 가호家戶 10만에 인구 50만을 헤아릴 정도로 번성했습니다. '코리아Korea'라는 이름이 '고려'에서 유래한 것은 잘 알려진 사실이지요. 기록상으로는 13세기 중반 몽골제국을 방문한 프랑스인이 중국 동쪽에 '카울레Caule'라는 나라가 있다고 쓴 것이 최초입니다. 이는 '고려'의 중국어 발음 '가오리gāolí'의 프랑스어 표기로, 대외무역을 장려한 고려왕조의 개방정책을 상징하는 용어이기도 합니다.

고려왕조의 개방성을 잘 보여주는 또 다른 예는 팔관회입니다. 불교 행사인 연등회燃燈會와 함께 팔관회는 고려의 가장 큰 축제였습니다. 양대 도시인 서경과 개경에서 각각 음력 10월과 11월에 열렸는데,

국토를 수호하는 여러 산천의 신과 하늘과 바다의 신에게 제사를 지내고, 노래와 춤을 비롯한 각종 형식의 오락을 통해 나라의 안녕과 평안을 기원했습니다. 국왕과 중앙 관료는 물론 지방 수령들도 참석하는 국가적 행사로 일종의 추수 감사제라고도 할 수 있지요.

이 행사에는 특히 탐라를 비롯해 여진·거란·송·일본의 상인들도 참석하여 국왕의 장수를 빌며 의례의 형식으로 국왕에게 특산물을 바쳤습니다. 이들은 행사 기간 중 자신들이 가져온 물건을 판매하거나 필요한 물품을 구매하는 등 상행위를 하기도 했습니다. 팔관회의 이런 모습은 고려왕조가 당시 동아시아 국제 질서를 이끄는 중심국 중 하나였음을 나타내는 동시에 고려왕조의 개방적이고 국제적인 면모를 보여주는 좋은 예가 됩니다. 개경의 벽란도가 국제 무역항으로 번성한 데는 이 같은 팔관회 행사도 한몫했다고 할 수 있지요.

지금 대한민국은 수출과 수입액으로만 따진다면 세계 10위권의 무역 대국입니다. 이는 일찍부터 많은 인재를 해외로 유학 보내거나 해외의 우수한 기술 인력과 산업을 국내에 유치하는 등 앞선 기술과 문화에 대해 개방적인 자세를 가진 결과, 세계 최고 수준의 첨단 산업 기술을 보유하게 되었기에 가능한 일이지요. 고려왕조 역시 대외무역이 성행했다는 사실만으로 개방성과 국제성을 설명하기에는 아무래도 부족합니다. 이들 역시 대외무역을 비롯한 개방정책을 통해 주변의 선진 문물과 기술을 수용했던 것입니다. 바로 이 점이 개방성이 지니는 또 다른 특성이기도 하지요.

개방정책과 외국인 등용

고려의 개방적인 모습을 잘 보여주는 또 하나의 예는 고려 정부의 인사정책에서 찾을 수 있습니다. 앞에서 설명했듯이, 고려는 대외무역을 장려하는 동시에 외국의 선진 문물과 제도를 수용하여 왕조의 면모를 일신하고자 했는데, 정부의 인사에도 이런 노력이 반영되었습니다. 바로 실력과 능력 있는 외국인을 관료로 채용한 일입니다. 조선왕조 때는 찾아볼 수 없는 고려왕조만의 특성이지요. 광종 때의 과거제 도입이 이런 식의 인사를 촉진한 계기가 되었습니다.

여러분도 잘 알다시피, 광종 때 과거제 시행에 큰 역할을 한 사람은 고려에 사신으로 왔다가 정착한 중국 5대 마지막 왕조 후주後周의 관리 출신 쌍기雙冀이지요. 그의 건의에 따라 고려에서 과거제가 처음으로 시행됩니다. 이를 통해 능력과 실력을 갖춘 새로운 관료 집단이 대두하면서 지배세력이 대대적으로 교체됩니다. 왕권 강화를 꾀한 광종에게 과거제는 더없이 좋은 기회였던 것이지요. 광종의 신임을 받은 쌍기는 고려에 귀화해서 고위직에 오르게 됩니다. 이후 많은 중국인이 고려로 귀화해서 관리가 됩니다.

쌍기의 아버지 쌍철雙哲도 후주의 관료 출신으로, 아들이 고려 국왕의 총애를 받고 있다는 소식을 듣고 고려로 귀화하여 관리가 되었고 재상 자리에까지 올랐습니다. 송나라 출신 채인범蔡仁範도 광종 때 고려에 사신으로 왔다가 관리가 됩니다. 그는 유교 경전과 역사에 밝고 문장에 능한 학자였습니다. 재미있는 것은 지금 남아 있는 그의 묘지명墓誌銘이 고려의 묘지명 가운데 제작 시기가 가장 빠른, 가장 오래된 묘지명이라는 사실입니다. 무덤에 묘지명을 매장하는 문화가 중국

에서 유래된 것임을 고려하면, 일반 관인이나 승려가 죽었을 때 묘지명을 작성하여 무덤에 넣곤 하던 고려의 묘지명 문화는 채인범 사후처음으로 고려에 소개된 것이라는 추측도 가능해집니다. 송나라 사람주저周佇는 목종 때 고려에 와서 외교 문서 작성을 전담했고, 뒤에 재상으로 승진합니다. 고려 전기에는 이들 외에도 많은 외국인이 고려로 귀화해서 관리가 되지요.《고려사》에 등장하는 숫자만 해도 30여명을 헤아립니다.

요즈음 우리나라 대학은 지구화의 추세 속에 개혁으로 몸살을 앓고 있습니다. 대학 평가가 국내가 아니라 세계의 유명 대학과 비교하는 방식으로 바뀌었기 때문이지요. 진리를 추구하는 학문의 세계는 속성상 인종과 국경을 뛰어넘는 보편성과 세계성을 지닙니다. 따라서 진리의 전당인 대학이 외부 세계에 대해 어느 정도 개방적인 자세를 지니는지가 예전과 다르게 대학을 평가하는 주요한 잣대가 된 것입니다. 우리나라 대학이 평가에서 높은 점수를 받지 못하는 이유도 그 때문입니다. 세계화 혹은 국제화 비중, 구체적으로 외국인 교수 채용과 외국인 학생, 외국어 강의의 비중이 터무니없이 작지요. 그런데 1,000년 전의 고려왕조가 외국인을 관리로 채용했다니 놀라운 일이 아닐 수 없습니다. 지금의 기준으로 보아도 고려왕조의 국제화·세계화가 매우 성공적이었다는 느낌을 지울 수 없지요.

　고려 전기 중국에서 고려로 귀화한 인물 약 40명 가운데 반 이상이 학자나 문인인데, 이들은 대부분 고려의 관리가 됩니다. 나머지는 상인, 음악가, 승려, 역관이거나 의술 또는 무예, 점성술에 능한 사람들입니다. 고려 정부는 이들에게도 능력에 따라 관직을 주는 등의 대우를 했습니다. 《고려사》 문종 6년1052 6월 조에는 문종이 송나라 진사 출신 귀화인 장정張廷에게 벼슬을 내리면서 "타산他山의 돌이라도 나에게는 쓸모가 있다"라며 훌륭한 선비를 얻었다고 기뻐했다는 기록이 있습니다. 나라에 도움이 된다면 국적을 가리지 않고 등용한다는 의미로, 왕조의 전성기를 이끈 국왕 문종의 리더십을 잘 보여주는 대목이라 생각합니다. 나아가 외부의 선진 기술과 인력을 받아들여 왕조의 면모를 일신하려 한 고려의 개방적인 모습을 보여주는 예이기도 하지요. 특히 "고려에 온 귀화인 가운데 재주와 기예를 갖지 않는 사람은 받아들이지 않는다"(《고려사》 권9, 문종 35년1081 8월)라는 기록은 자국의 이익을 위해 훌륭한 기술·지식·자본을 가진 사람을 받아들이려는 오늘날 유럽과 북아메리카 대륙 여러 나라의 이민정책을 연상케 합니다.

물론 이러한 정책에 반발한 관료도 적지 않았습니다. 광종이 귀화인을 관리로 임용하는 것으로도 모자라 거주할 집을 주고 혼인까지 시켜주자, 재상 서필徐弼은 자신의 집을 반납하면서 귀화인 우대정책에 반발합니다. 성종 때 거란 장수 소손녕蕭遜寧과 담판을 벌여 압록강 이동 여진의 거주지 280리, 즉 강동 6주 획득에 큰 역할을 한 서희徐熙, 942~998가 바로 이 서필의 아들입니다. 서희는 거란의 침입 때 국력을 결집하기 위해 팔관회와 연등회의 부활을 주장하기도 했지요. 서희도 그 아버지처럼 고려의 전통을 강조한 인물로, 화풍華風정책에 호의적이지 않았습니다. 이같이 화풍정책에 대한 신료들의 반발이 적지 않았지만, 고려왕조는 초기부터 개방적인 대외정책을 통해 자국의 문물과 제도를 한 단계 높이려는 노력을 계속했습니다.

이러한 정책은 고려 후기에도 계속됩니다. 특히 세계제국 몽골과의 강화1259 이후 고려는 원나라1271~1368와 활발히 교류합니다. 충렬왕忠烈王, 재위 1274~1308 이래 고려 국왕과 혼인한 원나라 공주는 물론, 원나라가 일본 정벌을 위해 고려에 설치한 정동행성征東行省 같은 부속기관을 따라 많은 원나라 사람이 고려에 들어와 거주하게 됩니다. 고려 측에서도 국왕을 비롯해 수많은 관리가 수시로 원나라에 드나듭니다. 원의 선진 문물을 배우기 위해 유학을 떠나는 학자도 적지 않았습니다. 좋은 의미에서든 나쁜 의미에서든 14세기에는 고려와 원나라 간 교류가 크게 확대되었지요. 1254년고종 41 당시 몽골에 포로로 끌려 간 고려인이 약 20만 6,800명이라는 기록이 있습니다. 이들은 지금의 만주 심양瀋陽 등지에 집단으로 거주했습니다. 원나라는 이곳의 고려 인을 통치하기 위해 심양왕瀋陽王을 두었는데, 그 위상이 고려 국왕에 버금갔습니다. 그만큼 원나라 안에 고려인이 많았기 때문이지요. 잘 알다시피 원나라는 나라와 민족을 가리지 않고 능력 위주로 인재를 등용하는 개방정책을 폈습니다. 고려 역시 광종 대 이후로 원나라와 비슷한 정책을 취해왔기 때문에 두 나라의 개방정책이 상승작용을 하 면서 두 나라 사이에 활발한 교류가 가능했던 것입니다.

이 무렵 원나라 출신 왕비를 따라온 시종 신료 가운데는 고려에서 관리가 되어 새로운 성씨와 본관을 받고 고려에 정착한 사람이 많습 니다. 대표적인 인물이 장순룡張舜龍과 인후印侯입니다. 장순룡은 회 회인이며, 원래 이름은 삼가三哥, 셍게입니다. 충렬왕비인 제국공주齊 國公主의 겁령구怯怜口, 개인 몸종로 고려에 처음 발을 디뎠습니다. 이후 고려로 귀화했고, 장군으로 승진하면서 이름을 순룡으로 바꾸었다고 합니다. 그가 바로 해풍 장씨海豊張氏, 덕수 장씨德水張氏의 시조입니다. 인후는 몽골 출신으로, 몽골 이름은 홀자석忽刺歹, 쿠라다이입니다. 역 시 충렬왕비 제국공주의 겁령구로 고려 땅을 처음 밟았고, 귀화한 후 중랑장中郞將, 정5품 무관직에 임명됩니다. 충렬왕이 그를 장군으로 임 명했을 때 이름을 인후로 고쳤다고 하지요. 충렬왕이 원나라에 갈 때 마다 왕을 수행했고, 두 나라 사이에 외교 문제가 발생했을 때도 고려 의 사신이 되어 문제를 해결했다고 합니다. 특히 동녕부東寧府, 평양를 원나라로부터 돌려받는 데 큰 공을 세웠으며, 충선왕 때 재상으로 승진하고 공신으로 이름을 올렸습니다. 연안 인씨延安印氏 족보에 그의 이름이 수록되어 있습니다. 아들 인승단印承旦도 충목왕 때 재상이 되었지요.

원나라에서 전란을 피해 고려에 왔다가 벼슬을 하게 된 사람도 있습니다. 원나라 사람 한배주韓拜住는 원나라 과거에 장원으로 급제한 뒤 고위 관료를 역임했습니다. 공민왕 19년1370 만주 우라산성于羅山城, 올랄兀剌산성을 함락한 이성계의 고려군에게 포로로 잡혔으나 고려의 이인복李仁復과 함께 원의 과거 시험에 합격한 동년同年임을 밝혀 고려에서 벼슬을 하게 됩니다. 그래서 이름을 '한복韓復'으로 고쳤다고 합니다. 그는 이성계를 따르고 섬겼으며 이색과 교우했습니다. 당시 과거를 보려는 사람들은 하나같이 그에게 성리학을 배우려고 할 만큼 학자로서 유명했으며, 벼슬이 성균관 대제학에 이르렀습니다.

설손偰遜은 중앙아시아 위구르回鶻 출신으로, 원래 이름이 백료손百遼遜입니다. 조상이 대대로 몽골 북부의 설련하偰輦河, 셀렝가강 주변에 살았다는 이유로 고려에서 설偰을 성씨로 삼았다 합니다. 경주 설씨慶州偰氏의 시조입니다. 원나라에서 대대로 고위 관료를 지낸 집안 출신인데, 공민왕 7년1358에 병란을 피해 고려에 왔다가 관리가 되어 정착합니다. 그의 아들 설장수偰長壽는 공민왕 때 과거에 급제하여 명나라에 사신으로 가기도 했으며 뒷날 조선왕조의 개국공신이 되었습니다.

변안열邊安烈은 만주 심양 사람으로, 원나라 말년 병란을 피해 공민왕을 따라 고려에 들어옵니다. 1361년공민왕 10 홍건적이 개경을 함락했을 때 개경 수복에 공을 세워 공신이 되었고, 1374년공민왕 23 제주도의 목호자牧胡子, 몽골 출신 말 관리인들이 반란을 일으켰을 때 최영과 함께 반란을 진압한 뒤 재상이 되었지요. 이후 우왕 때 이성계, 나세羅世와 함께 왜구를 토벌했고, 위화도 회군에 참여한 뒤 공신이 되어 원주原州를 본관으로 받았습니다. 그러나 공양왕 때 우왕 복위 운동에 연루되어 죽임을 당합니다. 나세는 원나라 사람으로, 공민왕 때 장수로서 홍건적을 진압하고 공신이 되었으며, 우왕 때 왜구 토벌에 공을 세웠습니다.

이같이 고려 후기에도 다수의 외국인이 고려에 들어와 관료와 학자 혹은 무장으로서 이름을 떨치거나 공을 세우고 고려에 정착해 성씨를 받았습니다. 고려의 귀화 관료들은 왕조의 문물과 제도를 일신하기 위해 고려가 취한 적극적인 개방정책의 산물로서, 그 맥이 지금까지 이어지고 있습니다.

고려사 연구와 해석의 문제

고려왕조가 주목받지 못한 이유

우리는 '전통' 하면 흔히 조선을 떠올립니다. 시기적으로 오늘과 가장 가깝고, 관련 유물과 자료를 주변에서 쉽게 접할 수 있기 때문입니다. 특히 《조선왕조실록朝鮮王朝實錄》 국역본이 일반에 공개된 이후 드라마와 영화, 역사 관련 프로그램이 조선왕조를 집중 조명하면서 마치 조선이 부활하고 있는 것 같은 느낌마저 들 정도입니다. 그러나 이는 역사의 대중화가 꽤 진전되었다는 긍정적 측면과 함께 대중화가 특정 왕조에 집중되어 다른 왕조가 남긴 문화와 전통이 바르게 전달될 기회가 상대적으로 줄어든다는 부정적인 측면도 안고 있습니다.

조선의 문화가 우리 전통문화의 전부는 아닙니다. 고려 역시 500년 가까이 장기 존속하면서 역사와 전통이란 면에서 조선왕조 못잖은 폭과 깊이를 가졌습니다. 2000년대 초반부터 텔레비전 드라마로 고려의 모습이 대중에게 소개되기는 했어도, 고려왕조가 생생하게 살아있는 우리 전통문화의 일부라는 느낌을 주기에는 역부족입니다. 여전히 우리에게 고려왕조는 베일 뒤에 있는, 잊힌 왕조일 뿐이지요.

고려왕조가 베일에 가려진 채 대중으로부터 외면당한 데는 몇 가지 이유가 있습니다. 먼저《조선왕조실록》에 언급된 역사 사건의 현장이나 유물은 대부분 조선의 수도였던 서울과 그 주변 지역에 몰려 있어 마음만 먹으면 쉽게 찾아가 볼 수 있지만, 고려의 주요 유물과 유적은 고려의 수도 개경 곧 현재 북한 땅인 개성에 몰려 있어 현실적으로 접근이 불가합니다. 고려왕조가 우리에게 먼 역사로서 기억의 저편에 놓이게 된 데는 이처럼 분단 상황도 한몫을 했다고 볼 수 있지요.

《조선왕조실록》처럼 당대에 작성된 1차 자료가 없다는 사실도 고려의 역사가 멀게 느껴지게 된 원인의 하나입니다. 고려 때 편찬된 사료 중 지금까지 전하는 것으로는 김부식金富軾, 1075~1151이 편찬한《삼국사기三國史記》와 일연一然, 1206~1289이 편찬한《삼국유사三國遺事》가 있는데, 이는 모두 고려가 아니라 앞선 삼국의 역사를 정리한 책입니다. 고려에 관한 기본 사료로는 여러분도 잘 알다시피《고려사高麗史》와《고려사절요高麗史節要》가 있으나, 이는 모두 15세기 중반, 즉 조선시대에 편찬된 것이지요. 고려시대에 편찬된《고려실록高麗實錄》은 안타깝게도 전하지 않습니다. 물론《고려사》나《고려사절요》역시《고려실록》을 토대로 편찬한 것이기 때문에 여기에 실린 자료는 당대의 것입니다. 그러나 이를 편찬하는 과정에서 조선 초기 역사가들의 시각이 반영되어 고려의 실제 모습이 크게 훼손된 한계를 갖고 있습니다. 예를 들어 이들 자료에는 고려 말의 부패상과 혼란상이 의도적으로 부각되었을 뿐 아니라, 특히 《고려사》는 우왕과 창왕의 재위 기간 사적을 '세가'가 아니라 신하들에 관한 기록을 엮은 '열전'에 '신우'와 '신창'이란 이름으로 실었습니다. 우왕과 창왕을 왕씨王氏가 아닌 신씨辛氏의 핏줄이라 하여 국왕으로 인정하지 않음으로써 조선왕조의 건국을 합리화하려 했기 때문이지요. 따라서 이 기록을 그대로 수용할 경우 조선의 시각에서 고려왕조를 평가하게 되어 고려사의 진실을 제대로 파악할 수 없게 됩니다.

마지막으로 한국 역사학의 특성, 곧 '식민사학 극복과 민족사학 수립'이라는 화두에서 출발한 한국 근대역사학의 발전과 관련이 있습니다. 여러분도 알다시피, 일제 식민사학은 '타율성'과 '정체성'이라는 두 가지 논리로 우리 역사를 왜곡했습니다. 타율성 이론은 한국의 역사가 항상 외세의 침입에 시달리며 종속만을 강요받은 타율의 역사라는 논리입니다. 이 논리로 우리 고대사가 집중적으로 왜곡되었습니다. 정체성 이론은 일제의 한국 병합 직전 한국 사회가 일본보다 7~8세기 정도 뒤떨어져 있었기 때문에 발전을 위해 일제의 식민 지배가 필요했다는 논리입니다. 즉, 한국인의 고질적인 당파성, 상업의 미발달, 끈질긴 동족 마을의 잔존 등과 같은 요인 때문에 한국 사회가 정체되었다는 것입니다. 정체성 이론은 주로 조선사와 근대사 왜곡을 뒷받침했습니다. 해방 이후 한국 역사학은 제한된 연구 인력 때문에라도 일제에 의해 심하게 왜곡된 고대사와 조선 및 근대사 연구에 집중할 수밖에 없었습니다. 따라서 식민사학자들이 거란과 몽골의 침략, 원의 고려 지배를 의도적으로 부각하기는 했으나 왜곡의 주 대상에서 벗어나 있던 고려사 분야는 연구자나 대중에게 외면받을 수밖에 없었지요.

신채호의 고려사 인식을 넘어서

그런데 식민사학의 왜곡 세례에서 비켜나 있던 덕분인지 고려사는 의외로 대중에게 우리 역사의 가장 자랑스러운 부분으로 알려져 있습니다. 대학에서 해마다 학과 지원자들을 면접하면서 "우리 역사에서 가장 기억에 남는 사건이나 자랑스럽다고 생각하는 부분을 꼽고 그에 관해 설명하라"는 질문을 던지면, 수험생들은 대부분 고려의 문화나 사건을 언급합니다. 구체적으로 윤관尹瓘, ?~1111의 여진 정벌, 무신정권의 대몽항쟁 등 대외 정벌이나 항쟁의 역사를 이야기하거나, 청자·고려대장경·금속활자 등을 예로 들어 우리 역사에서 고려왕조가 가장 자주적이고 우수한 문화 저력을 지닌 왕조였다고 말합니다. 수험생들의 이런 답변이 대중의 역사 인식을 대변한다고 해도 크게 잘못된 말은 아닐 것입니다.

이러한 역사 인식은 일제시대 민족주의 역사학자들의 역사 인식에서 이미 정형화되기 시작했습니다. 이들은 고려 역사에서 대몽항쟁과 여진 정벌 같은 자주적인 대외 관계나, 청자·고려대장경·금속활자 등으로 대변되는 민족의 문화 저력을 강조함으로써 민족의식을 고취하려 했습니다. 나아가 이러한 역사 인식은 '자주와 사대'의 논리로 이론화됩니다. 유명한 민족주의 역사가 단재 신채호申采浩, 1880~1936 선생은《조선사연구초朝鮮史研究草》1929에 실린 '조선 역사상 일천년래 제일대사건朝鮮歷史上一千年來第一大事件'이라는 긴 제목의 글에서 한말부터 거슬러 올라가 서기 1000년경까지 우리 역사에서 가장 큰 사건으로 1135년 서경에서 일어난 '묘청의 난'을 꼽았습니다. 단재 선생은 자주적이고 전통적인 사상가 묘청이 사대적이고 유가적인 사상가 김부식에게 패하면서 우리 역사가 결정적으로 후퇴하게 되었다고 했습니다. 역사 발전은 자주적인 기상과 요소에서 찾아야 하며 사대적인 사상이나 행동이 역사의 후퇴를 가져온다는 이른바 '자주와 사대'의 논리를 제기하고, 이것을 우리 역사 해석의 주요한 기준으로 삼은 것입니다.

필자 역시 단재 선생의 논리는 고난으로 얼룩진 식민지 시기 역사가로서 마땅히 내세울 수 있는 논리라고 이해합니다. 그런데 문제는 이 자주와 사대의 논리가 아직도 고려왕조의 역사를 이해하는 데 통용되고 있다는 점입니다. 김부식이 편찬한《삼국사기》는 사대적이고 일연이 편찬한《삼국유사》는 자주적이라든가, 사실상 실패한 정벌로 당시 문책까지 받은 윤관의 여진 정벌은 자주적이지만 신흥 국가 금과의 맹약은 사대적·굴욕적이라는 평가가 아직도 설득력을 얻고 있습니다. 몽골의 말발굽 아래 짓밟히는 민의 고통을 외면한 채 오로지 정권 유지를 위해 강화도로 천도한 최씨 정권을 항몽정신의 수호자로 평가한 사실 역시 마찬가지입니다.

고려 사회는 지금까지 우리가 해온 것처럼 '자주와 사대의 논리'로 모든 것을 해석하고 읽어낼 수 있는 단순한 사회가 아닙니다. 지금으로부터 1,000년 전 우리 역사에 존재한 고려 사회는 수많은 육각형의 방이 모여 하나의 집을 이루는, 벌집 같은 구조의 사회였습니다. 그리고 이러한 사회 구조는 다양하면서도 통일성을 갖는 사상과 문화, 대내외적으로 역동적이고 개방적인 사회를 만드는 기반이 되었습니다. 오늘의 우리가 지향해야 할 다원성과 통합성, 개방성과 역동성을 지닌 다원사회가 바로 고려 사회인 것입니다.

그에 비해 조선 사회는 성리학 이념, 그 외연으로서의 성리학적 사회 질서를 축으로 하여 운영된 사회입니다. 성리학은 조선 사회를 지배하는 이념이자 운영 원리였습니다. 조선 사회는 이 점에서 성리학적 질서라는 단일한 원리를 축으로 하여 운영되는, 동심원 같은 사회였습니다. 그러나 고려 사회는 사상과 문화의 다양성을 토양으로 통합성을 추구한 사회, 곧 다양한 이치와 원리가 통용되는 사회였습니다. 동심원 같은 조선 사회를 떠받치는 힘이 예禮의 질서로 군신 간·부자간 엄격한 상하 구분을 강조하는 '종속의 원리'라면, 벌집 구조의 고려 사회를 떠받치는 힘은 다양한 개체의 공존과 균형, 통합을 추구하는 '평행의 원리'였습니다. 평행의 원리는 다양한 사상과 문화 및 사회 조직을 유지하는 원동력이었습니다.

고려 사회가 무신정변과 농민항쟁, 거란과 몽골의 침입 등 '내우외환'의 위기 속에서도 쉽게 무너지지 않고 사회적 통합력을 복원할 수 있었던 것은, 평행의 원리로 운영되는 다원사회에서 우러나오는 특유의 유연성과 탄력성이 관성적으로 작용했기 때문입니다. 민족사에서 고려왕조가 차지하는 역사적 의의는 바로 여기에 있습니다. 개인과 집단의 다양성을 인정하되 그것을 사회적으로 통합시켜 민족의 새로운 저력으로 만드는 사회적 통합력의 복원은 오늘날 우리 사회의 당면 과제입니다. 고려의 역사 경험에서 우리는 그 대안을 찾을 수 있습니다. 그것이 바로 고려의 역사에 주목해야 하는 이유입니다.

2장

다원사회의 기초가 된 조직과 제도

1. 사회 통합의 모델, 본관제

본관·성씨 사용과 토성분정

고려왕조는 한국사에서 처음으로 실질적인 민족 통합을 이루어낸 왕조이자, 500년간 장기 지속한 왕조입니다. 이번에는 고려왕조가 실질적인 민족 통합 국가로 발돋움하고 500년간 왕조를 유지할 수 있었던 제도적 기반에 관해 살펴보기로 하겠습니다. 구체적으로 고려 건국과 후삼국 통일에 참여한 수많은 지방세력의 다양한 이해관계를 조절하여 사회적 통합, 즉 궁극적인 민족 통합을 이루어내도록 만든 고려의 제도적 장치가 무엇인가 하는 문제입니다. 저는 이를 '본관제'라고 생각합니다. 고려왕조가 오늘날 주목받는 이유 중 하나도 민족 통합의 새로운 모델이라 부를 수 있는 본관제를 운영했기 때문입니다.

　대학에서 역사를 전공했거나 역사에 특별히 관심을 가진 사람이 아니라면, 본관제는 매우 생소한 용어일 것입니다. 이 용어는 1980년대 이후에 새롭게 정의된 역사용어입니다. 후삼국 통합을 이루기까지 50여 년간 지역 간·계층 간 극심한 갈등을 겪었던 고려가, 통합전쟁 후 갈등을 수습하고 새로운 민족 문화를 창조하여 500년간 장기 지속할 수 있었던 데는 본관제라는 제도적 장치가 큰 역할을 했습니다.

대한민국 국민은 반드시 본관本貫과 성姓을 갖게 되어 있습니다. 본관이란 '부계 시조의 거주지나 근거지'를 의미합니다. 본관을 다른 말로 '성姓의 출자지出自地'를 뜻하는 '성관姓貫'이라고도 하지요. 성은 주로 부계의 혈통을 표시하는 표지로서, 개인의 혈족血族을 나타냅니다. 대를 내려가 수십 촌으로 촌수가 멀어져도 본관과 성이 같은 사람은 여전히 동족同族으로서 유대의식을 갖게 되는 것이 엄연한 현실입니다. 본관과 성을 갖는 전통은 언제부터 시작된 것일까요? 삼국의 왕족과 지배층은 일찍이 중국과 교류하면서 성씨를 갖기 시작했습니다. 하지만 본관과 성이 보편화한 건 고려왕조 때부터지요. 고려 후기 유학자 이색李穡, 1328~1396은 안동 권씨의 유래를 다음과 같이 설명하고 있습니다.

권씨는 김행金幸으로부터 시작하는데, 김씨는 신라의 대성大姓이었다. 김행이 복주福州, 안동를 지키던 중에 태조가 신라를 치려고 복주에 이르니, 김행이 천명이 태조에게 돌아가는 것을 알고 읍邑을 들어 그에게 항복했다. 태조가 기뻐하며 이르기를, "김행은 권도權道, 형편에 따라 임기응변으로 일을 처리하는 방도를 안다"라면서 '권權'이라 사성賜姓했다.

— 《목은문고牧隱文藁》 권16, 중대광 현복군 권공 묘지명

=== **안동 태사묘** 고창 전투에서 공을 세운 권행과 김선평, 장정필은 태조로부터 안동을
본관으로 각각의 성씨를 받았다. 안동 권씨, 안동 김씨, 안동 장씨는 이들로부터 비롯되었다.
안동 태사묘는 이 세 사람의 위패를 봉안하고 있는 사당으로, 983년(성종 2)에 안동부 내에
설립되었고, 1542년(조선 중종 37)에 지금의 경상북도 안동시 북문동으로 옮겨졌다. 태사묘관
리위원회 제공.

930년태조 13 태조 왕건이 후삼국 전쟁의 향배가 걸린 고창古昌, 안
동 전투에서 승리한 후, 협조한 김행에게 '권權'이라는 성을 내려주었
다는 기록입니다. 정확하게는 김행에게 '권'이라는 성과 함께 '안동'
을 본관으로 내렸지요.《고려사》지리지에 따르면, 왕건은 이때 고창
의 이름을 '동쪽 지역이 평안하게 되었다'는 뜻의 '안동安東'으로 바꾸
었다고 합니다〔권57, 안동부 조 참고〕. 또한, 김행과 함께 왕건을 도운
이곳 출신 김선평金宣平과 장정필張貞弼, 혹은 장길張吉도 이때 모두 '안
동'이라는 본관과 함께 각가 '김金'과 '장張'이라는 성을 받아, 해낭 가

문의 시조가 되었습니다. 안동을 본관으로 하는 권·김·장씨는 여기서 출발한 것이지요.

후삼국 통합전쟁에서 승리한 고려는 각 지역의 토지와 민의 '적籍'을 작성하고 지역마다 유력한 세력에게 본관과 성씨를 부여함으로써 지방사회를 국가의 지배 질서 속에 편입시켰습니다. 전국의 중요한 지방세력에게 성씨를 부여하면서 그들의 거주지와 영역에 대한 지배권을 함께 인정해준 것이지요. 이러한 정책을 '토성분정土姓分定'이라 합니다. '토성분정'에서 '토'는 지역·지연을, '성'은 부계의 혈연을 의미합니다. 이 정책은 각종 지리지 성씨 관계 기록을 검토한 결과, 대체로 태조가 후삼국을 통합한 지 얼마 안 된 940년태조 23에 시행되었음을 알 수 있었습니다.

왜 태조 왕건은 토성분정을 시행했을까요? 이는 태조 왕건의 독창적인 정책이 아니라, 중국 당나라의 제도를 참고한 것입니다. 천하를 통일한 당나라는 통일 과정에서 협조한 신흥 세력에게 성씨를 내려 그들의 권위를 높여주려 했습니다. 또한, 전국의 유력 세력과 그들의 성씨를 기록한 《씨족지氏族志》와 《군망표郡望表》를 편찬했습니다. 천하를 통일한 당나라가 신흥 세력에게 성씨를 부여하고 그들의 성씨를 정리하여 책으로 간행하기까지 한 것은 기득권층인 문벌을 억제하는 한편, 천하 통일에 협조한 신흥 세력의 도움을 얻어 황제체제를 강화하기 위해서였습니다.

태조가 토성분정을 실시한 목적도 이와 다르지 않습니다. 조선 초기에 편찬된 《세종실록》 지리지에도 군현마다 토성이 기록되어 있는데, 대체로 940년 토성분정 때 확정된 성씨를 기초로 작성된 것입니다. 《세종실록》 지리지에 토성을 기록한 것도 당나라가 《씨족지》를 편찬한 것과 비슷한 목적이었음이 분명하지요. 진골귀족 중심의 폐쇄적인 골품체제에서 소외되었던 지방 유력층이 자신을 도와 새 왕조를 건국한 데 이어 후삼국을 통일하는 일에도 협조하자, 태조 왕건은 그들에게 본관과 성씨를 내려 지방사회에서의 권위와 자율권을 인정하면서 분열된 지역과 민심을 통합하려 한 것입니다. 이처럼 토성분정은 단순히 지방세력에게 본관과 성씨를 부여한 데 그치지 않고, 반세기에 가까운 내란으로 분열된 사회를 통합해 왕조의 장기 지속을 가능케 한 '고려판 사회통합정책'이었습니다.

한편 1055년문종 9 국왕 문종이 내린 조치는 본관과 성씨 사용이 일반화하는 계기가 되었습니다. 《씨족록氏族錄》에 본관과 성씨가 실려 있지 않은 사람은 과거에 응시하지 못한다는 내용인데, 얼핏 보면 과거 응시 자격을 제한하는 조치인 듯싶지만, 사실은 그 반대였습니다. 고려 초기에는 지방 유력층인 향리층 이상에게만 과거 응시 자격이 주어졌습니다. 그런데 문종이 내린 이 조치로 인해 《씨족록》에 성씨와 본관이 등록된 일반인에게로 응시 자격이 오히려 확대되었던 것이지요. 이제 과거에 도전하려는 양인들이 《씨족록》에 성씨와 본관을 등록하기 시작합니다. 11, 12세기를 거치면서 이런 경향이 더욱 확대되어 지금과 같은 성씨와 본관 사용이 일반 양인들 사이에서 보편화하기 시작합니다. 광종 때 시행되기 시작한 과거제가 본관과 성씨 사용의 일반화를 초래한 셈입니다.

본관제의 보완책, 역분전과 군현 명칭 개정

토성분정이 시행된 940년에는 다음과 같은 두 가지 정책이 함께 시행되었습니다.

> 이해 처음으로 역분전役分田을 제정했다. 조정 신료에서 군사에 이르기까지 관계官階를 따지지 않고 성품과 행실의 선악과 공로의 대소를 보고 지급에 차이를 두었다.
>
> ―《고려사절요》권1, 태조 23년

> 〔전국〕주·부·군·현의 호칭을 개정했다.
>
> ―《고려사》권2, 태조 23년 3월

전시과의 원형인 역분전 제도가 시행되고, 전국의 군현 명칭을 개정하는 군현 개편이 단행된 것입니다.《고려사》등에는 위와 같이 아주 간단하게 나와 있지만, 이 두 정책은 고려 초기에 이미 본관제가 시행되었음을 알려주는 토정분정과 맞물려 있는 것으로 주목할 필요가 있습니다.

전시과 제도의 원형인 역분전은 성품과 행실, 즉 충성도와 공로에 따라 토지를 지급했다고 합니다. 한마디로 왕조 개창과 삼국 통합에 어느 정도로 협력했는지 왕조에 대한 충성도와 통합전쟁에서 세운 전공戰功을 기준으로 토지를 지급해서 지방세력을 지배 질서 속에 포섭하려 한 것이지요. 일례로 태조가 통합전쟁 당시 자신의 휘하에서 수많은 전공을 세운 평주平州, 황해도 평산 사람 박수경朴守卿에게 역분전으로 토지 200결을 주었다는 기록이 있습니다. 이는 당시 고려 정부가 왕조에 협조적인 지방 유력 세력에게 성씨와 본관뿐 아니라 토지를 지급해 사회적으로는 물론 경제적으로도 안정적인 지위를 보장하려 했음을 보여줍니다. 역분전 제도가 본관제를 보완하는 역할을 한 것입니다.

군현 명칭 개정 역시 본관제를 보완하는 조치로, 구체적으로 본관과 성을 정한 토성분정을 보완하려는 목적이 있었습니다. 태조 연간에 신라의 수도였던 계림鷄林의 명칭을 고친 조치에서 그러한 사실을 확인할 수 있습니다.

> 태조 18년 [신라] 경순왕 김부金傅가 와서 항복하자, 나라를 없애고 그곳을 경주라 했다. [태조] 23년 경주의 관격官格을 대도독부大都督府로 높이고, 경주 6부의 이름을 고쳤다.
>
> — 《고려사》 권57, 지리 2 경주

태조 18년935 신라 경순왕의 항복에 고무된 왕건은 계림의 명칭을 '경사스러운 고을'이라는 뜻의 '경주慶州'로 바꿉니다. 《삼국유사》에는 그 5년 뒤에 개정된 경주 6부의 구체적인 이름과 각 부에 내려준 성씨가 기록되어 있습니다. 중흥부이李·남산부정鄭·장복부손孫·통선부최崔·가덕부배裵·임천부설薛가 그것입니다[권2, 기이 시조 혁거세 참고]. 이같이 군현 명칭 개정은 단순히 군현의 이름을 바꾸는 데 머물지 않고 군현을 본관으로 삼아 그곳의 유력자들에게 성씨를 부여하는 제도였음을 확인할 수 있습니다.

본관제에 대한 올바른 이해

종래에는 본관제를 대체로 다음의 세 가지 방식으로 설명했습니다. 첫 번째는 '신분에 따른 군현 편성', 즉 신분별로 거주지를 편성할 목적으로 본관제를 시행했다는 것입니다. 쉽게 말하면 군현 지역에 거주하는 사람은 양인, 부곡 지역에 거주하는 사람은 천민이라는 것이지요. 주로 일본인 고려사 연구자들이 이렇게 이야기하는데, 이들은 고려 초기 사회를 노예제 사회로 규정하고 양인과 천인의 거주지를 구별하기 위해 만든 제도가 본관제라고 했습니다.

두 번째는 개경에 근무하는 문벌귀족이 자신들의 문벌을 과시하고 자신들의 가문을 다른 가문과 구별하기 위해 이른바 본관을 사용하기 시작했다는 견해입니다. 그런 면이 없었던 것은 아니나, 그렇게만 설명하면 본관제는 그 의미가 축소되어 단순히 문벌귀족제를 유지하는 수단이 되고 맙니다.

세 번째는 신라 하대에 골품제가 붕괴하자 거기에 포함되어 있던 친족공동체들이 갈라져 나오면서 자신들의 정체성을 확보하기 위해 저마다 본관을 달리하기 시작했다는 설명입니다. 달리 말해 수도 경주의 진골귀족과 관련이 있던 지방 친족공동체들이 분립하면서 각기 본관을 사용한 것이 본관제의 기원이라고 보는 견해입니다.

대체로 이러한 세 가지 견해가 있으나, 본관제는 좀 더 적극적으로 해석할 필요가 있습니다. 고려는 통일신라처럼 삼국을 통합한 왕조이지만 통합의 주체는 통일신라 때와 달리 지배층에서 소외된 지방세력이었습니다. 그래서 통합전쟁에 참여한 다양한 성향의 지방세력을 통합해서 새로운 사회체제를 만들지 못하면 붕괴할 수밖에 없었습니다.

그런 의미에서 본관제는 지방세력을 국가의 지배 질서 속에 편입하여 새로운 사회를 만드는 데 유용한 장치였습니다. 본관제는 고려 초기 중앙정부가 지방세력에게 그들 영역에 대한 지배권을 인정해주고, 자율성을 최대한 존중하고자 시행한 정책이었습니다. 중앙정부는 이를 계기로 지방세력을 지배 질서 속에 포섭하여 지역 간·계층 간 대립과 갈등을 극복하고 국가와 사회를 통합한다는 정치적 목표를 가지고 있었지요. 지방세력을 통해 민의 유망을 막아 지방사회를 안정시키고, 왕조의 물질적 기반인 조세와 역역을 안정적으로 수취한다는 사회·경제적인 목표도 있었습니다. 본관제를 이런 차원에서 생각한다면 앞의 견해들과는 상당히 다른 의미를 부여하게 되겠지요. 이제 본관제를 시행하게 된 배경을 정치와 사회·경제 두 측면으로 나누어 좀 더 구체적으로 살펴보기로 하지요.

본관제 시행 배경

고려 정부는 건국과 통합에 협조한 다수의 지방세력에게 그들이 거주하는 지역에 대한 지배권을 위임하여 그들을 통해 지역 내 농민의 유망을 방지하고 조세를 거두어들였습니다. 고려 중기 이후에 변화가 나타나지만, 고려 초기에는 이 같은 지배 방식이 일반적이었지요. 반면, 조선시대에는 역을 지는 사람을 모두 양인으로 편성해서 국가가 이들을 직접 지배했습니다. 이것이 고려와 조선 두 왕조 간 대민 지배 방식의 차이입니다. 그런데 고려 초기에는 왜 이런 지배 방식을 택했을까요?

고려는 신라와 달리 외세의 힘을 빌리지 않고 통일을 이룬 덕에 왕조 통합 후 국왕이 권력을 행사하는 데서 통일신라의 국왕보다 훨씬 자유로웠습니다. 그런데도 태조는 통일 전과 마찬가지로 '중폐비사重幣卑辭, 많은 폐물과 공손한 언사'로 지방세력을 회유하고 달랬으며, '취민유도取民有度', 즉 수취에 법도가 있어야 한다면서 민생을 고려한 정책을 펼쳤습니다. 긴 내란을 평정한 승자의 특권과 오만은 찾아보기 힘들었지요. 물론 어진 군주로 형상화하기 위한 의도적인 기록으로 볼 여지도 있으나, 태조 왕건이 재위 기간 내내 지방세력을 배려하고 그들 영역에 대한 지배를 인정하는 정책을 통해 지역과 사회를 통합하려 한 것만은 분명합니다.

구체적인 예를 하나 들겠습니다. 지금의 경북 성주星州 지역은 후삼국 전쟁기에는 '벽진군碧珍郡', 후삼국 통일 후에는 '경산부京山府'로 불리던 지역으로, 이총언李愶言이라는 지방 유력자가 지배했습니다. 그가 자신의 아들과 군사를 보내 태조의 정벌에 협력하자, 태조는 이총언을 '본읍本邑 장군', 즉 벽진군의 장군으로 임명하고 벽진군 주변의 정호丁戶 229호와 멀리 충주·원주·광주廣州, 경기도 광주·죽주竹州, 경기도 안성·제주堤州, 충북 제천에서 생산되는 곡식과 소금 수취권을 보답으로 주었습니다. 정벌에 협조한 지방세력에게 그 대가로 거주지의 지배권을 인정해주는 것으로도 모자라 그 주변 지역에 대한 수취권까지 부여한 것입니다. 이 모두가 지방세력의 협조를 얻기 위한 조치였지요. 이렇게 그들의 협조를 얻어 전쟁으로 분열된 사회의 통합은 물론 왕조의 안정을 도모하려 했던 것입니다. 본관제 시행의 정치적 배경은 여기에 있습니다.

=== **성주 벽진장군 이총언 유허비** 《고려사》이총언 열전은 태조가 하사품과 함께 친필 서한을 보내 변함없는 굳은 신의를 표시하며, 자자손손에 이르기까지 마음을 변치 않겠노라 맹세했다고 전한다. 사진은 1917년에 촬영된 것이다. 이총언은 벽진 이씨(碧珍李氏)의 시조로 알려져 있다. 국립중앙박물관 제공.

조선시대에는 국가가 전국의 농민을 직접 지배했습니다. 이에 관해서는 조선왕조의 농민 지배가 강화되었다는 식의 설명이 일반적이지만, 당시의 생산력 수준과 관련지어 설명할 수도 있습니다. 조선 초기 농업 기술은 시비법施肥法, 거름 주는 방법의 발달로 지력地力이 높아지면서 휴경 없이 매년 같은 땅에 같은 농사를 지을 수 있는 상경연작常耕連作 단계에 있었습니다. 이로 인해 농경지가 확대되면서 지역 간 발전 격차도 크지 않았습니다. 농민들은 매년 같은 땅에 같은 농사를 지으며 생산량을 예측해 가계를 안정적으로 유지할 수 있었죠. 조선왕조가 농민을 안정적으로 지배할 수 있게 된 것도 생산력의 발달로 농민들의 가계가 안정되었기 때문입니다. 그러나 고려시대에는 농업 기술이 완전한 상경 단계에 도달하지 못해 지역 간 발전 격차가 매우 컸습니다. 농민들이 한곳에서 가계를 안정적으로 꾸리기보다는 개간을 위해 혹은 재해로 인해 다른 지역으로 이동할 여지가 컸지요. 따라서 국가도 민을 안정적으로 지배할 수 없었습니다.

지역 간 발전 격차는 지방사회의 기초 단위인 촌락에도 나타납니다. 당시 지방의 지배세력은 관아가 있는 치소治所에 거주하며 이 주변의 비교적 개발이 쉽고 비옥한 땅을 경작지로 갖고 있었습니다. 자연히 촌락도 인구가 상대적으로 밀집한 이 지역을 중심으로 발달했지요. 반면에 농민들은 치소에서 멀리 떨어진 산간 혹은 계곡을 개간하여 농경지를 확보하려 했기 때문에 산간 혹은 계곡 주변의 경작지를 중심으로 산촌散村 형태의 영세한 촌락을 형성했습니다. 참고로, 신라의 촌락문서를 보면 4개 촌락의 경작지 비율이 전체 촌락 면적의 4~7퍼센트에 불과합니다. 8세기 무렵의 상황이 이러했으니, 1세기가 넘게 혼란과 전쟁을 겪은 뒤인 10세기 고려의 사정도 크게 나아지지는 않았을 것입니다. 즉, 고려 초기 지방사회는 관아가 있는 치소를 중심으로 이제 막 촌락이 발달하기 시작한 수준이었습니다. 군현의 관아를 중심으로 인구가 밀집된 치소를 벗어나면, 대부분 허허벌판의 미개간지 상태로 남아 있었지요.

고려 초기 지방세력과 농민의 거주지 간에 나타나는 이런 촌락 발달의 불균형 현상은 군현 간에도 나타나고 있었습니다. 조선시대에는 약 360개의 군현이 있었는데, 군현의 규모에서 큰 차이가 없고 행정 단위도 군과 현이 주를 이루었습니다. 그러나 고려는 군현 간 경제적인 격차, 즉 군현 간 발전 격차가 매우 커서 중앙정부가 강한 지배력을 가졌더라도 전 지역을 일률적으로 지배할 수는 없었습니다. 마치 초등학생과 중학생, 고등학생과 대학생을 앉혀놓고 같은 주제의 강의를 할 수 없는 것과 같은 이치지요.

본관제 시행의 또 다른 배경은 이러한 지역 간 발전 격차에 있었습니다. 고려 정부는 지방세력이 거주하는, 상대적으로 인구가 많고 토지가 비옥해 생산력이 높은 지역을 주현으로 삼고, 주현 주변의 영세한 지역을 주현의 행정적 지배를 받는 속현으로 본관을 편성해 개발하려 했습니다. 또한, 국가가 필요로 하는 농수산물·광물·수공업 제품 등을 생산하기에 적합한 지역을 부곡 지역으로 본관을 편성해 발전을 도모했습니다. 약 130개의 주현, 약 390개의 속현, 약 900개의 향·부곡·소·처·장 등 고려의 다양한 행정 단위는 이처럼 고려 초기 지역 간 발전 격차를 해소하려는 과정에서 생겨난 것입니다.

이같이 본관제를 시행한 배경에는 정치적으로 고려 건국과 통합전쟁에 참여한 다양한 지방세력을 아울러 사회 통합과 왕조의 안정을 도모하는 한편, 사회·경제적으로 낮은 생산력과 그로 인한 지역 간 발전 격차를 해소하려는 중앙정부의 의지가 작용했던 것입니다. 고려 왕조 성립기의 이 같은 배경 속에 성립된 본관제는 결과적으로 후삼국 이래 크게 분열된 지방사회를 아울러 실질적인 민족 통합을 이루는 데 큰 역할을 했습니다. 민족 통합의 모델로서 본관제가 지닌 역사적 기능은 여기에서 찾을 수 있습니다.

본관제를 통한 영역 규제

본관제를 주제로 고려 사회의 특성을 이해하기 시작한 것은 1980년대 후반부터입니다. 그 이전에도 본관제를 제대로 해석하려는 노력이 없었던 것은 아니지만, 앞에서 살폈듯이 문벌귀족제의 유지나 친족공동체의 정체성 확립을 위한 수단이라는 제한된 시각으로 본관제를 이해하는 정도였습니다. 그러나 본관제는 고려의 지방사회 구조는 물론 고려 전기 사회의 역사적 특성을 이해하는 데 중요한 제도입니다.

고려의 본관제는 지방제도와 연관되어 대단히 복잡한 사회 구조를 형성했습니다. 경기를 제외한 5도 양계 아래 고려의 지방 행정 구역은 그 성격으로 보면 군현 지역과 부곡 지역으로 나뉘지만, 군현은 다시 지방관 파견 여부에 따라 주현과 속현으로 구분되고, 행정 구역상 주현은 다시 경·목·도호부·군·현·진鎭, 속현은 속군과 속현으로 구분됩니다. 부곡 지역도 성격에 따라 향·부곡·소·장·처·진津·역驛으로 구분되지요. 중요한 것은 군현 지역과 부곡 지역, 군현 지역 중에서도 주현과 속현, 부곡 지역 중에서도 향과 소 간에 부담하는 역의 내용에 차이가 있었다는 점입니다. 이 때문에 고려시대에는 거주지 곧 본관이 어디인지를 아는 것만으로도 그 사람의 사회적 지위를 어느 정도 알 수 있었습니다. 주현·속현·부곡 지역 가운데 본관이 어디냐에 따라 부담하는 조세와 공물의 종류와 내용, 관직 진출 등에서 차이가 있었으며, 그것이 거주지 주민의 사회적 위상과 경제적 처지를 결정했던 것입니다.

고려왕조에서 일단 본관을 부여받은 사람은 거주와 이동에 상당한 제약을 받았습니다. 특정의 역을 부담한 향·부곡·소 등 부곡 지역 주민들이 특히 그러했습니다. 만약 처인 부곡處仁部曲, 경기도 용인에 거주하면서 이 지역을 본관으로 받았다면, 대체로 죽을 때까지 처인 부곡민으로 살아야 합니다. 게다가 처인 부곡민으로서의 역을 부담해야 하며 그 역은 자식에게도 세습됩니다. 이들은 과거에 합격해 관료가 되거나 군인이 되어 큰 공을 세운 경우를 제외하면, 본관이 아닌 다른 지역에서 거주할 수 없었습니다. 본관 지역을 벗어나는 것은 신분 상승이나 계층 이동을 통해서만 가능했지요.

지금은 자기 본관 지역에 사는 사람이 드물지만, 고려 사회는 본관이 사는 지역을 의미하는, 곧 본관과 거주지가 일치한 사회였습니다. 게다가 위에서 언급했듯이 특정 본관에 거주한 사람들은 거주와 이동에 상당한 제약을 받았지요. 이를 이른바 '영역 규제'라 하는데, 영역 규제는 본관제의 주요한 특성 중 하나입니다.

고려의 형벌 중에는 본관제의 이런 특성과 연계된 형벌이 있었습니다. 바로 '귀향형歸鄕刑'인데, 중앙 관료가 되어 개경에서 거주하던 사람이 부정한 행위를 하거나 큰 범죄를 저지른 경우, 자기 본관으로 돌려보내는 것입니다. 죄를 범한 관료를 본관으로 돌려보내 거주와 이동을 제한함으로써 개경에 살면서 관료로서 누리던 특권을 박탈하는 벌이지요. 그 밖의 일반인도 본관을 이탈하려면 그 지방 수령이나 향리의 허가를 받아야 했습니다. 본관이 민의 거주와 이동을 규제하는 근거가 되었던 것이지요.

12세기 초 전국에 걸친 민의 유망도 영역 규제와 연관되어 있습니다. 유망은 본관 지역을 벗어나 다른 지역으로 도망하는 것을 말합니다. 이 역시 본관제로 거주 영역을 제한했기 때문에 나타난 현상이지요. 다른 지역으로 도망하는 것 외에는 자신의 본관 지역에 부과된 과중한 역과 수탈을 피할 방법이 없었기 때문입니다. 유망이 일어난 지역이 주로 속현과 부곡 지역이라는 사실이 이를 뒷받침합니다.

고려가 이렇게 본관으로 거주와 이동을 제한하게 된 데는 나름의 배경이 있었습니다. 신라 말 지방에서 성주와 장군을 자칭하며 독자의 영역을 구축한 세력들은 배고픈 사람이 자신의 영역 안으로 들어오면 먹여 살리고 농사짓게 해주는 한편, 유사시에는 군인으로서 영역을 지키게 했습니다. 이런 전통이 결과적으로 고려시대에 와서 지방세력들의 거주지를 중심으로 주변 지역과 거주민을 하나의 본관으로 묶어 규제하는 본관제로 정착된 것입니다. 거주민이 지역의 생계와 안전을 책임져야 하는 만큼, 이를 위협할 거주민의 이탈을 막을 조치가 필요했던 것입니다.

중앙과 지방의 타협과 공존의 산물

그렇다고 본관제가 전적으로 국가의 일방적인 강제 속에서 시행된 것은 아닙니다. 본관제는 고려 정부가 지방에 일방적으로 강제한 제도라기보다는 지방세력과 중앙정부 간 공생 혹은 상호의존 관계의 산물에 가깝습니다.

본관제에는 고려의 통일왕조 성립 과정상의 역사성이 반영되어 있습니다. 후삼국 통합전쟁은 신라 말 상주의 호족 견훤이 군사를 일으키고 왕을 자칭한 892년부터 936년까지 거의 45년간 이어진, 지긋지긋한 대규모 전란이었습니다. 한국사에서 몇 안 되는 장기간의 내전이었지요. 이를 수습한 고려 태조 왕건은 지방세력을 일방적으로 해체하지 않고 그들의 근거지를 본관으로 삼아 성씨를 하사하고 본관 영역에 대한 지배권을 일정 부분 인정했습니다. 그와 동시에 본관 영역 내 농사를 권장하여 지역의 재생산 기반을 확보하고 주민의 유망을 방지하는 한편, 주민들에게서 조세를 수취하고 역역을 징발하여 중앙의 지방 지배를 보조하는 의무를 부여했습니다. 특히 권리의 측면에서, 지방세력에게 성씨를 부여한 것은 바로 그 지역의 유력한 세력으로서 권위를 부여한 것입니다.

이 시기의 기록을 보면 지방세력이 자신들을 '족망族望'이라 칭하는 사례가 많은데, 족망이란 '유망한 족속'이라는 뜻입니다. '관족冠族' 또는 '군망郡望'이라는 표현도 등장하는데, '관족'의 '관'은 '으뜸·최고'라는 뜻이므로 관족은 '지역 최고의 명족名族'이라는 의미이며, '군망'은 '그 지역에서 유망한 족속'이라는 뜻으로 사용했던 말입니다. 중앙정부가 자신들에게 성씨를 부여한 것은 신라 하대부터 자신들이 가져온 지배권을 그대로 인정한다는 뜻이므로 자신들의 지위가 그만큼 공고해졌다는 자신감에서 나온 표현인 것입니다.

중앙정부는 이들을 군망·망족·관족으로 인정하면서도 '기인제도其人制度'라는 것을 만들어 이들의 자식을 일종의 인질처럼 중앙으로 불러들이는 방식으로 이들을 견제했습니다. 그리고 과거를 통해 이 사람들을 끊임없이 중앙의 관료로 흡수해서 토호土豪, 지방에 뿌리를 내린 재지 지배세력적인 성격을 없애고자 했습니다. 이는 이들에게 관료가 되어 지배 신분을 유지할 수 있는 특권을 부여하는 것이기도 했습니다. 한편, 중앙의 관료들을 다시 출신지의 사심관事審官으로 임명해 향리를 비롯한 향직을 감독하게 함으로써 지방 통치를 보완하고자 했습니다. 오늘의 시각에서 보면 철저히 주고받는 식의 상호의존 및 공생 관계를 통해 왕조체제를 유지했던 것이지요. 이렇게 중앙과 지방의 타협과 공존은 본관제의 또 다른 특성이 됩니다.

본관제의 역사적 의의

고려왕조의 탄생과 통일을 주도한 고려 초기의 지방세력이나 중앙의 권력가들은 모두 수십 년간의 전쟁을 견디다 못해 폭발 직전인 민의 불만을 어떤 식으로든 잠재우지 않으면 지배 기반 자체가 송두리째 무너질 수도 있다는 위기의식을 느꼈습니다. 그래서 '본관제'라는 장치를 통해 중앙과 지방이 상호의존·공생의 관계를 지속할 수밖에 없었던 것입니다. 특히 중앙정부가 권력자로서 지방사회에 일방의 이익을 억지로 관철하지 않았다는 점에서 본관제는 진보적입니다. 하지만 본관제는 민에 대해 눈에 보이지 않는 억압기구로 작용했던 것이 사실입니다. 이것이 본관제가 지니는 첫 번째 역사적 의의입니다.

고려 전기 사회는 중앙과 지방의 타협과 공존을 통해 유지되었습니다. 중앙정부와 지방 유력층이 성씨와 본관의 수수授受를 통해 맺은 권리와 의무를 기반으로, 반세기 동안의 전쟁으로 분열된 지역과 민심을 통합함으로써 사회를 안정적으로 유지해나갈 수 있었습니다. 적어도 고려 전기에는 본관제가 둘 사이에서 타협과 공존의 중요한 매개체 역할을 한 것입니다. 고려 초기 중앙정부는 왕조 건국과 통합에 협조한 지방세력에게 성씨와 본관을 내려 영역 내에서 그들의 지배권을 인정하고 권위를 높여주는 대신권리의 측면, 영역 내 농민의 유망을 막고 조세와 역역을 징수해 중앙에 보내는 의무를 부여했습니다의무의 측면. 따라서 본관제는 중앙과 지방의 타협과 공존을 가능케 함으로써 분열된 사회를 통합하는 데 일조했다는 정치·사회적 의의를 지니는 것이지요.

본관제는 지역 간 발전 격차를 줄이는 역할도 했습니다. 고려 초기에는 농업 기술이 열악하여 매년 농사를 짓는 상경이 보편화하지 못한 탓에 지역 간 발전 격차가 매우 컸지요. 지방관이 상주하는 관아가 있는 지역인 주현은 상대적으로 인구가 많고 토지가 비옥하여 생산력이 높았던 반면, 그 외 지역은 인구가 적고 땅도 메마르고 거친 곳이 많았습니다. 그래서 정부는 국가가 필요로 하는 각종 수공업 제품을 생산하기 적합한 지역이나 국가 기관 및 왕실과 사원의 토지를 경작하는 지역을 소·처·장 등 부곡 지역으로 편제해 주민을 본관으로 묶고 해당 지역의 개발을 촉진했으며, 이를 통해 지역 간 발전 격차를 줄이려 했습니다. 이같이 본관제는 고려 정부가 전국을 군현 영역과 부곡 영역 등 다양한 행정 단위로 편성해 지역 간 발전 격차를 해소하는 데 유용한 장치로서 기능했다는 사회·경제적 의미도 있습니다.

본관제는 고려왕조의 관리 충원 방식에도 영향을 끼쳤습니다. 통일신라는 진골귀족이 정치·경제력을 철저하게 장악하고 그들만이 고위 관료가 될 수 있는 폐쇄적인 사회였습니다. 반면 조선은 비록 고려 후기 지배층인 사대부가 중심이 되어 왕조를 세웠으나 모든 양인에게 지배층이 될 기회를 부여한 사회였지요. 고려의 경우 앞에서 살펴보았듯이 건국 초기 지배층은 통일신라 말 진골귀족 정치에서 소외된 지방세력으로 충원되었습니다. 고려 정부는 왕조 건국에 협조한 지방 세력에게 본관과 성씨를 내려 '백성百姓'층으로 묶고 지배 세력으로 진출할 자격을 주었지요. 본관제를 기초로 관리 충원이 이루어진 것입니다. 이는 고려가 관리 충원이라는 면에서 조선보다 개방적인 측면이 부족한 사회였음을 보여주는 것이기도 합니다. 광종 이후 과거제를 실시하면서 양인 중에서도 부호정副戶正, 5등급 향리직 이상의 자식으로 응시 자격을 제한했다는 사실이 이를 뒷받침합니다. 그러나 본관제에 기초한 관리 충원이 진골 중심의 폐쇄적인 통일신라의 지배 체제를 무너뜨린 획기적인 조치였음은 부인할 수 없습니다. 본관제는 이같이 고려왕조 초기 인재 충원에 커다란 영향을 끼침으로써 관리 충원의 면에서도 고려 사회 성립 과정상의 특성, 나아가 고려 사회의 특성을 집약적으로 보여준다는 역사적 의의를 지니고 있습니다.

2. 중앙과 지방을 연결한 지배 조직, 군현제와 부곡제

군현제의 역할과 기능

고려 군현제도의 역할과 기능에 대해 살펴보기로 하겠습니다. 고려왕조의 역사 공간은 중앙과 지방이라는 두 개의 공간으로 구성되어 있었습니다. 물론 어느 시기에도 두 공간은 존재했지만, 고려 시기 두 공간은 서로 단절된 독자의 관계도, 지배와 피지배 관계도 아니었다는 점에서 다른 시기와 차별성을 갖고 있습니다. 지방세력에게 지방은 각종 산물과 재화를 창출하고 그것을 바탕으로 자신들의 의지를 정치적으로 실현하는 자율의 공간이었습니다. 반면, 중앙정부의 입장에서 지방은 수령을 파견해 명령을 전달하고 각종 조세와 역역을 수취하는 지배의 거점이었지요. 이처럼 고려의 지방사회는 지배의 거점이자 자율의 공간이라는 양면성을 갖고 있었습니다.

전근대 사회의 군현제도는 본질상 민을 직접 지배하려는 중앙정부의 의지를 관철하는 제도적 장치입니다. 고려의 군현제도는 중앙과 지방을 연결하는 역할을 했습니다. 구체적으로 중앙정부는 군현제도를 매개로 지방에 수령을 파견해 중앙의 명령을 전달하고 주민에게서 조세와 역역을 수취했습니다. 민을 지배하는 동시에 자율의 영역을 확대하려는 지방세력을 견제한 것이지요. 지방세력은 읍사邑司, 향리층으로 대변되는 지방세력의 자율 조직를 통해 수령의 업무를 보좌하며 수령에게 협조하면서도 지방의 자율성을 지키기 위해 수령을 일정하게 견제했습니다. 한편 중앙정부는 지방세력이 누리던 자율의 영역을 일정 부분 인정했지요. 읍사 같은 자율적인 정치 기구를 허용한 것도 그중 하나라고 할 수 있습니다. 고려의 군현제도는 이같이 중앙과 지방 간의 교류와 협력, 견제와 비판을 가능케 한 둘 간의 매개체로서 왕조 사회를 끊임없이 변화, 발전시키는 역할을 했습니다. 고려왕조가 500년간 장기 지속한 이유 중에는 중앙과 지방 간 매개체로서 군현제도의 역할도 있었던 것입니다.

그동안 조선을 잣대로, 조선의 시각으로 고려사를 이해한 측면이 없지 않았습니다. 그래서 고려 사회를 조선보다 후진적이고 미성숙한 사회, 혹은 조선이라는 좀 더 성숙한 사회로 발전하는 과정에 있는 과도기 사회로 인식하기도 했습니다. 군현제도에 대한 견해에도 그러한 인식이 담겨 있었습니다. 고려는 전국을 크게 8도로 구획한 조선과 달리, 국경에 인접한 북쪽은 동계함경도와 강원도 일부와 북계평안도, 합해서 '양계'로 불리는 군사 지역, 왕궁이 있는 개경과 그 주변은 '경기', 그 외는 서해도황해도·교주도강원도·양광도경기 남부와 충청도 등 '5도'로 구획했습니다. 전국이 크게 경기·양계·5도의 이른바 3원적인 체제로 구성된 것이지요. 이는 고려 군현제도의 특성이라 할 수 있습니다.

범례:
- 回 수도
- ◎ 3경
- ● 4도호부
- ○ 12목

천리장성

영주(안북도호부)

북 계

서경

등주(안변도호부)

황주목

서 해 도

해주목(안서도호부)

경기

교 주 도

回개경

동 계

남경(양주목)

광주목

황해

충주목

양 광 도

청주목

공주목

상주목

안남도호부(전주목)

경 상 도

동경

전 라 도

낙동강

나주목　승주목

진주목

동해

탐라

━━━ **고려의 지방 행정 구역**　고려의 3경은 시대에 따라 다르다. 태조 때 개경과 서경(평양)에 이어 성종 연간에 동경(경주)이 설치되면서 이들을 합해 '3경(三京)'이라 칭했다. 그러나 문종 때 남경(서울)이 설치된 후로 3경은 동경을 제외한 나머지 경들을 통칭하는 이름으로 쓰였다.

그런데 그동안에는 이런 3원적 구성을 고려의 특성으로 이해하기보다는, 전국을 8도로 일원화한 조선을 기준으로 고려의 지방제도를 가장 큰 지방 행정 단위조차 통일하지 못한 미숙한 제도였다고 이해했습니다. 같은 시각에서 강력한 지방세력 때문에 중앙정부는 983년성종 2에야 처음으로 지방관을 파견했으며, 왕조 내내 지방관을 파견하지 못한 속현이 많이 존재했다고도 했지요. 이는 결국 전국의 군현에 지방관을 파견한 조선에 비해 중앙정부의 지방 장악력이 약했다는 견해로 연결됩니다. 그리고 이러한 시각이 아직도 설득력을 얻고 있습니다. 조선과 비교하면 중앙정부의 지방사회 장악력이 상대적으로 약했던 것은 사실입니다. 그러나 이것으로 고려의 군현제도를 충분히 이해했다고 말할 수는 없습니다. 고려왕조 자체의 발전 원리 속에서 접근한 결과가 아니라는 것이지요. 앞에서 설명한 본관제의 특성과 의의를 이해한다면 이러한 견해에 쉽게 수긍할 수 없지요.

●
군현제의
시작 앞에서 본관제를 보완하는 조치로 언급한 태조 23년의 군현 명칭 개정은 성종 때가 아니라 태조 때부터 이미 군현 개편이 이루어지고 있었음을 알려줍니다.《고려사》지리지에는, 연도가 밝혀져 있지는 않으나 태조 때로 추정되는 '고려 초'의 군현 개편 사례가 모두 140여 건이나 등장합니다. 태조 23년의 군현 개편은 사실상 건국 직후부터 이루어져온 개편을 마무리 지은 데 불과했지요.

> 울주蔚州는 고려 초에 지금의 이름으로 고쳐졌다. …… 태조 때 이 고을 사람 박윤웅朴允雄이 큰 공이 있어 하곡河曲·동진東津·우풍虞風 등의 현을 합쳐서 흥례부興禮府를 설치했다.
>
> —《고려사》 권57, 지리 2 울주

위 기록에 따르면 박윤웅이라는 이름의 이 지역 유력자가 고려에 귀순한 대가로 '울주'라는 명칭의 군현이 설치되었습니다. 개편 시기를 '고려 초'라 했으나 태조 때임이 분명하지요. 지방세력의 향배가 군현 개편의 중요한 배경이 되었음을 알려주는 자료로, 고려 초기 군현 개편의 가장 일반적인 모습이라 할 수 있습니다. 그러나 다른 형태의 개편도 있었습니다.

천안부天安府는 태조 13년에 동·서 도솔兜率 지역을 합해서 천안 도독부都督府를 설치했다. 전하기를, 술사術士 예방藝方이 태조 왕건에게 "〔천안 지역은〕 삼국의 중심으로서 다섯 마리의 용이 구슬을 다투는 형세입니다. 만약 군현을 설치하면 백제가 스스로 항복해올 것입니다"라고 하니, 태조가 산에 올라 두루 살펴보고 도독부를 설치했다 한다.

— 《고려사》 권56, 지리 1 천안부

천안은 군사적으로 전략의 요충지였기 때문에 태조 때 처음으로 군현이 설치된 곳입니다. 지방세력과 관계없이 국가의 필요에 따라 군현이 신설된 사례이지요. 다음의 기록에 따르면, 부곡·소·진·역 같은 특수 행정 구역도 태조 때 신설되었습니다.

전조前朝, 고려에서 5도 양계의 역자驛子, 진척津尺, 부곡민은 모두 태조 때 국가의 명을 거스른 자들이다. 모두 천한 역을 부담했다.

— 《태조실록》 태조 1년(1392) 8월 20일

후삼국 통합전쟁이 벌어지던 고려왕조 성립기에 왕조 정부에 협조하지 않은 세력의 거주지를 특수 행정 구역으로 편제해 새로운 역을 부과했다는 내용입니다. 이런 지역에 진津, 나루터이나 역驛을 설치하여 수로 교통과 육로 교통의 거점을 확보하고, 국가가 필요로 하는 물품의 생산과 특정 지역의 개발을 위해 향·부곡·소 등을 신설하여 그곳 주민들에게 특정의 역을 추가 부담시켰던 것입니다.

앞의 여러 기록은 고려의 군현 개편이 10세기 말 성종 대가 아니라 일찍이 건국 직후부터 필요에 따라 시행되었음을 알려줍니다. 또한, 지방세력의 향배에 따라 혹은 군사와 교통상의 필요, 특정 물품의 생산과 지역 개발 등 국가의 필요에 따라 군현 개편이 이루어졌음을 알려줍니다.

복합적·차별적 군현 구조와 속관제

이제 고려 군현제도의 특성을 살펴봅시다. 우선 흥미를 끄는 것은 조선시대에는 전국 군현의 수가 330여 개인 데 비해 고려시대에는 무려 520개가 넘는 군현이 존재했다는 사실입니다. 중앙집권이 그리 발달하지 못했다는 고려시대에 왜 이렇게 많은 군현이 존재했을까요? 신라 하대에 중앙정부의 지배력이 약해지면서 지방에 성주 혹은 장군을 칭하는 세력이 근거지를 성읍城邑으로 삼아 독자의 영역을 구축했는데, 이러한 영역을 고려 정부가 본관으로 인정하여 그들을 그대로 지배 질서에 편입한 것이 군현 수가 많은 원인 중 하나입니다. 고려 정부는 이와 동시에 군현을 재편합니다. 그 내용을 살펴봅시다.

• 복합적 군현 구조

건국 후 태조 왕건은 군사 전략적 요충지·중요 교통로·생산의 거점 지역에 군현을 설치해서 중앙이 직접 지배하는 형식을 취합니다.

그러면서도 통합전쟁에 협조한 세력에게 그들의 영역을 본관으로 성씨를 부여하고 이들 지역을 주현으로 삼은 뒤 주변 지역을 속현으로 만들어 주현에 예속시키는 방식으로 지방을 재편했습니다. 이를 통해 지역 내 주민의 유망을 막고 조세와 역역을 수취하는 방식을 택한 것이지요. 이것이 고려의 지방제도가 주현을 중심으로 주현 아래 속현과 부곡 지역이 소속되는 복합적인 구조를 갖게 된 사정입니다.

구체적인 내용을 보면, 고려 정부는 330여 개의 모든 군현에 지방관을 파견한 조선과 달리, 520여 개 중 130여 개 군현에만 지방관을 파견했습니다. 이때 지방관이 파견된 군현을 '주현'이라 하고, 지방관을 파견하지 않은 나머지 390여 개 군현은 '속현'이라 했습니다. 속현은 '주현에 소속된 군현'이라는 뜻으로, 지방관이 파견된 주현에 행정적으로 예속되었습니다. 평균 1개 주현에 3개의 속현이 예속된 셈이며, 이것이 하나의 지방 행정 단위를 이루었던 것이지요. 속현은 다시 속군과 속현으로 구분됩니다. 그 외에 향·부곡·소·처·장 등의 특수 행정 단위도 있었습니다. 현재 확인된 것만 900여 개에 이르는데, 이 역시 주현이나 속현에 소속되었습니다.

향이나 부곡 등을 거느리지 않은 주현이나 속현도 있었지만, 평균적으로 주현에는 3~4개, 속현에는 1~2개의 특수 행정 구역이 포함되었습니다. 고려의 군현은 주현을 기준으로 그 아래 여러 속현과 향·부곡 등이 예속된, 매우 복합적인 형태로 구성되었던 것입니다. 예를 들어 고려왕조에서 가장 많은 속현을 거느린 주현은 경상도 상주목인데, 상주목은 속군 7개, 속현 17개 등 모두 24개의 속현을 거느렸습니다. 그 외에 주현인 상주에 부곡 14개, 여러 속현에 부곡 8개, 소 3개 등 모두 25개의 부곡 지역이 소속되었습니다. 이처럼 고려의 군현 구조는 마치 크기가 다른 수많은 육각형의 벌집방들이 하나의 벌집을 이룬 것 같은 형상이었습니다.

주현은 수령이 중앙의 명령을 받아 토착 향리를 지휘하며 행정을 관할한 지방 행정의 중심지였습니다. 그런데 그 아래 속현과 향·부곡 등이 소속되어 있는 만큼 지방관 혼자서는 중앙정부의 대리자로서 효과적으로 대민 지배를 실현하기가 어려웠습니다. 이를 보완하기 위해 마련한 제도가 '속관제屬官制'입니다. 중국에서는 이를 '좌리제佐吏制' 라 했는데, 규모가 큰 지방 행정 단위를 효과적으로 다스리기 위해 중앙에서 수령을 보좌할 관원을 파견하는 제도입니다. 이 관원들을 '속관屬官'이라 합니다. 고려의 속관제도 중국의 좌리제처럼 주현과 속현·부곡 등 구성이 복잡한 지방 행정 구역을 효과적으로 지배하는 동시에 강력한 지방세력을 견제할 필요에서 만들어진 제도입니다.

속관은 고려시대 과거 합격자가 처음으로 발령을 받는 관직입니다. 중앙의 홍문관·성균관 등 유교적인 소양을 기르는 관청이 첫 부임지가 되곤 하던 조선시대와는 크게 달랐지요. 고려의 경우 지방세력을 견제하고 중앙의 지방 지배를 관철하는 일이 그만큼 시급했기 때문입니다. 속관에는 '판관'·'사록참군사'·'장서기'·'법조'·'문사'·'의사'가 있는데, 이들은 관품이 7품·8품·9품에 해당하는 하급 관리로서 부임 후 3년간 근무했습니다. 판관判官은 군현의 이인자로서 수령을 대신해서 지방 행정을 총괄했고, 사록참군사司錄參軍事는 향리를 통제하면서 수취 업무를 관장했으며, 장서기掌書記는 중앙에 올리는 문서는 물론 제문을 포함한 군현의 각종 문서를 작성했습니다. 법조法曹는 군현의 재판 실무를 담당하는 관원이었고, 의사醫師는 질병의 치료와 향약 채취를 담당했으며, 문사文師는 교육을 전담하는 관원이었습니다. 그런데 주현마다 모든 속관을 파견한 것은 아니었습니다. 주현 중에서도 특별히 규모가 큰 경·목·도호부에는 판관에서 의사까지 모든 종류의 속관을 파견했으나, 나머지 주현에는 일부만 파견했습니다.

차별적
군현 구조

복합적인 군현 구조와 함께 주현·속현·부곡 등 각각의 행정 단위를 비교해보면, 일단 주현과 속현은 규모 면에서 차이가 있었습니다. 중앙정부는 그중 규모가 큰 주현에만 지방관을 파견하여 주변의 규모가 작은 몇 개의 속현을 같이 다스리게 한 것이지요. 주현이나 속현에 예속된 향·부곡 등은 규모도 작지만, 주민이 부담하는 역의 종류와 내용도 주현이나 속현과는 차이가 있었습니다. 주현이나 속현의 주민은 일반 요역과 군역, 조세를 부담하는 데 비해, 향·부곡 등의 주민은 여기에 특수한 역을 추가로 부담했습니다. 이 때문에 두 지역을 구분해서 주현과 속현 지역은 '군현제 영역', 향·부곡 등의 특수 행정 구역은 '부곡제 영역'이라 하고, 두 영역을 합쳐서 '군현체제'라 부릅니다. 이렇게 고려의 군현체제는 주현과 속현, 군현 영역과 부곡 영역이 행정적으로 지배와 예속의 차별적인 관계를 이루고 있었고, 영역 간 역 부담도 차별적이었습니다. 행정과 역 부담에 있어 차별적인 군현 구성은 고려 군현제도의 또 다른 특징이 됩니다.

더욱 눈에 띄는 것은 속현과 부곡 영역을 행정적으로 지배한 주현이 총 130여 개 중 60여 개에 불과했다는 점입니다. 전체 주현의 절반가량만 속현과 부곡 등을 거느렸던 것이지요. 이런 주현은 대체로 고려의 지방 행정 구역상 5도 지역에 존재했습니다. 지금의 함경도와 평안도 지역, 즉 군사 행정 구역인 양계 지역은 도호부·방어군·진 등 모두 지방관이 파견되는 주현으로만 구성되었지만, 속현이나 향·부곡 등의 행정 단위가 예속되지 않았습니다.

부곡제의 개념과 부곡인

이제 고려의 향·소·부곡·장·처에 대해 좀 더 자세히 알아보겠습니다. 이에 관한 가장 구체적이고 의미 있는 기록은 조선 초기에 편찬된 《신증동국여지승람》에 실려 있습니다.

> 지금 살펴보건대 신라가 주州와 군을 설치할 때 전정田丁과 호구戶口가 현이 될 수 없는 곳을 향이나 부곡으로 삼아, 이들이 있었던 군현所在之邑에 소속시켰다. 고려 때는 '소所'라고 불리는 곳이 있었는데, 금소·은소·동소·철소·사絲소·주紬소·지紙소·와瓦소·탄炭소·염鹽소·묵墨소·곽藿소·자기瓷器소·어량魚梁소·강薑소로 구분되었으며, 해당 생산물을 공납했다. 또한 장과 처로 불리는 곳도 있었는데, 각각 궁원·사원 및 내장택內莊宅, 왕실 재정을 관리하는 기구에 예속되어 세를 바쳤다. 이상의 여러 단위에는 모두 토착하는 향리와 백성土姓吏民이 있었다.
>
> —《신증동국여지승람》 권7, 여주목 등신장登神莊

부곡제

이에 따르면, 향과 부곡은 이미 신라 때부터 존재했습니다. 신라 정부가 토지와 인구의 규모가 현이 될 수 없는 지역을 향과 부곡으로 편제해서 해당 군현에 소속시켰다고 나와 있지요. 그와 달리 소·장·처는 고려 때 처음 조직되었음을 알 수 있는데, 소는 금·은·동·철 등의 광물, 먹·자기·칼·종이 등의 수공업 제품, 모시·생강·소금·숯·생선 등 농수산물을 전문적으로 생산하는 곳이고, 장과 처는 사원이나 왕실 등에 소속되어 해당 기관의 토지를 경작하고 세를 바친 곳이라고 되어 있습니다. 따라서 향과 부곡, 소·장·처 등이 동시에 존재하면서 나름의 역할과 기능을 수행한 시기는 고려 때임을 알 수 있지요. 고려 왕조에 들어와 비로소 향·부곡·소·장·처로 구성된 부곡 영역이 완전한 형태로 역사 속에 등장하게 된 것입니다. 또한, 각 부곡 집단에는 모두 토착하는 향리와 주민이 존재한다고 했는데, 토착 향리가 중앙의 지시를 받아 지방의 일선 행정을 전담한 사실을 고려하면 이들은 자연 촌락이 아니라 군현 같은 인위적인 행정 조직이었던 것으로 보입니다. 비록 각 지역이 수행한 역할이나 기능은 다르지만, 특정 물품의 생산이나 특정 토지의 경작을 전담했다는 점에서 일반 군현과는 편제의 목적이 다른 특수 행정 조직으로 판단됩니다. 이들 조직을 묶어 학계에서는 '부곡제部曲制'라 부릅니다. 경·목·도호부·진·군·현 같은 지방 행정 조직을 묶어 '군현제郡縣制'라 부르는 것과 같은 이치이지요.

고려 사회가 마치 벌집 같은 다원적인 구조로 이루어졌다는 주요한 근거의 하나는 군현이라는 일반 행정 조직 주변에 이같이 향·부곡·소·장·처 같은 다양한 특수 행정 조직이 존재한다는 점입니다. 따라서 부곡제는 다원사회 고려의 특성을 잘 보여주는 예라 할 수 있지요. 참고로, 부곡제 지역에 거주하는 사람을 이 책에서는 편의상 '부곡인'이라 부르기로 하겠습니다.

향·부곡·소·장·처 등 특수 행정 구역에 거주한 부곡인은 군현에 거주하는 일반 농민처럼 국가에 조세와 군역, 요역을 부담하면서 추가로 별도의 토지를 경작하거나 특수 물품을 생산하는 역을 부담했습니다. 그래서 이들을 일반 농민보다 사회·경제적으로 열악한 처지에 있는 최하층 양인으로 규정하고, '잡척雜尺'이라 부르기도 합니다. 잡척의 '척尺'은 조선을 예로 들면 '수척水尺' 또는 '도척刀尺'이라 해서 특정한 기능을 가진 사람을 가리키는 글자입니다. '도척'은 도축업에 종사하는 사람이고, '수척'은 노 젓는 사람입니다. 전문적으로 먹을 생산하는 사람을 가리키는 '묵척墨尺'이라는 말도 있습니다. 잡척의 '척'도 그 의미가 같습니다. 고려의 잡척은 여러 가지 전문적인 기능을 필요로 하는 역을 지는 계층을 의미하는 말이 되지요.

잡척인 부곡인은 왕실이나 관청, 각종 기관의 운영에 필요한 토지를 경작하거나 국가가 필요로 하는 물품을 생산하기 위해 특정의 역을 지는 사람들로, 주로 향·소·부곡·장·처에 거주하거나 교통의 요지인 역이나 나루터에 근무한, 양인 가운데 최하층입니다. 향·부곡에 사는 사람들은 주로 관청에 지급된 토지인 공해전이나 군량미 충당을 위한 둔전屯田, 교육 기관에 필요한 경비를 제공할 학전學田을 경작하는 역을 졌고, 소에 사는 사람들은 도자기·종이·먹·칼 등의 수공업 제품, 미역·소금·생강·비단 등의 농수산물, 금·은·철·구리 등의 광물을 생산하여 공급했으며, 장·처에 거주하는 사람들은 사원이나 왕실의 토지를 경작했습니다.

양천제와 부곡인의 신분

과거에는 향·부곡·소·장·처의 주민을 신분상 천민이라고 했습니다. 그러나 이는 잘못된 근거에서 비롯된 오해입니다. 1930년대 일부 연구자들이 유물사관으로 한국사를 체계화하면서 부곡을 지표로 한국의 고대 사회를 노예제 사회로 규정한 데서 비롯되었지요. 이들은 중국이나 일본 역사에도 부곡이 존재했는데 그들의 신분이 천민이라는 사실을 그 근거로 들었습니다. 중국의 부곡은 한나라 이후 남북조 때까지 세력가의 예속민으로 존재하다가 당나라 때 사천민私賤民으로 제도화된 천민층을 의미합니다. 그런데 동아시아 사회가 같은 한자 문화권에 속해 있었다는 이유로 한국사에 등장하는 부곡 역시 일본이나 중국의 역사에 등장하는 부곡과 같은 존재일 것이라 예단한 것입니다. 고려의 여러 제도가 당나라의 제도를 참고하면서 《고려사》에 당나라 법제가 많이 인용되어 있음을 근거로 고려의 부곡을 중국의 사천민 같은 천민 집단으로 인식한 것이기도 합니다. 그러나 중국과 일본의 부곡이 '개인에게 예속된 천인' 곧 '사천민'을 뜻하는 것과 달리, 고려의 부곡은 특수 행정 구역을 뜻합니다. 고려에서 '부곡'이라는 단어는 특수 촌락, 특정의 역을 지는 행정 구역이라는 뜻으로 전혀 다르게 사용되었다는 사실을 유념할 필요가 있습니다.

고려의 신분제인 양천제의 원리를 이해하면 부곡인이 신분상 천인이 아니라 양인임을 쉽게 이해할 수 있습니다. 현재 한국사 교과서에서는 고려 사회를 문벌귀족, 중간계층, 양인, 천인 이렇게 네 개의 신분으로 이루어진 사회로 기술하고 있습니다. 이런 식의 구분이 그동안 고려의 신분 구조를 설명하는 유효한 틀이었기 때문입니다. 그러

•
양천제

나 신분을 '국가나 공동체가 한 인간이나 집단의 사회적 지위를 법률적·정치적으로 제도화시킨 것'이라 할 때, 고려는 원칙적으로 양인과 천인 두 신분만 존재하는 양천제 사회였습니다.

> 성종 원년982 6월 최승로가 상서하기를, "우리나라 양천良賤의 법은 그 유래가 오래되었습니다"라고 했다.
>
> —《고려사》권85, 형법 2 노비

위의 기록에서 보듯, 고려 성종 때의 관료 최승로崔承老, 927~989는 고려의 신분제가 양천제임을 분명히 밝히고 있습니다. 양천제는 고려뿐 아니라 당시 동아시아 대부분의 나라가 지향한 신분제도였습니다. 앞에서 언급한 '문벌귀족', '중간계층'이라는 용어는 양천 신분 구조 속에서 양인 신분에 속하는 계층을 가리키는 용어일 뿐입니다. 특히 '중간계층'과 '귀족'이란 용어는 이 시기에 실제로 존재한 신분 혹은 계층을 가리키는 역사용어가 아닙니다. 그동안 우리 역사를 지배층 위주로 이해해온 역사 연구자들이 지배층을 세분화·특성화하면서 사회학 용어를 빌려 쓴 것일 뿐, 당시의 신분·계층 구조를 정확하게 반영한 용어가 아니라는 것입니다. '양천제'야말로 당시의 신분제를 정의하는 유일한 역사용어입니다.

양인과 천인을 구분하는 기준은 국가에 대한 권리와 의무입니다. 양인은 국가에 대해 조세·군역·역역의 의무를 지는 대신, 국가로부터 토지를 받거나 관리가 될 수 있는 권리를 부여받은 신분·계층을 의미합니다. 이에 비해 천인은 국가에 대해 어떠한 의무도 지지 않았습니다. 예를 들어, 소유주가 국가이건 개인이건 간에 노비는 농사를 짓거나 가사家事의 잡역을 담당하는 등 소유주에게 신역身役을 제공했을 뿐입니다. 이들은 국가에 대한 의무인 조세·군역·요역을 부담하지 않았기 때문에 국가로부터 토지를 받는다든가 관리가 되는 등의 권리를 가질 수 없었습니다. 노비로 대표되는 천민은 각각의 인격체가 아니라 국가나 개인의 재산에 지나지 않았습니다.

고려의 부곡인은 이들과 달리, 국가에 대한 의무를 부담하고 권리를 행사하는 '공민公民', 곧 '양인'이었습니다. 고려의 향·소·부곡 등에 거주한 사람들이 일반 군현의 주민들과 다른 점은, 조세·군역·요역 외에 특정의 역을 추가로 부담했다는 것입니다. 이들은 군현 지역의 백정 농민들처럼 평상시에는 토지를 경작하여 국가에 조세를 부담하면서, 국가 직속지를 경작하거나 각종 수공업 제품을 생산하는 등의 특수한 역을 추가로 부담했습니다. 그래서 백정 농민보다 사회·경제적으로 열악한 조건에 놓인 양인 신분의 최하층이라 이야기하는 것이지요.

고려시대에 천인 신분을 구성한 계층은 노비밖에 없습니다. 그런데 노비는 고려 사회를 구성하는 여러 계층 가운데 가장 많은 비중을 차지했습니다. 그에 관한 연구에 따르면, 고려 말에는 노비가 전체 인구의 약 40퍼센트를 차지했다고 합니다. 노비는 소유주에 따라 국가 기관의 공노비와 개인의 사노비로 구분되며, 거주 형태에 따라 주인집에 거주하는 솔거率居 노비와 주인과 따로 사는 외거外居 노비로 구분되었습니다. 무엇보다 노비는 양인처럼 인격을 가진 사람이 아니라 매매나 상속이 가능한 하나의 재산으로 취급되었습니다.

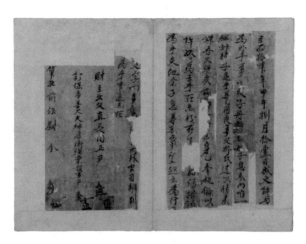

▬▬ **〈윤광전 노비별급 사급입안(尹光琠奴婢別給斜給立案)〉** 지정(至正) 14년(1354)에 작성된 것이라 해서 '지정십사년 노비문서'라고도 한다. 1354년(공민왕 3) 8월 윤광전(尹光琠)이 아들 윤단학(尹丹鶴)에게 여자 종 1명을 상속한다는 내용의 별급문기(別給文記)와 10월에 윤단학이 관에 공증을 신청하는 문서(소지所志), 지방관이 이를 공증하여 발급한 문서(입안立案) 등으로 구성되어 있다. 사진은 그중 윤광전이 장인이 물려준 종 오불이(吾火伊) 소생의 큰아기(大阿只)를 아들에게 봉사조(奉祀條)로 물려준다고 적고, 끝에 현 소유자인 자신과 보증인, 대서인의 성명과 수결(手決)을 붙여서 작성한 별급문기이다. 노비는 이렇게 상속이나 매매가 가능한 재산에 불과했다. 해남 윤씨 녹우당/고산 윤선도 유물전시관 소장.

향·부곡의 기원과 형성 과정

조선 후기의 실학자 다산 정약용丁若鏞, 1762~1836은 우리나라 군현의 경계가 반듯하지 못한 곳이 많다며 한 군현의 촌락이 인근 군현과의 경계를 넘어가기도 하고, 군현의 한가운데 다른 군현 소속 촌락이 들어있기도 하며, 마치 개 어금니가 맞물린 것처럼 분할한 흔적이 없는 곳도 있다고 했습니다. 그리고 이는 처음부터 국가가 경계를 구획한 것이 아니라 까마귀나 짐승이 모이듯이烏合獸聚, 사람이 하나둘 모여

들어 자연스레 촌락을 이룬自成村落 때문이라고 했습니다. 정약용은 이 같은 자성촌락을 '부곡部曲'이라 일컬었다고 했지요〔이상《경세유표經世遺表》권8, 정전의井田議 10 참고〕.

다산의 지적은 부곡이 특정 지역에 집단적·조직적으로 모여 있는 '집촌集村'이 아니라 여러 지역에 흩어져 있는 '산촌散村'의 형태로서 언제부터인가 자연적으로 발생했음을 알려줍니다. 이는 토지 소유에서 배제된 농민들이 자구책으로 오지나 벽지에 들어가 땅을 일구며 형성한 새로운 촌락의 모습을 떠올리게 합니다. 기근이나 전쟁으로 생겨난 영세 농민들이 자구책으로 군과 현의 경계를 넘어서 오지나 벽촌에 형성한 촌락인 '월경처越境處'가 향·부곡으로 편제되었다는 그간의 연구도 이러한 사실을 뒷받침합니다.

이렇게 자연발생적으로 생겨난 향과 부곡이 군현의 일부로서 제도화한 것은 통일신라기 군현 개편 때입니다. 앞서 제시한《신증동국여지승람》의 여주목에 관한 기사에서 이미 신라가 주와 군을 설치할 때 토지와 인구가 현이 될 수 없는 소규모 촌락을 향과 부곡으로 편제하고, 이를 가까운 군현에 소속시켜 군현의 일부로 제도화한 사실을 확인한 바 있습니다. 그 구체적인 시기는 '신라가 주와 군을 설치할 때', 즉 9주 5소경을 설치한 통일신라 신문왕神文王, 재위 681~692 때입니다. 또한, 김부식은《삼국사기》지리지 서문에서, "9주가 관할한 군현은 무려 450개나 된다. 방언으로 이른바 향, 부곡〔으로 불리는〕잡소雜所는 다시 갖추어 싣지 않는다"라고 했습니다. 여기서도 '9주'라는 표현이 등장하는 것으로 보아 9주가 설치된 신문왕 때 이미 향과 부곡이 존재했음을 알 수 있지요. 그러나 향, 부곡이 이때 처음 발생한 것은 아닙니다. 여러 기록을 보면 향이나 부곡 혹은 그 선행적 형태가 이미 삼국시대부터 나타나고 있습니다.

삼국시대의
부곡 집단

신라를 예로 들면, 대외 진출 과정에서 부곡 집단이 발생합니다. 524년에 세워진 경북 울진의 봉평 신라비와 경남 함안의 성산산성에서 출토된 목간木簡, 557~561년 무렵 제작된 것으로 추정에 쓰여 있는 '노인奴人'과 '노인촌奴村'이란 기록이 이를 뒷받침합니다. 신라는 눌지왕訥祗王, 재위 417~458 집권 후반기인 5세기 중엽부터 본격적인 대외 진출에 나섭니다. 이를 통해 새롭게 확보한 영토를 편입하는 과정에서 영세한 촌락이나 저항이 심한 촌락과 그 주민을 각각 '노인촌'과 '노인'으로 편제합니다. 노인과 노인촌을 제도화한 노인법奴人法은 지증왕 6년505에 주군제와 율령을 도입한 후에야 제정되므로 그 이전에 나타난 노인과 노인촌은 부곡의 시원적始原的 혹은 선행적 형태로 판단됩니다. 노인과 노인촌은 현재 신라사에서만 그 존재를 확인할 수 있습니다. 하지만 삼국이 대등한 국력으로 본격적인 정복 전쟁을 시작하는 5세기 후반 이후에는 고구려와 백제 지역에서도 이러한 편제 방식을 택함으로써 노인·노인촌과 비슷한 형태의 주민과 촌락이 발생했을 것으로 판단됩니다. 아울러 6세기 무렵이 되면 향과 부곡이 군현의 일부로 편제될 수 있는 토대가 마련되었던 것이지요.

삼국시대 향과 부곡은 농업 생산력의 발전 과정에서도 발생합니다. 신라의 경우 철기 문화 수용으로 철제 농기구가 보급되면서 경작지가 확장되고 생산량이 증대되었습니다. 소의 힘을 이용한 토지 경작 방식인 우경牛耕의 보급과 농업 용수 확보를 위한 관개 시설의 축조 및 정비도 농업 생산력이 향상되는 데 일조했지요. 이 과정에서 열악한 경제력 때문에 토지 소유에서 배제된 일반 농민들은 오지나 벽촌으로 이주해 땅을 개간하고 그곳에서 새로운 촌락인 신촌新村을 형성했습니다. 이러한 추세는 철기 문화가 한반도에 완전히 뿌리내린 4~6세기 이후 시작되어 고려 초까지 계속되었습니다. 6세기 이후에는 대량으로 증가한 신촌을 국가 차원에서 군현체제로 편입하기 시작했는데, 신라의 경우 규모가 제법 큰 일부 촌락은 주군제에 편입했지만, 그 외 영세한 촌락은 향과 부곡으로 편성했습니다. 신라의 향과 부곡은 이러한 사회·경제적 배경 속에서 발생한 것입니다. 신라가 군현을 설치할 때 인구와 토지의 규모가 군이나 현이 될 수 없는 지역을 향이나 부곡으로 편성했다는 《신증동국여지승람》의 여주목에 관한 기록은 4~6세기 이래 신라 지역에 철기 문화가 수용되면서 철제 농기구를 이용한 개간이 계속되었고, 개간이 끝나 주민이 정착한 촌락, 즉 신촌을 정부가 향과 부곡이라는 군현의 하부 조직으로 재편했던 사실을 뒷받침합니다.

고려 때에도 예속적인 촌락 집단의 발생은 계속되었습니다. 반세기 동안의 전란으로 황폐해진 농지를 개간하여 국가의 재정을 확대하는 일이 시급했던 고려 정부는 농지 개간을 대대적으로 추진했고, 이로 인해 발생한 새로운 촌락을 향과 부곡으로 편제했습니다. 후삼국 통합전쟁에서 고려에 반기를 든 지방세력을 재편하는 과정에서도 부곡 집단이 발생합니다. 조선 초기 실록에는 고려 초기 '역명자逆命者' 곧 '반反왕조세력'을 향·부곡 지역에 편제해 각종 천역에 종사하도록 했다는 기록이 있습니다. 향·부곡이 반왕조적인 세력을 집단으로 편제하는 가운데 형성되기도 했던 것입니다. 구체적으로 통합전쟁 중에

고려의 부곡 집단

고려왕조에 반기를 들었던 지역을 향이나 부곡으로 편성하여 주민들에게 국가의 직속지를 경작하는 역을 부담시켰습니다. 왕실, 사원의 토지를 경작하는 '장'과 '처'라는 특수 행정 구역도 신설했습니다. 또한, 국가가 필요로 하는 광물, 수공업 제품, 농수산물을 충당할 목적으로 현지 생산이 가능한 지역을 소 지역으로 편성했습니다. 이런 식의 편제는 고려 사회의 전체적인 생산력 수준과도 관계가 있습니다. 고려 초기 사회는 사회 전체적으로 생산력이 중앙정부가 전국을 일원적으로 지배할 단계에 도달하지 못한, 지역 간 발전 격차가 큰 사회였습니다. 선진 농법을 수용한 지방세력이 거주한 지역은 농법 수준이 이미 상경 가능한 단계에 도달해서 대부분 개간이 완료되었지만, 그렇지 못한 지역은 여전히 미개간 상태였습니다. 따라서 지역 간 발전 격차를 해소할 방도를 마련해야 했는데, 부곡제가 바로 그런 역할을 한 것이지요. 다시 말해 고려의 부곡제는 향과 부곡, 장과 처, 다양한 소가 저마다 다른 기능을 가짐으로써 지역 간 발전 격차를 해소하는 일종의 사회적 분업 장치로서 기능하기도 했던 것이지요.

　정리하자면, 향·부곡·소·장·처 등으로 구성된 이른바 부곡 집단 혹은 부곡제 영역은 시기적으로 삼국시대부터 발생하기 시작했는데, 신라가 대외 진출을 본격화하면서 새로 편입된 촌락과 그 주민을 예속민 집단인 노인촌과 노인으로 편제한 것을 시작으로, 철기 문화가 수용된 이후 활발한 개간과 이에 기초한 새로운 촌락의 증가라는 사회·경제적인 발전 과정에서 향과 부곡이 형성되었고, 고려에 들어와 반왕조적인 지방세력의 재편과 지역 간 발전 격차의 해소를 위한 일종의 사회적 분업 장치로서 군현제도 속에 편입되었던 것입니다. 그런 점에서 부곡제는 삼국시대 이래 생산력의 발전, 나아가 고려 초기 정치 변동의 산물이라 할 수 있지요.

고려 말 군현체제의 변동과 그 원인

부곡제 영역과 군현제 영역으로 구성된 고려의 군현체제는 고려 말부터 크게 변동하기 시작합니다. 향·부곡·소·처·장 등의 부곡제 영역이 해체되기 시작한 것이죠. 조선 초에는 결국 군현제 영역만 남게 됩니다. 변화는 군현제 영역 내부에서도 일어납니다. 속현 대부분이 주현에 병합되거나 해체되어 결국 330여 개의 군현으로 재편됩니다. 그 구체적인 변화 과정을 들여다보기 전에 군현체제가 변화한 요인부터 살펴보겠습니다.

첫째, 부곡제와 군현제 영역으로 구성된 복합적이고 차별적인 고려 군현체제의 자체모순이 군현체제의 변화를 초래했습니다. 규모가 큰 주현의 경우, 속현과 향·소·부곡 등 주현에 속한 임내任內의 인구가 주현의 인구보다 많았는데, 조선 초 기록 중에는 임내에서 조세와 역역을 수취하는 업무를 향리 한두 명이 전담하면서 수령의 눈을 피해 규정보다 많은 양을 거두어 사욕을 채우는 폐단이 끊이지 않아 주민들이 고통을 받았다는 내용이 있습니다. 사실 주현은 규모가 너무 방대하고 구성도 복합적이라 인구가 많든 적든 임내의 행정 실무를 토착 향리들에게 맡길 수밖에 없었습니다. 그런데 이들이 주현만 직접 관장하는 지방관을 속이고 비리를 저지를 여지가 너무 컸던 것이지요. 고려 중기 이후에는 중앙의 통제력이 약해지면서 중앙에서 파견한 지방관들마저 비리에 가담하게 됩니다. 원래 고려는 문관 출신만을 지방관으로 임명했습니다. 그런데 무신정변 이후 무신들이 권력을 잡으면서 같은 무신 출신을 지방관으로 파견하기 시작합니다. 이들이 군현체제 자체의 모순을 틈타 향리들과 함께 불법적인 수탈을 자행한 것입니다. 고려 초기 지방세력의 협조를 얻고 지역 간 발전 격차를 해소하기 위해 복합적이고 계서적으로 편제한 지방 행정 조직이 고려 중기 이후에는 도리어 수령과 향리가 민을 수탈하는 데 유리한 구조적 요인으로 작용하게 되었던 것입니다.

둘째, 부곡제 지역에 대한 과다한 세 부과도 군현체제 변동의 원인이었습니다. 앞에서 언급했듯이 부곡 지역 주민들은 양인으로서 일반 군현민들처럼 조세·군역·요역을 부담했을 뿐 아니라, 특정의 역을 추가로 부담해야 했습니다. 특히 광물을 채취하거나 수공업 제품을 생산하는 역을 부담한 소 지역은 전쟁이 발발하거나 사원 또는 궁궐 수축 같은 큰 공사가 시작될 때마다 제품에 대한 늘어나는 수요를 충당하기 위해 고된 노동에 시달려야 했습니다.

무신정권기의 문인 이인로李仁老, 1152~1220의 《파한집破閑集》에는 그가 평안도 맹산孟山에서 지방관으로 재임할 당시 목격한 소 주민의 생활상이 그려져 있습니다. 맹산에는 '공암촌孔岩村'이라 불리는 소가 있었는데, 매년 먹 5,000정을 만들어 중앙에 바쳐야 했다고 합니다. 주로 소나무를 태운 뒤 거기서 나온 그을음을 압축해서 먹을 만드는 작업에 공암촌 주민 대부분이 1년에 2개월간 동원되었다고 합니다. 이인로의 눈에 그 과정이 참으로 고단해 보였던 모양입니다. "개성에서 생활할 때는 세상에 흔한 것이 먹이라 여겼는데, 이곳에서 수령 노릇을

하면서 먹 만드는 어려움을 체득하고 하니 새삼 먹이 귀한 줄을 알겠다"라고 전하고 있으니 말입니다. 문제는 실제 생산자였던 공암촌 주민들의 고된 노동이 2개월간의 먹 제조에서 끝나지 않았다는 것입니다. 평소에는 군현 지역의 백정 농민들처럼 농사를 지어 국가에 조세를 바쳐야 했던 것이죠.

12세기 이후 대외무역에서 은이 주요한 결제 수단이 된 뒤로는 특히 은 생산을 전담한 은소銀所 주민의 부담이 더욱 커졌습니다. 무엇보다 소는 중앙의 각 기관에서 직접 물품을 거두어갔기 때문에 다른 지역보다 부담이 크고 수탈의 강도도 셀 수밖에 없었습니다. 부곡인은 법제적 신분이 양인이지만 정호나 백정보다 사회·경제적으로 훨씬 더 열악한 처지에 놓여 있었던 것입니다. 따라서 차별적인 역 부담에 시달리던 부곡 지역 주민들은 거주지를 이탈하기 시작했습니다. 예를 들면, 12세기 초에 주민들이 본관 지역에서 벗어나 도망하는 유망 현상이 전국화하는데, 특히 경기 지역은 "열 집 가운데 아홉 집이 비었다"라고 할 정도로 심각했습니다. 그중에서도 먹·자기·종이 등을 생산하는 소 주민의 유망이 가장 심했다고 합니다. 과중한 역 부담으로 주민들 사이에 불만이 쌓일 수밖에 없었겠지요. 이런 불만은 부곡 지역 주민들의 유망을 불러왔고, 유망민이 속출한 지역은 결국 부곡 집단으로서 기능을 상실하게 됩니다.

마지막은 생산력의 발달과 관련됩니다. 부곡제는 앞에서 설명했듯이 지역 간 발전 격차를 해소하고 국가 유지에 필요한 물품을 생산하기 위해 편제된 특수 행정 조직입니다. 그러나 12세기 이후 산지나 저지대의 습지로 개간이 확대되고 수리 시설이 늘고 종자 개량 등 농업 기술이 진전되어 생산력이 크게 발달하면서 지역 간 발전 격차가 사실상 해소됩니다. 격차 해소를 위해 편성한 부곡제도 이 무렵이면 현실적으로 필요성이 사라졌다고 할 수 있지요. 그럼에도 고려 정부는 재정을 보충하기 위해 부곡제를 유지하려 했고, 부곡제 주민의 불만은 결국 12세기 후반 이후 유망과 항쟁의 형태로 폭발하게 됩니다. 무신정권기 하층민 항쟁의 중심지가 상대적으로 수탈의 강도가 높았던 속현과 부곡 지역인 것도 바로 그 때문입니다.

속현과 부곡 지역의 축소와 해체

12세기 이래 속현과 부곡 지역 주민의 유망과 항쟁은 이들 지역의 해체는 물론, 군현체제 변동의 직접적인 원인이 됩니다. 무신집권기인 12세기 말 경상도 상주목 인근의 영산靈山 부곡을 방문하고 남긴 이규보의 시에는 "영산 부곡은 궁벽한 벽촌으로서 주민들이 도망하여 남은 이는 노인뿐"이라는 구절이 있습니다. 그로부터 100여 년이 지난 충렬왕 때의 기록에는 "향·소·부곡의 향리들은 모두 도망하여 한 가호도 남지 않았다"라는 내용도 있습니다. 특히 이 무렵이면 권세가들이 소금을 생산하는 염소鹽所와 사원과 왕실의 토지를 경작하는 장·처의 땅을 강제로 차지했다는 기록도 나타납니다. 무신정권기를 거쳐 원 간섭기에 이르면 부곡제 지역은 사실상 해체되었다고 말할 수 있을 정도로 기능을 상실하게 됩니다. 고려왕조의 주요한 조세 수입원이던 속현과 부곡 지역의 해체 조짐은 왕조의 재정을 심각한 위기에 빠뜨리는 원인이 되었습니다. 개혁이 불가피했지요.

충렬왕 말년 원나라는 고려에 개혁을 요구하면서, 고려를 위기에 몰아넣은 근본 원인의 하나로 관청 및 관원의 규모와 숫자에 비해 주민이 지나치게 적은 '관다민소官多民少' 현상을 지적했습니다. 여기서 말한 관청이란 지방의 군현입니다. 군현은 많은데 유망이 심해 이를 지탱해줄 주민이 너무 적다는 사실을 두고 한 말입니다. 더 정확하게는, 도망간 가호의 부담이 남은 가호에 전가되는 악순환이 되풀이되는 상황을 표현한 것이지요. 이런 상황에서 군현체제의 개편은 결국 불필요한 군현, 특히 속현과 부곡을 줄여 주민의 부담을 낮추고 중앙정부의 군현 유지 비용을 절감하는 방향으로 추진됩니다.

먼저 군현을 재조정하거나 축소하는 조치로서, 주로 속현을 대상으로 하는 군현 개편입니다. 전략적으로 중요하거나 인구 혹은 토지의 규모가 상대적으로 큰 속현의 경우 '감무監務'라는 지방관을 파견하여 주현으로 승격시킨 다음, 주변의 영세한 속현이나 부곡 지역을 여기에 소속시킵니다. 한마디로 주현을 신설하는 것입니다. 이는 얼핏 군현을 축소한다는 개편의 방향과 어긋나는 조치처럼 보입니다. 그러나 이러한 조치로 인해 여러 속현이 신설된 주현에 예속됨으로써 기존 주현의 규모가 상대적으로 축소되는 결과를 낳게 됩니다. 이렇게 기존 주현의 규모가 축소되면 군현을 유지하는 비용은 줄고 지방관이 주민을 직접 지배할 여지가 커집니다. 반대로 향리들이 지방관 몰래 민을 수탈할 여지는 줄어들게 됩니다. 새로운 주현의 경우 얼마 전까지만 해도 속현이었던 지역에 지방관이 파견되어 새로운 수취 행정을 개시하게 된 것이니 향리의 수탈이 줄면서 주민의 이탈도 줄고 결과적으로 지방사회에 대한 효과적인 통제가 가능해진다는 이점이 있었지요.

두 번째는 주민이 유망하여 사실상 행정 기능을 상실한 속현이나 부곡 지역은 아예 해체하여 주현의 촌락으로 예속시키는 조치입니다. 영세한 대부분의 속현과 부곡 지역은 이러한 과정을 거쳐 해체됩니다. 12세기 이후 지역 간 발전 격차 해소를 위한 제도적 장치로서의 기능을 현실적으로 상실한 부곡제가 14세기 후반의 군현 개편을 통해 우리 역사에서 그 자취를 감추게 된 것입니다.

이제 군현체제 변화의 구체적인 내용을 살펴보기로 합시다. 먼저 군현 영역의 경우, 약 130개이던 고려의 주현 가운데 104개가《세종실록》지리지가 편찬되는 15세기 전반까지 군현으로 유지됩니다. 상대적으로 생산력이 높은 주현이 이때에도 유지된 것은 고려 말의 군현 개편이 영세한 속현이나 부곡 지역을 대상으로 했기 때문이지요. 약 390개이던 속현은 약 200개가 이때까지 유지됩니다. 390여 개 중 절반이 조금 넘는 수의 속현만 유지되고, 나머지는 모두 해체되는 대대적인 개편이 이루어졌던 것입니다. 약 900개의 향·부곡·소·장·처 가운데 15세기 전반까지 유지된 것은 약 100개로서, 전체의 90퍼센트 정도가 해체됩니다. 절반이 살아남은 속현에 비해 부곡 지역의 해체는 이미 마무리 단계에 있었던 것이지요.

15세기에도 고려 말과 같은 방식의 군현 개편이 꾸준히 이루어집니다. 그러다가《신증동국여지승람》이 편찬되는 16세기 전반에 이르면, 속현도 63개만 남게 되면서 속현의 기능이 실지로 상실되었다고 볼수 있지요.《신증동국여지승람》에는 없어진 군현인 '폐현廢縣'의 명단이 실려 있는데, 모두 고려 때의 속현입니다. 한편 이 무렵에는 향·소·부곡도 13개에 불과해 15세기 전반까지 명맥을 유지했던 향·부곡·소들도 거의 사라졌다고 할 수 있습니다.

520여 개의 주현과 속현으로 구성된 군현 영역과 900여 개의 향·부곡·소·처·장으로 구성된 부곡 영역이 벌집 모양으로 공존한, 복합적이고 차별적계서적인 고려의 군현체제는 고려왕조 사회 구조의 특성이 집약된 모습이었습니다. 그런데 무려 1,500여 개이던 지방 행정 단위가 330여 개의 단위로 축소되었다는 것은 단순한 지방제도의 변화를 넘어 커다란 사회 구조의 변동이자 한국사 전체의 흐름에서도 큰 변화였다는 사실을 부인할 수 없을 것입니다.

3. 분할적인 재정·경제 구조

왕조의 재정 운영과 공전·사전

고려의 경제 구조에도 고려 사회의 특성이 잘 반영되어 있습니다. 고려의 경제 규모와 운영 방식을 한눈에 파악할 수 있는 자료로는, 고려 말 이성계 일파가 위화도 회군을 단행한 이듬해인 1389년 12월 조준이 올린 제2차 전제 개혁 상소문이 있습니다.

지금 6도의 관찰사가 보고한 바에 따르면 경작지懇田가 채 50만 결도 되지 않는데, 공상供上이 풍족해야 한다는 이유로 [그중] 10만 결을 우창右倉, 3만 결을 사고四庫에 소속시키고, 녹봉이 후하지 않으면 안 된다는 이유로 좌창左倉에 10만 결을 소속시키고, 선비를 우대하지 않으면 안 된다는 이유로 경기京圻의 토지 10만 결을 나누어주었더니, 남은 경지가 17만 결에 불과합니다. [이 17만 결로는] 대체로 6도의 군사·진津·원院·

역驛·사沚에 지급할 전답과 향리〔에게 지급할 전답〕, 출장 관원使客의 비용, 지방 관아의 경비衙祿와 관료의 녹봉으로 쓰기에도 부족해서 군수軍須, 군사 비용으로 내어줄 땅이 없습니다. 그런데 지금 또 외방外方, 경기 이외 지역의 땅을 사전私田으로 지급하자고 하니, 공상과 녹봉에 쓸 비용과 진·원·역·사에 지급할 여러 명목의 전답은 어디에서 나올 것이며, 방진方鎭, 지방의 군사 요충지과 해도海道의 군사들에게는 무엇으로 지급해야 하고, 만일 3~4년 사이에 홍수나 가뭄이 발생하면 무엇으로 구제할 것이며, 수많은 군사에게 보낼 식량은 무엇으로 그 비용을 충당할지 아직 알지 못하겠습니다.

— 《고려사절요》 권34, 공양왕 즉위년 12월

이에 따르면, 당시 전국의 경지 50만 결 중 10만 결은 제사와 사신 접대 등의 국용國用을 담당한 관청인 우창, 3만 결은 왕실 창고인 사고, 10만 결은 녹봉을 담당한 좌창에 소속되었고, 경기의 10만 결은 과전科田으로 배분되었으며, 나머지 17만 결이 군인에게 지급할 토지 및 군사 비용, 진이나 역 같은 교통 기관과 원 같은 숙박 기관에 지급할 전답, 향리 등 여러 직역 부담자들에게 줄 전답과 공무에 쓰일 비용으로 배분되어 있습니다.

위의 상소는 조준을 비롯한 개혁론자들이 안 그래도 경지가 부족한 상황에서 군사 비용조차 충당하지 못할 정도로 권문세족의 토지 겸병이 심각한데, 이들이 또 경기 이외의 외방으로까지 사전을 확대하려 한다며 이 움직임을 저지하고 전제를 개혁해야 한다고 호소하는 내용입니다. 그러나 우리는 여기서 고려의 토지체계, 고려 정부의 재정 운영체계를 알 수 있습니다. 조준이 언급한 토지 가운데 좌창과 우창에 소속된 20만 결은 그 땅에서 나는 수확물을 국가가 직접 조세로 수취하는 '공전公田'입니다. 그중 우창에서 관리하는 조세는 중앙정부가 직접 사용하는 경비, 구체적으로 각종 제사와 사신 접대 및 파견, 각종 토목공사에 사용되는 비용이고, 좌창에서 관리하는 조세는 일반 관리들의 녹봉으로 사용되었습니다. 이러한 조세 수취 및 재정 운영 방식은 다른 왕조와 별 차이가 없지요. 그러나 나머지 과전으로 배분된 경기의 10만 결과 교통 기관과 군인, 향리 등의 직역자에게 지급되는 17만 결의 토지는 조세가 개인이나 각 기관에 귀속되는 '사전私田'이었습니다. 이 사전이야말로 고려왕조 재정·경제 구조의 특성을 담고 있지요. 그러니까 고려시대에는 전체 경지의 약 60퍼센트가 일반 관료·군인·향리 등 개인과 각종 관청에 지급된 것이지요. 이러한 토지를 전시과 토지라고 합니다. 고려 말에 제정된 과전법의 토지도 같은 성격입니다. 그러나 과전법은 시행된 지 100년이 못 되어 폐지되는 반면, 전시과 제도는 10세기 후반부터 고려왕조가 멸망할 무렵까지 400년 넘게 유지됩니다. 고려 재정·경제 구조의 특징을 전시과 제도에서 찾는 것은 이 때문입니다.

다양한 토지 종류와 용도

전시과 제도는 사전에 해당하는 토지를 중심으로 운영되었습니다. 사전은 조세 수취권, 즉 수조권이 개인이나 기관에 위임되었기 때문에 '세입 위임지歲入委任地'라고 합니다. 다시 말해 사전은 개인이나 기관

관청이 조세를 거두어들이는 토지이지요. 공전은 수조권이 국가에 있어 '국가 세입지國家歲入地'라고 합니다. 국가가 직접 조세를 거두어들이는 토지이지요.

고려시대에 국가가 직접 조세를 거두어들인 토지는 대개 일반 민이 소유한 민전民田입니다. 관리들의 개인 소유지도 이 민전에 포함되지만, 일반 민의 소유지가 대부분이었기 때문에 민전이라 하였습니다. 이 민전이 국가 세입지인 공전의 토대가 된 것입니다. 그런데 앞에서 예로 든 고려 말의 기록에서 전국 50만 결의 경지 중 좌창과 우창에 소속된 국가 세입지는 20만 결, 전체 경지의 40퍼센트에 불과합니다. 이보다는 나머지 60퍼센트를 차지하는 약 30만 결의 토지를 운영하는 방식에 고려의 재정 운영과 경제 구조의 특징이 집약되어 있습니다. 고려는 이 30만 결의 토지를 국가가 직접 관리하지 않고 기관 또는 국가에 역을 지는 개인에게 위임하여 운영하게 했습니다. 국가가 해당 토지에서 조세를 수취하고 이를 바탕으로 재정을 운영할 권한을 개인이나 기관에게 나누어주었다는 사실이야말로 분할적 운영이라는 고려왕조 재정정책의 특성을 잘 보여주는 부분이지요. 사전 혹은 세입 위임지의 대표적인 토지가 바로 전시과 토지입니다.

고려시대에 토지의 종류가 참으로 다양했던 것도 전시과와 관련이 있습니다. 고려시대에는 관료들에게 지급된 양반전兩班田 혹은 과전科田, 공신들에게 지급된 양반공음전兩班功蔭田 혹은 공음전功蔭田, 군인들에게 지급된 군인전軍人田, 향리들에게 지급된 향리전鄕吏田, 관청에 지급된 공해전公廨田, 군사 기관에 지급된 둔전屯田, 향교·국자감 등 교육 기관에 지급된 학전學田, 왕실과 사원에 지급된 장처전莊處田, 각종 교통 기관에 지급된 역진전驛津田 외에, 칼이나 종이 등을 제작하는 수공업자에게 지급된 도위전刀位田·지위전紙位田 등 각종 위전位田도 있었습니다. 이뿐만 아니라 '등과전登科田'이라 불리는, 과거 합격자에게 지급된 토지도 있었고, 관리의 유가족이나 미성년자에게 지급되는 한인전閑人田, 왕실에서 사용하는 내장전內莊田, 적전籍田 등도 있었습니다. 이는 중앙 및 지방의 관청과 관료들에게 토지를 지급하여 수확량 일부를 조세로 수취하게 하거나 토지를 직접 경작해 각종 비용을 충당하게 한 전시과 제도의 특성이 낳은 결과입니다. 그리고 전시과 제도의 운영에는 고려 재정 운영의 원칙이 관철되고 있습니다. 그 원칙이 무엇인지 구체적으로 살펴보기로 하겠습니다.

오늘날 우리 사회를 지탱하는 물적·경제적인 기반은 산업화를 바탕으로 한 대량 생산과 소비, 수출 주도의 경제 개발 정책이라고 할 수 있습니다. 이와 달리 고려와 조선 같은 중세 사회의 경제적 기반은 사람과 토지였습니다. 사람으로부터 각종 생산을 위한 노동력을 징발하고 나라를 지키기 위한 병력을 충원했으며, 토지로부터 조세를 거두어 국가가 필요로 하는 각종 비용을 충당했습니다. 노동력은 기계로 대치되고 토지는 단순히 투기나 투자의 대상으로 변해버린 오늘날과는 현저히 다른 사회였죠. 역사학자들은 이러한 경제·사회 구조의 변동과 그로 인한 인간 사고思考의 변화를 기준으로 중세, 근대 따위로 시대를 구분합니다. 그러나 사람과 토지를 기반으로 하는 같은 중세 사회일지라도 고려와 조선 사회는 매우 달랐습니다.

고려시대에는 국가에 역을 지는 사람에게 그 대가로 토지를 지급했습니다. 여기서 말하는 '역'은 일반 양인이 국가의 각종 공사나 공물

운반 등에 동원되는 요역徭役이 아닌 '직역職役'을 의미합니다. 직역
은 '왕조의 관료 질서에 참여해서 맡은 직책에 따라 하는 일'을 뜻합
니다. 글자 그대로 풀이하면 '맡은 일직책에 따른 역할'인데, 맡은 일
이란 항상 국가 운영에 필요한 공적 업무와 관련되는 일이지요. 즉, 직
역은 국가라는 공적인 지배 질서 내에서 맡은 일을 뜻하는 것으로, 관
리나 군인 혹은 향리 등이 되는 것을 말합니다. 그래서 직역을 진다는
것은 국가의 지배 질서에 참여한다는 의미이기도 하지요.

《고려사》에 따르면 관료·군인·향리는 물론, 교통 기관인 역이나 나
루터에서 일하는 사람들까지도 그 반대급부로 토지를 받았습니다. 이
는 원칙적으로 '국가에 직역이 없는 사람은 토지를 받을 수 없다非執國
役者 不得授田'는 의미이기도 합니다. 일반 양인이 성을 쌓는다거나 도
로를 건설하는 등의 토목공사에 동원되어 단순한 신역을 제공하는 경
우를 제외하고, 국가에 직업으로서 역을 지는 모든 사람에게 그 대가
로서 토지가 지급된 것입니다. 이를 달리 표현하면, 고려는 '전제田制
와 역제役制가 일치하는 사회'였다고 할 수 있지요. 국가의 관료 질서
에 참여하는 사람들에게는 토지를 지급한다는 고려 재정정책의 원칙
이 이같이 다양한 토지를 낳게 한 원인이었던 것입니다.

조선시대에는 군인이나 향리가 되었다고 해서 국가가 토지를 지급
하지는 않았습니다. 관리에게 과전을 지급하기는 했으나, 앞에서 이
야기했듯이 과전도 1세기가 지나지 않아 없어지고 관리들은 녹봉만
받게 됩니다. 조선시대에는 국가가 토지를 대부분 공전으로 파악했기
때문에 세입 위임지인 사전은 관리들에게 지급한 과전을 비롯해 국
가에 공을 세운 사람들에게 준 공신전功臣田, 왕실이나 왕족이 소유한

궁방전宮房田, 군사 기관에 지급한 둔전 정도에 불과했습니다. 토지의 종류가 얼마 되지 않았던 것이지요.

전시과 제도의 장점과 운영 방식

고려의 전시과 제도는 잘 알려진 대로 태조 23년에 시행된 역분전 제도를 기초로 경종 대 시정始定 전시과, 목종 대 개정改定 전시과를 거쳐 문종 30년1076에 양반 전시과로 정착됩니다. 이후 이 제도가 고려왕조 내내 유지되었는데, 이는 그 나름의 장점이 있었기 때문입니다.

전시과 제도는 무엇보다 고려 정부의 관료제 운영에 경제적 토대를 제공했습니다. 관료들과 각 관청이 전시과 토지를 기반으로 생활을 영위하고 기구를 운영할 수 있었으니까요. 전시과 제도가 관료제를 넘어 고려왕조 자체를 지탱하는 역할을 했다고 적극적으로 평가한 사람도 있습니다. 고려 말 사전 개혁을 주도한 조준이 그 주인공으로, 그가 올린 전제 개혁 상소문에 그런 평가가 언급되어 있습니다.

삼한이 통일되자 토지제도田制를 정하여 신민臣民에게 나누어주었습니다. 백관百官은 품계에 따라 지급하였다가 사망하면 회수하고, 부병府兵은 20세에 받았다가 60세에 반환하게 하고, 무릇 사대부士大夫로서 토지를 받은 자라도 죄가 있으면 [이를] 몰수하였더니, 사람마다 자중하여 감히 법을 범하지 않아서 예의가 일어나고 풍속이 아름다워졌습니다. 부위府衛의 병사와 주·군·진·역의 향리도 각각 [받은] 토지의 소출을 먹고 정착하여 편안하게 자기 일에 종사하게 하였더니 나라가 부강해졌습니다. 요遼와 금金이 천하를 넘보며 우리와 국토를 맞대고 있으면서도 감히 나라를 침범하지 못한 것은 우리 태조가 삼한의 땅을 나누어 신민과 더불어 그 녹祿을 향유하고 생업을 넉넉하게 하여 그들의 마음을 결속하여 국가 천만세千萬世의 원기元氣로 삼았기 때문입니다.

— 《고려사절요》 권33, 창왕 즉위년(1388) 7월

전시과 토지는 관료는 물론 군인·향리 등 직역을 진 사람 모두에게 지급되어 그들의 생활을 보장했습니다. 조준은 이 덕분에 신민이 모두 예의와 염치를 알아서 풍속이 아름다워졌을 뿐 아니라, 나라가 부강하게 되고 민심이 결집하여 외적의 침입을 막을 수 있었다고 했습니다. 조준은 전시과 제도가 고려왕조를 굳건하게 유지하는 토대가 되었다고 평가한 것입니다.

전시과 제도는 실제로 재정 운영의 효율성이라는 면에서 유리한 제도였습니다. 조선처럼 모든 재정을 국가가 직접 계획하고 관리하는 데 따르는 번거로운 행정 절차와 재정 부담을 완화·경감시켜주는 장점이 있었지요. 중앙의 개입이 상대적으로 적기 때문에 지방 군현이나 개별 기관의 자율성이 높아진다는 면에서도 발전적입니다. 고려왕조가 지방세력에 의해 건국되고 통합되었기에 그들의 자율성을 인정하는 가운데 이러한 재정 운영 방식이 나왔지만, 행정의 간편화와 효율성이 전시과 제도의 장점인 것만은 분명합니다.

이제 토지의 지급과 수취 등 전시과 제도의 운영 방식에 대해 구체적으로 살펴보기로 하지요. 문종 때 확정된 양반 전시과는 전체를 18과로 나누어 관품과 관직에 따라 최고 150결경지 100결, 땔감 채취지 50결

에서 최하 17결을 지급했습니다. 요즈음에는 토지의 면적을 나타낼 때 미터법을 사용합니다. 여기에 평수를 병기하기도 하지요. 그러나 고려와 조선 시대에는 '결結'이 토지의 규모를 나타내는 기본 단위였습니다. 특히 고려의 경우 처음에는 1결을 정할 때 일정한 땅의 넓이를 기준으로 삼았으나, 후기부터는 땅의 넓이가 아닌 수확량으로 기준을 바꾸었습니다. 고려 전기의 토지 1결을 지금의 기준으로 환산하면 약 4,000제곱미터약 1,200평이며, 1결당 생산량은 토지의 비옥도에 따라 최고 18석에서 최저 10석 정도였습니다. 그러나 고려 후기에는 20석이 생산되는 면적을 1결이라 했기 때문에 1결의 실제 면적이 토지의 비옥도에 따라 들쭉날쭉했습니다.

그렇다면 전시과에 따른 토지 지급은 실제로 어떤 방식으로 이루어졌을까요? 가령 A라는 관리가 전시과 토지로 12과 50결의 토지를 받았다면, 이는 그만한 '토지를 직접 받은 것'이 아니라 50결의 토지에서 생산된 양 가운데 법정 조세율인 10분의 1만큼의 수확물을 국가를 대신해 조세로 거두어들일 수 있는 권한, 즉 '수조권'을 받았다는 뜻입니다. 예컨대 관리 A는 국가가 지정한 ○○군의 B라는 농민에게서 매년 조세를 받을 수 있는 권리를 국가로부터 위임받은 것이지요. 이때 B라는 농민이 100결의 농지를 가졌다면, 그는 이 가운데 50결에 대한 조세는 관리 A에게 내고, 나머지 50결에 대한 조세는 국가에 내게 되는 것입니다. 그리고 A라는 관리가 100결의 토지를 가졌다면, 50결분의 조세만 국가에 내고 전시과로 받은 50결 분만큼의 조세는 면제받는 방식도 가능했습니다. 흔히 이를 '면조권免租權'이라 하는데, 수조권과 같은 취지의 지급 방식이라 할 수 있습니다. 이때 국가는 제도적으로 관리 A를, 글자 그대로 풀이하면 전답의 주인인 '전주田主', 실제 토지 소유주인 농민 B를 '전객佃客'이라 규정했습니다. 수조권자인 관리의 권리를 실제 소유주이자 경작자인 농민의 권리보다 우위에 놓았기 때문입니다. 실제 소유주이자 경작자인 농민의 입장으로 보면 그야말로 주객이 전도된 셈이지요. 게다가 농민 B는 실제 소유주임에도 토지가 전시과로 지정되었기 때문에 함부로 매매하거나 상속할 수 없었습니다. 그 경우 반드시 국가의 허락을 받아야 했습니다. 그만큼 농민 B의 소유권 행사가 제한된 것이지요. 이러한 제도를 '수조권 제도'라 합니다.

국가 재정 운영의 특징

고려시대에는 재정의 용도 및 사용처 별로 관청이나 개인에게 국가의 수조권을 위임해서 이를 바탕으로 관청이나 개인이 독자적으로 재정을 운영하게 했습니다. 이는 고려 토지제도와 재정 운영의 중요한 특징이 됩니다. 그럼 고려의 경제 및 재정 운영의 특성을 무엇이라고 표현해야 할까요? 필자는 이를 '분할적分割的 재정 운영'이라 하겠습니다. 국가 세입지는 조선처럼 국가가 직접 조세를 거두어들이고 필요한 예산을 지급하는 관수관급官收官給의 방식으로 운영되었지만, 세입위임지는 조세 수취나 재정 운영을 관청이나 개인에게 위임하는 것으로, 바로 여기에 고려의 경제와 재정 운영의 특성이 잘 나타나 있습니다. 곧 재정의 절반 이상을 국가가 직접 운영하지 않고 개인이나 관청에 위임해서 분할적으로 운영했기 때문에 '분할적 재정 운영'이라 한 것입니다. 어떤 학자는 이를 '할거적 분속割據的分屬 수조지제도'라 말하기도 합니다. '할거적'이라는 표현을 사용한 것은 고려의 재정 운영이 일원적이지 않고 여러 형태로 분절되어 이루어졌기 때문인데, 이역시 고려 경제·재정 구조의 중요한 특징을 드러내는 표현이라고 생각합니다.

고려의 분할적인 재정 운영은 지방제도에도 잘 반영되어 있습니다. 잘 알려진 대로 조선은 전국을 크게 8도로 나눠서 지배했지만, 고려는 도성都城이 있는 개경과 그 주변 지역을 경기, 지금의 평안도와 강원도 일부, 함경도 지역을 북계와 동계의 양계, 나머지 지역을 5도로 구획했습니다. 그리고 경기 지역의 조세는 왕실과 관료들의 생활을 뒷받침하는 용도로, 5도 지역에서 거두어들인 조세는 녹봉과 각종 공사및 행사 비용으로, 국경지대인 양계에서 생산된 조세는 모두 현지에서 군사비로 각각 사용하게 했습니다. 8도체제로 지방 행정 조직을 일원화한 조선과 달리 고려는 전국을 3원적인 체제로 분할해서 운영했고, 이것이 분할적인 재정 운영 방식과 밀접한 관련을 맺고 있었던 것이지요. 그럼 이제 고려시대에 이런 분할적인 재정 운영이 이루어진 배경에 대해 살펴보겠습니다.

고려의 분할적 재정 운영은 첫째, 지역 간 발전 격차의 해소와 관련이 있습니다. 앞에서 설명한 대로, 고려시대에는 상경이 안정적인 수준에 도달하지 못했습니다. 그래서 경제력과 노동력을 많이 보유한 지방세력의 근거지는 상당 수준 개간되었으나, 그렇지 못한 농민층의 토지는 자연재해 등으로 황무지가 되기 일쑤였죠. 또한, 수리 시설이 확보된 지역과 그렇지 못한 지역 간에도 생산력의 격차가 컸습니다.

이러한 상황은 신라의 통일 이후 고려 초기까지 계속되었습니다. 매년 농사를 지을 수 있는 상경이 안정적인 단계에 이른 조선시대, 특히 세종 이후에는 전국의 경작지를 대부분 국가가 직접 조세를 거두는 국용전國用田으로 만들어 여기서 거둔 조세를 바탕으로 일원적인 재정 운영을 할 수 있었으나, 그렇지 못한 고려시대에는 황무지를 끊임없이 농지로 개간하여 지역 간 발전 격차를 해소하고 균형 발전을 이루는 것이 더 큰 정책적 목표였습니다. 현지 관청이나 개인에게 토지를 지급하고 그것을 경작해 운영 비용을 충당하게 한 분할적인 재정 운영 방식은 그러한 사정에서 나온 것입니다. 분할적 재정 운영이 지역 간 발전 격차를 해소하기 위한 장치로 기능한 것이지요. 고려의 전시과가 조선의 과전법과 달리 농지와 함께 땔감을 채취할 시지柴地를 관료들에게 지급한 것도 관료들에게 일종의 산림 개발 이용권을 부여함으로써 개간을 유도하기 위해서였습니다.

둘째, 교통로의 미발달과 그에 따른 조세 운송의 어려움도 분할적 재정 운영의 배경입니다. 12세기 초 대각국사 의천義天, 1055~1101은 화폐를 사용하면 생산물을 중앙으로 운반하는 데 드는 막대한 노동력을 절감할 수 있고 수취 행정의 효율성도 높일 수 있다고 주장했습니다. 의천은 송나라에서 화폐 사용의 편의성을 직접 목격한 뒤 이런 제안을 했지요. 그러나 그의 제안은 사실 교환 경제의 토대가 되는 유통로·교통로가 충분하게 확보되지 않은 당시 상황에서 실현되기 힘들었습니다. 고려시대에 뱃길을 이용하는 조운로를 제외하고 생산과 소비를 위한 내륙의 교통로나 유통로가 충분하지 않았던 것은, 인적·물적 유통이 활발할 정도로 인구가 많지 않았고 생산물이 활발하게 유통될 정도로 농업 생산력을 비롯한 사회적 생산력이 높지 않았기 때문입니다. 이는 지방세력의 거주지와 그 지배 영역이 하나의 독립적인 사회·경제의 기본 단위로 운영된 고려 초기의 사정과 밀접한 관련이 있습니다. 즉, 거두어들인 생산물을 중앙으로 운반하는 대신 현지에 조세 수취권을 위임하여 독자적으로 재정을 운영하게 함으로써 운반에 드는 노동력과 각종 비용을 절감하고 해당 지역을 개발하려 했던 것입니다.

고려 말 사전 개혁과 과전법

다시 전시과로 돌아가 전시과 제도의 모순과 그로 인해 나타난 폐단에 대해 살펴보기로 하겠습니다. 전시과는 조선의 과전법과 달리 지급 지역이 전국에 걸쳐 있었고, 관료 개인은 물론 왕실·사원·지방 관청 등에도 토지가 지급되었습니다. 이 때문에 국가의 감시를 피해 전주들이 수취 과정에서 불법을 자행할 여지가 컸습니다. 대표적인 폐단은 '답험손실'과 '탈점'이었습니다.

전주 즉 수조권자인 관리들은 전객인 농민들로부터 단순히 조세를 거두어들일 권리만 행사한 것이 아니었습니다. 이들은 매년 농사의 작황에 따라 조세액을 책정하는 권리, 곧 '답험손실권踏驗損實權'을 갖고 있었는데, 이를 행사하는 과정에서 수확량을 실제보다 높게 책정하는 일이 많았습니다. 수확량을 부풀리면 그만큼 거두어갈 조세도 늘기 때문이었죠. 또한, 조세 수납 과정에서 농민에게 고가의 물품을 강매하거나 수조지까지 오고 가는 데 필요한 노자나 타고 온 말의 먹

잇값을 요구하는 등 불법 행위를 끊임없이 자행했습니다. 이로 인해 농민의 불만은 가중될 수밖에 없었지요. 고려의 전시과와 고려 후기에 녹봉을 보충할 목적으로 관리에게 나누어주었던 녹과전祿科田, 조선의 과전법은 모두 이런 식으로 운영되었습니다. 과전법 체제가 15세기 말에 해체된 것도 수조권에 기초한 전주들의 이런 수탈 행위에 농민들이 거세게 반발했기 때문입니다.

답험손실의 폐단보다 더욱 심각한 것은 '탈점'이었습니다. 탈점은 남의 소유지를 불법으로 빼앗는 행위로, 사유지는 물론 수조지도 빈번한 탈점의 대상이 되었습니다. 수조권을 위임받은 권세가들이 수조지 자체를 그들의 사유지로 탈점하는 것이었지요. 특히 고려 말에 이런 현상이 광범하게 일어났는데, 1388년 6월 위화도 회군으로 정권을 장악한 이성계 일파가 가장 먼저 사전 개혁에 착수한 것도 바로 이 때문입니다. 이성계 일파에게 사전 개혁은 불법으로 우왕을 폐하고 정권을 장악한 데 대한 비난을 잠재울 방안이기도 했습니다.

수조지 탈점 같은 불법 행위는 고려 말 정치·사회·경제 등 모든 분야에 걸쳐 심각한 모순으로 나타나고 있었습니다. 이는 이미 원 간섭기부터 시작된, 오래된 모순이었습니다. 특히 원나라를 등에 업은 부원배附元輩와 국왕 측근 세력 등 권세가들은 국가로부터 많은 토지를 하사받는 것으로도 모자라 백성들의 토지를 강제로 빼앗아 소유 토지를 확대해나갔습니다. 원나라가 패망한 후에도 이런 폐단은 개선되지 않았습니다. 고려 말 사전 개혁은 불가피했던 것이지요.

1388년 7월부터 1389년 12월까지 약 1년 5개월에 걸쳐 사전 개혁을 촉구하는 개혁파의 상소가 이어졌습니다. 당시 개혁을 주도한 조준이 올린 상소문에는 사전의 폐단과 그 주체, 개혁의 방향과 목표 등이 잘 나타나 있습니다.

근년에 이르러 겸병이 더욱 심해져서 간사하고 흉악한 무리가 주에 걸치고 군을 포괄하는 규모로 겸병하고 산천을 표식으로 삼아 모두 자신들의 조업전祖業田, 조상 대대로 세습되어온 토지이라 주장하며 서로 훔치고 서로 빼앗으니, 일무一畝, 전답 약 30평의 주인이 대여섯 명을 넘기도 하고 1년에 조세를 여덟아홉 차례나 거두기도 합니다. 위로는 왕으로부터 종실·공신·조정 문무 관료의 전답에 이르기까지, 외역전外役田과 진津·역驛·원院·관館의 전답은 물론 무릇 남이 대대로 심은 뽕나무와 지은 집까지 모두 빼앗아 가졌습니다. [그리하여] 불쌍하게도 우리 하소연할 데 없는 민은 유리하여 사방으로 흩어지거나 구렁텅이에 빠지고 말았습니다. 나라에서 토지를 나누어준 것은 신민을 넉넉하게 하고자 함이었는데 오히려 신민을 해치고 있습니다. 그래서 사전을 난亂의 우두머리라고 하는 것입니다.

—《고려사절요》 권33, 창왕 즉위년(1388) 7월

조준은 여기서 권세가들이 개인의 소유지는 물론 국가 기관과 관료들에게 지급된 수조지인 사전까지 빼앗아[겸병兼倂], 산천을 경계로 할 정도로 넓은 토지를 소유하게 되었다고 주장합니다. 같은 토지를 여러 명의 권세가가 서로 빼앗아 주인이 여러 명이 될 정도였다고도 하죠. 이를 견디지 못한 농민들이 다른 지역으로 도망을 하니 민생이 파탄 나게 되었다고도 했습니다. 조준은 이렇게 재정과 민생 파탄의 근본 원인이 사전의 폐단임을 꼬집으며 사전 개혁을 주문했습니다. 이 시기에 과중한 역 부담을 견디다 못한 하층 양인들은 양인 신분을 포기하고 스스로 권세가의 노비가 되었습니다. 노비는 역을 부담하지 않으니까요. 이런 현상을 '권세가에게 몸을 의탁한다' 해서 '투탁投托'이라 합니다. 한편 대토지를 소유한 권세가들은 경작자 확보를 위해 과중한 역으로 생계가 어려워진 양인들을 강제로 노비로 만들어버렸습니다. 이를 '양인을 압박하여 천인으로 삼는다' 해서 '압량위천壓良爲賤'이라 합니다. 투탁이든 압량위천이든 두 경우 모두 국가에 조세를 부담하는 양인 농민층의 감소를 초래해 국가의 재정을 어렵게 만들었습니다.

이성계를 비롯한 개혁파는 1389년 11월 사전 개혁에 소극적이던 창왕을 몰아내고 공양왕을 그 자리에 앉힙니다. 그리고 이듬해 9월 공전과 사전을 가릴 것 없이 기존의 토지대장을 모두 불태워버립니다. 그런 뒤 과전법을 공포했죠. 1391년공양왕3 5월의 일입니다. 과전법은 사전의 폐단을 막기 위해 관료들의 과전지科田地를 경기 지역의 토지로 제한하고 경기 외 지역의 토지는 군전軍田과 국용을 위한 재원으로만 지급할 것, 당장의 군수 비용과 관료들의 녹봉을 위해 3년 동안 한시적으로 공전과 사전의 조세를 국가에서 직접 거두어들일 것을 골자로 한 개혁안이었습니다.

과전법이 제정되면서 사전의 폐단이 다소 완화된 것은 사실입니다. 그러나 고려 말 토지제도의 모순은 이미 고려왕조의 재정을 파탄 냈고, 그런 만큼 왕조의 패망은 돌이킬 수 없었습니다.

전시과와 과전법 비교

앞에서 소개한, 용도에 따라 땅을 구분해 이름 붙인 '지목地目'에서 짐작할 수 있듯이, 고려의 전시과는 관료 개인뿐만 아니라 관청이나 기관에도 토지를 지급하는 제도였습니다. 과전·공음전·군인전·향리전, 과거 합격자에게 주는 등과전 등이 개인에게 지급되는 토지였고, 공해전·둔전·학전 등이 관청이나 기관에 지급되는 토지였습니다. 그 외에도 교통의 요지에 있는 역驛이나 나루터인 진津에도 토지가 지급되었고, 사원과 왕실에는 장처전이 지급되었으며, 심지어 성황신을 모시는 성황 신사에도 토지가 지급되었습니다.

이에 비해 조선 초기의 과전법은 토지가 현직 관료나 퇴직자인 산관散官에게만 지급되었는데, 이조차 채 100년이 지나지 않아 현직 관리에게만 토지를 지급하는 직전법職田法으로 축소되었고, 다시 국가가 직접 조세를 거두어 관료에게 지급하는 관수관급제官收官給制로 바뀌어 관료들은 오직 녹봉만 받게 되었습니다. 이뿐만 아니라 자체의 비용을 충당할 용도로 여러 기관이 받던 공해전을 비롯한 잡다한 지목도 세종 때 국용전제國用田制가 시행되면서 없어지고, 군인전·향리전 역시 국가가 직접 조세를 거두어 관청에 지급하는 형식으로 바뀌게 됩니다.

고려의 전시과는 통일신라시대로 거슬러 올라가 녹읍제祿邑制, 관리들에게 관직 복무의 대가로 일정한 지역에 대한 경제적 수취를 허용한 제도와 연결되는데, 녹읍제와 전시과, 과전법의 토지 지배 형태를 '수조권적 토지 지배 형태'라고 합니다. 수조권적 토지 지배 형태란, 앞에서 설명한 대로 국가가 역의 대가로서 토지를 지급하되 토지에 대한 소유권

을 주는 것이 아니라 그 토지에서 나오는 수확물 일부를 조세로 거두
어들일 권한을 위임하는 방식으로 토지를 지배하는 형태입니다. 때로
는 역의 대가로 지급받은 토지에 해당하는 액수만큼 조세를 면제해주
기도 했습니다.

조선의 과전법도 따지고 보면 고려 말 위화도 회군에 성공한 이성
계 일파가 전제 개혁을 위해 1391년에 제정한 것을 새 왕조에서 그대
로 수용한 데 불과합니다. 과전법의 내용이 《조선왕조실록》이 아니라
《고려사》에 실린 것은 이 때문입니다. 따라서 조선의 과전법은 크게
보면 고려적인 토지제도의 연장이면서 고려의 전시과보다 좀 더 세련
된 형태의 토지제도라 할 수 있습니다. 또한, 우리 역사에서 수조권적
토지 지배의 마지막 형태라고 할 수 있습니다.

수취와 재정 운영의 일원화, 공법과 국용전제

고려와 조선은 토지와 민을 주요한 수입원으로 삼아 국가의 재정을
운영했다는 점에서는 같지만, 재정 운영 방식에서는 일정한 차이가
있었습니다. 조선의 재정 운영 방식을 살펴보면 고려의 재정 및 경제
운영 방식의 특징을 더 잘 이해할 수 있습니다.

조선시대에는 토지에서 나오는 수입을 국가가 일괄적으로 장악한
뒤 이를 각 관청에 배분했습니다. 특히 세종 때 고려 말보다 무려 3배
이상 많은 약 170만 결의 토지를 확보하여 이를 바탕으로 1444년세종 26
에 공법貢法을 발표하고 그 이듬해에 국용전제를 시행합니다. 이 두 제
도에서 고려와는 다른 조선의 재정 운영 방식을 확인할 수 있습니다.

먼저 공법은 조세 수취의 형평성을 확립하여 고려 때 큰 폐단을 낳았던 전주의 자의적인 수취를 방지하려는 취지에서 시행되었습니다. 농사의 작황을 풍흉에 따라 상상년上上年에서 하하년下下年까지 9등분하고(연분구등年分九等) 전국의 토지를 비옥도에 따라 6등분해서(전분육등田分六等), 토지의 비옥도는 지역별로 고정하되 농사의 작황은 해마다 국가가 결정하여 조세 수취의 공평을 기하고자 한 것입니다. 이뿐만 아니라 수취율도 종래 수확의 10분의 1에서 20분의 1로 대폭 낮추었습니다. 이는 조선 초기 농업 기술의 발전으로 개간 면적이 확대되고 생산량이 대폭 증가한 덕분이었습니다. 그러나 공법을 실행한 근본 목적은 답험손실법의 폐단을 없애는 데 있었습니다. 답험손실법은 전주가 직접 매해 농사의 작황을 판단하는 제도였는데, 이것이 전주가 멋대로 수취량을 결정하여 농민을 수탈하는 통로로 악용되었던 것입니다. 그래서 전주 대신 국가가 직접 작황 판단에 개입하여 수취액을 결정하겠다는 것이었죠.

국용전제는 국가가 재정을 직접 장악하고 운영하려는 취지에서 시행한 제도입니다. 고려시대에는 군인전·장처전·향리전·과전·공해전·각종 위전 등 수조지가 다양한 지목으로 나뉘어 있어 각 기관이 직접 세를 거두어 재정을 충당했는데, 조선시대에는 지방 기관의 수조지를 제외한 대부분의 수조지를 국용전으로 묶어 국가가 나서서 세를 거두고 이를 재정에 사용합니다. 이로써 농민의 부담을 줄이는 동시에 국가 재정을 효율적으로 운영하고자 한 것이지요. 공법이 농사의 작황과 토지의 비옥도를 국가가 판단하고 등급별로 조세를 정액화하여 조세 수취의 공평성을 추구한 것이라면, 국용전제는 재정 출납의 창구를 국가로 일원화한 조치였습니다.

두 제도는 조세 수취와 국가 재정 운영의 일원화로 이어진다는 점에서 상호보완적이며, 고려와는 다른 재정 운영 방식의 일단을 보여주고 있습니다. 조선의 재정 운영 방식은 마치 오늘날 지방세와 관세를 제외한 각종 명목의 세금을 국세청에서 일괄적으로 거두어 은행에 넣었다가 예산의 입법부 통과 절차를 거쳐 국방비·공무원 임금·각종 정부의 공사公社 등으로 중앙정부가 직접 지출하는 방식과 비슷합니다. 중앙정부가 국가 전체의 재정 계획을 직접 수립해서 일괄적으로 운영하는 것이지요. 이처럼 조선시대에는 공법과 국용전제를 시행함으로써 고려 때와는 달리 일원적인 재정 운영을 할 수 있었습니다.

중앙과 지방을 연결한 제도와 유물

지방 통치의 실핏줄, 역과 역로

역驛은 중앙과 지방 간에 정치·경제·군사 관련 공문서를 전달하고, 임지로 가는 국내외 사신과 수령에게 숙식을 지원하고, 물자의 원활한 수송과 치안을 유지하는 기능을 한 교통·통신 시설입니다. 역은 수도 개경에서 지방으로 이어지는 중요한 길목에 위치하는데, 이러한 역과 역을 이어주는 길을 '역로驛路'라 합니다. 역로는 오늘날의 국도 같은 역할을 했습니다. 역과 역로 전반에 관한 조직과 운영체계를 '역제驛制' 혹은 '역 제도驛制度'라 하지요.

고려왕조가 약 50년간 계속된 후삼국 통합전쟁의 후유증을 극복하고 전국을 지배할 집권체제의 토대를 마련하게 된 것은 강과 바다를 잇는 조운로와 함께 내륙을 잇는 역로를 일찍부터 정비한 덕분입니다. 조운로는 지방에서 조세로 거두어들인 세곡稅穀을 배조운선에 실어 개경으로 운반하는 데 이용한 뱃길로서, 고려의 경제와 재정 운영이란 차원에서 실핏줄 같은 역할을 했습니다. 역과 역로는 중앙의 명령을 전달하고 주민을 교화하고 지방사회의 동향을 파악하기 위해 파견된 중앙의 사신과 수령에게 휴식과 안전, 여러 가지 정보를 제공하는 등 지방 통치의 실핏줄과 같은 역할을 했지요. 따라서 역과 역로에 대한 보다 깊은 연구는 고려의 지방사회와 군현제도를 새롭게 이해하는 계기가 될 것입니다.

고려는 건국 직후부터 개경과 지방을 잇는 교통로에 역을 설치하고, 지역 단위로 역과 역을 연결하는 국도인 역도驛道를 편성했습니다. 10세기 말 성종 때는 역에서 근무하는 정丁, 즉 '역정호驛丁戶'의 수에 따라 역을 대로역大路驛·중로역中路驛·소로역小路驛 3등급으로 나누어, 등급에 따라 토지를 역 운영에 필요한 재원으로 지급했습니다. 역에는 책임자인 역장驛長과 행정을 전담한 역리驛吏, 각종 실무를 담당한 역정驛丁이 있었습니다. 성종 후반과 현종 전반, 즉 10세기 말과 11세기 초반에는 전국의 역 149곳을 중요도에 따라 여섯 등급으로 나눈 6과科제도를 실시했습니다. 이 무렵 군현제도 완비되는 것으로 보아, 역 제도 역시 군현제 시행과 밀접한 관련이 있었음을 알 수 있습니다. 11세기 중엽 문종 때는 전국 525개 역을 22개 역도로 구역을 나누어 운영했습니다. 당시 역을 순찰하는 관원을 '관역사館驛使'라 했으며, '공역서供驛署'라는 기관이 전국의 역을 관장했습니다.

고려 전기에는 개경 이북의 양계 지역에 토지와 역원의 숫자가 많은 대로역이 많이 설치되었고 역의 밀도도 높았습니다. 거란·여진 등과의 군사적 긴장이 높았기 때문입니다. 이 시기에는 지방제도 개편

— **고려시대의 도로** 대구시 봉무동 유적에서 발견된 고려시대 도로의 모습이다. 고려 정부는 개경을 수도로 결정한 919년부터 개경을 중심으로 전국의 교통로를 재편성하기 시작했는데, 수로는 조세의 운반과 군사 보급로로, 육로는 주로 병력 이동 및 전략적 요충지를 확보할 목적으로 정비해나갔다. 특히 서긍의《고려도경》에 "군사(군수 물자)는 수레로 운송하며, 수레는 말로 끌게 한다"라는 기록이 있는 것으로 보아, 고려의 역로는 적어도 수레가 다닐 수 있을 정도의 너비와 구조를 갖추고 있었음을 알 수 있다. 영남문화재연구원 제공.

에 따라 주요 역로인 간선로에 변화가 있었습니다. 삼국시대 이래 한반도 중서부의 핵심 교통로는 임진강의 장단나루에서 남쪽으로 견주見州, 경기도 양주와 양주서울 종로구 일대를 거쳐 한강의 광진나루로 연결되는 '장단나룻길'이었습니다. 그런데 문종 후반인 11세기 후반에 남경 건설이 추진되면서 임진나루에서 남경을 거쳐 한강의 사평나루로 이어지는 '임진나룻길'이 더 중시되기 시작했습니다. 그러나 몽골의 침입이 시작된 13세기에 고려 전기의 역 제도는 무용지물이 되다시피 했고, 원이 고려를 지배하면서부터는 역 제도가 원의 지배정책에 따라 크게 변화하게 됩니다. 제주도와 압록강 사이에 수역水驛이 설치된 것도 원 간섭기에 이루어진 일이지요. 원나라는 이 수역을 통해 중국의 강남과 고려, 요양 지방을 연결하는 곡물의 해상 수송을 꾀했습니다. 원 간섭기에는 역을 몽골식 명칭인 '참站' 혹은 '역참驛站'이라 칭하기도 했습니다. 고려 후기에는 직급이 낮은 공역서를 병조에 소속시켜 병조의 지휘를 받게 했습니다. 조선시대에는 마찬가지로 병조에 속한 승여사乘興司에서 공역서가 하던 역 관련 업무를 주관하게 됩니다.

조운을 이용한 조세 수취

고려왕조가 삼국 통합 후 오래지 않아 전국의 토지를 장악하고 조세를 수취하게 된 것은 강과 바다를 통한 물류 시스템인 '조운제漕運制'를 확립했기 때문입니다. 고려왕조는 우리 역사에서 처음으로 조운제를 운영한 왕조입니다. 이는 각 군현에서 거두어들인 조세를 해안에 설치한 조창漕倉, 국영 창고에 모은 후, 조세를 운반하는 배인 '조운선'에 실어 개경으로 운송하는 제도입니다. 고려 이전에 이 제도가 시행되었다는 기록은 찾을 수 없습니다. 서해안과 가까운 데다 예성강과 임진강 하구를 통해 세곡을 운반하기 좋은 곳에 자리한 고려의 개경과 달리, 통일신라의 수도 경주는 한반도의 동남부에 치우쳐 있는 데다 동해안과 가깝기는 하나 주변에 산지가 많아 배로 조세를 운반하는 데 적합하지 않았지요. 조운이 시행되었다 하더라도 그 비중은 크지 않았던 것이 분명합니다.

조운제의 시행은 두 가지 의미를 지닙니다. 하나는 이 제도에 의해 한반도에서 바다와 강을 이용하여 물자를 운반하는 물류 시스템이 완비되었다는 점입니다. 조운제는 전국을 하나의 물류 시스템으로 체계화할 수 있을 정도로 바다와 강의 이점을 새롭게 인식하고, 그것을 이용했다는 데 커다란 의의가 있습니다. 다른 하나는 이러한 물류 시스템을 이용해 전국의 군현에서 조세를 직접 거두어들이는 것이 가능해짐으로써 집권체제에 필요한 사회·경제적 토대를 완성하는 계기를 마련했다는 점입니다.

조운제에 대해 구체적으로 살펴보겠습니다. 고려 초기에는 전국에 산재한 60개 포구에 각 지역에서 거둔 세곡을 모았다가 개경으로 운반했습니다. 이러던 것이 현종 연간1009~1031에 그사이 설치된 12개의 조창에서 개경으로 운반하는 방식으로 조운 방식이 바뀌었는데, 이를 '12 조창제'라 합니다. 문종 때는 서해도 장연현長淵縣, 황해남도 룡연군에 안란창安瀾倉이 새로 설치되면서 '13 조창제'로 운영되었습니다. 이 가운데 위치가 정확하게 확인되지 않은 안란창을 제외하면, 흥원창興元倉, 강원도 원주 소재과 덕흥창德興倉, 충북 충주 소재은 한강의 수운을 이용했고, 서해안과 남해안에 설치된 나머지 10개 창은 해운을 이용해 세곡을 개경으로 운반했습니다. 각 조창의 책임자는 판관입니다. 조창마다 특정 지역의 조세를 수납해 보관하는 수세收稅 지역이 설정되어 있었는데, 매년 추수 후 해당 지역에서 거두어들인 세곡을 판관의 책임 아래 이듬해 2월부터 먼 지역은 5월까지 개경으로 운반을 마치게 했습니다. 대몽항쟁 때 고려 정부가 강화도로 천도한 것도 이

곳이 조운로의 길목에 자리 잡고 있어 몽골의 눈을 피해 신속하게 조세를 운반할 수 있는 자연 조건을 갖추고 있었기 때문입니다. 몽골에 대한 장기 항전이 가능했던 것도 바로 이 때문입니다. 고려 말 왜구가 서남해 연안을 침탈했을 때는 고려 정부가 조운을 중단1376년, 우왕 2하고 육로를 이용해 세곡을 운반하는 육운陸運을 실시하기도 했지만, 왜구가 격퇴된 뒤에는 다시 조운제를 부활시켰고, 이후 조선은 왕조 내내 조운제를 유지했습니다.

특히 고려시대 서남해의 해로를 이용한 조운로는 중국과 일본으로 이어지던 국제 해상 교역로와 일치합니다. 이는 고려왕조가 통일신라 이래 활성화된 해양 교류의 이점을 조운제를 통해 계속 활용하려 한 증거입니다. 아울러 조운제의 확립은 고려왕조가 본격적인 대외 교역과 해양 교류를 활성화하는 데 필요한 국내 조건을 완비했음을 의미합니다.

조운로의 길목, 마도 해역의 고려 유물

조운로의 길목인 서남해안은 수천여 개의 섬이 산재한 데다 굴곡이 심한 리아스식 해안이 발달해 있습니다. 그래서 선박이 정박할 수 있는 크고 작은 만이 많이 존재하지요. 이것이 고려시대에 조운제가 발달하는 조건이 되었습니다. 반면에 조수 간만의 차가 심하고 섬과 섬 사이를 흐르는 빠른 해류로 인해 조운선이 난파되는 경우도 많았습니다. 최근 난파된 고려 선박들이 수중 발굴되어 고려의 생활사를 복원해주고 있지요.

2008년과 2011년 사이에 충남 태안의 마도馬島 해역에서 고려 선박 3척이 수중 발굴되었습니다. 이를 마도 해역에서 발견된 선박이라 하여 '마도 1·2·3호'로 부르는데, 번호는 발견된 순서에 따른 것입니다. 그런데 이들 선박에서 나온 목간과 유물을 통해 고려 조운제의 실상이 어느 정도 드러나게 되었습니다. 판독이 가능한 목간에 따르면, 마도 1호2008년 발굴는 주로 쌀·벼·조·메밀·콩 등의 곡물과 메주·젓갈 등의 식료품을 실은 곡물 운송선이었습니다. 곡물은 대체로 개경 관인들의 사유지에서 거두어들인 지대나 수조지의 전조田租로 수취

═══ **청자 매병**　마도 2호선에서 나온 청자 국화·모란·버드나무·갈대·대나무무늬 매병[靑磁象嵌菊花牡丹柳蘆竹文梅瓶]이다. 매병의 목에 수취인과 운송품이 기재된 목간이 매달려 있었다. '중방 도장교 오문부 댁에 올림, 참기름[眞油]을 매병[樽]에 채움[重房都將校吳文富宅上眞盛樽封]'이라는 내용으로, 수취인은 당시 무신정권의 최고 권력기구인 중방의 도장교 오문부이고, 운송품은 매병과 매병에 담은 참기름이었음을 알 수 있다. 문화재청 제공.

한 것으로서, 수취인은 개경의 관료층이었습니다. 마도 1호는 장흥에서 강진을 경유해 해남, 이어 나주 지역으로 이동하면서, 그 지역들에서 1207년 10월부터 1208년 2월까지 물품을 선적한 후 개경으로 향하다가 마도 해역에서 침몰한 것으로 추정됩니다. 마도 2호2010년 발굴는 1호와 비슷한 시기1200년경으로 추정에 지금의 전라도 영광과 고창 일대에서 수취한 사유지와 수조지의 전조를 싣고 있었습니다. 주로 백미·콩 등의 곡물과 젓갈·꿀·참기름 등의 식재료였는데, 개경의 관료들에게 발송한 물품들이었습니다. 마도 3호2011년 발굴는 1264년에서

1268년 사이에 지금의 전남 여수에서 당시 수도였던 강화도로 향하던 중 난파한 것으로 보입니다. 특히 3호에서 출토된 목간에는 당시의 무신 권력자 김준金俊, 1258~1268년 집권을 비롯한 관료와 삼별초 군사에게 보낸 전조의 목록, 주로 겉보리 등의 곡물류와 전복·전복 젓갈·마른 홍합·생선포·상어·꿩 등의 물품들이 기록되어 있습니다. 이상의 사실에서 당시 여수, 장흥, 해남, 나주, 영광, 고창 등의 수조지나 사유지에서 수취한 곡물류 등이 서남해의 조운로를 통해 소유주인 개경의 관료들에게 운반되는 등 물류의 이동이 활발하게 이루어졌음을 확인할 수 있었습니다.

3장

다원적 국제 질서 속의
고려왕조

1. 왕조건국기 국제 정세와 연구 시각

동아시아 대분열의 시대

고려가 건국될 무렵인 10세기 초 중국 당나라의 멸망은 동아시아 사회에 큰 파장을 불러일으킵니다. 당나라는 618년부터 907년까지 약 300년간 존속한 왕조입니다. 19세기 후반 서양과의 본격적인 교류가 시작되기 전 우리나라를 둘러싸고 있던 세계를 흔히 '동아시아 세계'라고 이야기하는데, 이 세계는 중국을 비롯해 한국·일본·베트남 등이 중심을 형성하고, 거란족·흉노족·여진족 같은 다양한 족속이 주변부에 포진했습니다. 동아시아 세계는 당나라가 성립된 7세기 무렵부터 하나의 세력권을 형성했습니다. 그리고 이들을 하나로 묶어주는 끈이 바로 '한자漢字'였습니다. 말은 다르지만 '한자'라는 공통의 문자를 통해 동아시아 각국이 각종 문물과 제도를 교류했던 것입니다. 동아시아 각국은 유교와 불교를 지배 이데올로기로 삼아 지배체제를 유지했습니다. 이 세계는 중국을 천하의 중심에 놓고, 주변 나라와 민족을 오랑캐로 보는 '화이론華夷論'에 입각한 독특한 문명권을 형성했습니다.

당나라가 무너지면서 동아시아 세계는 대분열의 시대에 진입합니다. 중국에서는 당나라가 붕괴하면서 5대 10국의 15개 왕조가 분립했는데, 평균 50년, 길어봐야 70년 정도 유지될 뿐이었습니다. 이 시기에 북중국의 만주 일대에서는 거란족이 대륙에 힘의 공백이 생긴 틈을 타 국가를 건설916합니다. 거란족이 세운 나라는 이후 1125년까지 약 200년간 존속했습니다. 한반도에서도 신라 중앙정부가 지방에 대한 지배력을 상실하면서 900년에 후백제가 건국되고, 901년에 궁예가 후고구려를 세웁니다. 918년에는 왕건이 후고구려를 이어 고려를 건국합니다. 통일신라와 함께 남북국을 형성한 발해는 926년 거란에 의해 멸망합니다. 이같이 10세기 초는 대륙과 만주, 한반도에 크고 작은 국가가 난립하는 대분열의 시대였습니다. 고려왕조도 이러한 대륙의 정세와 밀접한 관련을 맺으면서 발전해나갑니다.

다원적인 국제 질서

대분열의 시대는 이후 약 반세기 동안 이어집니다. 그사이 거란이 발해국을 병합하며 동아시아 세계의 새로운 강자로 부상했고, 한반도에서는 936년 고려가 후삼국의 분열시대를 마감하고 통일왕조로 거듭났으며, 중국에서도 960년 송나라가 건국되어 5대 10국의 혼란을 수습합니다. 10세기 중반 무렵에는 이렇게 동아시아 각지에서 송·거란·고려 등 강국들이 부상하기 시작합니다. 그러나 이때는 당나라가 동아시아의 맹주로 군림하던 예전과 달리, 고려·송·거란이 동아시아의 패권을 둘러싸고 각축을 벌이는 다원적인 국제 질서가 형성됩니다.

동아시아의 다원적인 국제 질서는 고려왕조기 대외 환경을 규정하는 개념으로, 고려왕조의 발전 과정과 역사적 특성을 이해하는 데 매우 중요합니다. 전통적으로 우리의 대외 관계는 중국과의 일대일 관계를 중심으로 전개되었습니다. 삼국시대에는 고구려가 차례로 한나라·수나라·당나라와 맞서며 한반도에서 방파제 역할을 했고, 조선왕조의 경우 전기에는 명나라, 중기 이후에는 청나라와의 관계가 대외 관계의 중심축으로 작용했습니다. 물론 우리 역사 내내 일본과 관계를 지속했지만, 당시 대외 관계에서 일본은 종속변수에 불과했습니다. 그런데 유독 고려 때만큼은 중국과의 일대일 관계가 아닌 주변 여러 나라와의 다자 관계, 즉 다원적인 국제 질서가 대외 관계의 기본 틀로 유지되었습니다. 당나라 멸망 이후 변화된 동아시아의 국제 질서에 부응하는 조치였지요. 실제로 동아시아의 대외 관계는 거란이 멸망하는 12세기 초반까지는 고려와 송·거란요 3국이, 고려 중기에는 고려와 송·금이, 1234년 금나라가 멸망한 후에는 고려와 송·몽골원이 서로 관계를 맺으며 각축을 벌이는 모양새였습니다. 그러다 고려 말인 14세기 후반에 명나라가 등장하면서 다시 고려와 명, 원이 각축을 벌입니다. 대륙의 다른 한편에는 송-거란-서하, 송-서하-토번혹은 베트남이 각각 각축을 벌이는 또 다른 형태의 다원적인 국제 질서가 형성되어 있었습니다.

다원적 국제 질서의 특징은 당 제국 같은 강력한 중심국가가 존재하지 않는다는 것입니다. 따라서 국가 간 세력 균형과 실리 외교가 국제 관계의 주요한 이슈가 됩니다. 이 시기 동아시아에서는 다원적 국제 질서 속에서도 당 제국 때와 마찬가지로 중국의 왕조와 주변국 간에 조공체제가 유지되었으나, 조공체제는 주변국의 입장에서 왕권의 정통성과 영토의 안전을 보장받기 위한 형식상의 체제일 뿐, 국가 사이에 강한 구속력이 없었습니다. 이러한 다원적 국제 질서의 특성을 '다중심성多中心性' 혹은 '다중적多重的'이라 규정하기도 합니다.

고려왕조는 다원적인 국제 질서의 마지막 시기까지 존속한 왕조이자, 이 질서에서 가장 큰 혜택을 받은 왕조였습니다. 고려 때는 개경 부근의 벽란도에 멀리 아라비아 상인들까지 드나들 정도로 대외무역이 성행했고, 이는 고려의 국력을 융성하게 했습니다. 제1차 몽골 침략기인 1231년 당시 개경의 호수戶數가 10만이었다고 하는데, 한 쌍의 부부와 3~4명의 자녀가 고려의 일반적인 가족 구성이었음을 고려해 한 호당 5명이 거주했다고 가정해도 개경의 인구는 50만 명에 달합니다. 비슷한 시기에 상인 집단이 출현하고 상업이 발달하면서 수많은 도시가 성장한 유럽에서도 인구 5,000명 이상 거주하면 '도시', 2만 명 이상 거주하면 대도시로 여겼다고 합니다. 당시 유럽에서 가장 큰 도시로 여겨지던 이탈리아 피렌체의 인구가 10만 명 정도였다고 하니, 개경이 얼마나 큰 도시였는가를 알 수 있습니다. 고려나 송 같은 동아시아 국가의 국력이 유럽은 비교 대상이 안 될 정도로 강성했음을 보여주는 것이기도 하지요. 무역을 위해 고려에 발을 디딘 이방인들의 눈에는 이 같은 고려와 고려인들의 모습이 경이롭게 비쳤을 것입니다.

몽골이 고려를 실질적으로 지배하기 시작하고 송나라를 멸망시킨

═══ **유리 주자(注子)** 개성 부근에서 출토된 것으로 알려져 있으며, 고려 무덤에 부장된 수입품으로 보인다. 물을 따르는 주둥이만 있고 손잡이가 없는 이런 식의 용기를 '켄디(Kendi)'라고 부르는데, 동남아시아 지역에서 물 주전자로 사용한다. 국립중앙박물관 소장.

13세기 후반부터 다원적인 국제 질서는 붕괴하기 시작합니다. 나아가 1368년 한족의 명나라가 등장하고 몽골족의 원나라가 사실상 명을 다하면서 이러한 국제 질서는 완전히 붕괴합니다. 이에 따라 한반도의 대외 관계도 다시 중국과의 일대일 관계가 중심이 되는 전통적인 관계로 회귀했으며, 한반도 내부 정세도 커다란 변화를 맞이합니다. 지방세력이 세운 고려왕조가 무너지고, 성리학으로 무장한 사대부라는 유교 관료층이 이끄는 새로운 왕조 '조선'이 건국된 것입니다.

어쨌든 고려왕조가 건국 이후 다원적인 동아시아 국제 질서에 적

극적으로 참여해 영토를 확장하고 선진 문물을 수용해 왕조의 모습을
일신하고 한국사 발전에 커다란 역할을 한 사실은 매우 중요한 우리
역사의 한 부분입니다.

시각 전환이 필요한 대외 관계

그동안 대외 관계사는 역사학에서 주류가 되지 못한 채 역사 서술상
일종의 구색맞추기 취급을 받았습니다. 특히 한국사에서 대외 관계사
는 일제의 식민사학이 한국사를 왜곡하는 하나의 도구로 이용했기 때
문에, 연구자들도 이 분야 연구를 은근히 피하려는 경향이 있었습니
다. 이 과정에서 대외 관계사 분야는 자연히 주변부의 위치로 전락하
고 말았지요.

　일찍이 일제 식민사학자들은 우리 역사를 끊임없는 외세의 침략과
거기에 저항하는 역사로 파악하고 대외 관계사를 역사 왜곡의 주요
한 소재로 삼았습니다. 물론 이들은 '침략'과 '저항'이라는 두 개념 중
에서 '침략'에 더 큰 비중을 두었지요. 대외 관계사 역시 주로 '외국의
침략'이라는 측면에서 서술했습니다. 반면 국내에서는 '침략'보다는
'저항'의 측면에 더 큰 비중을 두고 연구를 진행해왔습니다. 그러다
보니 대외 관계사 연구는 여전히 '침략과 저항'이라는 오랜 틀 속에서
벗어나지 못하고 있습니다. 국내 연구가 저항의 측면을 강조하는 데
는 정치적인 배경도 한몫했습니다. 1950년대에는 한국전쟁 직후 북진
통일을 강조하는 분위기가 형성되면서 연구자들도 우리 역사의 북방
정책 내지는 북진정책에 주목했고, 그로 인해 태조의 북진정책, 윤관

의 여진 정벌이 주요한 연구 소재로 자리 잡았습니다. 1970년대에 강화도가 대몽항쟁의 성지로 중시된 것 역시 당시의 국내 정세와 무관하지 않습니다.

자주와 사대의 논리로 대외 관계사를 바라보는 시각도 있습니다. 그러나 이는 침략과 저항이라는 논리의 연장에 불과합니다. 국내외의 여러 조건을 배제한 채 저항은 '자주', 침략에 대한 순응이나 방관은 무조건 '사대'로 간주하는 단선적인 시각이 바로 자주와 사대의 논리입니다. 가장 대표적인 예가 바로 단재 신채호 선생의 견해입니다. 선생은 유가주의자이자 사대주의자인 김부식 일파가 1135년 묘청의 난을 계기로 정권을 장악하면서 우리 역사가 사대의 굴레를 쓴 역사로 후퇴하게 되었다고 주장했습니다. 신채호의 이런 시각은 그 후에도 큰 영향을 끼쳐, 고려의 정치사와 문화사까지 자주와 사대의 시각으로 해석하려는 경향이 아직도 강하게 자리 잡고 있습니다. 대외 관계사가 역사학의 주변 분야로 전락하여 연구자의 외면을 받은 것은 앞에서 설명한 연구 방식들과 무관하지 않습니다. 대외 관계사를 새로운 시각에서 바라볼 여지는 없을까요?

일본·미국·중국·러시아 등 주변국과의 관계를 배제하고 지금의 한국 정치를 논할 수 없는 것과 마찬가지로, 당시 동아시아 여러 나라와의 관계를 무시한 채 고려의 역사를 논할 수 없습니다. 물론 전근대 사회의 대외 관계가 인적·물적 자원의 이동과 교류 면에서 오늘에 미치지 못하는 것이 사실이지만 국내의 정치·사회 변동에 상당한 영향을 끼쳤음은 부정할 수 없습니다. 대외 관계를 침략과 저항의 논리로만 볼 수 없는 것은 이 때문입니다. 대외 관계를 당시 국내의 정치·사회 변동과 연계시켜본다면 대외 관계사는 역사 연구와 인식의 지평을 넓혀주는 주요한 연구 분야가 될 수 있습니다.

국제 관계의 본질

한반도의 고려인, 중국의 한족, 만주 지역의 거란·여진 같은 호족胡族 등 다양한 민족 간의 각축이 고려시대 동아시아 대외 관계의 특징이라 할 수 있습니다. 잘 알려진 대로 거란족을 비롯한 호족은 전통적으로 생활에 필요한 물자를 획득하기 위해 철저하게 주변 국가와 민족을 약탈하고 정복했습니다. 그런데 10세기 초 당나라가 무너지고 대륙에 힘의 공백이 생기자, 단순한 생존이 아니라 중원으로 진출하여 대국가를 건설하겠다는 욕망을 품게 됩니다. 고려시대 중국에서 거란·금·원 등 강력한 이민족 국가가 등장한 것이 이런 사실을 뒷받침합니다.

당시 한족이 세운 송나라는 고려와 연합해서 거란을 제압한다는 '연려제요聯麗制遼'를 외교 전략으로 내세웠습니다. 상대가 금나라로 바뀌었을 때는 '연려제금聯麗制金'이 '연려제요'를 대체했지요. 이것이 송나라의 전통적인 대對호족 외교 전략입니다. 따라서 고려와의 관계는 한족은 물론 호족에게도 중요한 문제일 수밖에 없었습니다. 한족은 같은 유교 문화권이고 농업국가인 고려를 호족의 팽창을 저지하고 중원을 지키기 위해 연합해야 할 상대로 인식하고, 선진 문물을 전달하여 우군으로 끌어들이는 전략을 구사했습니다. 반면 거란과 금나라는 중원 진출을 위해 후방의 고려와 송나라의 관계를 차단하려 했습니다. 이를 위해 고려에 무력을 행사하는가 하면, 영토적인 실리를 제공하기도 했습니다. 고려는 양측의 의도를 파악하고, 어느 한쪽과도 일방적인 관계를 맺지 않았지요. 즉, 국면마다 고려에 유리한 방향으로 관계에 변화를 주며 영토적·문화적 실리를 추구했습니다. 고려의 이러한 대외정책은 등거리 실리 외교의 전형이라 할 수 있습니다.

그럼에도 한족과 호족 간의 대립과 갈등만으로 당시의 국제 관계를 설명하는 방식은 역사의 본질을 놓칠 여지가 있습니다. 민족 간·국가 간 이해관계의 대립과 충돌은 특이한 현상이 아닌 국제 관계의 본질입니다. 그런 면에서 옛날과 지금이 다르지 않죠. 따라서 '대외 강경책은 자주, 대외 유화책은 사대'라는 종래의 관점으로는 고려의 변화하는 외교 전략을 제대로 이해할 수 없습니다.

2. 영토 분쟁과 실리 외교: 송·거란·금과의 관계

영토 분쟁의 서막

인류 역사상 전쟁은 대부분 영토 분쟁에서 시작되었습니다. 특히 고려 전기에는 영토 분쟁이 동아시아 국제 관계의 현안이었습니다. 993년성종 12부터 1019년현종 10까지 30년 가까이 이어진 고려와 거란 간의 전쟁 역시 본질은 영토 분쟁이었지요. 그러나 그간 우리는 영토 분쟁이라는 이 전쟁의 본질을 파악하려 하기보다는 서희나 강감찬姜邯贊, 948~1031 같은 인물을 내세워 거란을 상대로 고려가 고구려를 계승한 나라임을 강조하여 영토를 확장했다거나 작은 군대로 적의 대군을 무찌르고 확장한 영토를 수호했다는 등, 국가 간 싸움인 전쟁을 고려 일방의 관점에서 해석하려 해왔습니다. 이 전쟁은 이런 그동안의 시각에서 벗어나 좀 더 국제적인 시각에서 바라볼 필요가 있습니다. 일단 고려와 거란을 둘러싼 그 무렵 동아시아의 상황부터 살펴보겠습니다.

당시 동아시아 최고의 외교 현안은 이른바 연운 16주燕雲十六州를 두고 패권을 다툰 송나라와 거란 간의 분쟁입니다. 연운 16주란 오늘날의 베이징燕과 다퉁雲을 중심으로 만리장성 이남에 있던 16개 주를 말하는데, 전략적 중요성이 큰 양국 간 접경 지역이었습니다. 거란은 원래 후당後唐, 923~936의 영토이던 이 지역을 936년에 후진後晉, 936~947 건국에 도움을 준 대가로 후진으로부터 할양받았습니다. 송나라가 건국되기 전이지요. 송나라는 960년 건국 후 거란에 연운 16주의 반환을 요구합니다. 거란이 거부하자 979년경종 4 송 태종은 거란을 치기 위해 북벌에 나섭니다. 거란은 송나라와의 전쟁에 앞서 후방을 안정시키기 위해 983년성종 2부터 압록강 일대의 여진족을 정벌하고 985년성종 4에는 발해 유민이 세운 정안국을 무너뜨립니다. 정안국이 무너진 그 해 송나라는 한국화韓國華를 고려에 보내 다음과 같은 제안을 합니다.

연운 16주는 중국의 땅인데 오랑캐들이 차지했다. 이곳을 오랑캐의 풍속에 빠지게 할 수 없다. 이제 군사를 일으켜 정벌하고자 한다. [고려] 국왕은 오래전부터 중국의 풍속을 사모하고 평소 밝은 계략과 충성스러운 절의節義로 나라를 다스려왔다. 그런데 오랑캐거란와 국경을 접해 그간 많은 해를 입었으니, 이제 그 분함을 씻을 기회다. 두 나라가 군사를 일으켜 함께 오랑캐를 정벌할 것이다. 좋은 기회는 두 번 오지 않으니 함께 도모하기 바란다. 노획한 포로와 소·양·재물 등은 모두 고려의 장수와 군사에게 상으로 나누어주겠다.

— 《고려사》 권3, 성종 4년(985) 5월

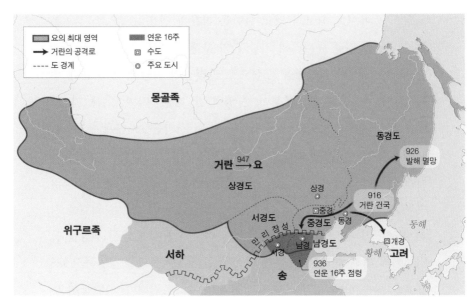

=== **연운 16주와 거란의 세력 확장** 거란족은 본래 만주 지역에 흩어져 살던 유목민으로 916년 야율아보기(耶律阿保機)가 처음으로 부족을 통합하고 나라를 세웠다. 926년 발해를 멸망시켰고, 936년에는 건국에 도움을 준 대가로 후진으로부터 만리장성 이남의 연운 16주를 할양받았다. 947년 나라 이름을 '거란'에서 '요'로 바꾼 뒤 만주는 물론 북중국을 지배하는 대제국으로 성장했다.

송이 고려에 거란을 같이 공격하자고 요청한 것입니다. 송나라는 이와 함께 고려의 성종을 책봉하는 형식을 취하지요. 이상한 것은 송나라가 2년 전에 이미 성종을 고려의 국왕으로 책봉했다는 점입니다. 중국의 주변국 국왕 책봉은 해당 국왕의 정치적 입지를 강화하는 한편, 그 나라를 품으려는 외교 의례의 하나입니다. 물론 즉위 후 한 번의 책봉이 관례이지요. 그런데 송나라는 이때만이 아니라 이후에 세 차례성종 7, 9, 11나 더 성종을 책봉합니다. 한 인물을 다섯 차례나 책봉한 것이지요. 이는 매우 이례적인 일로, 거란과의 전쟁에 고려를 끌어들이기 위한 회유책의 하나라고 볼 수 있습니다. 송나라의 다급한 사정을 엿볼 수 있는 대목입니다. 그러나 고려는 송의 원병 요청을 거절합니다. 송에 원병을 보냄으로써 지리적으로 가까운 거란과 불필요한 마찰을 일으키는 게 국익에 아무런 도움이 되지 않을 거라고 판단한 때문입니다.

강동 6주를 영토로 편입하다

그로부터 8년 뒤인 993년 거란이 고려를 침공합니다거란의 제1차 침입. 거란의 장수 소손녕은 화의를 청하러 온 고려 장수 서희에게 거란이 고려에 침입한 이유를 밝힙니다.

> 고려는 신라 땅에서 일어났고, 고구려 땅은 우리 소유인데 고려가 침략하여 차지했다. 그리고 우리와 국경을 접하고 있는데도 바다를 넘어 송나라와 관계를 유지하고 있다. 그 때문에 오늘의 출병이 있게 된 것이다. 만약 고려가 땅을 떼어 바치고 우리와 관계를 맺는다면 무사할 것이다.
>
> —《고려사》 권94, 서희 열전

고려가 거란의 소유인 옛 고구려의 영토를 침범하여 점령하고 국경을 접한 거란이 아닌 송과 관계를 맺고 있어 고려를 침략했다는 것입니다. 서희는 이렇게 대답합니다.

아니다. 고려야말로 고구려를 계승한 나라다. 그 때문에 국호를 '고려'라 하고 평양에 도읍한 것이다. 땅의 경계를 따지자면 거란의 동경東京도 모두 우리의 경계 안에 있다. 어찌 [고려가] 침범했다는 말인가? 또 압록강 안팎도 우리 영토인데 지금 여진이 그 땅을 훔쳐 살면서 완악하고 교활하게 거짓말을 하며 길을 막고 있으니, [거란으로 가기가] 바다 건너기보다 어렵다. 두 나라가 통교하지 못하는 것은 여진 때문이니, 만약 여진을 쫓아내고 우리 옛 땅을 돌려주어 성과 요새를 쌓고 도로를 통하게 해준다면 어찌 감히 통교의 예를 행하지 않겠는가?

— 《고려사》 권94, 서희 열전

거란의 목적이 고려가 송과 외교 관계를 단절하고 거란과 관계를 맺게 하는 데 있음을 알아챈 서희는, 고려가 거란과 관계를 맺으려면 고려에서 거란으로 가는 길목인 압록강 일대를 점거한 여진족을 몰아내야 한다면서 이 지역을 고려의 영토로 편입시켜달라고 요청합니다. 그리고 거란이 이를 승낙함으로써 두 나라의 관계가 정상화됩니다. 이듬해 고려는 압록강 이동 지역의 여진족을 몰아내고 성보城堡를 쌓아 이곳을 요새화합니다. 흥화興化·통주通州·용주龍州·철주鐵州·곽주郭州·귀주龜州 등 이른바 6주를 설치해, 압록강 이동 280리 지역을 영토로 확보한 것입니다. 6주는 '압록강 동쪽'에 있다고 해서 '강동江東 6주 혹은 6성'라고 합니다. 이는 고려 실리 외교의 전형으로, 거란과의 전쟁이 고구려 계승론과 같은 민족의식의 경연장이 아니라 국익이 걸린 영토 분쟁이었음을 보여줍니다.

그동안 우리는 《고려사》의 이 내용을 당시의 상황과 연계하여 이해하기보다는 '고려야말로 고구려를 계승한 나라'라는 서희의 답변 내용 일부를 강조하는 데 몰두했지요. 서희의 '고구려 계승론'은 민족의식을 강조하는 역사 교육에서 더없이 좋은 소재였기 때문입니다. 그러나 그것만 강조하다 보면, 고려와 거란이 전쟁을 벌인 의미를 객관적으로 파악할 수 없습니다.

거란의 침입을 받은 직후 고려 조정은 화친론和親論과 주전론主戰論으로 나뉘어 대립했습니다. '할지론割地論'이라고도 하는 화친론은 서경 이북의 땅을 거란에 떼어주고 항복하자는 주장인데, 이때 서희가 나서서 화친론자들의 주장을 일축하고 '일단 거란과 만나 그들의 의도가 뭔지 알고 난 후에 싸우거나 항복을 하자'고 한 것입니다. 흔히 서희를 주전론자로서 자주정신을 드높인 인물로 평가하지만, 이는 자주와 사대라는 단순한 논리로 파악한 데 불과합니다. 서희는 주전론자도 화친론자도 아닌 냉철한 외교 전략가였습니다.

당시 고려가 송과 외교 관계를 단절하는 방식도 아주 흥미롭습니다. 고려는 994년 송에 사신을 보내 거란의 침입 사실을 알리면서 원병을 요청합니다. 송나라에서 군사를 파견해줄 리가 없겠죠? 고려는 이를 빌미로 송나라와 외교 관계를 단절합니다. 결론적으로 고려는 송나라와 관계를 끊고 거란과 외교를 재개하는 대가로 후삼국시대 이래 처음으로 압록강 유역에 진출하게 된 것입니다.

일제 식민사학자들은 거란의 고려 침공을 자세하게 밝히면서 그 피해 상황만 강조했는데, 외세의 침입을 받았다는 단순한 사실만 가지고 한국사를 피침被侵의 역사, 타율他律의 역사로 이해하는 것은 매우 피상적인 관점입니다. 우리가 주목해야 할 것은 고려가 외세의 침입을 받은 와중에도 실리 외교를 전개하여 실제로 영토를 넓히는 성과를 거두었다는 사실입니다. 이런 정도의 실리 외교는 한국사의 다른 시기에는 찾아볼 수 없는 고려 대외정책의 특성이라 할 수 있습니다.

고려와의 화약和約으로 후방의 안전을 확보한 거란은 1004년 송을 공격하여 굴복시킵니다. 이로써 송은 '전연의 맹澶淵之盟'이라 해서 매년 거란에 은 10만 냥, 비단 20만 필을 바쳐야 하는 치욕스러운 강화조약을 체결하게 되지요. 그러나 100여 년 뒤 송나라는 금나라와 맹약을 맺고 거란을 공격합니다. 이로 인해 1125년 거란은 멸망하지만, 금나라는 1년여 만에 송을 배반합니다. 1126년 송은 금나라의 공격으로 수도를 함락당하고 이듬해 부자간인 휘종徽宗, 재위 1100~1125과 흠종欽宗, 재위 1125~1127 두 황제가 잡혀가는 수모를 당하게 되지요. 송은 중국 역사에서 이민족에게 가장 큰 치욕을 당한 왕조였습니다.

강동 6주의 군사적 가치

고려가 거란으로부터 얻은 강동 6주는 군사적으로 중요한 가치를 지닌 지역입니다. 거란의 입장으로 보면 압록강 이동 지역은 동북 지역으로 진출하는 중요한 통로였으며, 남쪽으로 내려가려 할 때도 반드시 거쳐야만 하는 곳입니다. 그러나 거란은 이 지역을 고려에 넘겨줄 당시 이런 중요성을 알지 못했습니다. 동북 지역의 여진족을 정벌하러 나선 후에야 깨닫게 되지요. 거란은 997년성종 16과 998년목종 1에 동북 지역함경도의 여진족 공략에 나섭니다. 지름길은 강동 6주를 통과하는 길인데, 이 지역을 고려에 넘겨준 탓에 함흥, 황초령 등 북방 지역을 우회해야 했습니다. 이들은 안 그래도 길이 먼 데다 식량까지 끊기는 통에 군사와 병마가 많은 해를 입으면서 결국 정벌에 실패합니다. 거란은 물론 뒷날 몽골군도 이 지역에서 패했을 만큼 강동 6주는 천혜의 요새로서 전략의 거점이었습니다.

거란의 제2차, 제3차 침입은 바로 이 강동 6주 반환 문제로 시작되었습니다. 거란은 송과의 전쟁이 끝난 뒤 고려에 강동 6주의 반환을 요구합니다. 이 지역을 고려에 양도함으로써 자신들이 동북 지역으로 진출할 통로와 고려를 견제할 전략적인 요새를 상실했음을 깨달았기 때문입니다. 현종 때 다시 시작된 거란과의 전쟁은 결국 강동 6주를 둘러싼 또 다른 형태의 영토 분쟁이었지요.

거란을 의심한 고려는 1003년 송나라에 다시 사신을 보내 거란과의 국경에 군사를 파견해달라면서 송과 외교 관계를 재개합니다. 1차 전쟁이 끝난 지 10년 만에 송과 거란 사이에서 등거리 외교에 돌입한 것입니다. 1004년 송을 굴복시킨 거란은 고려의 이런 움직임을 양다리 외교라고 비난하며 강동 6주의 반환을 요구합니다. 그리고 강조康兆가 목종을 폐한 사건, 이른바 '강조의 정변1009'을 구실로 1010년현종1 11월 고려를 재침입합니다. 이를 거란의 제2차 침입이라고 부르는데, 그해 12월 현종이 전남 나주까지 피란 가는 상황에 처하지요. 이듬해 1월 개경이 함락당하자 고려는 거란에 화의를 요청했고, 거란은 고려 국왕이 거란에 직접 가서 항복한다는 조건을 내걸고 군대를 물립니다. 그런데 철군하던 군사가 귀주 등지에서 양규楊規·김숙흥金叔興이 이끄는 고려군의 공격을 받고 큰 피해를 입지요. 1012년현종3 6월에는 고려가 국왕의 병을 핑계로 거란행을 거부합니다. 거란은 사신

야율행평耶律行平을 보내 다시 6주의 반환을 요구했지만, 고려는 1014년현종 5에 거란의 사신을 억류해버립니다. 고려가 이렇게 강경책으로 대응한 그해, 거란은 6주의 반환을 요구하면서 압록강 동안의 보주성保州城을 점령합니다. 다급해진 고려는 1015년현종 6 11월 곽원郭元을 송나라에 보내 도움을 요청하지만, 송나라는 고려에 거란과의 화해를 권하면서 고려의 요구를 거절합니다. 그럼에도 고려는 이듬해 송나라 연호를 사용하면서 거란과의 관계를 단절하는 강경책을 이어갑니다.

고려가 병을 핑계로 기어이 국왕의 거란행을 거부하자 거란은 강동 6주를 돌려받겠다며 1018년에 다시 고려를 침략합니다거란의 제3차 침입. 1018년현종 9 12월 거란의 소배압蕭排押이 군사 10만을 이끌고 고려에 쳐들어오자, 고려는 최고 사령관 강감찬, 부사령관 강민첨姜民瞻 휘하 군사 20만 8,300명으로 하여금 영주寧州, 평안남도 안주에 주둔하며 마지막 결전에 대비하게 합니다. 거란군은 강동 6주를 점령하지 못한 채 우회해서 개경으로 향하다가 다시 한번 국왕의 친조親朝를 조건으로 철군합니다. 그런데 철군길에 귀주에서 두 번째 침입 때와 마찬가지로 고려군에게 크게 패합니다. 강감찬에게 거의 섬멸에 가까운 해를 입었지요.

[1019년] 2월 거란군이 귀주를 통과하자 강감찬 등이 동쪽 교외에서 요격했는데, 양군兩軍이 막상막하로 승패를 결정짓지 못했다. [부하] 김종현이 군사를 인솔해 전투지로 향하자, 갑자기 비바람이 남쪽에서 불어와 깃발이 북쪽을 가리켰다. 아군이 그 기세를 타고 용기백배하여 격렬히 공격하니 거란군이 드디어 패주하기 시작했다. 아군이 석천石川을 건

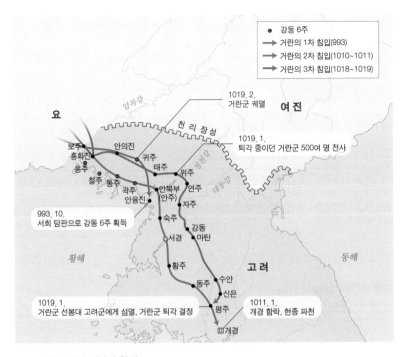

강동 6주와 거란의 침입

너 반령盤嶺까지 추격했는데, 시체가 들을 덮었으며 사로잡은 포로와 노획한 말·낙타·갑옷·무기는 헤아릴 수 없고, 살아서 돌아간 자가 겨우 수천 명이었다. 거란이 이토록 참혹하게 패한 것은 전례가 없었다. 거란의 왕이 패전 소식을 듣고 대노하여 사자를 소손녕〔소배압의 오기〕에게 보내 꾸짖기를 "네가 적을 얕잡아보고 적국 깊이 들어가 이런 지경이 되었으니 무슨 면목으로 나를 보겠는가? 짐은 너의 낯가죽을 벗긴 뒤 죽일 것이다"라고 했다.

—《고려사》 권94, 강감찬 열전

이로써 강동 6주 지역은 고려의 영토로 확정되었지요. 이 과정을 보면 고려와 거란의 전쟁은 국지전이 아니라 동아시아의 영토 분쟁, 즉 국제전의 일부였음을 알 수 있습니다. 더욱 주목할 것은 이 전쟁에서 고려가 전략적으로 군사력과 외교력을 동시에 구사했다는 점입니다. 외교적으로는 송과의 관계를 지렛대로 거란을 견제하고 때로는 결단력 있게 송과 외교 관계를 단절해 실리를 챙겼으며, 군사적으로 유리한 국면에서는 과감하게 전면전을 치러 거란군을 달아나도록 만들었습니다. 국익을 위해 강경책과 유화책을 적절하게 배합한 것이지요.

강동 6주의 경제적 가치

거란과 고려가 1010년부터 1019년까지 무려 10년에 걸쳐 전쟁을 할 정도로 강동 6주는 전략적으로 중요한 지역이었습니다. 그런데 거란이 끈질기게 강동 6주의 반환을 요구한 데는 다른 이유도 있었습니다.

강동 6주 서쪽의 압록강 하류는 산둥반도-한반도-일본으로 이어지는 해로의 길목이었고, 그 일대는 여진·송·거란·고려가 물자를 주고받는 교역의 중심지였습니다. 송나라는 이 지역에서 말·무기·모피 등 전략 물자를 사들였죠. 이는 주로 여진과 거란에서 생산되는 물품들이었습니다. 다시 말해 송은 초기에는 여진, 강동 6주가 설치된 후로는 고려를 통한 간접 교역으로 그런 물자를 조달했던 것입니다. 거란도 식량·모직·종이 등 부족한 생필품을 이 지역에서 고려나 여진을 통해 사들였습니다. 그러니 강동 6주 획득은 압록강 일대, 곧 동아시아 교역의 중심지를 차지한다는 의미, 나아가 동아시아의 교역권을 장악할 수 있다는 의미였습니다. 985년 여진이 송나라에 고려가 여진인을 억류한 사실을 호소하면서 도움을 청하자 송이 고려에 진위를 따진 일이나, 거란이 983년과 985년에 각각 압록강 일대의 여진과 정안국을 정벌한 일, 거란의 1차 침입 때 고려가 여진인들 때문에 사신 왕래가 어렵다며 거란에 압록강 이동 지역을 요구한 일 등 모두 동아시아 각국이 이 지역의 군사적·경제적 가치에 주목한 때문입니다.

고려시대에 대외무역이 크게 성행한 것도 고려 자체의 생산력이 높아서라기보다는 고려가 거란·여진 등의 호족과 한족 간 무역을 중개하여 이득을 취한 덕분이었습니다. 점차 고려는 동남아시아와 아라비아 지역까지 무역을 확대했는데, 이전에는 서西여진인이 압록강 일대에 거주하며 중개무역을 독점했으나, 거란과의 전쟁으로 고려가 압록강 일대를 차지하면서 중개무역권을 독점할 수 있었기 때문입니다. 그것이 11세기 이후 고려가 활발한 대외무역을 하게 된 배경이지요.

당시 동아시아 무역에서 고려의 위치는 오늘날 홍콩이나 싱가포르에 비유할 만합니다. 이들 지역이 면적도 작고 인구도 적지만 무역 규모나 경제력에서 결코 무시할 수 없는 것은 지리적으로 서방과 동방 간 중개무역에 적합하기 때문입니다. 홍콩이나 싱가포르가 동서 간 무역을 중개하며 경제력을 신장시켜온 것처럼 고려도 중개무역을 통해 동아시아 교역의 중심지로 성장할 수 있었던 것이죠. 실제로 거란은 전쟁이 끝난 뒤에도 고려에 끊임없이 교역장인 '각장榷場'을 설치해달라고 요구합니다. 이런 점에서 고려와 거란 간 제2차, 3차 전쟁은 동아시아 무역권 장악 문제와도 밀접한 관련이 있다고 할 수 있습니다.

백년전쟁의 서막, 보주성 점령

1117년예종 12 3월, 금나라 군대의 공격에 쫓긴 거란군이 보주성에서 철수합니다. 이에 고려는 보주성을 고려 영토로 편입하고, '의주義州'로 명칭을 고칩니다. 1014년현종 5 거란에 점령당했던 땅을 103년 만에 되찾은 것입니다. 당시 신하들이 예종에게 올린 글은 감격에 겨운 나머지 비장한 느낌마저 듭니다.

> 압록강의 옛터보주와 계림의 옛 땅은 멀리 선조 때부터 옷깃이나 허리띠처럼 우리나라를 둘러싼 요새였습니다. 중간에 거란에 빼앗겨 온 백성이 분노하고 신神조차 수치심을 느꼈습니다. 거란과 금나라가 전쟁을 벌이는 바람에 보주성의 향방이 어찌 될까 걱정했는데, 이제 금나라가 이 땅을 우리에게 헌납한 것은 하늘의 계시이며, 거란이 성을 버리고 도망한 것도 사람의 힘으로는 될 수 없는 일입니다. 그곳의 우물과 연못이 우리 땅이 되어 세금을 매기고 농사를 짓게 되었으며, 우리 영토를 더욱 넓히게 되었습니다.
>
> ─《고려사》권14, 예종 12년 3월

신하들은 보주를 약 100년 만에 되찾은 감격을 위와 같이 표현했지요. 압록강에서 한반도 남쪽 끝 계림의 땅까지가 전부 우리 땅이라는 분명한 영토의식을 보여주는 글이기도 합니다.

103년 전인 1014년 6월, 거란은 압록강에 부교를 설치한 후 고려 영내로 들어와 보주성을 점령했습니다. 참고로 '부교'란 배나 뗏목 따위를 잇대어 매고, 그 위에 널빤지를 깔아서 만든 다리입니다. 물에 떠 있다 해서 '뜰 부浮' 자를 써서 부교浮橋라 하지요.

거란이 압록강에 다리를 놓은 뒤 그것을 끼고 동서로 성을 쌓았다. 고려
는 군사를 보내 깨뜨리고자 했으나 이기지 못했다.

— 《고려사》 권4. 현종 6년(1015) 1월

거란이 압록강 동서에 쌓았다는 성이란 서쪽의 정원성과 동쪽의 내
원성입니다. 그중 내원성이 바로 보주성인데, 보주성을 점령한 후 내
원성으로 이름을 고친 것이지요. 거란의 보주성 점령은 강동 6주의 지
정학적 가치를 깨달은 거란이 강동 6주를 돌려받기 위해 군사적으로
고려를 압박한 것이었습니다. 고려는 약 6개월 뒤인 1015년 1월 보주성
을 공격했습니다. 그러나 《고려사》의 기록처럼 실패하고 말지요. 1019
년현종 10 2월에는 강감찬이 이끄는 고려군이 철군하던 거란군을 대파
함으로써 두 나라 간 전쟁이 끝났지만, 고려는 보주성을 돌려받지 못
했습니다. 전쟁이 끝나고 10년 뒤 고려는 다시 한번 보주성을 공격합
니다.

현종 20년1029 흥요국興遼國이 반란을 일으키자, 거란이 고려에 원군을
요청했다. 문신 곽원郭元은 왕에게 "거란이 점령하고 있는 압록강 동쪽의
성보주성을 이번 기회에 공격해 빼앗아야 합니다"라고 건의했다. 그러나
최사위崔士威·서눌徐訥·김맹金猛 등은 상소를 올려 불가능하다고 반대했
다. 곽원은 고집을 굽히지 않고 군사를 동원해 공격했으나 실패했다. 그
때문에 울화가 치민 나머지 등창이 나서 죽었다.

— 《고려사》 권94. 곽원 열전

1029년에 발해 왕실의 후손 대연림大延琳이 반란을 일으키고 흥요국을 세우자 거란이 고려에 진압을 위한 원병을 요청하지만, 곽원은 도리어 거란의 내분을 이용해 보주성을 공격하자고 주장하며 중신들의 반대를 무릅쓰고 공격을 감행합니다. 곽원은 거란이 보주성을 점령1014한 이듬해 송나라에 사신으로 파견되어 원군을 요청했던 인물로, 거란에 대해 강경한 입장을 고수해왔지요. 하지만 고려가 1015년 1월에 이어 14년 만에 단행한 두 번째 보주성 탈환 시도 역시 실패한 것입니다.

1031년 5월에는 현종이 사망하고 16세의 덕종德宗, 재위 1031~1034이 보위에 오릅니다. 그리고 이해 10월 고려는 다시금 보주성 문제를 꺼냅니다. 흥요국 건국 같은 발해 부흥 운동에 이어 1031년 6월 거란의 성종이 숨지고 그 직후 부마 필제匹梯가 반란을 일으키는 등 거란의 정세가 어수선하고 불안해지자 성종의 죽음을 애도하고 새 임금 흥종의 즉위를 축하하는 사절을 거란에 파견해 보주성 반환을 요구한 것입니다. 이해 11월 고려 사신이 귀국한 후 조정은 이 문제를 다시 논의합니다.

〔사신〕김행공金行恭이 귀국하여 거란이 고려의 요구를 거부했다고 보고하자, 평장사 서눌 등 29명은 사신 파견을 중단해야 한다고 한 반면, 중추사 황보유의皇甫兪義 등 33명은 "거란과의 단교는 결국 〔전쟁으로 이어져〕 백성을 피곤하게 하는 폐단을 가져올 것이니 거란과의 관계를 유지해 백성을 쉬게 하는 편이 낫습니다"라고 반박했다. 덕종은 서눌과 왕가도王可道의 의견에 따라 사신 파견을 중단하고 사망한 거란 성종의 연

호만 사용하기로 했다.

—《고려사절요》권3, 덕종 즉위년 11월

거란이 보주성 반환을 거부하자 새로 즉위한 거란의 왕 흥종의 연호 사용을 거부하고 이미 사망한 성종의 연호를 계속 사용하겠다고 한 것입니다. 거란의 새 국왕을 인정하지 않겠다는 뜻이지요. 이듬해인 1032년덕종 1 정월에는 거란 사신의 입국마저 거부함으로써, 사실상 거란과 외교 관계까지 단절합니다. 고려는 이어 보주 인근의 삭주, 영인진寧仁鎭, 함경도 영흥, 파천현派川縣, 함경도 안변 등지에 성곽을 쌓아 거란의 침입에 대비했으며, 1033년에는 북쪽 국경에 1,000리가 넘는 길이의 석성을 축조하기 시작합니다. 이는 압록강 하구에서 함경도 안변의 도련포까지 이어진 장성으로, 속칭 '천리장성千里長城'이라고 합니다1044년 완성.

그런데 덕종이 즉위 3년 만인 1034년 19세의 젊은 나이로 숨지자 상황이 급변합니다. 1035년정종 1 거란이 먼저 고려에 외교 관계의 재개를 요구해옵니다. 여러 차례의 교섭 끝에 거란이 선왕거란의 성종의 유지遺志를 거스를 수 없다며 보주성 반환을 거부하는 대신 그 지역에 고려인의 농경과 정착을 허용한다는 조건을 내세우자, 고려는 1039년정종 5 지난 8년간 중단되었던 거란과의 외교 관계를 재개합니다. 비록 보주성을 돌려받지는 못했지만, 보주성 일대에서 고려 농민이 농사를 지으며 살 수 있는 권리를 확보함으로써 언제든 보주성 반환의 불씨를 살릴 근거를 얻었기 때문에 타협한 것으로 판단됩니다.

여기서 정종靖宗, 재위 1034~1046 때의 대거란 정책이 덕종 때와는 사

타협론의 대두

못 다르다는 사실을 확인할 수 있지요. 정종은 당시 거란에 보낸 문서에서 "보주성 반환 주장은 전왕덕종이 제기한 것"이라며 형인 전왕 덕종과 선을 긋기까지 했습니다. 보주성을 돌려받기 위해서라면 전쟁도 불사하던 덕종 때의 정책을 부정한 것입니다.

정종 때 고려의 대거란 정책이 크게 전환된 배후에는 고려 정국의 커다란 변화가 자리하고 있었습니다. 짐작하건대, 이는 덕종과 그를 후원한 강경파 왕가도의 죽음과 관련이 있습니다. 덕종의 장인으로 고려의 정국을 주도하던 왕가도가 1034년덕종 3 5월 사망하고, 덕종도 그해 9월 숨진 사실이 이를 뒷받침합니다. 이는 90여 년 전인 949년 1월 후견인 왕식렴王式廉이 죽자 서경 천도를 추진했던 정종定宗, 재위 945~949도 2개월 뒤 재위 기간을 만 4년도 채우지 못하고 사망한 사실을 떠올리게 합니다. 덕종과 그 후견인 왕가도의 죽음은 고려 정계에서 보주성 문제를 둘러싸고 강온强穩 양론 사이에 정치적 갈등이 치열했고, 이로 인해 엄청난 정치적 희생이 뒤따랐음을 보여줍니다. 이승휴李承休, 1224~1300는 이에 대해《제왕운기帝王韻紀》에서 "덕종은 어찌해서 〔재위 기간이〕 4년에 그쳤는가? 봉황이 와서 태평성세를 송축했는데"라고 언급하기도 했지요.《고려사》에는 나오지 않는 기록입니다. 이는 덕종 때 강경론을 주도한 정치세력의 몰락이 덕종의 죽음을 재촉한 사실을 암시합니다. 이승휴의 언급 외에 뒷받침할 다른 기록이 없다는 게 유감이지만, 거란과의 타협은 덕종 사후 대거란 온건파가 정국을 주도한 결과임이 분명합니다. 그에 따라 보주성 문제는 긴 시간을 요구하는 장기 과제로 남게 됩니다.

거란의 도발과 송나라와의 외교 재개

고려 후기의 역사가 이제현李齊賢, 1287~1367은 현종·덕종·정종·문종으로 이어지는 4대 80년간을 고려왕조의 전성기라고 평가했습니다. 특히 문종 때를 고려가 가장 번성한 태평성대라 했지요. 그러나 전성기를 이끈 국왕 문종에게도 걱정은 있었습니다. 바로 보주성 문제입니다. 문종 때 거란이 보주성을 거점으로 도발적인 공세를 취하기 시작하면서 1039년정종 5 이후 소강 상태에 있던 보주성 문제가 다시 현안으로 떠오릅니다. 이는 1055년문종 9 7월 고려가 거란의 동경유수에게 보낸 항의 문서에서 확인됩니다.

고려는 기자箕子의 나라를 계승하여 압록강을 국경으로 삼아왔습니다. 하물며 전 태후前太后, 거란 성종의 모후와 황제께서도 책문을 보내 은혜를 베풀면서 영토를 분봉할 때 압록강을 경계로 삼게 했습니다. 그런데 귀국거란은 우리 영토에 들어와서 다리를 놓고 성을 쌓았습니다. …… 최근에는 내원성보주성의 군사들이 우리 성 바로 근처까지 사격용 궁구弓口, 구멍이 뚫려 있어 몸을 숨긴 채로 활을 쏠 수 있는 장비를 옮겨와 설치했으며, 망루를 만들려고 건축 자재까지 쌓아놓고 변경의 주민들을 놀라게 하고 있으니 그 의도가 무엇인지 모르겠습니다. 바라건대, 동경유수는 이웃나라와의 친선을 염두에 두고 우리의 실정을 잘 헤아려 황제께 잘 보고하여 우리 땅을 돌려받게 해주십시오. 그리고 임의로 설치한 성과 교량, 전투용 방책과 궁구 및 망루는 모두 철거해주시기 바랍니다.

─《고려사》 권7, 문종 9년 7월

한 해 전인 문종 8년1054 7월에 거란이 보주성 인근에 군사 시설을 증강하면서 보주성을 둘러싼 양국 간 분쟁이 다시 수면으로 떠오른 것입니다. 이 문제를 풀기 위해 고려는 거란의 약점을 이용합니다. 1071년문종 25 3월에 송나라와 50년 만에 외교 관계를 재개한 것이지요. 거란은 고려가 송과 연합하는 것을 가장 두려워했으니까요. 이후 송과 고려는 유례가 없을 정도로 활발하게 교류합니다.

거란은 다시금 시작된 송과 고려의 활발한 교류를 지켜보며 군사 시설 증강 같은 무력시위가 실익이 없음을 깨닫고 보주성 일대에 무역장을 설치하는 쪽으로 전략을 선회합니다. 실익 없는 무력시위를 계속하기보다는 이 지역의 교역권을 장악해 이익을 챙기는 한편, 보주성 영유권을 영구화하려 했던 것이지요. 이것은 고려가 거란의 무역장 설치를 용인할 수 없었던 이유이기도 합니다.

거란의 무역장 설치는 선종宣宗, 재위 1083~1094 때 본격화됩니다. 1088년선종 5 2월 거란이 압록강 언덕에 각장의 설치를 도모하자, 고려는 중추원 부사 이안李顏을 대장경에 향을 올리는 관원인 장경소향사藏經燒香使로 꾸며 귀주로 보낸 다음, 그곳에서 비밀리에 만약의 사태에 대비하게 합니다. 전쟁을 각오할 정도로 입장이 강경했던 것이지요. 그해 9월에는 사신을 거란에 보내 무역장 철회를 요구합니다.

〔994년 압록강 양안에 성을 쌓아 각각의 영토로 삼으라는 거란의〕 성종이 보낸 조서의 먹물이 채 마르지 않았고 황태후의 자상한 말씀이 어제 일 같은데, 상국거란은 갑인년1014에 갑자기 압록강에 다리를 놓고 배를 만들어 길을 터놓았습니다. …… 을묘년1015에는 상국의 주성州城에

서 국경을 넘어 들어와 군사를 배치했으며, 을미년1055에는 궁구를 설치하고 역정驛亭을 만들었습니다. …… 고려는 대대로 상국에 충성을 다했으며 해마다 조공을 바쳐왔습니다. 그럼에도 사신을 보내 몇 차례에 걸쳐 건의했으나 아직 군사용 막사와 성책과 교량을 철거하지 않고 있습니다. 이제는 신시新市, 무역장를 경영한다고까지 하니, 이는 선조先朝. 거란의 성종의 유지와 어긋나는 일이며, 작은 나라의 정성을 측은히 여기지 않는 것입니다. 수천 리 길을 수레와 말이 부지런히 오가면서 90년 동안 공물을 실어 나르고 바친 공로가 헛것이 되었으니, 모든 사람이 마음속으로 탄식하고 원망하고 있습니다. 지금 고려는 선대를 이어 상국의 울타리 역할을 충실히 하면서 작았던 기쁨이 다시 커지고 있습니다. 그런데 무슨 이익이 된다고 장차 원망을 맺으려고 하십니까? …… 우리 백성이 들판에서 마음놓고 농사를 지어 다시 생업을 꾸릴 수 있게 해주시고 무역장 설치를 금하고 새로 만들지 못하게 해주십시오. 그리하여 이 두려운 소란을 가라앉혀주신다면 그 은혜를 영원히 잊지 않고 보답하리다.

— 《고려사》 권10, 선종 5년 9월

무역장 설치를 중단하지 않으면 고려는 제후의 의무를 버리고 거란과 대립할지도 모른다는 내용이지요. 그 때문일까요? 거란은 그해 11월 귀국하는 고려 사신 편에 "무역장 설치는 아직 논의 중인 사안이므로 고려는 마음을 안정시켜 조공에 성의를 다할 것이며 깊은 의심을 풀라"고 합니다. 사실상 무역장 설치 계획을 철회하겠다는 뜻이었죠. 이로써 무역장 설치 문제는 마무리됩니다. 거란은 왜 고려의 요구에 쉽사리 응했을까요? 무역장 설치 계획 철회로 원하던 바를 이룰 수 있었기 때문입니다. 거란이 무역장을 포기하는 대신, 고려가 외교정책을 친송에서 친거란으로 선회한 것이지요.

여진족의 강성과 정벌

거란과 고려 두 나라가 화해한 데는 다른 이유도 있었습니다. 바로 대륙의 정세가 크게 변화하고 있었기 때문입니다. 여진족이 점차 강성해지면서 고려와 거란 양국의 국경을 자주 침범했는데, 위기의식을 공유한 두 나라가 그에 대한 대처를 두 나라 간의 영토 분쟁보다 더 화급한 문제로 인식했던 것입니다. 두 나라 간 영토 분쟁은 여진족에게 어부지리漁父之利를 안겨줄 수 있을 테니까요.

고려는 무섭게 성장한 여진족을 견제하기 위해 1104년숙종 9과 1107년예종 2 두 차례에 걸쳐 정벌을 단행합니다. 1차 정벌에 실패한 후에는 윤관이 '별무반別武班'이라는 군사 조직을 꾸려서 2차 정벌을 시도했습니다. 당시 기록을 보면 2차 정벌 초기에는 여진족이 사는 동북 지역에 9성을 설치하는 성과를 거두지요. 고려 조정은 이때 윤관에게 공신 칭호를 내립니다. 하지만 9성의 고려군은 곧바로 여진의 역공을 받습니다. 여진 지역에 너무 깊숙하게 군사들을 투입한 탓이었죠. 계속되는 여진의 공격이 힘에 부쳤던 고려는 성을 쌓은 지 1년여 만에 9성 지역을 여진족에게 돌려주고 윤관에게 '패군敗軍의 죄'를 물어 공신 칭호를 박탈합니다. 윤관은 4년 후에 죽고 말지요. 우리 역사의 자랑스러운 부분의 하나로 알려졌던 여진 정벌은 이처럼 사실상 실패로 끝났습니다.

〈척경입비도(拓境立碑圖)〉 고려 예종 때부터 조선 선조 때까지 함경도 지역에서 무공을 세운 인물들의 행적을 담은 《북관유적도첩(北關遺蹟圖帖)》에 실린 그림이다. 고려 예종 2년(1107)에 윤관과 오연총(吳延寵)이 여진의 거주지에 9성을 쌓은 뒤 선춘령에 '고려지경(高麗之境)'이라 새긴 비를 세워 고려의 북쪽 국경으로 삼는 장면을 묘사했다. 고려대학교 박물관 소장.

여진 정벌은 고려의 국내 정치와도 밀접한 연관이 있었습니다. 여진 정벌을 단행한 숙종과 그의 아들 예종은 새로운 정치를 추구했습니다. 문벌을 누르고 왕권을 강화하여 부국강병을 이루려고 했지요. 이를 위해 크게 세 가지 정책을 추진했는데, 하나는 화폐를 주조하여 국가가 유통권을 장악함으로써 문벌의 경제 기반을 와해시키는 것이었고, 또 하나는 수도를 문벌의 근거지인 개경에서 남경서울으로 옮겨 그들의 세력을 약화시키는 것이었습니다. 나머지 하나가 바로 여진 공략이었죠. 숙종과 예종의 여진 공략은 당시 거란의 쇠퇴로 동아시아에 힘의 공백이 생긴 틈을 타 고려를 동아시아의 중심국가로 만들려는 것이었습니다. 따라서 여진 정벌은 대외 정세의 변동을 미리 파악하고 기민하게 대응한 고려 대외정책의 연장선에서 바라볼 필요가 있습니다.

숙종과 예종의 이런 부국강병책을 《고려사》에서는 '신법'이라 표현하고 있습니다. 신법은 '전연의 맹'을 맺은 후 송나라에서 왕안석이 이끄는 신법당이 황제 신종神宗, 재위 1068~1085의 후원 아래 추진한 정책으로, 적극적인 대외 공략과 사회·경제적인 혁신을 통해 거란과의 전쟁으로 실추된 왕조의 위신을 회복하고 부국강병을 이루려는 정책이었죠. 당시 고려에서는 숙종의 동생 대각국사 의천이 송나라에 들어가 신종의 신법을 세밀하게 관찰하고, 고려에 돌아와서 왕의 후원 아래 같은 취지의 정책을 펼치려고 했습니다. 고려의 대외 관계가 단순한 대외 교섭의 문제가 아니라, 지금처럼 국내 정치와도 밀접한 관련이 있는 문제였음을 '여진 정벌'이라는 사건을 통해서 알 수 있습니다.

보주성 탈환과 금나라와의 화친

고려는 동북 지역의 9성을 포기했지만, 압록강 동안의 보주성만큼은 돌려받으려는 노력을 계속합니다. 1115년예종 10 1월 여진족이 마침내 금나라를 건국하고 이웃한 거란을 공격합니다. 다급해진 거란은 이 해 8월과 11월에 고려에 거듭 원병을 요청하지만, 실리를 우선하는 고려가 거란의 요청에 응할 리 없죠. 1116년 8월 금나라가 거란의 보주성을 공격하자, 고려는 사신을 금으로 보내 보주성은 원래 고려 영토란 사실을 알리고 탈환 후 고려에 돌려줄 것을 요구합니다. 금나라는 고려가 직접 보주성을 탈환하라고 답하는 것으로 고려의 보주성 점령을 허용합니다. 고려가 금의 용인 아래 보주성을 점령하게 되면 금의 입장에서는 고려와 거란 사이가 벌어져 대거란 전쟁의 와중에 후방의 안전을 확보하게 되고, 고려로서는 신흥 강국 금나라와 관계를 맺는 것만으로 영토적인 실리를 획득하는 셈이었죠. 고려를 우군으로 삼아 거란을 견제하려는 금나라의 의도를 읽을 수 있습니다. 고려가 금나라에 사신을 보낸 것도 금나라의 이런 의도를 파악한 때문입니다.

1117년 3월 보주성이 금나라 군대의 공격에 무너지기 직전, 고려는 군사를 동원해 보주성을 점령합니다. 보주성 곧 압록강 하류의 의주는 동아시아 교역의 중심지일 뿐 아니라 만주와 한반도를 잇는 교통의 요지이자, 오랫동안 강동 6주를 노려온 거란의 거점 지역이었습니다. 그런데 금나라의 공격으로 보주에 주둔하던 거란군이 도망가자 고려가 이를 점령하여 되찾은 것입니다. 보주를 둘러싼 100년간의 영토 분쟁이 고려의 승리로 종결된 것이지요. 고려 정부가 변화된 국제 정세 속에서 거란과 금 어느 쪽에도 치우치지 않고 오직 실리를 찾아

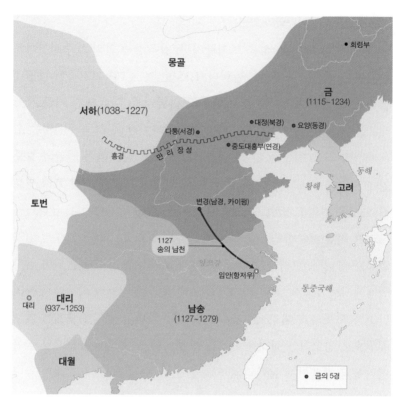

━━━ **금의 세력 확장과 송의 남천**

외교적으로 유연하게 대처한 덕분입니다.

한편, 거란에 빼앗긴 연운 16주를 회복하려고 절치부심하던 송나라는 거란을 치기 위해 금나라와 손을 잡으려고 합니다. 고려는 송에 사신을 보내 금나라와 손을 잡는 것은 위험하다고 경고하지요. 금과 송양국의 동맹이 결코 고려에 이익이 되지 않는다는 실리적인 판단 때문이었습니다. 송나라는 고려의 경고를 무시하고 1120년 금나라와 밀약을 맺고 5년 뒤 거란을 만주 지역에서 몰아내는 데 성공합니다. 하지만 1126년 도리어 금나라의 공격을 받아 수도를 함락당하고 이듬해 황제가 잡혀가는 비극을 맞게 됩니다. 그 후 양쯔강 이남으로 쫓겨 내려간 송나라는 금나라에 억류된 황제 흠종을 구출하기 위해 1128년 고려에 길을 빌려달라는 요청을 하지요. 고려는 응하지 않습니다. 3년 전인 1125년인종 3에 이미 금과 형제의 맹약을 맺고 화평 관계에 있는 터라 금나라와 마찰할 필요가 없었기 때문입니다. 이 사건을 계기로 송나라는 고려와 사실상 외교 관계를 단절합니다.

고려가 1125년에 금나라와 맺었다는 형제 맹약은 당시 정국을 이끌던 이자겸과 김부식 등이 주도했는데, 단재 신채호 이래 연구자 대부분이 이를 자주와 사대라는 관점에서 사대의 전형이자 고려의 자존심이 크게 훼손된 사건으로 평가했습니다. 그러나 금과의 형제 맹약은 대외정책이란 면에서 오랫동안 명분이 아닌 실리를 추구해온 고려의 전통에 비추어 당연한 선택이라고 할 수 있습니다. 1117년에 되찾은 보주를 지키기 위해서라도 금나라와의 마찰은 피하는 것이 바람직했습니다. 고려의 조야에서 형제 맹약이 큰 마찰 없이 받아들여졌던 것도, 이것이 오랫동안 고려가 취해온 실리 외교의 틀에서 크게 벗어나지 않은 선택이었기 때문입니다.

고려 전기의 대외정책은 이처럼 즉흥적이지도 정치세력의 정략적인 필요에 따라 오락가락하지도 않는, 실리를 추구하는 정책이었습니다. 오늘의 우리가 오히려 부끄러워해야 할 정도지요.

3. 대몽항쟁,
   무신정권의 붕괴와 강화

몽골과의 첫 접촉, 형제 맹약

몽골은 인류 역사상 가장 거대한 제국을 건설한 나라입니다. '몽골'이
라는 국명은 1206년 우리가 칭기즈칸으로 알고 있는 인물이 부족을
통일하고 칸汗으로 즉위한 후부터 1260년에 제국의 대칸大汗 자리에
오른 그의 손자 쿠빌라이세조가 남송 정벌에 한창이던 1271년 국호를
'원元'으로 바꿀 때까지 사용되었습니다. 이때 국호만 바뀐 것이 아니
라 제국의 대내외 정책도 크게 바뀌었습니다. 고려와 몽골의 관계도
대몽항쟁을 전후로 그 성격이 크게 바뀝니다. 특히 대몽항쟁 이후 고
려 전기의 등거리 실리 외교 노선은 사실상 폐기됩니다. 대몽항쟁 이
후 두 나라 관계를 살피기에 앞서 대몽항쟁과 그 이전 두 나라 관계에
대해 살펴보기로 하겠습니다.

　고려가 몽골제국과 처음 접촉한 것은 몽골 건국 후 10여 년이 지난

때입니다. 금나라가 쇠망할 기미를 보이자 금나라의 지배를 받던 거란족이 반란을 일으키고 1216년고종 3 '대요수국大遼收國'을 세웁니다. 그러나 몽골에 투항한 거란족 출신 야율유가耶律留可를 앞세운 몽골 군대가 거란족을 공격했고, 몽골군에 쫓기던 거란족〔거란유종契丹遺種〕이 이해 8월 살 곳을 찾아 고려로 쳐들어옵니다. 거란족은 김취려金就礪, 1172~1234 장군이 이끄는 고려군에 패배를 거듭하다가 1218년고종 5 9월 지금의 평양 인근 강동성江東城으로 들어갑니다. 그러나 12월에 합진哈眞 등이 이끄는 몽골군과 동진東眞, 1216~1233의 군사가 강동성에 도착해 성을 포위하고 거란족을 압박합니다. 이듬해 2월에는 고려군이 추위와 눈 때문에 보급로가 끊긴 몽골군을 도와 강동성의 거란족을 섬멸합니다. 그 뒤 몽골과 형제 맹약을 맺지요. 이것이 고려가 세계제국 몽골과 최초로 접촉하고 공식적인 관계를 맺게 되는 과정입니다. 그러나 형제 맹약은 이름과 달리 고려가 몽골에 해마다 엄청난 양의 공물을 바쳐야 하는 불평등하고 굴욕적인 협정이었습니다. 이 맹약 이후 몽골은 매년 고려에 사신을 보내 상상 이상의 공물을 요구했습니다.

몽골이 저고여著古與 등을 보내 수달피 가죽 1만 장과 가는 명주 3,000 필, 가는 모시 2,000필, 솜 1만 근, 용단龍團 먹 1,000정, 붓 200관, 종이 10만 장, 자초紫草 5근, 홍화紅花·남순藍筍·주홍朱紅 각 50근, 자황雌黃·광칠光漆·동유桐油 각 10근을 요구했다.

— 《고려사절요》 권15, 고종 8년(1221) 8월

몽골이 고려에 요구한 공물 청구서의 일부입니다. 막대한 양이지요. 몽골은 고려와 형제 맹약을 맺은 1219년 이후 매해 이 정도의 공물을 고려에 요구했습니다. 고려로서는 감당하기 힘들었지요. 그러던 1225년고종 12 고려에 공물을 요구하러 온 몽골 사신 저고여가 몽골로 귀환하던 중 국경 근처에서 피살되는 사건이 일어났고, 이를 계기로 양국 관계가 파탄 나게 됩니다. 형제 맹약이 두 나라 사이를 파탄으로 이끈 것이지요. 그 결과 몽골이 고려를 침략합니다.

강화도 천도와 대몽항쟁

몽골은 1231년고종 18 8월 살리타이撒禮塔를 앞세워 고려를 침략합니다. 이후 1259년까지 약 30년 동안 2차1232, 3차1235~1239, 4차1247~1248, 5차1253~1254년 1월, 6차1254년 7월~1259년 4월 총 여섯 차례에 걸쳐 고려 땅을 짓밟았습니다. 몽골이 처음으로 고려를 침략한 이듬해1232 2월과 5월, 고려 조정에서는 집권자 최이崔怡, 최우崔瑀의 건의로 천도에 관한 논의가 벌어졌습니다. 그러나 관료 대부분이 천도에 반대했지요.

작은 나라가 큰 나라를 섬김은 당연한 일입니다. 예로써 섬기고 믿음으로써 사귄다면 저들이 무슨 명분으로 매양 우리를 괴롭히겠습니까? 성곽과 종묘사직을 내팽개치고 섬에 숨어 구차스럽게 세월을 끄는 동안 변방의 백성과 장정은 적의 칼날에 다 죽고 노약자들은 사로잡혀 노예가 되고 말 것입니다. 천도는 국가의 장구한 계책이 아닙니다.

—《고려사》 권102, 유승단 열전

별초지유別抄指諭 김세충金世沖이 문을 밀치고 들어와 최우에게 따져 말하기를, "개경은 태조 이래 200년 동안 지켜온 곳입니다. 성은 견고하고 군사와 양식은 풍족합니다. 진실로 마땅히 힘을 다해 사직을 지켜야 합니다. 이곳을 버리고 가면 장차 어느 곳에 도읍할 수 있겠습니까?"라고 하였다.

— 《고려사절요》 권16, 고종 19년(1232) 6월

이 같은 반대에도 불구하고 최이는 이해 6월 결국 강화 천도를 단행합니다. 이렇듯 천도에 관한 논의와 결정은 전적으로 당시의 최고 권력자 최이가 주도했습니다. 따라서 강화도 천도 이후 대몽항쟁은 최씨 무신정권이 주도하게 됩니다. 고려는 약 30년에 걸쳐 항쟁을 이어 갔지만, 그에 관한 기록은 많지 않습니다. 원 간섭기에 《고종실록》 등이 다시 편찬되는 과정에서 관련 사실이 축소되었기 때문입니다. 그나마 귀주성 전투에 관한 기록이 남아 있어, 당시 항쟁의 생생한 모습이 전해지고 있지요.

귀주성은 거란전을 계기로 고려의 영토로 편입된 강동 6주의 하나입니다. 고려와 거란 두 나라 간 전쟁을 종식한 강감찬의 전투도 이곳에서 벌어졌지요. 귀주성은 1231년 몽골의 제1차 침략 때에도 천하의 몽골 군대가 점령하지 못한 천연의 요새였습니다. 당시 이곳에서 박서朴犀와 김경손金慶孫이 지휘한 고려군과 몽골군의 치열한 전투는 고려군의 기상과 용맹을 보여주는 대몽항쟁의 상징이라 할 수 있지요.

몽골군이 사다리차樓車와 거대한 평상大床을 만들어 쇠가죽으로 덮어씌

우고는 그 안에 군사를 감추고 성 아래쪽으로 다가와 땅을 파서 길을 내려 했다. 그런데 박서가 성벽에 구멍을 낸 후 쇳물을 부어 사다리차를 불태우자, 땅이 함몰되어 몽골군 30여 명이 깔려 죽었다. 그리고 썩은 이엉을 태워 나무 평상에 불을 붙이자 몽골군이 놀라서 허둥대다가 흩어졌다. 몽골군이 다시 대포차大砲車 15문으로 성 남쪽을 공격해 상황이 몹시 급박해지자, 박서는 성 위에 축대를 쌓고는 포차를 이용해 돌을 날려 몽골군을 물러나게 했다. 몽골군이 이번에는 시체를 눌러 짠 기름을 바른 섶을 잔뜩 쌓아놓고 거기에 불을 질러 성을 공격했는데, 박서가 물을 뿌리자 불이 더 타올랐다. 그래서 진흙을 가져오라 하여 진흙에 물을 섞어 던졌더니 비로소 불이 꺼졌다. 몽골군이 다시 수레에 마른 풀을 실은 후 거기에 불을 붙여 성의 망루를 공격해오자, 박서는 미리 준비해둔 물을 망루 위에서 부어 불길을 잡았다. 몽골군이 30일 동안 성을 포위한 채 온갖 방법을 동원해 공격했지만, 박서가 번번이 적절한 방법으로 대응하며 성을 굳게 방어하자 몽골군이 이기지 못하고 퇴각했다. …… 몽골군이 귀주성을 포위했을 당시 70세에 가까운 한 몽골 장수가 있었는데, 성 아래에 와서 성곽과 무기들을 둘러보고는 탄식하며 이르기를, "내가 스무 살부터 전투에 나가 천하의 무수한 성을 공격해봤지만, 이처럼 공격을 당하면서도 끝내 항복하지 않은 성은 본 적이 없다. 이 성에 있는 장수들은 뒷날 모두 장수나 재상이 될 것이다"라고 했다.

—《고려사》 권103, 박서 열전

고려와 몽골의 정규군이 이같이 정면으로 맞붙어 싸우는 장면이 담긴 기록은 귀주성 전투 기록이 유일합니다. 몽골의 침략에 맞서 끝까지 성을 지켜낸 두 장수의 충성심과 기개는 고려가 세계제국 몽골의 공세를 30년 동안 버틸 수 있게 한 원동력이었습니다. 수많은 전투를 치른 몽골의 장수조차 이처럼 칭송할 정도였지요. 《고려사절요》에 따르면, 몽골군은 1231년 9월과 10월, 11월, 12월 네 차례에 걸쳐 공격을 거듭했지만, 끝내 성을 함락하지 못했다고 합니다.

강화론의 대두와 최씨 정권의 붕괴

양국 간 전쟁이 장기화하자 고려 조정에서는 몽골과 강화하자는 주장이 조심스럽게 제기됩니다. 몽골은 전쟁 종식을 명분으로 고려에 두 가지를 요구합니다. 개경 환도와 국왕의 '친조親朝', 즉 고려 국왕이 직접 몽골에 들어와 대칸에게 항복을 하라는 요구가 그것입니다. 당시 국왕과 문신 관료 집단은 몽골의 요구를 받아들이려 했지만, 무신 권력자들은 항쟁을 고집하며 몽골의 요구를 거부합니다. 그러나 천도와 항쟁을 주도한 최고 권력자 최이가 사망하고 아들 최항崔沆이 집권한 1249년고종 36 이후, 권력에서 소외되었던 국왕과 문신 관료 집단의 강화론이 점차 힘을 얻게 됩니다. 몽골은 국왕의 친조와 개경 환도를 요구하면서 1254년 7월에 여섯 번째 침략을 개시합니다. 이때 고려의 피해가 엄청났지요. 1257년에는 권력자 최항이 죽고 아들 최의崔竩가 집권했는데, 이후 최씨 정권의 입지는 더욱 축소되었고, 최의는 집권 1년 만인 1258년에 김준金俊 등에게 피살되고 맙니다. 이로써 최씨 정권은 막을 내리고, 형식상으로나마 국왕과 문신 관료 집단 중심의 왕정王政이 회복됩니다. 이제 고려 정부는 몽골에 사신을 보내 강화 의

사를 전달합니다. 1259년고종 46 4월에는 태자뒷날 원종가 몽골에 가서 항복하는 것으로 두 나라 사이에 강화가 성립되어, 약 30년간 이어오던 전쟁도 끝이 납니다.

강화를 주도한 것은 국왕과 문신 관료 집단이지만, 강화가 가능할 수 있었던 근본 원인은 장기 항전으로 큰 피해를 입은 백성들의 원성이 더는 항전을 수행할 수 없을 정도로 심각했기 때문입니다. 몽골의 침략에 시달리던 백성 중에는 이를 견디다 못해 몽골군에 투항하는 사람도 생겨났습니다. 이들이 고려를 침략하는 몽골군의 길잡이가 되기도 했지요. 이를 '몽골에 투항한다' 해서 '투몽投蒙'이라 합니다.

다시 강화 장면으로 돌아가 볼까요? 고려 정부가 태자 파견을 결정한 이듬해인 1259년, 고려 태자가 강화를 위해 국경을 넘습니다. 그러나 갑작스럽게 몽골의 대칸몽케칸, 재위 1251~1259이 사망했다는 소식을 접하고는 죽은 대칸의 동생 쿠빌라이를 찾아갑니다. 쿠빌라이는 이때, "고려는 만 리萬里나 되는 큰 나라다. 옛날 당나라 태종도 정복하지 못했는데, 고려의 태자가 왔으니 하늘의 뜻이다"라고 하면서 태자를 크게 반겼습니다《고려사절요》원종 1년1260 3월]. 몽골이 30년 가까이 공격을 계속했지만 끝내 굴복시키지 못한 사실을 이렇게 표현한 것입니다. 고려 태자가 직접 쿠빌라이를 찾아와 강화를 요청한 것은 대칸 자리를 둘러싼 분쟁의 와중에 쿠빌라이의 정치적 입지를 강화해주는 중요한 사건이었습니다. 나아가 고려와의 강화는 동쪽의 고려 전선이 사라져, 그야말로 '후고의 환後顧之患, 뒷날에 생길지 모를 근심'을 덜어주는 결정적인 계기이기도 했지요. 이로써 남송 정벌에 집중할 수 있게 된 쿠빌라이는 고려의 제도와 풍속을 존중하겠다는, 이

━━━ **〈원 세조 출렵도(元世祖出獵圖)〉** 원대 초기의 화가 유관도(劉貫道)의 작품으로, 원 세조 쿠빌라이가 시자(侍者)들과 함께 만리장성 밖에서 사냥하는 모습을 묘사했다. 흰색 모피 외투를 걸친 인물이 쿠빌라이다. 쿠빌라이는 1279년 마침내 남송 정벌에 성공함으로써 중국 전체를 손에 넣었다. 역사상 이민족이 중국 일부를 차지해 왕조를 세운 일은 많았지만, 몽골의 원 왕조처럼 중국 전체를 지배한 왕조는 없었다. 타이베이고궁박물원 소장.

른바 '불개토풍不改土風'을 원종에게 약속합니다. 불개토풍은 이후 원이 고려의 내정에 간섭하려 할 때마다 고려가 이를 막을 명분이 됩니다. 이를 흔히 '세조가 오래전에 약속한 것'이라 해서 '세조구제世祖舊制'라고도 하지요. 고려인의 끈질긴 대몽항쟁이 이러한 관계를 가능하게 했다고 볼 수 있습니다.

개경 환도와 삼별초 항쟁

국왕의 친조 문제는 다음번 국왕이 될 태자가 몽골에 가는 것으로 일단락되었지만, 몽골이 강화의 또 다른 조건으로 내세운 개경 환도는 쉽게 이루어질 수 없었습니다. 최씨 정권의 붕괴로 외형상 국왕 중심의 왕정이 회복되었지만, 이 과정에서 주도적인 역할을 한 김준·임연林衍 등 무신 권력자들이 다시 실권을 장악했기 때문입니다. 무신정권의 실력자들은 몽골과의 강화가 거역할 수 없는 대세임을 알면서도, 어떻게든 환도를 지연시키려 했습니다. 이를 통해 내부적으로는 자신들의 권력을 지켜내고 대외적으로는 몽골을 지치게 만들어 결국은 몽골 측의 양보를 얻어내려는 전략이었죠. 그렇지만 환도가 계속 미루어지자 몽골 측에서도 여전히 국왕보다는 무신 실력자들이 정치를 좌지우지하면서 환도를 지연시키고 있다는 사실을 알게 됩니다. 그래서 무신 실력자를 몽골로 소환하려 하지요. 고종의 뒤를 이은 원종元宗, 재위 1259~1274은 이런 몽골과 결탁해 무신 실력자들을 견제하고 왕권을 강화하려 합니다. 1268년 12월 김준을 제거하고 최고 권력자가 된 임연은, 1269년 6월 몽골과 밀착하려는 원종을 폐하고 왕족인 안경공

安慶公 창淐을 왕으로 옹립합니다. 하지만 원종의 요청을 받은 몽골이 고려에 사신을 보내 원종의 복위를 명하지요. 이해 11월, 쫓겨난 지 5개월 만에 원종이 복위합니다.

원종 복위 후 얼마 지나지 않은 1270년 2월 임연이 사망하고 아들 임유무林惟茂가 권력을 계승합니다. 그러나 이해 5월 임유무는 피살되고 맙니다. 복위 후 곧바로 몽골에 입조했던 원종은 이 소식을 접하자마자 몽골에서 돌아와 개경에 머물면서 마침내 환도를 선언합니다. 하지만 걸림돌이 있었습니다. 삼별초가 환도를 반대하고 나선 것입니다. 원종은 과감하게 삼별초의 군적軍籍을 압수하고 삼별초를 혁파합니다. 군적을 압수당한 만큼 자신들의 명부가 몽골에 보고될까 두려웠던 삼별초는 이내 항쟁을 일으킵니다. 1270년 6월의 일이었죠. 삼별초는 왕족인 승화후承化侯 온溫을 왕으로 옹립하여 새로운 정부를 구성하고, 8월에 강화도에서 진도로 근거지를 옮겨 성곽과 궁궐을 쌓고 항전을 이어갑니다. 이듬해 5월 고려-몽골 연합군에 의해 진도가 점령된 후에는 다시 제주도로 근거지를 옮겨 활동하다가 1273년 4월에 결국 진압됩니다.

3년의 짧은 기간이지만 고려와 몽골 지배층에 커다란 타격을 준 삼별초 항쟁에 대한 후대의 평가는 700년이 훨씬 지난 지금까지도 다양합니다. 초기 삼별초 항쟁은 대몽항쟁을 명분으로 민심을 결집하고, 몽골과 결탁해 삼별초군을 해산하고 개경으로 환도하려는 고려 국왕과 지배층에 반기를 든 반몽골·반정부 운동이었습니다. 그래서 수많은 민이 그들에게 호응했지요. 삼별초의 항쟁은 외세에 쉽게 굴하지 않은 고려인의 자존심을 잘 드러냈다는 점에서 커다란 의의를 지닙니다. 또한, 국왕과 지배층에 반발하여 일으킨 일종의 정치 운동의 성격을 지녔고, 점차 대대적인 민의 저항으로 발전할 가능성을 보여주었다는 점에서도 의미가 있습니다.

한편으로 삼별초 항쟁은 무신정권과 불가분의 관계를 맺고 있었습니다. 무신정권 수립 후 무신 권력자들은 정치·군사의 실권을 장악하고 왕정체제를 무력화시켰으며, 몽골군이 고려에 침입한 뒤로는 강화도로 천도하여 대몽항쟁을 전개했습니다. 삼별초는 그 과정에서 성장한 군대로, 고려의 정규군이지만 무신 실력자들의 사병 집단 노릇을 할 정도로 무신정권과 밀접한 관계에 있었습니다. 그런 만큼 몽골과의 강화를 계기로 국왕과 문신 관료 집단이 몽골과 밀착하자 지위가 불안해질 수밖에 없었고, 따라서 기득권을 잃지 않기 위해 항쟁을 일으킨 측면이 없지 않습니다. 이 점에서 삼별초 항쟁은 무신정권이 낳은 부정적인 유산이자, 반정부적인 정치 운동이었다고 할 수 있습니다.

삼별초 항쟁은 일본과 송나라를 정벌하여 동아시아의 패권을 손에 쥐려던 몽골의 전략에 차질을 빚은 측면도 없지 않았습니다. 몽골이 삼별초군을 신속하게 진압한 것은 삼별초 항쟁이 장차 일본-삼별초-송나라로 이어지는 반몽골 국제 전선으로 확장될까 우려했기 때문입니다. 삼별초 항쟁은 이같이 동아시아를 제패해 세계제국을 구축하려한 몽골의 전략에 일정한 타격을 입혔을 뿐 아니라, 몽골이 송나라와 일본 정벌에 나서도록 촉발한 측면이 없지 않습니다. 이 점에서 삼별초 항쟁은 국제적인 성격을 지닙니다. 따라서 삼별초 항쟁은 어느 한 측면을 내세워 그 의미를 일방적으로 평가할 수 없는 매우 복합적인 성격을 띤다고 할 수 있습니다.

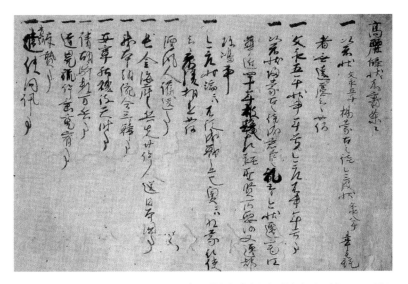

일본의 가마쿠라 막부가 1271년(원종 12) 진도
의 삼별초 정부에서 보내온 외교 문서를 중앙에 보내면서, 의심스럽거나 이상하게 여긴 내용
을 12조목으로 정리하여 첨부한 문서이다. 당시 일본은 고려에 두 개의 정부가 존재한다는
사실을 인지하지 못하고 삼별초 정부가 보낸 문서를 종전대로 '고려첩장(高麗牒狀, 고려가 보낸
문서)'이라고 기록했다. 그러나 1268년 고려 정부가 보낸 문서와 비교해보고는, 몽골에 대한
태도가 확연히 다른 것을 이상히 여겨 '불심조조(不審條條, 의심스럽거나 이해되지 않는 조목)'로 정
리한 것이다. 도쿄대학 사료편찬소 소장.

고려-원 관계의 변화

1259년 고려와 몽골의 강화, 1260년 고려 원종과 몽골 쿠빌라이의 즉
위는 고려와 몽골 양쪽의 지배세력이 크게 변동하는 계기이자, 양국
관계에서 하나의 큰 전환점이 됩니다. 몽골에서는 쿠빌라이 집권을
계기로 그때까지 정복과 약탈을 대외 전략으로 구사하던 이른바 유목
계 본지파本地派 대신 농경계 한지파漢地派가 득세하게 됩니다. 몽골제

국은 칭기즈칸의 죽음 이후 대칸 자리를 둘러싸고 끝날 것 같지 않은 내분을 벌이다가 쿠빌라이가 실권을 장악하면서 비로소 안정을 찾습니다. 쿠빌라이의 집권과 함께 몽골 정계의 주도 세력으로 부상한 농경계 한지파는 정복과 약탈 대신 중국을 천하의 중심인 중화中華, 주변 국가와 민족을 오랑캐夷로 간주하는 화이론에 입각한 중국의 전통적인 대외정책을 수용합니다. 이들은 수도를 몽골고원에 자리한 카라코룸에서 대도大都, 베이징로 옮기고 정치에서도 경험 많고 유능한 이민족을 폭넓게 기용하는 등 종전과는 다른 방향으로 제국의 통치체제를 전환합니다. 다르게 말하면, 종래의 유목 봉건제국 체제를 청산하고 중국의 전통적인 황제 지배체제를 채택한 것이지요. 이런 지배체제의 변동은 고려의 대외정책에도 큰 영향을 미쳤습니다.

우리는 '몽골' 하면 철저하게 다른 민족을 정복·약탈하는 장면을 연상하는데, 정복과 약탈을 특징으로 하는 몽골의 전통적인 대외정책은 쿠빌라이 이전 유목제국 시기에 주로 시행되었습니다. 쿠빌라이가 집권한 이후에는 이른바 '한나라의 법으로 한나라를 통치한다以漢法治漢地'라고 하여 피정복민의 풍속과 제도를 인정하면서 지배하는 방식으로 제국의 지배 방식을 전환했습니다. 이러한 지배 방식은 큰 틀에서는 중국을 천하의 중심인 천자국으로, 주변 나라와 민족을 제후국으로 간주하여 책봉 형식으로 주변 나라와 민족을 포섭하는 중국의 전통적인 대외정책과 다를 게 없어 보입니다. 그러나 주변 나라의 군사권과 국왕 임명권을 철저하게 장악한 점에서는 이전의 여러 왕조와 달랐습니다.

고려 역시 1258년 최씨 정권이 몰락한 데 이어 1259년 몽골과의 강화를 계기로 국왕이 몽골의 지원을 받게 되면서 결국은 100년을 이어오던 무신정권이 붕괴하고 국왕과 문신 중심의 왕정체제가 회복됩니다. 고려 정치사에서 몽골과의 강화는 100년 무신정권의 붕괴와 함께 고려의 대외정책이 크게 전환되는 큰 사건이었습니다. 최씨 정권의 몰락 이후 국왕과 문신들은 몽골과 밀착했습니다. 무신의 정치 개입을 차단하고 왕권을 신장하려면 현실적으로 몽골의 지원이 필요하다고 판단한 것입니다. 원종이 쿠빌라이에게 몽골 공주와의 혼인을 요청하고 충렬왕이 일본 원정을 제안한 것도 그러한 정치적 계산이 작용했기 때문입니다. 실제로 몽골의 지지 없이는 왕정체제를 완전히 복구할 수도 유지할 수 없었지요.

이에 따라 몽골의 고려 지배가 점차 강화되기 시작합니다. 삼별초 항쟁을 진압한 뒤 원나라1271년 원으로 국호 변경는 고려에 대한 정치·군사적인 개입을 본격화하는데, 항쟁을 진압한 이듬해인 1274년에는 고려군을 동원해 일본 원정에 나섭니다. 그러나 강남에서 오기로 한 지원군의 도착이 지연되고 전투 내내 태풍으로 큰 손실이 나면서 군대를 되돌려야만 했지요. 1280년에는 두 번째 일본 원정을 준비하기 위해 고려에 '정동행성'을 설치하고, 1281년 제2차 일본 원정을 단행합니다. 제2차 원정은 2만 명의 몽골-고려 연합군에 10만 명의 송나라 군대까지 동원한 대규모 군사작전이었습니다. 하지만 이 역시 태풍과 일본의 완강한 저항으로 말미암아 실패하고 말죠. 원이 고려에 설치한 정동행성은 원이 일본 원정을 사실상 포기한 후에도 폐지되지 않고 고려의 내정을 간섭하는 기구로 존속하게 됩니다.

원의 고려 지배에 대한 올바른 이해

이제 원의 고려 지배를 어떻게 보는 것이 올바른 역사 인식인지에 대해 답할 때가 된 듯합니다. 대몽항쟁기와 1259년 강화 이후의 두 시기로 나누어 생각해보겠습니다.

먼저 대몽항쟁기 고려의 대외정책을 검토하다 보면, 요즘 우리나라의 외교정책은 여러 가지로 아쉬운 점이 많다는 생각을 하게 됩니다. 1259년 원과 강화를 맺기 전까지 고려는 정복과 약탈을 특징으로 하는 전통적인 유목제국의 대외정책에 철저하게 저항했습니다. 이 시기 몽골제국이 강력한 기동력과 전술로 고려를 압박하기 시작하면서, 등거리 실리 외교라는 고려 전기의 전통적인 외교 전략이 무너지고 새로운 유형의 전략이 등장했습니다.

칭기즈칸이 활발하게 이민족을 정복해나가던 시기, 몽골은 이른바 '6사六事, 여섯 가지 요구 조건'를 내걸고 이것을 수용하지 않으면 무자비한 파괴와 살육을 감행했습니다. 여섯 가지 조건이란 왕의 자제를 몽골에 인질로 보내는 '입질入質', 호구조사 후 몽골에 '보고報告', 몽골군에 대한 '식량 지원과 납세', 몽골의 정복사업에 군사를 제공하는 '조군助軍', 몽골 관리인 '다루가치達魯花赤의 주둔', 몽골군의 물자 보급과 연락을 위한 '역참 설치'를 말합니다. 이런 요구 조건은 화이론에 입각한 조공-책봉 체제, 즉 천자국이 제후국의 새로운 국왕을 책봉 형식으로 공인하는 대신 제후국은 천자국에 정기적으로 사신을 파견하여 조공을 바치는 동아시아 세계의 오랜 질서와는 판이한 것이었습니다. 심지어 거란족의 요나라나 여진족의 금나라도 고려와의 관계에서 이 조공-책봉 체제를 유지했건만, 몽골은 50년이 넘도록 철저하게 약탈과 정복에 기초한 관계를 고수했습니다. '6사'는 뛰어난 기동력을 유지하기 위해 전략 물자를 현지에서 조달하는 유목 민족 특유의 군사 전략에서 비롯된 조건들이었습니다.

밀리면서도 결코 모든 것을 양보하지 않으며 원칙을 지켜나가는 고려의 대외 전술은 오늘날의 '벼랑 끝 외교' 전술을 연상케 합니다. 이 시기 고려는 대제국 몽골에 맞서 한편으로 협상하고 한편으론 저항하면서, 내부적으로는 무려 16년 가까이 고려대장경 조성이라는 거대한 국책사업을 추진하여 국력을 결집했지요. 물론 내륙의 민이 원의 말발굽 아래 짓밟히는 고통을 외면한 채 지배층이 섬으로 옮겨간 사실은 달리 평가해야 할 것입니다. 어쨌든 당시 몽골에 대한 고려의 외교 전술은 고려 전기 이래 대외정책의 연장선에서 바라볼 필요가 있습니다. 상대방의 진의를 제대로 파악하기도 전에 정략적 차원에서 미리 고개를 숙이고 들어가 상대방의 요구에 쉽게 응하는 근래의 대외정책에 비하면 당시 고려왕조는 실로 자존의식에 가득 찬 힘찬 자세를 견지했다고 볼 수 있지요.

이후 원 간섭기에도 몽골의 여섯 가지 요구 조건 가운데 제대로 관철된 것은 '입질'뿐이었습니다. 몽골과의 강화는 앞에서 이야기한 대로 고려 왕실과 몽골 지배층 상호 간의 이해관계가 합치된 측면이 있으므로, 이후 고려 왕족과 원나라 황족이 혼인하고 이들 사이에서 태어난 왕자가 원나라에서 교육을 받고 성장한 후 고려의 국왕으로 즉위하는 형식이 원 간섭기 내내 관행이 되다시피 했습니다. 그런 점에서 입질은 자연스럽게 이루어졌지요. '조군' 역시 왕권 강화를 위해 원의 지원을 필요로 했던 고려 충렬왕이 자청하다시피 해서 원의 일본 원정에 고려 군사를 지원한 데 불과합니다. 고려는 원의 군대를 위한 식량 조달과 조세의 수납, 호구조사는 끝까지 거부했습니다. 호구조사는 원에 고려 정부의 조세 수입원과 동원 가능한 병력을 완전히 공개하는 것이나 다름없고, 납세는 고려의 재정을 심각하게 축내는 것이기에 결코 받아들일 수 없었습니다. 원의 이런 요구에 대해 고려는 '고려의 재정은 원에 비하면 아홉 마리 소의 몸에 난 털 가운데 겨우 한 올에 불과하다'는 뜻의 '구우일모九牛一毛'라는 비유를 들어 완곡하게 거절합니다. 고려의 재정은 아주 보잘것없어 원에 아무 도움이 되지 않는다는 뜻이지요. 또 고려의 농지는 압록강 변의 일부 상경전常耕田, 해를 거르지 않고 경작하는 농지을 제외하면 모두 휴한법으로 농사를 지을 정도로 매우 생산력이 낮다고 변명하기도 했습니다. 어떤 학자는 이 말을 그대로 믿어 고려의 농업 수준을 휴한법 단계라고 단정하기도 하지만, 이는 원의 요구에 응하지 않기 위해 거짓으로 핑계를 댄 것에 불과합니다. 또한, 고려는 원이 자신들의 입맛에 맞게 고려의 내정을 개혁하거나 내정에 간섭하려고 할 때마다 과거 쿠빌라이가 약속한 '불개토풍'을 전가의 보도처럼 내세웠고, 이를 통해 많은 것을 지켜낼 수 있었습니다.

마지막으로 몽골과의 강화 이후 두 나라의 관계를 살펴보기로 하겠습니다. 고려가 강화도에서 개경으로 환도한 1270년부터 공민왕이 반원 개혁을 단행한 1356년공민왕 5까지 약 80년간, 혹은 원나라가 사실상 멸망한 1368년까지를 흔히 '원 간섭기'라고 부릅니다. 이 기간 고려 국왕은 원나라 공주와 혼인하고 원나라의 승인을 받은 후에야 즉위할 수 있었지요. 이 때문에 고려를 원나라 황제의 사위 나라라는 뜻으로 '부마국'이라 부르기도 했습니다. 이는 고려 전기와는 다른 성격의 왕조의 모습을 보여줍니다. 원 간섭기 이후 원나라는 고려 국왕을 통해 고려를 지배하려 했습니다. '입질'을 통해 고려 국왕을 원 황실의 통제 범위 내에 두었기 때문에 이들을 통해 고려의 관제나 군사 기구 등을 개혁할 수 있었지요. 특히 충렬왕·충선왕·충숙왕·충혜왕 연간에 국왕이 즉위했다가 실각하고 뒤에 복위하는 이른바 '중조' 현상이 거듭된 것은 개별 국왕의 존폐에 원의 입김이 작용한 때문이었습니다.

그럼에도 원의 지배가 고려 사회 전반에 관철되지는 않았습니다. 앞에서 설명한 대로 원은 호구조사를 통해 고려의 세원稅源과 군사의 내용을 파악하려고 했으나 고려의 완강한 반대로 실현하지 못했고, 고려 지배층의 경제적 기반인 노비제 개혁에도 실패했습니다. 원 간섭기의 역사를 정치사만 놓고 보면, 고려는 원에 철저하게 종속적이었습니다. 그러나 정작 노비제 개혁과 호구조사에 기초한 군액軍額, 군사 수 파악이나 조세 부과 등 국가 운영에 필요한 인적·물적 자원의 파악과 확보에 실패한 것을 보면, 원의 고려 지배는 제한적인 것에 불과했음을 알 수 있습니다.

2부

역동적인 삶을 살다

— 인간 · 문화 · 사회 편

1장

고려를 통치한 사람들

1. 국왕의 삶과 위상

왕조의 역사가 반영된 국왕의 칭호

고려 국왕의 호칭은 여러 번 변화를 겪었습니다. 태조 이래 원종 때까지는 '조'나 '종' 자로 끝나는 이름으로 불리다가, 원 간섭기에는 충렬왕·충선왕·충숙왕·충혜왕·충목왕·충정왕처럼 특이하게 '충○왕'으로 불리거나 경릉慶陵, 충렬왕·덕릉德陵, 충선왕처럼 능호陵號로 불렸습니다. 고려 말에는 원 간섭기처럼 '충' 자가 붙지는 않았지만, 여전히 공민왕·우왕·창왕·공양왕 등 '왕'으로 불렸습니다.

고려 이래 국왕의 일반적인 호칭은 끝에 '조'나 '종' 자를 붙이는 '묘호廟號'입니다. 묘호는 종묘 제사 때 신위神位에 붙이는 이름으로, 다른 이름보다 신성하면서 존귀한 뜻이 담겨 있습니다. 역사책에서 국왕 호칭으로 묘호를 주로 사용한 것은 이 때문입니다. 재위 중 덕을 베푼 왕에게는 '종宗', 국가를 창업하거나 나라를 위기에서 구한 공이 있는 왕에게는 '조祖'로 끝나는 묘호를 올렸습니다. 조선의 왕 중에는 태조 이성계를 비롯해 단종을 쫓아내고 왕위에 오른 세조, 반정을 통해 집권한 인조 등 '조'로 끝나는 묘호로 불리는 국왕이 제법 있습니다. 그러나 고려는 나라를 세운 왕건 한 사람에게만 '조' 자를 붙여 '태조'라 했습니다. 태조를 제외한 33명의 국왕 중 23명은 '종'자가 붙는 묘호를 받았고, 나머지 10명은 조·종이 아닌 '왕'으로 불렸습니다.

특히 원 간섭기의 국왕 6명은 모두 충렬왕·충선왕처럼 앞에 '충' 자가 붙는 '충○왕'으로 불렸습니다. 이는 원 간섭기 들어 고려 조정이 죽은 왕에게 묘호를 올리는 대신 원에 시호諡號를 요청했기 때문입니다. 원래 시호는 '신성대왕神聖大王, 태조', '의공대왕義恭大王, 혜종'처럼 왕의 사후에 생전의 업적을 따져 붙이는 이름입니다. 국왕 사후에 일상에서 그 국왕을 칭할 때 주로 시호가 사용되었지요. 그러나 원 간섭기 국왕에게 붙여진 시호는 그와 달랐습니다. 처음으로 묘호를 사용한 중국 한나라의 관례를 보면, '종'이나 '조'는 천자에게 붙이고, '왕'은 천자보다 격이 낮은 제후에게 붙입니다. 또한, 천자국의 종묘는 7대까지 제사를 지내지만, 제후국은 5대까지만 제사를 지냅니다. 고려 왕조는 천자국을 자처했기 때문에 국왕 사후 '조'나 '종' 자로 끝나는 묘호를 올렸지요. 반면, 조선왕조는 대내외에 제후국을 자처하면서도, 예외적으로 '조'와 '종'을 국왕의 묘호에 사용했습니다. 이 때문에 명나라가 조선 국왕의 묘호를 문제 삼은 적도 있었지요.

격하된 칭호

원 간섭기 고려 국왕을 '왕'으로 칭한 것은 원나라가 자신들을 천하의 중심인 천자국, 고려를 제후국이라 여기고 '왕'으로 끝나는 시호를 내렸기 때문입니다. 여기에 자신들에게 충성하라는 뜻에서 앞에 '충

忠’ 자까지 덧붙였습니다. 재위 당시 충선왕은 죽은 부왕의 시호를 원에 요청하면서 이미 묘호로 불리던 할아버지 원종과 증조할아버지 고종의 시호까지 함께 요청합니다. 그래서 고종에게는 ‘충헌왕忠憲王’, 원종에게는 ‘충경왕忠敬王’이라는 시호가 원으로부터 내려졌지요. 이 경우 총 8명의 고려 국왕이 영광스럽게도(?) ‘충’ 자와 ‘왕’ 자를 원으로부터 선물 받은 셈이 됩니다. 이렇게 원나라로부터 받은 시호는 국왕 사후 고려 조정에서 올린 시호와는 다른 것입니다. 충렬왕 등 원이 내린 시호가 태묘太廟, 종묘 신위의 명칭으로 사용된 것으로 보아 당시 원나라로부터 받은 시호는 묘호와 같은 위상을 가졌던 것입니다. 원이 고려를 제후국으로 간주하고 ‘조’나 ‘종’ 대신에 제후국의 ‘왕’으로 묘호의 격을 낮추었던 것이지요. 원나라는 고려 국왕의 시호에 ‘충’ 자를 붙이고 원의 공주와 혼인하게 함으로써 국왕을 통해 고려를 실질적으로 지배하려 했습니다. 한편 국왕이 묻힌 능의 이름을 딴 원 간섭기의 ‘경릉’, ‘덕릉’ 등의 능호는 묘호나 시호만큼 널리 사용되지는 않았습니다. 당시 능호는 국왕 사후 원나라로부터 시호를 받기 전까지 고려 조정에서 임시로 사용하던 호칭이었는데, 시호를 받은 후에도 관행적으로 능호를 사용했던 것이지요.

조선 건국과 왜곡된 칭호

원의 간섭이 끝난 후 ‘충’ 자는 사라졌지만, 공민왕을 포함한 고려 말 4명의 국왕도 ‘왕’으로 불리기는 마찬가지였습니다. 특히 공민왕은 반원 개혁을 추진해 원의 간섭에서 벗어나려는 노력을 많이 했음에도

'종'이나 '조' 자가 붙지 않았습니다. 왜 그랬을까요? '공민왕恭愍王'은 명나라가 붙여준 시호입니다. 1374년 공민왕이 시해된 후 즉위한 우왕은 공민왕 시해에 따른 어수선한 정국을 조기에 수습하고 왕권을 확립하기 위해 명나라에 자신의 책봉과 부왕의 시호를 요청합니다. 시호 요청은 원 간섭기에 이어지던 관례를 그대로 따른 측면도 없지 않겠지요. 우왕은 그로부터 10여 년이 지난 1385년우왕 11에야 명으로부터 '공민왕'이라는 부왕의 시호와 함께 책봉을 받았습니다. 그러나 공민왕을 포함해 고려 말 4명의 국왕이 '왕'으로 불리게 된 근본 원인은 왕조 교체를 합리화하려는 조선 초기 역사가들의 명분론과 얽혀 있습니다.

1388년우왕 14 요동 정벌에 나섰던 이성계 일파는 압록강의 위화도에서 회군하여 개경으로 돌아온 직후 우왕을 폐하고 그 아들창왕을 옹립한 뒤 각종 개혁을 단행합니다. 그런데 창왕이 개혁에 적극적으로 응하지 않자 창왕마저 폐합니다. 왕을 둘이나 폐하는 데 부담을 느낀 이성계 일파는 폐위의 명분으로 '가짜를 폐하고 진짜를 세운다'는 이른바 '폐가입진廢假立眞'의 논리를 내세웁니다. 우왕과 창왕은 공민왕이 아닌 신돈의 자식으로서 왕씨王氏의 혈통이 아니라는 것이지요. 위화도 회군 직후 우왕을 폐할 때라면 몰라도, 우왕의 아들이라 해서 세운 창왕을 폐위시킬 명분으로는 그야말로 궁색하기 짝이 없지요. 그러니 우왕의 아버지이자 창왕의 할아버지인 공민왕에 대한 평가도 제대로 했을 리 없습니다. 《고려사》에는 공민왕이 말년에 향락에 빠져 정치를 그르친 국왕으로 평가되어 있지요. 더욱이 우왕과 창왕의 기사가 다른 국왕들처럼 '세가'가 아니라 신하들의 행적을 담은 '열전'

에 '신우'와 '신창'이란 편명으로 실려 있습니다. 세 왕은 이성계 일파의 집권과 조선 건국을 정당화하는 과정에서 그 이름과 재위기의 행적이 의도적으로 왜곡되고 폄하된 셈이지요. '우왕'과 '창왕'이란 호칭은 사실 그들의 이름 '우禑'와 '창昌'에 '왕王' 자를 붙인 데 지나지 않습니다. 왕으로 인정하지 않았으니 묘호도 시호도 올릴 이유가 없었던 것이지요.

고려의 마지막 국왕 공양왕은 고려가 망하자 유배되었다가 죽게 됩니다. 요즘 홍길동을 두고 서로 자기 지역 출신이라고 다투듯이, 공양왕도 경기도 고양과 강원도 삼척 두 곳에서 서로 자기 지역의 묘가 진짜 '공양왕릉'이라고 주장하는 형국입니다. 망국의 군주는 죽어서도 편안하지 못할 운명이라는 듯 말이죠. '공양왕恭讓王'이라는 칭호도 조선 태종 때 올린 시호입니다. 그전에는 '공양군恭讓君'으로 불렸죠. 어쨌든 고려 말 4명의 국왕이 모두 '왕'으로 불리게 된 것은 이렇게 왕조 교체기라는 특수한 정치 상황 때문이었습니다. 이런 점에서 고려 국왕의 칭호는 고려왕조의 역사 변동이 반영된 것이라고 하겠습니다.

국왕의 삶과 죽음

고려왕조는 475년간 태조부터 공양왕까지 34명의 국왕을 배출했습니다〈표 1〉참고. 그러니 고려 국왕의 평균 재위 기간은 13.97년으로 대략 14년입니다.

그럼 고려 국왕들은 대체로 몇 살까지 살았을까요? 고려 역대 국왕의 생몰년 기록을 바탕으로 통계를 내보면, 고려 국왕의 평균 사망 나이는 42.3세입니다. 무신정변1170을 기준으로 다시 통계를 내보면, 그 이전은 평균 사망 나이가 39.3세, 그 이후는 49.79세입니다. 의종 이후 재위한 왕들이 이전 왕들보다 평균적으로 10년 정도 오래 산 셈이지요. 이런 현상은 고려 후기에 유아 사망률이 낮아지는 현상과 마찬가지로 의술의 발달과 관련이 있을 것으로 추정됩니다.

고려의 의술은 중기 이후에 크게 발달합니다. 현재 전하는 가장 오래된 의학 서적인 《향약구급방鄕藥救急方》은 무신정권기인 1236년고종23에 간행되는데, 연구자들은 이런 의학 서적의 간행이 의술의 발전에 큰 영향을 끼친 것으로 이해하고 있습니다. 고려 후기에 국왕의 평균 사망 나이가 늦추어지고 유아 사망률이 감소한 것도 의술의 발전과 관련이 있다고 볼 수 있습니다.

고려시대에는 죽은 이의 일대기를 적은, 주로 돌로 만든 묘지명을 유골 혹은 시신과 함께 매장하는 풍습이 있었습니다. 묘지명을 남긴 이들은 주로 왕족, 관료, 승려 들입니다. 실물 혹은 기록으로 전해지는 묘지명 330여 점 가운데 생몰년이 기록된 묘지명에서 확인되는 223명의 평균 사망 나이는 65.5세입니다. 또한 《고려사》에 등장하는 인물 176명의 평균 사망 나이는 60.7세입니다. 국왕보다 평균적으로 18~23년 정도 오래 산 셈이지요. 평균 사망 나이는 사망 당시의 나이만을 평균한 것으로서, 유아 사망률 등을 종합하여 산출한 '평균 수명'과는 다르지요. 현재의 연구에 따르면, 고려시대의 평균 수명은 39.7세입니다. 참고로, 2017년 통계에 따르면 한국인의 평균 수명은 남자 79.7세, 여자 85.7세입니다.

고려 국왕 중에서 가장 오래 산 인물은 충렬왕으로 73세에 사망했습니다. 충렬왕은 원의 지배 아래 34년간 재위하면서 원나라 공주를 왕비로 맞았고, 두 차례나 원과 함께 일본 원정에 나섰으며, 아들충선왕에게 왕위를 빼앗겼다가 복위하는 등 파란만장한 생애를 보냈습니다. 어쨌든 고려 국왕의 평균 재위 기간인 14년보다 20년이나 더 재위한 셈이지요. 충렬왕 다음으로 오래 산 왕은 68세에 세상을 떠난 고종입니다. 고종은 재위 기간이 무려 46년으로, 고려 국왕 가운데 가장 오랫동안 재위한 왕입니다. 참고로, 우리 역사를 통틀어 재위 기간이 가장 긴 왕은 고구려의 장수왕입니다. 고구려의 태조가 100년을 넘게 왕위에 있었다지만, 믿을 바가 못 되죠. 글자 그대로 '장수왕長壽王'이 97년간 장수를 누리면서 78년간 재위한, 가장 오랫동안 임금 자리에 앉아 있던 사람입니다. 고려의 고종은 장수왕과 52년간 재위한 조선의 영조 다음으로 오랫동안 왕 노릇을 했습니다.

국왕의 가족 관계

그럼 이제 고려 국왕의 가족 관계를 살펴보도록 합시다〈표 1〉 참고. 후비后妃, 왕비와 후궁를 막론하고 고려 국왕 34명의 정식 배우자를 합산하면 총 135명입니다. 국왕 1명당 3.97명, 평균 4명의 여성과 혼사를 치렀다고 할 수 있습니다. 그중에서도 태조는 무려 29명과 혼인했지요. 그런가 하면 혼인하지 않은 국왕도 있었습니다. 선종의 아들인 헌종獻宗, 재위 1094~1095은 어린 나이에 즉위했고 얼마 되지 않아 숙부인 숙종에게 왕위를 빼앗겨 혼인할 기회조차 없었습니다. 충목왕, 충정왕, 창왕도 어릴 때 왕위에 올랐고 재위 기간도 짧아 모두 왕비를 맞아들

대	왕명	재위 기간(년)	후비 수 (명)	자녀 수(명) (아들/딸)	대	왕명	재위 기간(년)	후비 수 (명)	자녀 수(명) (아들/딸)
1	태조	26	29	34(25/9)	18	의종	24	2	4(1/3)
2	혜종	2	4	5(2/3)	19	명종	27	1	3(1/2)
3	정종 (定宗)	4	3	2(1/1)	20	신종	7	1	4(2/2)
4	광종	26	2	5(2/3)	21	희종	7	1	10(5/5)
5	경종	6	5	1(1/0)	22	강종	2	2	3(2/1)
6	성종	16	3	2(0/2)	23	고종	46	1	3(2/1)
7	목종	12	2	0	24	원종	15	2	5(3/2)
8	현종	22	13	13(5/8)	25	충렬왕	34	3	4(2/2)
9	덕종	3	5	2(0/2)	26	충선왕	5	6	2(2/0)
10	정종 (靖宗)	12	5	4(3/1)	27	충숙왕	25	5	3(3/0)
11	문종	36	5	20(13/7)	28	충혜왕	7	4	2(2/0)
12	순종	1	3	0	29	충목왕	4	0	0
13	선종	11	3	5(2/3)	30	충정왕	3	0	0
14	헌종	1	0	0	31	공민왕	23	5	0
15	숙종	10	1	11(7/4)	32	우왕	14	9	1(1/0)
16	예종	17	4	3(1/2)	33	창왕	1	0	0
17	인종	24	4	9(5/4)	34	공양왕	4	1	4(1/3)

〈표 1〉 고려 역대 왕의 가족 관계

* 《고려시대 사람들은 어떻게 살았을까 2》(한국역사연구회 편, 청년사, 1997)에서 재인용했으며, 재위 기간은 저자가 추가한 것이다.
* ▒▒▒ 공민왕의 자녀 수가 '0'인 것은 그 아들 우왕이 공민왕의 정식 배우자, 즉 후비 소생이 아니기 때문이다.

이지 못했습니다. 이 4명을 제외하면 고려 국왕은 평균 4.5명의 후비를 맞았습니다.

그렇다면 그들과의 사이에서 자녀는 얼마나 낳았을까요? 고려 역대 국왕의 자녀 수를 합하면 164명으로, 이를 34명으로 나누면 국왕한 명당 4.8명이라는 평균치가 산출됩니다. 여기서도 왕비가 없는 4명을 제외하면 실제로는 평균 5.5명의 자녀를 두었지요. 후비는 있었으나 그들과의 사이에서 자녀를 생산하지 못한 국왕도 있었습니다. 목종, 순종, 공민왕입니다. 하지만 혼인을 했으니 이들마저 계산에서 제외할 수는 없지요.

평균 5.5명이라니, 이 정도면 많다고 해야 할까요? 오늘날과 비교하면 굉장히 높은 수치이지만 고려가 왕의 후사를 국가의 중대사로 여기는 세습군주제 국가임을 고려하면 결코 높은 수치라고 단정할 수 없습니다. 게다가 이를 당시 관료들의 평균 자녀 수, 나아가 출산율과 비교해보면 놀랄 만큼 낮은 수치임을 알 수 있습니다.

먼저 당시 고려 관료들의 평균 자녀 수와 한번 비교해봅시다. 관료들의 평균 자녀 수는 그들이 남긴 묘지명을 통해 알 수 있습니다. 생년월일과 자녀 수를 확인할 수 있는 220점의 묘지명에 따르면, 관료들의 평균 자녀 수는 3.97명입니다. 평균 자녀 수로만 본다면 약 5.5명인 국왕이 일반 관료보다 자녀를 많이 낳았다고 할 수 있습니다. 그중에서도 숙종은 명의태후明懿太后 유씨柳氏 한 사람과의 사이에서 무려 11명의 자녀를 낳았습니다. 왕실 밖에서야 이런 사례를 더 찾을 수 있겠지만, 왕실 안에서는 예외적인 경우라 할 수 있지요. 그에 비해 태조는 29명의 후비와의 사이에서 34명의 자녀를 낳았으므로, 후비 1명당

1.17명, 약 1명의 자녀를 출산한 셈입니다. 그런데 태조와 숙종을 포함해 고려 역대 국왕은 평균 3.97명의 배우자와 5.5명의 자녀를 두었으니, 결국 후비 1명이 출산한 자녀는 약 1명에 불과합니다. 후비 1명당 1명의 자녀를 출산한 태조가 오히려 평균에 가깝다고 할 수 있지요. 뒤에서 다루겠지만 고려는 일부일처제의 단혼 소가족이 일반화된 사회였습니다. 따라서 고려 관료들의 평균 자녀 수 3.97명은 한 명의 처가 출산한 자녀의 수라고 할 수 있지요. 이와 비교하면 고려 왕실의 출산율은 매우 낮다고 할 수 있습니다.

한 가지 흥미로운 현상은 비교적 국세가 안정되거나 왕의 치적이 높을수록 후비의 수나 그들이 출산한 자녀의 수도 그것에 비례하여 증가한다는 점입니다. 국세가 왕성하고 안정적인 고려 전기에는 국왕 한 명당 5.2명의 후비를 들였으나, 그렇지 못한 고려 후기에는 절반에도 못 미치는 2.5명밖에 되지 않아 현격한 차이를 보입니다. 특히 고려 최전성기였던 현종·덕종·정종·문종 연간에는 후비의 수가 총 28명으로, 현종이 태조 다음으로 많은 13명의 후비를 두었고, 나머지는 각각 5명의 후비를 들였습니다. 국왕 한 사람당 7명의 후비를 둔 셈이지요. 이때의 평균 자녀 수는 약 10명입니다. 이에 비해 국세가 크게 하락한 원 간섭기 이후에는 평균적으로 후비 3명에, 자녀 수도 1.6명에 불과합니다. 이런 현상을 일반화할 수는 없으나, 매우 흥미로운 사실임에는 분명합니다.

고려 왕실의 출산율은 왜 이렇게 낮았을까요? 이는 고려 왕실의 근친혼과 연관 지어 보아야 합니다. 조선의 국왕은 모두 왕실 바깥에서 배우자를 찾았습니다. 반면, 고려 국왕은 34명 중 19명이 왕실 구성원

대	왕명	후비순	후비명	후비의 아버지	후비의 어머니	왕과 후비의 친등 관계	자녀 수	왕위 계승 자녀
4	광종	1	대목왕후	태조	신정왕후	2촌	2남 3녀	5대 경종
		2	경화궁부인	혜종	의화왕후	3촌		
5	경종	2	헌의왕후	문원대왕 정(貞)	문혜왕후	4촌		
		3	헌애왕후	대종 욱(旭)	선의왕후	4촌	1남	7대 목종
		4	헌정왕후	대종 욱	선의왕후	4촌	(1남)	(8대 현종)
		5	대명궁부인	원장태자	흥방궁주	4촌		
6	성종	1	문덕왕후	광종	대목왕후	4촌		
7	목종	1	선정왕후	흥덕원군 규(圭)	문덕왕후	6촌		
8	현종	1	원정왕후	성종	문화왕후	5촌		
		2	원화왕후	성종	연창궁부인	5촌	2녀	
		5	원용왕후	경장태자	?	5촌		
9	덕종	1	경성왕후	현종	원순숙비	2촌		
		3	효사왕후	현종	원혜태후	2촌		
11	문종	1	인평왕후	현종	원성태후	2촌		
12	순종	1	정의왕후	평양공 기(基)	?	4촌		
16	예종	1	경화왕후	선종	정신현비			
		3	문정왕후	진한후 유(愉)	?	4촌		
18	의종	1	장경왕후	강릉공 온(溫)	?	7촌	1남 3녀	
19	명종	1	광정태후	강릉공 온	?	7촌	1남 2녀	22대 강종

20	신종	1	선정태후	강릉공 온	?	7촌	2남 2녀	21대 희종
21	희종	1	성평왕후	영인후 진(稹)	연희궁주	13촌	5남 5녀	
22	강종	2	원덕태후	신안후 성(珹)	창락궁주	12촌	1남	23대 고종
23	고종	1	안혜태후	희종	성평왕후	6촌	2남 1녀	24대 원종
24	원종	2	경창궁주	신안공 전(佺)	가순궁주	17촌	2남 2녀	
25	충렬	2	정신부주	시안공 인(絪)	?	9촌	1남 2녀	
26	충선	3	정비	서원후 영(瑛)	?	11촌		
31	공민	3	익비	덕풍군 의(義)	?	24촌		

〈표 2〉 고려 왕실 출신 후비와 그들 소생의 자녀 수

* ▨▨▨ 헌정왕후는 경종 사망 후에 태조의 아들인 안종 욱(郁)과 재혼하여 아들을 얻는데, 이 아들이 후사 없이 세상을 떠난 목종의 뒤를 이어 왕위에 올랐다. 바로 8대 현종이다.

* 정용숙, 《고려시대의 后妃》(민음사, 1992)에서 재인용.

과 근친혼을 했고, 그들과의 사이에서 19남 22녀, 모두 41명의 자녀를 낳았습니다. 이를 도표로 정리하면 〈표 2〉와 같습니다.

〈표 2〉에 따르면, 무신정변으로 물러난 의종을 분기점으로 이전 왕들은 4대 광종 때부터 6촌 이내의 친족과 혼인을 했습니다. 광종 이전 태조와 혜종, 정종은 건국 전에 이미 혼인을 했거나 왕실 바깥에서 결혼 대상을 찾았습니다. 그리고 14대 헌종은 앞에서 언급한 대로 혼인도 하기 전에 왕위에서 물러나야 했지요. 무신정권기에도 근친혼은 계속되지만, 고종을 제외하면 6촌 이내의 친족을 후비로 맞아들인 왕은 없었습니다. 근친혼 자체의 의미가 약해진 것이지요. 원 간섭기 이후에는 그마저도 드문 일이 됩니다. 원이 고려 왕실의 근친혼을 강하

게 반대하고 나서면서 〈표 2〉에 나타나듯이 11촌과 혼인한 충선왕을 끝으로 근친혼은 사실상 사라집니다.

고려 전기 왕실의 혼인 풍습, 근친혼

본격적으로 고려 왕실의 혼인 풍습에 대해 알아봅시다. 고려 왕실의 혼인 풍습과 그 변화는 고려 왕실의 특성, 나아가 고려왕조의 특성을 잘 보여주는 사례이기도 합니다.

　고려 초에는 왕의 배우자를 왕실 바깥에서 찾았습니다. 태조의 경우 처음에는 지방의 부유한 집안과 통혼합니다. 이들 집안을 《고려사》에서는 '장자가長者家'라고 표현했는데, 태조는 이런 집안과 혼인 관계를 맺으면서 세력 기반을 확대해나갑니다. 구체적으로 태조의 제1비 신혜왕후 유씨는 개경 근처 정주貞州의 부자 유천궁柳天弓의 딸이고, 제2비 장화왕후 오씨는 나주의 부자 다련군多憐君 오씨吳氏의 딸입니다. 후삼국 통합전쟁이 본격화한 후로는 지방 무장세력의 딸들과 혼인을 합니다. 이를테면 태조의 제9비 동양원부인東陽院夫人 유씨는 후삼국 정벌에 결정적인 도움을 준 유검필庾黔弼의 딸이고, 제15비 광주원부인廣州院夫人 왕씨와 제16비 소小광주원부인 왕씨는 경기도 광주의 무장세력으로 훗날 혜종의 왕위를 위협하다 죽임을 당하는 왕규王規의 딸들입니다. 후삼국을 통일한 뒤에는 신라의 왕족과 혼인을 합니다. 태조의 제5비 신성왕후神成王后 김씨는 신라의 마지막 왕인 경순왕의 큰아버지 김억렴金億廉의 딸입니다. 태조는 이같이 필요에 따라 다양한 세력가와 혼인을 통해 동맹을 맺으며 세력을 구축해나갔던 것입니다. 다시 말해 통일전쟁기에는 경제력이나 군사력이 있는 집안과 결혼 동맹으로 세력을 확장하고, 통일 후에는 신라의 왕족과 혼인하여 왕실의 정통성을 확보하려 했습니다. 혼인을 정치적으로 이용한 것이지요.

혜종도 아버지 태조의 방식을 답습합니다. 그런데 혜종의 후비 가운데 경기도 광주 출신인 왕규의 딸이 있습니다. 혜종의 제2비인 후後광주원부인 왕씨가 그 주인공인데, 태조의 제15비와 제16비 역시 왕규의 딸이니, 태조와 혜종은 부자간이면서 동시에 동서지간이 되어버린 것이죠. 혜종의 배다른 형제인 정종도 혜종처럼 부왕 태조와 동서지간이 됩니다. 정종은 견훤의 사위인 박영규朴英規의 두 딸을 후비로 맞아들이는데, 태조의 제17비 동산원부인東山院夫人역시 박영규의 딸이지요. 오늘날의 상식으로는 도저히 이해할 수 없는 일입니다.

고려 초기 왕실이 결혼을 통해 이런 복잡한 가족 관계를 형성한 데는 나름의 이유가 있었습니다. 이는 당시 왕권, 나아가 왕실 자체가 대단히 불안정했기 때문입니다. 지방 유력층과의 혼인은 이런 왕실을 보호하는 동시에 왕실의 몸집을 불릴 유용한 방법이었지요. 태조는 29명, 혜종은 4명, 정종은 3명의 후비를 모두 그런 목적으로 맞아들였습니다. 그러다가 왕족이 불어나자, 고려 왕실은 왕실 내부의 근친혼을 통해 왕실의 권위와 경제적 기반을 지키는 쪽을 선택하게 됩니다. 제4대 광종 때부터 근친혼이 왕실 혼인의 관행으로 나타나게 된 이유입니다. 그러나 근친혼도 왕실을 위한 정치적 선택이었다는 점에서 태조·혜종·정종 대 국왕의 혼인과 근본 목적이 같았다고 볼 수 있죠.

근친혼을 달리 '족내혼族內婚'이라고 합니다. 같은 혈족끼리 결혼한다는 뜻이니 쉽게 말하면 왕족끼리 혼인하는 것이지요. 좀 더 범위를 넓히면 같은 계급끼리 혼인하는 것도 족내혼에 포함됩니다. 이것을 달리 '계급내혼階級內婚'이라고 합니다.

제2대 혜종, 3대 정종, 4대 광종은 모두 태조의 아들입니다. 그중 혜종은 장화왕후 오씨 소생이며, 정종과 광종은 신명순성왕후神明順成王后 유씨劉氏 소생입니다. 고려 왕실의 근친혼은 광종 때부터 시작되는데, 이때부터 7대 목종 대까지가 대표적입니다.

광종은 아버지 태조의 딸과 형 혜종의 딸을 후비로 맞이합니다. 배다른 누이, 조카와 혼인을 한 셈이지요. 이 중 누이인 제1비 대목왕후大穆王后 황보씨皇甫氏 소생 경종이 왕위를 계승합니다. 그런데 경종의 제1비 헌숙왕후獻肅王后 김씨金氏는 아버지 광종의 친누이 낙랑공주樂浪公主의 딸입니다. 경종은 고종사촌과 혼인한 것이지요. 경종의 제5비 대명궁부인大明宮夫人 유씨柳氏도 아버지 광종의 여동생 흥방궁주興芳宮主의 딸로서 역시 경종의 고종사촌이고, 제2비 헌의왕후獻懿王后 유씨劉氏는 광종의 친동생 문원대왕文元大王 정貞의 딸로서 역시 경종과 사촌지간이며, 제3비인 헌애왕후獻哀王后 황보씨와 제4비 헌정왕후獻貞王后 황보씨는 광종의 제1비이자 경종의 친모인 대목왕후와 친남매간인 대종戴宗 욱旭의 딸로서 경종의 외사촌 누이들입니다. 대종 욱의 아들인 성종의 경우 제2비 문화왕후文和王后 김씨와 제3비 연창궁부인延昌宮夫人 최씨崔氏는 왕실 밖 이성異姓 가문 출신이지만, 제1비 문덕왕후文德王后 유씨劉氏는 큰아버지 광종의 딸입니다. 성종은 결국 사촌누이를 왕비로 맞아들인 셈이죠. 한편 경종의 아들 목종은 성종의 제1비가 성종에게 재가하기 전에 낳은 딸을 왕비로 맞이합니다. 목종은 성종의 5촌 조카이므로, 6촌과 혼인을 한 셈입니다.

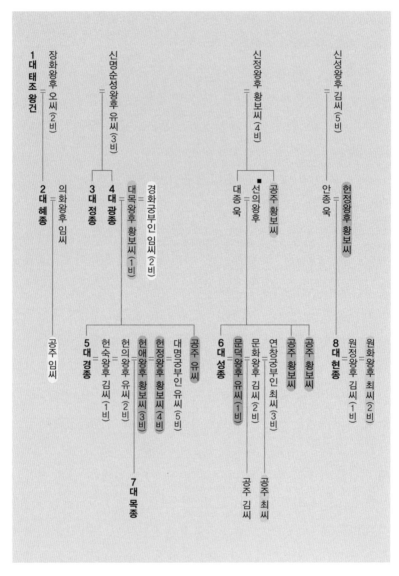

〈표 3〉 광종 이후 현종 때까지 고려 왕실의 근친혼 관계

* =는 혼인 관계, —는 혈연 관계,　같은 색은 동일 인물을 표시한 것이다
* ■선의왕후는 태조 왕건과 정덕왕후 유씨(6비) 사이에서 태어났다.

근친혼의 특징과 왕실 혼인 풍습의 변화

고려 전기 왕실의 근친혼에서 발견되는 공통점 중 하나는 근친혼을 한 공주의 경우 부계가 아니라 모계의 성씨를 따른다는 사실입니다. 같은 왕실의 일원이지만 어머니 쪽 성씨를 취해 자신들의 출자出自를 밝히려 했던 것입니다. 또 하나 눈에 띄는 것은 이 시기의 근친혼이 주로 태조의 제3비 충주 출신 신명순성왕후 유씨와 제4비인 황주 출신 신정왕후神貞王后 황보씨 혈통을 이은 왕자와 왕녀 간에 이루어지고 있다는 사실입니다. 태조는 29명의 후비 가운데 6명은 '왕후王后'라 칭하고, 나머지 23명은 '부인夫人'이라 칭했습니다. 왕후와 부인은 그 소생의 왕위 계승 자격 여부에 따라 구분됩니다. 태조는 왕후의 소생에게만 왕위 계승 자격을 부여했지요. 이는 왕위 계승을 둘러싼 분쟁을 예방하기 위한 조치였습니다. 그러나 장화왕후 오씨 소생인 혜종을 제외하면, 6명의 왕후 가운데 신명순성왕후 유씨와 신정왕후 황보씨 소생만 실제로 왕위를 계승했습니다이하 부록 〈고려 왕실 계보도〉 참고. 혜종의 뒤를 이은 정종과 광종은 모두 신명순성왕후 유씨 소생입니다. 경종과 목종은 광종의 아들과 손자이니, 부계에 신명순성왕후 유씨의 피가 흐릅니다. 그리고 이 두 사람의 모계에는 신정왕후 황보씨의 피가 흐릅니다. 경종의 모친은 신정왕후의 딸인 대목왕후이고, 목종의 모친은 신정왕후의 손녀니까요. 그러니 고려 초기의 왕위는 이 두 가계가 독점했다고 해도 과언이 아닙니다. 불가피하게 왕위가 다른 가계로 옮겨 갈라치면 이 가계의 피를 받은 왕자를 전왕의 사위로 들여 왕위를 잇게 했습니다. 경종의 뒤를 이은 성종이 그런 경우이지요. 경종이 아들목종이 태어난 이듬해 사망하자 태조와 신정왕후 황보씨의 손자인 성종이 과부가 된 광종의 딸문덕왕후 유씨과 혼인함으로써 광종의 사위가 되어 왕위를 이었습니다. 고려 초기의 이러한 왕위 교체와 이에 기초한 정치 형태를 '왕후족王后族 연합'이라 부르기도 합니다.

●
왕실 혼인
풍습의 변화
고려 왕실의 혼인 풍습은 건국 후 약 100년이 지난 현종 때부터 변화하기 시작합니다. 현종은 총 13명의 후비를 두었는데, 그중에서 성종의 딸인 제1비 원정왕후元貞王后 김씨와 제2비 원화왕후元和王后 최씨, 대종 욱의 아들 경장태자敬章太子의 딸인 제5비 원용왕후元容王后 유씨가 왕족입니다. 이들 모두 현종과 5촌지간으로, 현종은 세 차례에 걸쳐 근친혼을 한 것이죠. 나머지 10명은 안산 김씨 김은부金殷傅와 왕가도, 서눌 등의 딸로서, 왕실 밖 유력 가문 출신 여성들이었습니다. 현종 이후에는 점차 이성 가문 출신 후비의 비중이 늘고 왕실 출신 후비의 비중은 줄어들기 시작합니다〈표 2〉 참고. 현종의 뒤를 이은 덕종 때부터 인종 때까지 후비 가운데 고려 왕족 출신은 6명인 데 비해, 이성 가문 출신 후비는 24명으로 근친혼의 비중이 줄어듭니다. 이로 인해 왕위 계승에도 변화가 나타납니다.

현종의 아들로서 왕위를 계승한 덕종·정종·문종은 모두 이성 후비 소생입니다. 이후 즉위한 국왕들 역시 대부분 이성 후비 소생입니다. 근친혼으로 낳은 자식보다 이성 후비와의 사이에서 낳은 자식이 왕위를 계승하는 현상이 일반화되어간 것이지요. 이와 동시에 국왕을 배출한 이성 후비의 집안, 즉 외척 가문의 정치적 입지가 점차 강화되면서 고려 중기 이후 이 가문 출신들이 정치를 주도하기 시작합니다.

지배층의 문벌화 경향도 본격화됩니다. 안산 김씨, 인주 이씨경원 이씨, 정안 임씨 등이 대표적인 왕실의 외척으로서, 이 가문 출신 정치세력을 흔히 '문벌귀족'이라 합니다. 그중에서도 인주 이씨는 문종 때부터 인종 때까지 무려 7대에 걸쳐 왕실과 혼인 관계를 맺습니다. 이 가문들은 왕실과 인척 관계를 맺어 정치적 입지를 강화하는 동시에 가문의 위세를 유지하려 했고, 왕실은 이들과의 혼인을 통해 왕실을 보호하고 왕권을 강화하고자 했습니다. 그런 점에서 이 가문들은 왕실 바깥에서 왕실을 지키는 이른바 '외호外護'의 역할을 했다고 할 수 있습니다. 왕실의 새로운 울타리였던 셈이지요. 그러나 유력 가문과의 통혼이 왕실의 세력을 유지하는 데 도움을 주었다는 점에서 통혼 대상만 달라졌을 뿐 목적은 근친혼 때와 같았다고 할 수 있습니다.

고려 중기에는 이처럼 왕실 바깥에서 후비를 맞이하는 경향이 확대되지만, 여전히 제1비는 근친혼을 통해 맞아들였습니다. 제1비는 왕족, 나머지 후비는 이성 가문에서 맞아들이는 방식으로 혼인 풍습이 바뀌어 간 것입니다. 원 간섭기에는 원나라가 고려 왕실의 근친혼을 금지하면서 고려 왕실이 직접 15개 이성 가문을 왕실과 사돈을 맺을 수 있는 '재상지종宰相之宗, 대대로 공신과 재상을 배출한 집안'으로 지정합니다〈표 4〉참고. 여기에는 고려 전기부터 후비를 배출해온 가문들도 포함되었죠. 어쨌든 이 15개 가문이 왕실과의 혼인을 통해 고려 후기의 정치를 주도하게 됩니다. 우리가 흔히 '권문세가權門世家'라 부르는 가문들이지요. 근친혼의 한계와 폐단을 개선하려는 고려 왕실의 노력이 결과적으로 고려 중기와 후기 정치를 주도하는 문벌귀족외척과 권문세가의 등장을 초래했던 것입니다. 왕실의 혼인 문제가 새로운 역사의 물줄기를 만들어낸 셈이지요. 그 어떤 역사적 사실과 사건도 사

재상지종		
고려 전기부터 왕실과 통혼한 가문	안산 김씨(安山金氏), 경원 이씨(慶源李氏), 정안 임씨(定安任氏)	
원 간섭기 이후 왕실과 통혼하게 된 가문	경주 김씨(慶州金氏), 언양 김씨(彦陽金氏), 철원 최씨(鐵原崔氏), 해주 최씨(海州崔氏), 공암 허씨(孔巖許氏), 평강 채씨(平康蔡氏), 청주 이씨(淸州李氏), 당성 홍씨(唐城洪氏), 황려 민씨(黃驪閔氏), 횡천 조씨(橫川趙氏), 파평 윤씨(坡平尹氏), 평양 조씨(平壤趙氏)	

〈표 4〉 충선왕 때 재상지종으로 지정된 가문
* 1308년 11월 복위한 충선왕이 백관들에게 내린 교서를 바탕으로 만든 표이다.

소하다고 외면할 수 없음을 이 왕실 혼인 풍속의 변화에서 절감합니다. 역사는 이같이 아무도 예측할 수 없는 반전과 역설의 매력을 갖고 있습니다.

근친혼이 성행한 이유

왜 고려 왕실에서는 근친혼이 성행했을까요? 우리 고대의 혼인 풍속 중에 '취수혼娶嫂婚'이란 게 있습니다. '형사취수兄死娶嫂'라고 해서 형이 죽으면 형수를 아내로 맞이하는 풍습입니다. 고구려를 예로 들면, 고국천왕故國川王, 재위 179~197이 죽자 부인 우씨于氏가 시동생인 연우延優와 발기發岐에게 둘 중 누가 자신을 아내로 취해 왕위에 오르겠냐고 묻자, 연우가 자청하여 왕위에 올랐다고 합니다. 그가 바로 산상왕山上王, 재위 197~227입니다.

역사적으로 중동 지방에서도 취수혼이 성행했습니다. 《성경》에도 유대교의 한 유파인 사두개파Sadducees의 한 신자가 예수에게 "모세는 형이 자식 없이 죽으면 동생이 형수와 결혼하여 형의 대를 이어야 한다고 했습니다. 우리 이웃에 일곱 형제가 있었는데 맏형이 죽자 그 부인이 둘째와 혼인을 했습니다. 그런데 둘째도 자식 없이 죽자 다시 셋째와 결혼을 했지요. 그런 식으로 마지막 일곱째와도 결혼을 하게 되어 결국 일곱 형제 모두와 살았다면 그 여자는 부활할 때 누구의 아내가 되는 것입니까?"라고 묻자, 예수가 "부활하면 장가도 시집도 안 가고 다만 하늘에 있는 천사들처럼 된다"라고 답하는 구절이 있습니다. 이를 보면 중동 지역에도 취수혼이 있었다는 것을 알 수 있습니다. 고대 사회의 취수혼은 집단의 유지, 즉 집단 내부의 정치적·경제적 기반을 유지하려는 데 목적이 있었습니다.

신라에 여왕이 등장할 수 있었던 것도 성골 집단의 독점적인 왕위 계승권을 지켜냄으로써 집단의 배타적 권력을 유지해나가려 했기 때문입니다. 중국의 기록을 보면 신라 왕실에 근친혼이 성행했다고 하는데, 이 역시 목적은 같았습니다. 그런 점에서 한 사회의 혼인 풍습에는 그 시대, 그 사회의 정치상과 사회상이 잘 반영되어 있다고 할 수 있습니다.

고려 왕실의 근친혼도 목적이 다르지 않았습니다. 초기에는 고려의 국왕, 나아가 왕실 자체가 하나의 지방세력 혹은 정치세력에 불과했기에 태조·혜종·정종은 지방의 다른 유력한 세력과 혼인을 통해 왕실의 세력 기반을 다지며 몸집을 불려 나갔지요. 그런데 몸집이 불어난 후에는 왕실 구성원 간 근친혼을 통해 왕실의 배타적 권력을 유지하려고 했던 것입니다.

근친혼이 성행한 또 다른 이유는 유교 이념이 보편화하지 못했다는 데 있습니다. 유교 정치 이념 속 국왕은 '천명지天命之', 곧 '하늘의 명을 받은 존재'로서 초월성을 인정받습니다. 이를 '천명사상'이라 합니다. 덕치德治를 강조하는 맹자의 왕도王道 정치도 이 천명사상에 근거하고 있습니다. 천명을 받은 왕이 덕으로써 나라를 다스려야 한다는 것이지요. 천명을 받은 존재인 만큼 국왕은 신하들과 태생이 근본적으로 다른, 초월적인 존재라는 인식이 가능해지지요. 다시 말해 천명사상에 근거한 유교 이념이 국왕의 정통성을 사상적으로 뒷받침하는 역할을 하는 것입니다. 그러나 고려왕조 성립기에는 국왕과 왕실의 정통성을 확보해줄 유교 이념이 보편화하지 않아 국왕이 초월적인 존재로 인정받지 못한 측면이 있지요. 그래서 왕실의 양적 팽창이 마무리될 즈음 근친혼을 통해서라도 고려의 지배자로서 국왕과 왕실의 위상을 강화하려고 했던 것입니다.

근친혼을 어떻게 이해할 것인가?

매 학기 강의를 할 때마다 태조 왕건이 29명의 배우자를 두었다고 하면 학생들은 어이없다는 표정으로 웃곤 합니다. 아마도 오늘날의 윤리에 배치되기 때문에 그런 반응이 나오는 것이겠지요. 그러나 이를 역사 배경과 함께 자세히 설명하면, 학생들은 흥미로워하며 고개를 끄덕입니다. 한번은 모르몬교도들이 모여 사는 미국의 유타주에서 강의한 적이 있습니다. 그런데 태조 왕건이 무려 29명과 결혼을 했다는 소리에도 우리 학생들과 달리 별로 놀라지 않았습니다. 모르몬교도들은 동부에서 청교도의 박해를 피해 서부로 이동하는 과정에서 적잖은 수의 남성이 목숨을 잃자, 교세를 유지하기 위해 일부다처제를 채택했었습니다. 선조들의 그런 경험이 우리와는 다른 반응을 보이도록 만들었던 것입니다.

과거 역사와 사실을 향한 관심과 그에 대한 이해는 자기 주변에 축적되어온 역사 경험과 밀접한 관련이 있습니다. 자기와 자기 시대의 눈으로 사물과 역사를 바라보려는 경향이 있는 것이지요. 근친혼에 대한 오해도 여기에서 비롯된 측면이 없지 않습니다.

유교 이념에 충실했던 조선 초기 역사가들은 고려의 근친혼에 대해 매우 비판적이었습니다.

> 태조는 옛것을 본받아 풍속을 교화하려는 뜻을 가졌다. 그러나 토착적인 풍습에 젖어 아들을 딸에게 장가보내고, 딸은 외가의 성을 따르게 했다. 그 자손들도 [근친혼을] 가법家法으로 삼아 이상하게 여기지 않았으니, 참으로 애석하다. 무릇 부부란 인륜의 근본으로, 나라가 잘 다스려지거나 어지러운 것도 모두 여기에서 출발하는 법이니 신중할 필요가 있다.
>
> —《고려사》권88, 후비 열전 서문

유교는 같은 성씨끼리 혼인할 수 없다는 '동성불혼同姓不婚'을 원칙으로 내세웁니다. 《고려사》의 찬자들은 이를 바탕으로 고려 왕실의 근친혼을 비판했지요. 동성불혼의 원칙을 내세워 근친혼을 인륜의 근본을 무너뜨리고 나라를 혼란케 하는 잘못된 풍습이라 한 것입니다. 일제 식민사학자들은 '췌수혼'이나 '근친혼'을 한국사의 후진성을 보여주는 예로 들기도 했습니다. 하지만 이러한 문제는 오늘의 기준으로 윤리적이지 못하다고 쉽게 재단하거나 후진적이라고 함부로 폄하할 것이 아니라 당대의 상황과 관련지어 이해해야 합니다. 과거의 사건과 사실에 대한 평가는 사건과 사실을 둘러싼 역사적 배경을 충분히 이해한 뒤 내려야 하고요. 무려 29번에 달하는 태조의 결혼도, 고려 왕실의 근친혼도 윤리적 차원에서 섣불리 재단해서는 안 된다는 것이지요. 고려 왕실 자체가 하나의 정치 집단으로서 경제적인 기반과 정치 권력을 유지하려는 속성이 강했고, 그것이 잦은 혼인 동맹과 뒤이은 근친혼의 형태로 나타난 것으로 이해해야 합니다. 특히 고려 왕실의 잦은 결혼과 이후의 근친혼은 국왕권을 이념적으로 보장받지 못하는 상황에서 왕실의 정치·경제적인 기반을 확장 혹은 유지하기 위한 불가피한 선택이었다고 보는 것이 올바른 이해입니다.

국왕권을 뒷받침한 내시 기구와 측근 정치

앞에서 언급했듯이, 고려 국왕은 국왕이라는 지위 자체를 초월적 지위로 보장받지 못했습니다. 건국 당시 고려 국왕은 개경 지역 해상세력 출신으로, 그의 집안은 여러 지방세력 가운데 하나에 불과했습니다. 그래서 다른 지방세력과 결혼 동맹을 맺어 왕실의 몸집을 불리고, 이것이 마무리될 즈음 근친혼 같은 계급내혼을 통해 고려 최고의 지배 집단으로서 배타적 권력을 유지, 재생산하고자 했던 것입니다.

고려 국왕은 이처럼 일반 관료 집단과 특별히 구별되는 초월적인 존재가 아니었습니다. 그런데 이것이 도리어 정책 결정이나 정치 개입에서 고려 국왕이 조선 국왕보다 상대적으로 자유로운 이유가 되었습니다. 언뜻 생각하면 유교의 천명사상으로 초월성과 전제성專制性을 보장받은 조선의 국왕이 정책 결정에서 재량권이 훨씬 더 컸을 것 같지만, 실제로는 고려 국왕이 정책 결정에서 재량권이 훨씬 크고 정치 개입의 빈도도 높았습니다. 고려 역사에서 주로 국왕이 개혁 정치를 주도한 사실이 이를 뒷받침합니다.

조선시대 개혁 정치의 주체는 대체로 관료들이었습니다. 조선 초 정도전, 중기 조광조趙光祖, 조선 후기 실학자들의 개혁 정치가 대표적인 예이죠. 그러나 고려시대에는 주로 국왕이 개혁을 주도했습니다. 전기에는 광종이 과거제를 도입하여 관리 등용 제도를 정비하고 노비제를 개혁한 데 이어 성종이 관제를 개혁했으며, 원 간섭기에도 충선왕·충숙왕·충목왕 등이, 말기에는 공민왕이 각종 개혁을 주도했습니다. '신법'이라 불린 고려 중기의 정치 개혁도 국왕인 숙종과 예종이 주도한 것입니다. 이같이 국왕이 개혁을 주도한 것은 정치 개입이나 정책 결정에 있어서 고려의 국왕이 상대적으로 재량권이 컸던 사실과 관련이 있습니다.

측근 정치도 고려 국왕의 정치적 위상을 알려 주는 예가 됩니다. 고려시대에는 '내시內侍'라는 기구가 있었습니다. 잘 알려진 대로 조선의 내시는 '왕을 시중들거나 궁궐에서 숙직하며 잡일을 하는 거세된 남자' 곧 '환관宦官'을 뜻하지만, 고려의 내시는 환관이 아니었습니다. 물론 고려시대에도 환관이 있었습니다. 의종 때 국왕의 총애를 받아 파행적인 정치를 일삼다 무신들에게 정변의 빌미를 제공한 정함鄭諴과 백선연白善淵 같은 인물이 대표적입니다. 그러나 대부분 하층민 출

•
내시 기구

신이던 환관과 달리 고려의 내시는 명가名家의 자손이나 과거에 합격한 20~30명의 신진기예로 충원되었으며, 내시 기구에 별도로 편입되어 왕의 정책에 조언하고 왕의 정책 결정을 돕는 중요한 역할을 했습니다. 고려 국왕이 정치에 개입하여 정책 결정에 주도적인 역할을 할 수 있었던 것도 바로 이 내시 기구라는 제도적 장치가 마련되어 있었기 때문입니다. 고려시대 사학私學을 창시한 최충崔冲의 손자 최사추崔思諏, 예종의 측근으로 활약하다 외척 이자겸에게 죽임을 당한 한안인韓安仁, 《삼국사기》를 편찬한 김부식의 아들 김돈중金敦中, 고려 후기의 유학자 안향安珦 등이 모두 내시 출신입니다. 이들은 언제나 국왕과 함께 행동하며 왕명을 초안하거나 국가의 중요한 업무를 관장했으며, 국왕에게 유교 경전을 강의하기도 했습니다.

측근 정치

　　고려의 정치 형태를 '측근 정치'라고 설명하는 것도 고려 국왕 중에 내시 집단을 측근으로 삼아 정치를 이끈 사람이 적지 않았기 때문입니다. 예를 들어, 12세기 숙종과 예종은 문벌 정치의 폐해를 제거하기 위해 내시 기구에 소속된 신진 유학자들을 측근으로 삼아 정치를 주도했습니다. 그러나 내시만이 왕의 측근이 되었던 것은 아닙니다. 의종은 자신의 즉위를 도운 유교적 관료 집단의 정치 개입을 막고 그들을 견제하기 위해 숙종·예종과는 다르게 환관과 술사術士, 풍수지리와 도참사상가, 친위 군사를 측근으로 삼아 정국을 운영하려 했지요. 의종은 측근에 의존해서 왕실과 왕권의 위상을 높이려 했으나, 도리어 측근세력 내부의 분열로 무신정변이 일어나게 되지요. 특히 원 간섭기에 고려 측근 정치의 전형적인 예들이 나타납니다. 당시 국왕은 어려서부터 원에서 교육을 받은 후 국왕으로 임명받아 고려에 왔기 때문에 국내에 정치 기반이 없어 원에 있을 때 함께 지낸 시종 신료를 측근으로 삼아 정치를 했습니다. 이처럼 고려의 측근 정치는 초월적·상징적인 존재로 인정받지 못한 국왕이 측근을 통해 정치에 깊이 개입해서 자신의 정치적 위상을 높이고 자신이 원하는 방향으로 국정을 이끌려 한 데서 비롯되었습니다. 측근 정치는 정책 결정에서 추진력과 신속성을 갖는 장점이 있습니다. 하지만 공론보다는 특정 집단의 이해관계에 따라 정책이 결정됨으로써 정책의 투명성·공정성에서 한계를 가질 수밖에 없었습니다.

왕족의 정치 개입도 측근 정치 못지않게 두드러진 정치 현상 중 하나였습니다. 특히 왕위 계승과 관련해 왕족의 정치 개입이 두드러졌지요. 목종 때 왕의 생모 천추태후千秋太后, 경종의 제3비 헌애왕후가 자신의 외척 김치양金致陽과의 사이에서 낳은 아들을 목종의 후계자로 만들려 했고, 헌종 때 왕의 삼촌숙종이 이자의의 난을 진압하고 조카의 왕위를 찬탈했으며, 즉위 전 의종은 동생 대령후大寧侯 경暻과 왕위 계승을 둘러싸고 정치적 긴장 관계를 형성했습니다. 고려시대에 왕실 구성원들 사이에 왕위 계승을 둘러싼 분쟁이 반복된 것은 왕위 계승의 기본 원칙이 확립되지 않아 분쟁의 소지가 크게 열려 있던 때문이기도 합니다. 전통적으로 왕위 계승은 부자父子 상속이 가장 일반적이지만, 고려시대에는 부자 상속으로 왕위에 오른 왕이 34명 가운데 10명에 불과합니다. 여기에 외척까지 합세하면서 왕위 계승 분쟁은 훨씬 격화되었습니다.

천자를 자처한 고려 국왕

대외적으로 고려 국왕은 중국의 천자 아래 제후를 자처했습니다. 조공-책봉 관계로 대변되는 7세기 이래 동아시아 국제 질서 속에 자리하고 있었기 때문이죠. 형식상의 조공-책봉 체제는 당의 멸망으로 동아시아에 대분열의 시대가 열린 뒤에도 유지되었지요. 일본인 연구자들은 우리 역사의 국왕들이 중국으로부터 책봉을 받았다는 사실을 들어 한국사의 특성을 사대주의로 규정하기도 합니다. 그러나 고려는 대외적으로는 책봉을 받는 등 제후국의 형식을 갖추었으나 대내적으로는 천자국 체제를 채택해 국왕이 천자로 군림하며 천자국의 위상에 걸맞은 제도와 격식을 갖추었습니다〔외후내제外侯內帝〕. 이는 내부적으로도 제후국에 걸맞은 제도와 격식을 갖춘 조선과는 분명히 다른 고려만의 특성입니다.

고려의 중앙 관제는 중서성·문하성·상서성의 3성三省과 이부·호부·예부·병부·형부·공부의 6부六部로 편제되었습니다. 이를 흔히 '3성 6부제'라고 하죠. 주목할 것은 '성省'과 '부部'라는 글자입니다. 행정 실무 관청 이름에 이부·호부 등과 같이 '부' 자를 사용했는데, 조선에서는 같은 기능을 가진 부서에 이조·호조 등과 같이 '조曹' 자를 사용했습니다. 기능이 같은데 왜 이렇게 호칭을 달리했을까요? 관료와 마찬가지로 관청도 각기 관품을 갖고 있습니다. '부'가 3~4품 정도의 관청에 붙이는 호칭이라면, '조'는 이보다 낮은 품계의 관청에 사용합니다. 그리고 3성의 '성'은 '부'보다 높은 1~2품에 해당하는 관청에 사용합니다. 천자-제후 관계에서 천자국만이 최고 관청에 '성' 자를 붙이고 이를 기준으로 하위 관청 명을 품계에 맞게 정할 수 있었죠. 그런데 고려는 천자국의 관청 용어인 '성'과 '부'를 사용해 '3성 6부'라 칭한 것입니다. 고려가 적어도 내부적으로는 황제국 체제를 지향했음을 보여줍니다.

원 간섭기에는 원나라가 고려의 3성을 합쳐 '첨의부僉議府'라 하고, 6부 역시 기능을 합치거나 폐지하여 4개의 '사司'로 축소해버렸습니다. 제후국에 걸맞게 관제의 격을 낮춰버린 것이지요. '사司' 역시 '부部'보다 낮은 등급의 관청에 붙이는 이름입니다. 저는 고등학교 역사시간에 도병마사都兵馬使가 원 간섭기에 도평의사사都評議使司로 명칭이 바뀐 것을 두고 왜 '도평의사'가 아니고 '도평의사사'인지, 왜 '사'자를 겹쳐 사용한 것인지 궁금해했었지요. 당시에는 의문을 풀지 못했는데, 나중에서야 '사使' 자는 제후국의 관청 명에는 사용할 수 없는 한자이기 때문에 도평의사 뒤에 '사司' 자를 덧붙인 것임을 알게 되었습니다. 그러나 원 간섭기를 제외하면 고려의 관청은 천자국 체제에 걸맞은 용어를 사용했습니다. 고려가 천자국 체제를 갖추었음을 증명하는 예는 이뿐만이 아닙니다. 고려는 국왕이 내리는 문서에 제후의 문서를 의미하는 '교서敎書' 대신 천자의 문서를 가리키는 '조서詔書'·'제서制書'·'칙서勅書'라는 용어를 사용했습니다. 그리고 국왕은 스스로 '짐朕'이라 칭했습니다. '짐'은 황제가 자신을 가리킬 때 사용하는 1인칭 대명사입니다. 이승휴의 《제왕운기》에는 금나라가 고려에 보낸 조서에서 "대금 황제大金皇帝가 고려국 황제高麗國皇帝에게 글을 보낸다"라고 했던 구절이 인용되어 있어 당시 금나라도 고려 국왕의 칭제稱帝를 인정해주었음을 보여줍니다.

'황제皇帝'는 중국의 '삼황三皇'과 '오제五帝'에서 유래한 말로 '하늘

에 있는 천신天神을 대신해 우주 만물을 다스리는 사람'이라는 뜻입니다. 천신을 제외하고 지상에서는 최고의 신이지요. 따라서 한 사람밖에 없습니다. 그런데도 고려의 왕은 황제를 자처하고 아들은 '제왕諸王'이라 칭했습니다.

　몇 가지 예를 더 들어보겠습니다. 다음은 이규보가 1209년희종 5 연등회 의식을 보고 지은 축시입니다.

금 등잔 토한 불꽃 홍사초롱 밝혀주고 金燈吐焰透紅紗

돋는 해 흩뿌린 광채 새벽노을 물들었네 日散千暉暈曉霞

온 천하가 일가를 이루니 천자의 성스러우심이라 四海一家天子聖

서광이 비치니 온갖 꽃 피어나리 瑞光看取百枝花

— 《동국이상국집》 권13, 기사년 4월 초파일 한림에서 아뢰어 바침〔己巳年燈夕翰林奏呈〕

　이규보는 고려 국왕을 천하를 한집안으로 만든 천하의 중심 '천자'
로 본 것입니다. 고려인들이 수도 개경을 '황도皇都' 혹은 '황성皇城'이
라 부른 것도 같은 맥락입니다. '천자가 거처하는 곳'을 뜻하는 용어
를 자연스럽게 썼죠. 이뿐만 아니라 팔관회 행사 때 고려 국왕은 천자
만 입을 수 있는 황포黃袍를 입고 중앙과 지방의 관료는 물론 송·여
진·탐라·일본인의 조하朝賀, 신하들이 조정에 나아가 왕에게 인사하는 일
를 받았습니다. 고려 국왕이 천자임을 대내외에 과시하는 모습이라고
할 수 있지요. 또한, 태조 왕건은 〈훈요십조〉에서 팔관회를 '하늘과 산
천에 대한 제의' 즉 '제천 행사'라 했습니다. 황성에 격식을 갖춘 원구
단을 만든 것도 이 제천 의식을 치르기 위한 것이었지요.《고려사》에
는 당시 고려 국왕이 원구단에서 의례를 행하는 모습이 자세하게 묘
사되어 있습니다. 사실 하늘에 제사를 지낼 수 있는 권한은 우주 만물
을 주재하는 황제에게만 있는 것입니다. 이 때문에 조선시대에는 제
후국의 격에 맞지 않다는 이유로 원구단을 헐어버립니다. 그러다 1897
년 고종이 대한제국을 선포하고 황제의 자리에 오르면서 즉위식에 앞
서 다시 원구단을 설치했지요. 그 유적이 지금 서울의 한복판 소공동
에 있습니다.

고려의 행정 구역 명칭에도 이런 천하관이 반영되어 있습니다. 고려의 가장 큰 지방 행정 단위는 '경京'입니다. 개경·서경평양·남경서울·동경경주이 그것입니다. 조선은 '부府'가 가장 큰 지방 행정 단위입니다. 한성부·평양부·경주부가 그것입니다. 짐작하다시피 '경'은 천자국의 지방 행정 단위에만 사용할 수 있는 글자입니다. 원 간섭기에 고려의 개경이 개성부, 서경이 평양부, 남경이 한양부로 명칭이 바뀐 것도 그 때문이지요. 제후국인 고려가 천자국인 원나라와 똑같이 '경'을 지방 행정 단위로 사용하도록 놔둘 수 없었던 게지요.

'향직鄕職'이라는 관직체계도 고려의 천하관과 관련이 있습니다. 예전에는 이를 '향리의 관직체계'로 이해했으나, 사실 향직의 '향'은 향악鄕樂의 '향'과 같은 뜻입니다. '향악'은 '당악唐樂, 중국의 음악과는 다른 우리나라의 음악'이라는 뜻입니다. 곧 향직은 고려를 천하의 중심으로 생각하는 사유체계에서 나온 고려만의 독자적인 관직체계입니다. 여진의 추장, 지방세력, 탐라의 왕, 왜인들에게 고려 조정이 내려준 일종의 고려식 작위체계라고 할 수 있지요. 이를 통해 고려는 천하를 지배하는 천자국을 자처했던 것입니다.

고려시대에는 봉작제封爵制가 시행되었습니다. 위에서부터 공작公爵·후작侯爵·백작伯爵·자작子爵·남작男爵 순으로 등급이 매겨진 '오등작五等爵 제도'가 바로 그것인데, 이 봉작제 역시 천자국에만 있는 제도였습니다. 왕족뿐만 아니라 일반 관료들도 작위를 받았는데, 왕족은 '백작'에서 출발하는 데 비해 일반 관료들은 '남작'에서부터 시작하는 것이 달랐지요. 물론 유교 명분론에 대단히 충실한 조선시대에는 이런 제도가 존재하지 않았습니다. 이러한 작위제 역시 고려 왕실의 대내외적 위상과 밀접한 관련이 있으며, 고려의 특성을 잘 보여주는 제도라고 할 수 있습니다.

고려가 천자국 체제를 운영한 것은 50여 년간 계속된 후삼국 통합 전쟁의 승자로서 사분오열된 민심과 지역을 통합해 마침내 천하를 통일했다는 자부심이 있었기 때문입니다. 다양한 독자의 지방세력을 통합한 왕조인 만큼, 각 지방세력은 제후, 고려 국왕은 이들 위에 군림하는 천하의 중심 '천자'라는 우월의식을 갖게 된 것입니다.

2. 다양한 층위의 관료 집단

관료의 생활과 존재 형태

전근대 사회의 관료란 일정한 직능을 갖고 왕조의 지배 질서에 참여하는 사람을 말합니다. 고려의 관료층은 관료제의 정비와 함께 모습을 드러내기 시작합니다. 물론 고려의 건국과 함께 광평성廣評省·내봉성內奉省·내의성內議省 등 3성 6부 체제의 근간이 마련되면서 관료층이 형성되기 시작합니다만, 관료층의 형성이 본격화된 것은 성종 때 내사문하성內史門下省과 상서도성尙書都省 제도가 마련되면서부터입니다. 이것이 문종 대의 2성 체제, 곧 중서문하성中書門下省과 6부로 구성된 상서성 체제의 골격이지요. 이 관료제도가 확립되면서 고려 관료층의 범위와 정원이 정해집니다. 관료층이 형성된 또 하나의 계기는 광종 9년958의 과거제 실시입니다. 이후 성종이 당나라의 3성 6부제를 참고하여 내사문하성과 상서도성 체제를 마련한 것도 과거를 통해 충원된 관료를 적재적소에 배치하여 행정의 효율성을 높이기 위함이었지요.

고려의 관료들은 대체로 한 직책에서 30개월을 근무하면 승진이나 근무지 이동이 가능했습니다. 단, 말단 행정 실무자인 서리胥吏는 90개월을 근무해야 승진 또는 이동이 가능했습니다. 근무 시간은 원칙적으로 사시巳時, 오전 9시~11시부터 유시酉時, 오후 5시~7시까지였는데, 해가 긴 계절에는 출근 시간이 진시辰時, 오전 7시~9시로 앞당겨지기도 했습니다. 매달 1·8·15·23일은 정기 휴일이고, 휴가는 설날·입춘·한식·입하·칠석·입추·추석·추분, 연등·팔관회 기간을 포함해 특별 휴가가 연간 54일이 넘었지요. 그러나 연간 휴가는 이를 포함해 100일을 넘길 수 없었습니다. 100일을 넘기는 경우 관직에서 물러나야 합니다. 인사 발령은 매년 6월과 12월에 이루어졌는데, 그중 12월은 정기 인사, 6월은 임시 발령이었지요.

관료들은 근무의 대가로 전시과 토지와 녹봉을 받았습니다. 전시과 토지를 받는다는 것은 토지 자체가 아니라 토지에서 나오는 수확량 중 일부를 수취할 수 있는 권리, 즉 수조권을 받는다는 의미였습니다. 이때 땔감을 채취할 수 있는 시지柴地도 함께 받았지요. 녹봉은 1년에 두 번, 1월 7일과 7월 7일에 쌀과 보리 등 곡물로 받았습니다.

고려의 관료제는 문반과 무반으로 구성된 양반제兩班制로 운영되었습니다. 조선도 양반제를 운영했지만, 고려의 양반제는 조선과 달리 문반이 무반보다 우월한 지위에 있었습니다. 전쟁이나 내란이 일어나도 무반은 직접 전투를 수행하는 기술적 실무자에 불과할 뿐, 군대 통수권은 어김없이 문반이 쥐게 되어 있었습니다. 실례로, 거란의 제1차

침입 때는 시중侍中인 박양유朴良柔, 제2차 침입 때는 이부상서吏部尚
書·참지정사參知政事인 강조, 제3차 침입 때는 역시 문관인 강감찬이
최고 지휘관이 되어 군을 통솔했습니다. 여진 정벌 때도 문관인 윤관
이 최고 지휘관이었습니다. 이같이 전쟁 시에 병마 지휘권, 즉 군 통수
권은 문반이 장악했습니다. 문관이 무관직을 겸한 것이지요.

　반대로 무관이 문관직을 겸한 사례는 흔치 않습니다. 국가나 왕실
이 위기에 빠졌을 때 특별한 공로가 있는 무관이 문관직을 겸하거나,
무반의 최고직인 상장군上將軍, 정3품이 문관직을 겸하는 것으로 승진
을 대신하는 정도였습니다. 하지만 이때도 상서성의 6부 가운데 유학
과 문장에 능통해야 하는 유관직儒官職인 예부禮部의 직이나 문관의
인사를 담당한 이부吏部의 직은 겸임할 수 없었습니다. 최고 권력 기
구인 중서문하성이나 중추원의 직을 겸하기란 아예 불가능했습니다.
고려의 관료 사회는 문관이 주도한 것이지요. 그러니 고려 관료의 역
할과 위상은 자연 문반 관료의 역할에서 찾을 수밖에 없습니다.

●
관료 집단의
구성　고려의 관료는 정1품에서 종9품까지 관품을 받았으며〔유품직流品
職〕, 관품에 따라 지위가 구분되었습니다. 관품을 기준으로 고려의 관
료 집단은 크게 '재상宰相, 2품 이상'·'참상參上, 3품 이하 6품 이상'·'참하參
下, 7품 이하 9품까지'로 나뉩니다. 2품 이상 관료인 재상은 3품 이하의 관
료와는 확연히 구분되는 존재로서, '문벌' 혹은 '재추宰樞'라고 불리기
도 합니다. 품계상 재상 아래의 관료 집단인 참상과 참하의 '참參'은 6
품 이상 관료들이 국왕과 함께 국가의 중요 문제를 논의하는 자리인
'조참朝參'과 '조회朝會'를 뜻합니다. 이 자리에 참여할 수 있는 관료를
'참상', 그렇지 못한 관료를 '참하'라고 하는 것이지요. 또한, 참상관

중에서도 매일 아침 국왕을 배알하는 상참常參에 참여하는 5품 이상의 관원을 '상참관'이라 했습니다.

어쨌든 재상을 비롯해 관품을 받은 고려의 관료 집단은 신분상 상층 양인으로서 그 기원은 신라 말 고려 초 지방세력인 정호층丁戶層에서 기원합니다. 쉽게 말하면 정호는 대체로 지방세력인 호족의 후예들입니다. 이들은 지방사회의 지배세력이면서 경제적으로는 대토지 소유한 자들이었지요. 고려 태조가 지방의 주요 세력에게 성씨를 내려줄 당시 성씨를 부여받은 층이 바로 이들입니다. 이들은 고려 초기 지배 질서에 참여할 권한을 부여받았다는 점에서 지배층의 범주에 속합니다. 고려 초기 한때는 이들을 '백성百姓'이라고 부르기도 했습니다. 백성은 국가로부터 다양한 성씨와 본관을 부여받은 계층, 곧 지방의 유력자로서 지배 질서에 참여할 수 있는 계층이라는 뜻으로 사용되었지요. 하지만 조선시대 이래 '백성'은 일반 민을 가리키는 용어가 되었습니다.

958년광종 9 처음 시행된 과거제는 실력과 능력 있는 인물을 관료로 발탁하는 제도로서 고려 정치 지배층의 지형을 크게 변화시켰습니다. 고려 초기에는 과거제가 정호층, 즉 지방의 호족세력과 그 후예들을 지배세력으로 흡수하는 통로로 활용되기도 했습니다. 적어도 시행 초기에는 부호장副戶長 이상의 손자나 부호정 이상의 아들에게만 과거 응시 자격을 주었던 사실이 이를 뒷받침합니다. 과거를 통해 중앙으로 진출해 중앙 관원이 된 이들은 이후 왕실과 혼인 관계를 맺거나 정치적·학문적 능력을 발휘하여 문벌귀족으로 성장하게 되는 2품 이상의 고위 관료인 재상과 3품 이하의 일반 관료 집단으로 분화합니다.

이들은 주로 수도인 개경에 거주했으며, 국왕을 보좌하고 왕조의 주요한 정책을 심의·결정·집행하는 위치에 있었습니다.

관품은 받지 못하지만 중앙과 지방의 관청에서 행정 실무를 전담한 사람들도 있었습니다. 서리와 향리층입니다. 이들은 행정 실무직인 이직吏職에 종사한〔유외직流外職〕최하층 관원으로, 신분상 정호층에 뿌리를 두고 있습니다. 고려 초기 지방세력 가운데 중앙으로 진출하지 않고 지방 행정의 실무자가 되어 지방사회에서 지배계층으로서의 지위를 누린 계층입니다. 이들은 주로 문벌귀족이 몰락한 무신정권 때 과거를 통해 중앙으로 진출합니다.

관료 집단의 상층부, 재상

고려시대 관료 집단은 이같이 다양한 층위로 구성되었으며, 각 집단은 고유한 역할과 기능이 있었습니다. 먼저, 관료 집단의 최상층부에 있는 재상문벌에 관해 살펴보기로 하겠습니다.

재상이 소속된 관서는 중서문하성〔재부宰府〕과 중추원〔추부樞府〕입니다. 소속된 곳에 따라 각각 재신宰臣과 추신樞臣이라 일컬었고, 흔히 '재상'이라 통칭합니다. 고려 전기에는 재신 5명과 추신 7명을 합해 12명의 재상이 관료 집단의 최상층부를 구성했습니다. 이들은 재추회의宰樞會議에서 국가의 중대한 문제를 논의한 후 국왕의 최종 재가를 받거나, 국왕의 정책 결정에 영향을 주었습니다. 재상은 6부의 장관을 겸하는 데다 감찰 기관인 어사대御史臺와 재정 기관인 3사三司의 장마저 겸할 정도로 권한이 막강했습니다.

고려 전기에는 재상이 특정 가문 출신들로 충원되는 일이 잦았습니다. 그래서 재상은 그들의 사회적 지위와 연결시켜 '문벌' 혹은 '문벌귀족'으로 불리기도 했지요. 고려 전기 사회를 흔히 '문벌귀족 사회'라고 한 것은 이 때문입니다. 재상을 '국상國相'·'귀신貴臣'·'귀종貴種'이라 칭하기도 했는데, 이 역시 이들의 사회적 지위와 위상을 알려주지요. 중국의 고려 관련 문헌에도 재상에 관한 언급이 제법 많습니다. 그중 1123년인종 1에 북송의 사신으로 고려를 방문한 서긍徐兢이 남긴 《선화봉사고려도경宣和奉使高麗圖經》의 관련 기록이 대표적입니다. 줄여서 '고려도경'이라고 부르지요. 고려를 방문하고 5년 후1127에 북송이 멸망하고 남송이 건국되는 것으로 보아, 서긍은 북송이 고려에 보낸 마지막 사신인 듯합니다.

당시에는 카메라나 비디오가 없었기 때문에 사신들은 방문한 나라에서 직접 보았거나 그 나라 사람들과의 교류를 통해 수집한 정보들을 글과 함께 그림으로 남겼습니다. '고려도경'의 '도圖'는 그림, '경經'은 그림에 대한 해설사실 기록을 가리킵니다. 《고려도경》은 아쉽게도 '경' 부분만 남아 있습니다. 그림은 없어지고 그것을 설명한 글만 남아 있는 셈이지요. 1126년 금나라가 북송에 쳐들어갔을 때 도판 부분이 불타버린 것으로 보입니다. 그 부분이 남아 있었다면 의복제도 등 고려의 각종 제도와 풍습을 알아내는 데 엄청난 도움이 되었을 테지요. 물론 해설 부분만으로도 고려사 연구에 아주 긴요한 자료로 쓰이고 있는 것이 사실입니다. 《고려도경》에는 고려의 재상에 관한 재미있는 기록이 남아 있습니다.

《선화봉사고려도경》 지부족재본   1123년 6월부터 3개월 동안 송나라 사절단의 일원으로 고려를 방문한 서긍이 이듬해 8월 휘종에게 바친 책으로, 원래는 '도'와 '경'을 합해 총 40권으로 구성되어 있었다. 현재는 '경' 부분만 남아 있다. 송이 남쪽으로 쫓겨난 후 다양한 판본이 등장했는데, 지부족재본(知不足齋本)은 청나라 건륭 연간(1735~1795)에 유명한 장서가인 포정박(鮑庭博, 1728~1814)이 간행한 것이다. '지부족재'는 포정박의 서재 이름이다. 국립중앙도서관 소장.

동남에 있는 오랑캐들 가운데는 고려의 인재가 가장 왕성하다. 나라에서
벼슬하는 자는 오직 귀신들로서, 족망族望으로 서로를 높인다. 나머지는
과거를 통해서 벼슬을 하거나 재물을 주고 관리가 되기도 한다.

—《고려도경》 권8. 인물

여기서 '귀신'이란 그야말로 '존귀한 관료, 유별난 사람'이라는 뜻
으로, 이를 통해서 고려의 관료 가운데 특별한 계층이 존재했다는 사

실을 알 수 있습니다. 더욱이 이들은 관료의 보편적 특성인 개인적인 덕망이나 능력보다는 '족망'을 중시한다고 되어 있습니다. '족망'은 쉽게 말하면 '유망한 족속' 곧 '명문대족名門大族'이라는 뜻이니 대단한 집안, 명문 집안이라는 표현이 되겠죠.《고려도경》에는 다음과 같은 기록도 있습니다.

> 고려는 평소에 족망을 숭상하며, 국상國相은 훈척勳戚이 많이 맡는다.
> ―《고려도경》 권8, 인물 이자겸

여기서 '훈척'이란 훈신勳臣과 척신戚臣, 즉 '국가에 공을 세우거나 왕실과 혼인 관계에 있는 가문 출신 관료'를 말합니다. 바로 유력 가문 출신들이죠. 적어도 서긍이 고려를 방문할 무렵에는 이들이 주로 국상인 재상직을 맡았다는 것이지요. 1345년에 편찬된 원나라 사서 《송사宋史》에도 관련 기록이 있습니다.

> 고려의 선비士人들은 서로를 족망으로 높이고, 유씨·최씨·김씨·이씨 네 성을 귀종으로 여겼다.
> ―《송사》 권487, 열전 246 외국 3 고려

《송사》는 원나라 때 쓰인 송나라 역사인만큼, 원 간섭기 이전 고려의 모습을 담고 있지요. 여기서 '귀종'은 앞서 언급한 '귀신'과 같은 뜻입니다. 원 간섭기 이전 고려에는 유씨를 비롯한 네 개 성씨가 대표적인 문벌이었다는 것입니다. 구체적으로 유씨는 정주 유씨貞州柳氏로서 태조의 제1비 신혜왕후의 집안이며, 최씨는 최충을 비롯해 고려왕조에서 5대에 걸쳐 재상을 배출한 해주 최씨 가문입니다. 이씨는 잘 알려진 대로 이자겸의 집안인 인주 이씨 집안을 말합니다. 김씨는 김부식의 집안인 경주 김씨를 가리키지요. 태조 왕건의 다섯 번째 부인 신성왕후 김씨, 10대 정종과 11대 문종 형제에게 딸을 출가시킨 김원충金元冲이 경주 김씨입니다. 안산 김씨도 유력한 외척 가문 중 하나였습니다. 안산 김씨 김은부는 딸 셋을 현종에게 출가시켰습니다.

광종 이후 근친혼을 고수하던 고려 왕실은 1052년문종 6 인주 이씨 이자연李子淵, 1003~1061의 세 딸을 문종의 비로 맞아들이면서, 이후 인종 때까지 인주 이씨 가문과 혼인 관계를 이어갑니다. 물론 고려 왕실이 이성 후비를 맞아들인 것이 이때가 처음은 아닙니다. 현종 때 이미 안산 김씨 출신 이성 후비를 맞이했으며, 현종과 안산 김씨 출신 후비 사이에서 태어난 문종이 국왕으로 즉위한 후 다시 인주 이씨 가문에서 후비를 맞아들인 것이지요. 경주 김씨와 해주 최씨처럼 여러 대에 걸쳐 고위 관료를 배출한 가문 출신들도 새로운 지배층으로 부상합니다. 이들을 통칭 '문벌'이라 하는 것이지요. 이들은 서로 혼인 관계를 맺어 세력을 확대해나갔고, 관료 집단의 최상층을 형성해 전성기 고려의 정치를 주도했습니다.

재상이 되기까지, 이자연과 이규보

이제 고려 전기 인주 이씨가 최고의 문벌로 발돋움할 발판을 마련했다는 이자연을 예로 들어 유력 가문 출신이 재상이 되는 과정을 한번 살펴보겠습니다. 이자연은 22세 때인 1024년현종 15에 과거에 합격했고, 7년 후인 덕종 즉위년1031에 우보궐右補闕, 정6품로 관직 생활을 시작했으며 이후로 승진을 거듭하다 45세 되던 1047년문종 1에 재상의 반열에 올랐습니다. 과거에 합격한 지 23년 만이었지요. 그리고 이로부터 9년 후인 53세 때 최고위직인 수상, 즉 문하시중門下侍中이 되었습니다. 그런데 이자연은 급제할 당시현종 15에 이미 왕실과 깊은 인연이 있었습니다. 처가가 왕실의 외척이었거든요. 그의 장인 김인위金因渭는 현종의 장인이었습니다. 처삼촌은 현종에게 딸 셋을 시집 보낸 것으로 유명한 안산 김씨 김은부였지요. 이런 배경 덕에 이자연은 남들보다 빨리 승진할 수 있었다고 보아야 할 것입니다.

무신정권기에 재상직에 오른 이규보와 비교하면 쉽게 알 수 있습니다. 이규보는 대대로 지방의 향리직을 지내다가 아버지 대에 비로소 중앙 관직에 진출한 한미한 가문 출신이었습니다. 1183년명종 13 16세에 2차 시험인 국자감시혹은 사마시에 처음 응시했지만 떨어졌고 이후 두 번을 더 낙방한 끝에 합격합니다. 23세 되던 1190년명종 20에 드디어 최종 시험인 예부시에 합격합니다. 그런데 과거에 합격한다고 해서 곧바로 관리가 되는 것은 아니었습니다. 이규보는 예부시에 합격하고 18년이 지난 1208년희종 4에야 정식 관료가 될 수 있었습니다. 그에 비해 이자연은 합격하고 7년 만에 관료가 되었지요.

이규보가 재상이 된 것은 66세 되던 1233년고종 20이었죠. 문벌이란 배경이 없는 이규보는 과거 합격 후 무려 45년 만에 재상이 된 것입니다. 23년이 걸린 이자연보다 두 배나 긴 시간이 소요된 셈이죠. 이규보는 문벌 출신은 아니지만, 최씨 무신정권의 문객으로 활약하면서 각종 외교 문서를 전담한 데다 최씨 정권을 옹호하는 글을 썼기에 재상이 될 수 있었습니다. 이자연과 비교하면 과거에 합격한 후 정식 관료가 되기도 어려웠지만, 재상이 되기는 더더욱 어려운 일이었음을 알 수 있습니다.

관직 진출의 보편 통로, 과거

문벌 출신이든 아니든 먼저 관료가 되어야 재상직에도 오를 수 있었을 테지요. 이제 고려시대에 관료가 되는 방법에 대해 알아봅시다. 첫 번째는 과거나 음서를 통하는 것입니다. 두 번째는 재능을 인정받거나 국가에 공을 세우는 방법입니다. 세 번째는 말단 서리로서 여러 해 동안 근무한 공로年功를 인정받아 관품을 받고 관료로 편입하는 방법입니다. 고려의 관료 중에는 이 밖에 '조종묘예祖宗苗裔', 즉 왕실의 원손遠孫, 먼 자손으로 발탁되어 음서의 혜택을 받거나 국왕의 눈에 들어 국왕이 직접 관료로 발탁한 사람들도 있었습니다.

이 가운데 관리가 되는 가장 일반적이고도 중요한 통로는 역시 '과거'입니다. 고려 관료들의 전기라고 할 수 있는 《고려사》 열전에 실린 650명 가운데 과거에 합격해서 관료가 된 사람이 340명으로 가장 많습니다. 음서 출신은 40명이고, 나머지 270명은 대부분 관료 진출 경로가 불확실하거나, 위에서 제시한 과거나 음서 외의 방법으로 관료가 된 사람들입니다. 이로 미루어 보아 고려시대에는 과거가 가장 보편적인 관계 진출의 통로였음을 알 수 있습니다. 태조 때부터 무신정변이 일어난 의종 때까지 관료를 지낸 약 2,500명 가운데 진출 경로가 불확실한 2,000여 명을 제외한 500명 중에도 과거 출신이 330명으로 가장 많고, 음서가 84명으로 그다음을 차지합니다.

음서蔭敍는 글자 그대로 '조상의 음덕蔭德으로 관료로 진출하는 제도'를 말하는데, 1년에 한 번씩 정기적으로 5품 이상 관료의 자제들 가운데 1명을 관료로 뽑거나, 국가적 경사를 맞이해서 유공자나 유공자의 자손에게 관료 진출의 혜택을 부여하는 식이었죠. 특히 후자는 부정기적이며 전자와 다르게 부친의 관품과 상관없이 음서의 혜택을 부여했습니다. 분명한 것은, 음서제는 그저 국가에 공이 있거나 유력한 가문 출신에게 과거를 보지 않아도 관료로 진출할 수 있는 길을 열어준 데 불과하다는 점입니다. 조선시대에도 음서제가 있었지만 거의 시행되지 않았죠. 사실 고려 때도 음서를 통해 관리가 된 사례는 매우 적습니다. 앞에서도 언급했다시피《고려사》열전의 주인공 650명 중 음서 출신은 40명에 지나지 않습니다. 그리고 그 가운데 9명이 관직에 오른 뒤에도 과거를 치렀으니 순수한 음서 출신은 31명밖에 안 되는 셈이지요. 음서를 통해 관료가 되더라도 과거에 합격하지 못하면 출세가 힘들었기 때문입니다. 관직 진출은 물론 출세에도 과거만큼 보편적이면서 중요한 통로는 없었던 것이지요.

과거제도의 시행과 운영

958년 우리 역사에서 처음으로 시행된 과거제도는 고려 때 어떻게 운영되었을까요? 쉬운 이해를 위해 조선의 과거제도와 비교해봅시다. 조선의 과거는 예비 시험이라 할 수 있는 생원시生員試와 진사시進士

試, 최종 시험인 문과文科 혹은 대과大科로 구성되었습니다. 예비 시험에 합격하면 성균관에 들어갈 자격을 얻었고, 최종 시험에는 성균관 출신이나 지방에서 향시鄕試를 거쳐 온 700명 가량이 응시했습니다. 이때 최종적으로 33명을 뽑습니다. 여기서 뽑힌 33명은 다시 성적에 따라 1등부터 3등까지 갑과甲科, 4등부터 10등까지 을과乙科, 11등부터 33등까지 병과丙科로 분류되었습니다. 대과문과 합격자에게는 합격증서로 붉은 바탕의 홍패紅牌를 주고, 생원·진사시 합격자에게는 흰 바탕의 백패白牌를 주었는데, 여기에는 합격자의 이름과 등수 등이 적혀 있었습니다. 홍패를 예로 들면 '문과 갑과 제3인 합격자', '문과 을과 제7인 합격자'라는 식이었습니다. '갑과 제3인'은 전체 3등을 뜻하며 '을과 제7인'은 을과 합격자 가운데 7등이란 의미로, 전체 등수는 10등이 됩니다. 합격자들에게는 성적에 따라 관품을 차등 있게 부여했는데, 장원급제한 사람에게는 바로 6품을 주었습니다. 성적이 좋을수록 출발이 유리했던 것입니다.

고려의 과거제에서 조선의 대과에 해당하는 시험은 제술업製述業과 명경업明經業입니다. 두 가지 큰 시험이라 해서 흔히 '양대업兩大業'이라고 합니다. 제술업은 글자 그대로 문장을 잘 짓는 사람을 뽑는 시험으로 조선의 진사시와 유사하고, 명경업은 경서에 밝은 사람을 뽑는 시험입니다. 이 가운데 제술업이 더 중시되었습니다. 그리고 조선의 잡과雜科같이 기술관을 뽑는 시험을 고려에서는 '잡업雜業'이라 했습니다. 잡업에는 법률 지식을 시험하는 명법업明法業, 회계나 재정에 밝은 인재를 선발하는 명산업明算業, 의술을 시험하는 명의업明醫業, 음양·풍수 전문가를 뽑는 지리업地理業 등이 있었습니다. 한편 고려의 과거도 조선의 과거처럼 단계가 있었습니다. 조선의 생원·진사시 같은 예비 시험이 고려 때는 지방의 향시였는데, 이를 달리 '계수관시界首官試'라고도 합니다. 그리고 향시에 합격한 향공鄕貢과 국자감 출신은 다시 조선의 성균관에 해당하는 국자감에서 2차 시험을 치렀죠. 이를 '국자감시國子監試' 혹은 '사마시司馬試'라고 합니다. 여기에 합격하면 마지막으로 제술업과 명경업으로 구성된 최종 시험을 치르게 됩니다. 이를 '예부시禮部試' 혹은 '진사시進士試'라고 합니다. 예부시는 이 마지막 시험을 예부가 주관하는 데서 생겨난 명칭입니다. 이 예부시를 통과해야 비로소 관료가 될 수 있었습니다. 진사시는 때로 국자감시를 가리키기도 했습니다.

고려시대에는 제술업이나 잡업 같은 최종 시험 합격자에게만 홍패를 합격증서로 주었습니다. 생원·진사시 합격자에게 백패를 내어주던 조선과 달리 예비시 합격자에게는 합격증서를 주지 않았던 것이지요. 다만 고려 국왕이 직접 주관하는 시험인 '친시親試'에 합격한 사람에게는 황패黃牌를 합격증서로 주기도 했습니다. 홍패에는 급제자의 이름과 지위, 급제 등급, 해당 과거 시험을 주관한 지공거知貢擧의 명단 등이 적혀 있었습니다.

고려시대에도 조선시대처럼 급제 시의 성적이 관계 진출과 승진에 매우 중요한 기준이 되었습니다. 이규보는 최종 시험인 예부시의 성적이 좋지 않아 합격을 포기하고 다시 응시하려 했었다고 합니다. 부친이 전례 없는 일이라고 만류하는 바람에 실행에 옮기지는 못했지만 시험 성적이 그만큼 중요했다는 사실을 보여주지요. 고려시대 과거 성적은 제술업과 명경업의 경우 갑과·을과·병과·동진사同進士의 4등

급으로 분류되다가, 나중에 갑과는 폐지되고 을과3인·병과7인·동진사 23인의 3등급으로 구분되었습니다. 잡업 합격자는 1과·2과·3과 3등급 으로 구분했습니다. 조선시대에는 원칙적으로 3년에 한 번, 고려시대 에는 평균 2년에 한 번씩 과거를 치렀습니다.

과거에 합격하기가 얼마나 힘들고 어려운 일이었는가는 이규보의 일화에서 잘 알 수 있습니다. 이규보는 일찍이 14세에 최충이 설립한 전통의 명문 사학 문헌공도文憲公徒에 입학합니다. 그곳에서 2년간 공부한 후 16세에 국자감시에 처음 응시했지만 떨어졌고 이후 두 번을 더 낙방합니다. 이렇게 예비 시험에서 세 번이나 낙방의 고배를 마신

이규보는 어느 날 꿈에서 한 노인을 만나 장원급제할 것이라는 이야기를 듣습니다. 깜짝 놀라 다시 그 노인을 만나러 갔는데, 그 자리에서 노인이 문운文運을 담당하는 규성奎星임을 알게 되었다고 합니다. 규성은 천구를 황도에 따라 구획한 28개의 별자리 중에서 특별히 문운을 담당하는 별자리를 뜻합니다. 꿈에서 만난 노인의 말처럼 네 번째 시도 만에 드디어 국자감시에 합격한 이규보는 감격한 나머지 '규성이 보답해줘 과거에 합격했다'라며 이름을 '규보奎報'로 바꾸었다고 합니다. 그의 원래 이름은 '인저仁底'입니다. 얼마나 기뻤으면 이름까지 바꿨을까요?

이규보는 국자감시에 합격한 이듬해 최종 시험인 예부시에 합격합니다. 과거 공부를 시작한 지 만 9년 만에 관료가 될 자격을 얻은 것입니다. 그러나 알다시피 이규보는 예부시에 합격하고 18년이 지나서야 정식 관료가 될 수 있었지요. 그러니까 과거 합격 후 18년, 과거 공부를 시작한 지 27년 만에야 비로소 정식 관료가 될 수 있었던 것입니다. 그사이에 너무 답답했는지 자신을 관리로 천거해달라고 요로要路, 영향력 있는 중요한 지위에 있는 사람에 편지를 쓰기도 했습니다. 편지 가운데는 당시 과거 합격 후 관리가 되는 데 보통 28~29년이 걸린다는 내용도 있습니다. 그에 비하면 이규보는 18년 만에 관료가 되었으니 오히려 빠른 편에 속한다고 해야 할까요? 과거에 합격하기도 어렵지만 고려시대에는 합격 후 관료가 되기도 정말 어려운 일이었음을 알 수 있습니다.

과거제의 보편성과 고려 과거제의 특수성

과거제도 자체는 기본적으로 능력주의에 기초하고 있으므로, 특정한 혈통이나 가계 출신이라는 이유로 승급昇級을 제한하거나 관직 진출에서 특혜를 주는 골품제나 음서제와 원리부터 다릅니다. 능력주의는 전근대 사회의 과거제가 지닌 보편성입니다. 능력주의에 기초한 과거제는 고려 광종 때 처음 실시된 이래 능력과 실력을 갖춘 관료층의 대두를 가져와 지역과 무력에 토대한 지방세력이 주도하던 고려 초기의 정치 지형을 크게 변화시켰습니다. 또한, 유교 경전이 시험과목이라 과거에 합격하려면 유교적 소양을 닦는 수밖에 없었기 때문에 과거제 시행은 유교 정치 이념이 뿌리내리는 계기가 되었지요. 과거제는 국왕권 또는 집권체제를 유지하는 데도 매우 중요한 역할을 했습니다. 국왕이 과거를 통해 혈통이나 가계가 아니라 능력을 기준으로 선발된 관료들과 함께 국정을 운영하는 것이 국왕권의 유지, 나아가 집권체제 유지에도 유리했기 때문입니다.

•
고려
과거제의
특수성

고려의 과거제는 능력주의라는 보편성 외에 고려만의 특수성도 지니고 있었습니다. 고려의 과거는 조선과 다르게 양인 일반에게 전면적으로 개방되지 않았습니다. 원칙적으로는 조선시대처럼 양인 이상이면 과거에 응시할 수 있었지만, 현실적으로는 양인 가운데서도 제한이 있었습니다. 특히 과거제 시행 초기에는 과거 출신 관료들이 대체로 지방세력이거나 지방세력의 후손들이었습니다. 이는 고려왕조 성립기의 특성에서 비롯된 것으로, 과거제 자체가 완강한 지방세력을 국가의 지배 질서 속에 포섭하기 위한 하나의 제도적 장치로 기능했기 때문입니다. 실제 부호장 이상의 손자, 부호정 이상의 아들에게만 과거 응시를 허락한다는 기록이 남아 있는데, 적어도 과거제 시행 초기에는 지방세력이나 그 후손들만이 과거에 응시할 수 있었음을 알려 줍니다. 이때는 과거에 응시할 수 있는 이런 계층을 '백성'이라 했습니다. 이들이 과거 응시 자격을 부여받았다는 것은 곧 국가의 지배 질서에 참여할 수 있는 권한을 부여받았음을 뜻합니다.

이처럼 시행 초기의 과거는 일반 양인 이상에게 완전히 개방된 게아니라 양인 중에서도 왕조 성립과 통일왕조 수립에 일정하게 협조한 지방세력이나 그 후손으로 응시 자격이 제한되었습니다. 이는 과거가 지방세력을 중앙으로 흡수하기 위한 제도적 장치로서 기능했기 때문이며, 이것이 바로 고려 과거제의 특수성입니다. 고려의 과거제는 능력주의라는 보편성과 함께 지방세력을 흡수하고 통제하는 수단이라는 고려만의 특수성도 지녔던 것입니다.

저비용 고효율의 관료제 운영과 동정직

과거제를 도입한 이후 거의 매년 과거 합격자가 배출되었지만, 이규보의 사례에서 보았듯 합격자 모두가 합격과 동시에 관료로 임명될 수는 없었습니다. 제도적으로 관리의 정원이 제한되어 있었기 때문입니다.

《고려사》백관지百官志에 관직의 수와 정원이 기록되어 있어 관료의 수도 어느 정도 유추할 수 있는데, 고려 전기인 11세기 문종 때를 기준으로 동반東班 혹은 문반은 1품에서 9품까지 정원이 532명이고, 서반西班 혹은 무반은 3,867명으로, 모두 합해서 4,399명입니다. 《송사》고려전에 고려 전기 인구가 200만 명이라고 했지만 실제로는 400만

~500만 명 정도로 추산되는바, 당시 인구를 최대 500만으로 상정하면 인구 대비 관료의 비율은 0.1퍼센트가 채 되지 않습니다. 참고로, 2018년 현재 대한민국 공무원의 수는 약 107만 명입니다. 전체 인구의 2퍼센트가 넘지요. 이 비율대로라면 고려시대 관료의 정원은 최소한 10만 명은 되어야 하니, 현재와 비교하면 관료의 숫자가 터무니없이 적었다고 할 수 있습니다. 조선시대에도 동반이 1,779명, 서반이 3,826명으로 모두 5,605명에 불과합니다. 더구나 조선 초기에는 4,690명에 지나지 않았지요. 조선 초기에 인구가 상당히 증가했음을 볼 때, 인구 대비 관료의 비율은 오히려 고려 때보다 낮았다고 할 수 있습니다. 이로 미루어 보아 고려나 조선은 관리 임용은 물론 정책 시행에서도 그야말로 '저비용 고효율'을 추구했다고 말할 수 있지요.

공무원 시험에 합격하면 대부분 바로 발령을 받는 요즘과 달리, 고려시대에는 이렇게 과거 합격자 모두가 관료로 바로 임명될 수 없었습니다. 그래서 과거 합격자 적체 현상이 심해졌고, 이는 고려 관료제의 커다란 모순이 되었습니다. 다음의 기록을 봅시다.

> 중앙과 지방 관청에서 현직에 있으면서 녹을 받는 관원은 3,000여 명이고, 산관동정散官同正으로 녹을 받지 않고 토지전시과를 받는 사람이 또한 1만 4,000여 명이다.
>
> —《고려도경》 권16, 관부官府

《고려사》 백관지에 기록된 관직의 정원은 4,400명이지만, 서긍이 고려를 방문한 1123년 무렵 고려의 현직 관료 숫자는 3,000여 명이라는 기록입니다. 더욱 주목할 것은 '산관동정' 즉 현직에 있지 않은 관료가 무려 1만 4,000여 명이나 된다는 점입니다. 이는 당시 관료가 되기를 열망하며 대기 중인 수많은 예비 관료군이 존재한 사실과 이들에 대한 고려 정부의 처우를 엿볼 수 있는 자료이기도 합니다.

고려 정부는 과거 합격 등으로 관료의 자격을 갖추었으나 관료로 임명되지 못한 이들에게 동정직同正職을 주어 관료 대우를 해주었습니다. 동정직은 글자 그대로 '정직正職, 현직과 같다同'는 뜻입니다. 위 기록에 나오는 1만 4,000여 동정직은 관직 정원의 한계로 과거 합격자 등 예비 관료들의 불만이 높아지고 인사 적체 현상이 심해지자 이를 해소하기 위해 마련한 제도적 장치였습니다. 예를 들어 '양온령동정良醞令同正'에 제수되면 실제로 근무하지는 않아 현직 관리처럼 녹봉은 받지 못하지만, 전시과 토지를 받았습니다. 즉, '양온서良醞署'라는 술을 만드는 관청의 책임자인 7품직 '양온령良醞令'에 준하는 대우를 받았습니다. 참고로 동정직은 관품에 따라 '동정'과 '검교檢校'로 구분됩니다. 문반의 경우 5품, 무반의 경우 4품 이상은 동정 대신 '검교'라는 용어를 사용했습니다. '양온령동정' 하면 문반이니 관품이 6품 이하라는 사실을 미루어 알 수 있고, '검교중추원사檢校中樞院使'라고 하면, 관품이 적어도 5품 이상임을 알 수 있지요.

동정직은 관청에서 실제 근무하는 '실직實職'이 아닌 '산직散職'에 해당합니다. 그러나 진급이 가능했을 뿐 아니라 현직을 받으면 동정직의 품계가 그대로 현직에 반영되었습니다. 예를 들어 9품 동정직에서 6품 동정직으로 승진했는데, 이때 현직에 임명되면 9품이 아닌 6품 관료로 등용되는 것이지요. 교사 자격증은 있는데 교사로 임용되지 못한 사람을 고려의 동정직 관료와 비교하자면, 교사 자격증을 10년 동안 가지고 있었다 하더라도 발령이 나면 자격증을 보유한 연수와 관계없이 초임 교사로 부임하지만, 고려시대에는 동정직을 갖고 있으면 일정 시간이 지나 진급도 하다가 현직 발령 시 자신이 가지고 있던 동정직과 같은 품계의 직급에 임명되었던 것입니다. 교사로 치면 자격증 보유 기간을 경력으로 인정받는 셈이지요.

속관과 청요직

이번에는 이제 막 관료가 된 사람의 발령지는 어떤 곳이었는지 살펴보기로 합시다. 조선시대와는 이 점에서도 차이가 납니다.

속관

조선시대에는 일단 과거에 합격하면 '사관四館'이라 불리는 성균관, 예문관藝文館, 승문원承文院, 교서관校書館에 배치됩니다. 성균관은 요즘의 대학과 비슷한 교육 기관이고, 예문관은 각종 문서를 작성하고 도서를 관장하는 곳이며, 승문원은 외교 문서를 작성하는 곳입니다. 교서관은 경서를 포함한 각종 서적을 간행하는 곳입니다. 과거 합격자들은 대체로 각자의 자질과 능력에 따라 이들 기관에 배치되었습니다. 조선시대 과거 합격자의 첫 부임지가 중앙의 사관인 것은 조선 사회가 문치주의文治主義를 바탕으로 하고 있어 새로운 관료에게 필요한 자질로서 유교적 식견을 중시했기 때문입니다. 이와 달리, 고려시대에는 과거에 합격하면 그중 아주 뛰어난 사람은 국왕의 측근인 내시로 바로 발탁되었고, 대부분은 먼저 지방의 군현에 배치되었습니다. '속관屬官'이라 해서 지방 수령을 보좌하는 관원으로 발령받은 것입니다. 판관·사록참군사·장서기·법조·의사·문사 등이 바로 속관입니다. 속관의 관품은 7품·8품·9품으로, 이들은 부임 후 3년간 지방에서 근무했습니다. 속관 생활을 한 후 대체로 6품까지는 순조롭게 승진했지요. 그러나 5품으로 승진하면 다시 지방으로 내려가 3년간 지방관으로 복무해야만 더 높은 자리로 승진할 수 있었습니다.

고려와 조선 관원의 첫 부임지가 이처럼 달랐던 이유는 무엇일까요? 조선시대 과거 합격자의 첫 부임지가 모두 유학과 밀접한 관련이 있는 관청인 것은 앞서 말했다시피 조선이 문치주의 사회였기 때문입니다. 조선시대에는 과거 합격자를 유교적 소양과 지식을 풍부히 하여 미래 사회를 이끌어갈 엘리트로 간주했습니다. 따라서 바로 행정 실무를 익히는 자리보다는 유교적인 소양과 덕목을 키울 수 있는 자리에 먼저 배치하여 장차 문치주의를 확립할 인재로 키우고자 했지요. 그러나 고려시대에는 강력한 지방세력을 통제하고 제어해서 중앙집권을 강화하는 일이 더 시급한 과제였습니다. 그래서 과거 합격자 같은 신진기예들을 처음부터 중앙에 묶어두기보다는 먼저 지방에 파견해서 중앙에서 파견한 지방관을 보좌하며 지방의 실정을 파악하고 지방세력을 통제하게 했던 것입니다. 신진 관료뿐 아니라 5품 관료조차 승진을 위해서는 다시 지방으로 내려가야 했던 사정에서 이를 더 확실히 알 수 있습니다. 관원의 첫 부임지에는 이렇게 고려와 조선 사회의 특성과 더불어 두 사회가 당면한 과제가 반영되어 있지요.

당시 관료들은 어떤 관직을 가장 가치 있고 명예로운 자리로 여겼을까요? 고려의 관료들이 선망한 관직은 '청요직淸要職'입니다. 청요직은 글자 그대로 '깨끗하고 중요한 관직'이어서 이 자리에 임명되는

청요직

것을 누구나 영예롭게 생각했습니다. 역사를 편찬하는 사관史官, 왕에게 간쟁諫諍하거나 관리의 비행을 감찰하는 언관言官, 각종 외교 문서나 국왕의 교서와 문장을 작성하는 문한관文翰官 등이 청요직에 속합니다. 요즘에는 대학에서조차 외면받는 문학·역사·철학과 관련 있는 관직이 당시에는 선망의 대상이었던 것입니다. 이는 조선시대에도 마찬가지였습니다. 이른바 '권력기관'으로 지칭되는 몇몇 기관을 선망하는 요즘 세태와 비교하면 놀라울 뿐입니다.

《고려사》에 따르면, 부곡민이나 하급 서리는 청요직에 임명될 수 없었습니다. 부곡민이나 하급 서리는 아니더라도 청요직에 임명되려면 가계와 행적에 흠이 없어야 했습니다. 그러니 이 직책에 임명된다는 것 자체만으로도 신분·가계·개인 생활에 흠이 없음을 의미하게 되죠. 고려 관료들이 청요직 임명을 더욱 영예롭게 여겼던 이유입니다.

말단 행정의 실무자, 향리와 서리

고려의 관인들은 맡은 직책에 따라 크게 문반·무반·이직吏職으로 구분됩니다. 그중 무반은 무과가 시행되지 않은 관계로 무예가 있는 사람을 별도로 충원했습니다. 특히 고려 초기에는 후삼국 통합전쟁에 참여한 일종의 직업 군인들이 상급 군인층인 무반으로 충원되었습니다. 이들은 '군반씨족軍班氏族'이라 해서, 세습적으로 군역을 전담한 집단이었습니다.

이직에 종사한 관인은 '도필지임刀筆之任'이라 불렸습니다. '도필'은 종이가 없던 시절 대쪽에 글을 쓰고 지우는 데 사용하던 칼과 붓을 말합니다. 이러한 직임, 즉 이직을 맡은 관원을 '이속吏屬'이라고 부르기도 했습니다. 이직은 지방에서 행정 실무를 전담한 향리와 중앙 각 기관의 행정 실무를 전담한 서리로 구성되었는데, 그중에서도 하급 서리들을 기술직의 잡역을 담당한다고 해서 '잡류雜類'라고 했습니다. 향리는 다시 군현에 거주하는 호장戶長과 부곡 지역에 거주하는 부곡리部曲吏 등으로 나뉩니다. '이속'이라고도 불렸던 향리와 서리는 중앙과 지방의 각급 관청에 소속된 행정 말단의 실무자들로 각종 문서나 전곡錢穀. 돈과 곡식 등을 기술적으로 관리했습니다. 이들은 이직을 세습하는 집단에서 충원되었습니다. 이직은 음서를 통해 관직에 진출한 사람들의 첫 발령지 중 하나이기도 했습니다.

무신정권의 실력자였던 최이는 조정의 관료를 평가하면서 문학에도 능하고 행정 실무에도 능한 관료라는 의미의 '능문능리能文能吏'를 최고의 관료라 했고, 문학에 능하나 행정 실무에는 능하지 못한 관료를 그다음, 행정 실무에 능하나 문학에 능하지 못한 관료를 그다음으로 꼽았습니다. 문학과 함께 행정 실무가 관료의 자질로 중시되었고, 그만큼 행정 실무에 밝은 이속을 중시하였음을 알려줍니다.

고려의 향리와 서리는 해당 역을 세습하는 특정 집단에서 충원되었다는 점에서 일반 관료와 구분됩니다. 앞에서 언급한 군반씨족 역시 군역에 특화된 세습 집단이라는 점에서 일반 관료와 구분됩니다. 향리나 서리, 군인은 일반 관료와 충원 방식이 달랐을 뿐만 아니라, 담당 직역이 고정되고 세습되었다는 점에서도 일반 관료와 구분됩니다. 이들은 전쟁에서 공을 세우거나 과거에 합격하면 관료 사회로 진입이 가능한, 신분의 유동성이 높은 계층이기도 했습니다. 실제 고려시대 과거 합격자 중에는 건국 초기 지방세력의 후예인 향리 출신의 비중이 가장 높았습니다. 그래서 일부 연구자들은 조선 사대부의 기원을 고려의 향리층에서 찾기도 했지요. 또한, 이들은 하급 관원으로서 일반 양인 농민과도 구분되는 지배계층이었기 때문에 흔히 '중간계층'이라고 합니다.

고려 지식인의 문명의식

고려가 천자국 체제를 갖추고 유지할 수 있었던 데는 고려인의 내면에 흐르는 문화적 자존의식自尊意識이 큰 역할을 했습니다. 문화적 자존의식이란 구체적으로 고려의 문화와 문명에 대한 자부심이 담긴 '문명의식文明意識'을 말합니다.

1125년인종 3 금나라의 등장과 함께 거란이 멸망하고, 뒤이어 송나라가 금나라에 쫓겨 대륙의 남쪽으로 밀려납니다. 동아시아 정세가 크게 요동치기 시작한 것입니다. 특히 1071년문종 25 송나라와 50년간 중단되었던 외교 관계를 재개한 뒤로 송나라의 선진 문물을 직접 접해온 고려 지식인들에게 문명국 송나라의 쇠퇴는 커다란 충격이었습니다. 그러나 고려 지식인들은 이후 급변하는 국제 정세 속에서 오히려 송나라를 대신해 고려가 장차 신흥 문명국으로 부상할 것이라 자부하게 되었습니다. 그 자부심이 바로 문명의식으로 표현된 것이지요. 13세기 초반 금나라에 사신으로 가면서 진화陳澕가 남긴 다음의 시에서 그런 사실을 확인할 수 있지요.

서쪽의 중화남송는 이미 시들고 西華已蕭索

북쪽의 오랑캐 땅蠻地,거란과 금 지역은 아직도 캄캄하다 北塞尙昏懞

밤새워 문명의 아침을 기다리니 坐待文明旦

하늘의 동쪽고려에 불그레 떠오르는 새로운 해여 天東日欲紅

— 진화, 《매호유고梅湖遺稿》 중 봉사입금奉使入金

진화는 이렇게 문명국 송나라가 쇠퇴하고 거란을 병합한 신흥국 금나라는 미개하여 장차 고려가 떠오르는 아침해처럼 새로운 문명국이 될 것이라는 자부심에 가득 찬 시를 지었습니다. 이러한 문명의식은 고려의 문물이 중국과 대등하다는 소중화小中華 의식과 연결됩니다.

〔국왕 문종은〕 사람을 알아보는 데 밝았으며, 위엄으로 오랑캐들을 교화하셨다. 오랑캐 풍속左衽을 중화의 풍속冠으로 바꾸고, 서쪽 건물에 책을 쌓아두셨다. 높으면서도 겸손하여 빛이 나고, 불러서 타이르매 곧 복종했다. 황제가 보낸 조서는 친절하고 간곡했으며, 중국으로 가는 사신이 끊이지 않았다. 성명聲名이 빛나고 문물이 번화했다. 그들은 〔고려의〕 융성한 문물이 중국에 견줄 만하다며 '소중화'라 일컬었다. 선조 왕들의 덕으로 나라가 영화로웠고 왕실이 빛나게 되었다. 재위한 38년 동안 문물이 융성했다고 할 수 있다.

— 《동문선東文選》 권28, 문왕애책文王哀册 박인량 찬

박인량朴寅亮이 문종 사망1083 직후 문종을 평가한 글입니다. 당시 고려의 문물이 중국에 견줄 정도로 번성했기 때문에 송나라 사람들이 고려를 '작은 중국'이라는 뜻의 '소중화'라 불렀다고 했지요. 11세기 후반 문종 때 형성된, '고려는 중국과 대등한 문화를 가진 나라'라는 뜻의 '소중화 의식'은 고려의 문화와 문명에 대한 자부심의 표현인 문명의식의 기초가 되었습니다. 이는 여진족의 청나라가 중국을 장악했음에도 여전히 한족 중심의 중화 문명을 표준 삼아 본받고 실현하기를 고집했던 조선 지식인들의 소중화 의식과는 다릅니다. 이규보도 그런 생각을 시에서 드러냅니다.

두어 폭 종이에 많은 나라가 그려져 있는데 萬國森羅數幅牋
삼한은 작은 덩어리같이 모퉁이에 붙어 있다 三韓隈若一微塊
보는 자여 작다 하지 마라, 내 눈엔 크다고 말하고 싶다 觀者莫小之我眼謂差大
고금에 뛰어난 인재 끝없이 태어났으니 今古才賢袞袞生
중국과 비교해도 크게 부끄럽지 않다 較之中夏毋多愧
인재가 있으면 나라요, 없으면 나라가 아니니 有人曰國無則非
오랑캐는 비록 큰 나라지만 풀 같은 존재에 불과하다 胡戎雖大猶如芥
그대는 중국인이 우리를 소중화라 일컫는 것을 보지 않았나
君不見華人謂我小中華
이 말은 진실로 받아들일 만하다 此語眞堪採

— 《동국이상국집》 권17, 화이도華夷圖에 장단구長短句를 제題함

땅넓이가 아니라 인재의 많고 적음이 나라의 격을 결정한다, 즉 인

재가 풍성해야 천하의 중심이 될 수 있다는 내용입니다. 이규보는 인재가 풍성해 중국과 견줄 만하다는 뜻에서 고려를 '작은 중국', 즉 '소중화'라고 했습니다. 그는 진화와 같은 시대를 산 문인이자 지식인입니다. 모두 문종 대에서 100년이 지난 12세기 후반에야 활동을 시작했지만, 여전히 고려의 문화와 문명에 대한 자부심을 지니고 있었던 것입니다. 이후 몽골의 침략이 계속되면서 고려 중기 지식인의 강렬한 문명의식은 많이 퇴색합니다. 하지만 그 맥은 이어집니다. 원 간섭기의 역사가 이승휴도 고려의 역사를 다음과 같이 노래했습니다.

요동에 또 다른 천지가 있어서 중국과 구별되어 나뉘어 있네
遼東別有一乾坤 斗與中朝區以分
큰 파도 넓은 바다가 삼면을 둘러싸고 북쪽은 육지와 실처럼 연결되어
있네 洪濤萬頃圍三面 於北有陸連如線
가운데 사방 천 리가 조선이니 강산의 아름다움은 천하에 이름을 떨쳤네
中方千里是朝鮮 江山形勝名敷天
땅 갈고 우물 긷는 예의 바른 나라, 중국인은 소중화라 불렀네
耕田鑿井禮義家 華人題作小中華   ─《제왕운기》 권하

고려가 지리적으로 중국과 연결되나 요동을 경계로 '조선'이라는 독자의 영역과 역사가 존재했고, 중국인들도 고려를 영토는 작아도 자신들과 대등한 문화를 가진 나라라며 '소중화'라 불렀음을 강조했습니다. 고려 지식인들이 지녔던 이 같은 문명의식은 고려왕조가 동아시아 세계의 또 다른 문명 강국이라는 자부심의 표현이었습니다.

2장

다양성과 개방성이
조화를 이룬 문화와 사상

1. 다양성과 개방성을 간직한 문화

한국 문화의 상징, 고려 문화

요즘에는 '문화'라는 말을 많은 사람이 다양한 분야에 사용합니다. 정치 문화·대학 문화·노동자 문화·교통 문화 등이 그것인데, 문화가 우리네 생활 경험의 총체이기 때문에 이처럼 다양하게 사용되는 것이 아닌가 생각됩니다. 특히 역사학에서는 때로 과거의 역사 전체를 '문화사文化史'라고 이야기할 정도로 문화가 매우 포괄적인 개념으로 사용됩니다. 여기서는 미술·조형·공예·음악·무용 등 예술 문화를 중심으로 고려의 문화를 이야기해보겠습니다.

'고려 문화' 하면 흔히 청자와 고려대장경을 떠올리지요. 여기에 세계 최초의 금속활자를 덧붙이기도 합니다. 그리고 이 세 가지를 고려 문화의 모든 것인 양 인식합니다. 정말 그럴까요? 이 문제에 대해 살펴봅시다.

먼저, 왜 고려청자나 대장경 등이 고려 문화의 모든 것인 양 인식되었는지에 대해 짚어보겠습니다. 단재 신채호 같은 민족주의 역사가들은 조선이 일제의 식민지로 전락한 이유를 내부적으로 유교에서 찾았습니다. 이를 '유교 망국론'이라고 하지요. 흥미로운 것은, 일본의 식민사학자들도 일본의 침략성을 은폐하기 위해 유교와 유교를 신봉한 조선 지배세력의 분열상을 조선이 식민지로 전락한 원인으로 꼽았다는 점입니다. 식민사학자들의 '조선 사회 정체성론'은 이런 인식에서 출발합니다. 그런 가운데 1930년대 조선인 국학자들은 조선학 운동을 일으켜 우리 역사에서 자랑스러운 부분을 강조하는 것으로 민족의식을 고취하려 했습니다. 그 과정에서 이들이 주목한 부분이 바로 '고려의 역사와 문화'였습니다. 청자와 대장경, 금속활자 등을 우수한 문화유산으로, 여진 정벌·삼별초와 민의 대몽항쟁 등을 자주적인 대외의식을 드러낸 자랑스러운 역사로 강조한 것입니다. 앞서 언급했다시피 고려의 역사가 식민사학자들의 주된 왜곡 대상이 아니었다는 점도, 조선인 국학자들이 고려의 역사와 문화를 새롭게 주목한 이유 중 하나입니다. 그래서인지 지금도 '고려' 하면 조선학 운동에서 강조한 부분을 먼저 떠올리게 되는 것이지요.

조선학 운동에서 강조한 청자나 고려대장경, 금속활자만이 고려의 자랑스러운 문화유산은 아닙니다. 이들은 고려의 중앙 문화를 대표하는 유산에 불과하지요. 높은 수준의 질의 문화와 세련된 조형미를 특징으로 하는 중앙 문화뿐만 아니라 거대한 석탑과 불상으로 상징되는 양의 문화와 투박한 역동성을 지닌 지방 문화 또한 우리가 놓치고 있었던 훌륭한 고려의 문화유산입니다. 고려 문화는 중앙 문화와 지방

문화에서 보듯이, 질의 문화와 양의 문화, 세련된 조형미와 투박한 역동미가 공존하는 다양성을 특징으로 합니다. 그런데 이러한 다양성이 혼재되어 혼돈과 무질서로 나타나는 게 아니라 각각의 개성이 살아 있으면서도 마치 하나인 듯 어우러진 높은 수준의 통합성을 보여주고 있습니다. 통합성은 고려 문화 전반에 나타나는 특성인데, 이에 대해서는 뒤에서 자세하게 설명하겠습니다. 여기서는 고려 문화의 다양성을 상징하는, 어쩌면 생소하게 느껴질지 모르는 고려의 지방 문화에 대해 살펴보겠습니다.

다양성의 상징, 지방 문화

청자나 고려대장경을 중앙 문화라고 할 때 이에 대응하는 지방 문화의 구체적인 예를 들어보겠습니다. 가장 대표적인 것으로 석불石佛 문화를 들 수 있습니다. 우리 역사를 통틀어 고려 때 불교가 가장 크게 번성했지만, 이상하게도 고려의 불교 문화에 대해서는 그다지 알려져온 것이 없습니다. 최근에 불교 경전의 필사본이라 할 수 있는 '사경寫經'이나 불경의 내용을 그림으로 형상화한 '불화佛畵'가 소개되고 있기는 한데, 통일신라의 불국사와 석굴암, 각종 석탑이 대표적인 불교 문화로 더 자주 언급되고 있는 것이 현실이지요. 그러나 고려의 불교 문화는 통일신라의 불교 문화 못지않게 주목할 만한 특징을 갖고 있습니다. 그것은 바로 석불 문화에서 찾을 수 있습니다. 고려의 석불 문화는 불교 문화인 동시에 중앙 문화에 대응하는 지방 문화의 상징입니다. 흔히 '거대한 불상의 시대'라고 불릴 만큼 고려시대에는 석불이 유행했습니다.

통일신라의 불상이나 석탑이 고도의 세련미와 정제된 조형미를 갖추고 있다면, 고려의 석불은 서민적이고 역동적입니다. 무엇보다 규모가 엄청납니다. 충남 논산에 있는 관촉사 석조 미륵보살 입상은 높이가 18미터나 됩니다. 경북 안동에 있는 제비원 석불안동 이천동 마애여래 입상도 12미터가 넘지요. 경기도 파주에 있는 용미리 석불 입상 역시 높이가 10미터가 넘는 거대한 불상입니다. 건물 3~4층 높이와 맞먹지요. 그런데 이렇게 큰 불상들을 어떻게 만들었을까요?

'은진미륵'이라고도 불리는 관촉사 석조 미륵보살 입상 관련 설화를 보면, 이 불상들이 어떻게 만들어진 것인지 알 수 있습니다. 불상을 만들던 스님의 꿈 이야기인데, 어느 날 꿈속에 자기들보다 큰 진흙 인형을 만드는 아이들이 보이더랍니다. 아이들은 다리와 몸통, 머리를 따로 만들어 다리를 먼저 땅에 세우고 이를 모래로 덮은 뒤 그 위에 물을 뿌려 다진 다음, 몸통과 머리 부분을 올렸다고 합니다. 스님이 이 방법대로 조성한 석불이 바로 은진미륵이라고 하지요. 지대석을 세운 후 모래로 덮고 그 위로 다시 거대한 덮개돌을 끌어올리던 지석묘 조성 방식이 연상됩니다. 갑자기 땅속에서 큰 돌이 솟아올라 그 돌로 은진미륵을 조성했다는 내용의 설화도 있습니다. 이는 제비원 석불이나 용미리 석불처럼 자연석을 가공한 뒤, 불상의 모자에 해당하는 천개天蓋를 따로 만들어 그 위에 얹는 방식을 묘사한 설화라고 생각됩니다.

또 다른 양식은 마애불입니다. 마애불은 3~4미터가 넘는 큰 바위나 암벽에 부조하거나 선으로 새겨 넣는 방식으로 조성한 석불로서, 제비원 석불이나 용미리 석불처럼 머리 부분은 따로 조각해서 얹기도 했습

━━ **논산 관촉사 석조 미륵보살 입상**　우리나라 석조 불상 중 규모가 가장 큰 불상으로, 일명 '은진미륵'이라 불린다. 이마 중앙의 구멍(백호(白毫))에서 발견된 묵서(墨書)를 통해 968년경에 조성된 불상임이 확인되었다. 이 불상은 이전에 조성된 것들과 달리 머리와 손발이 몸에 비해 상당히 크고, 이목구비도 자애로운 보살보다는 살찐 세속인을 떠올리게 한다. 문화재청 제공.

니다. 제천 덕주사 마애여래 입상과 천안 삼태리 마애여래 입상은 높이가 각각 13미터와 7미터에 달합니다. 이같이 거대한 불상들은 충청도에 특히 많은데, 부여 대조사 석조 미륵보살 입상, 예산 삽교읍 석조 보살 입상, 당진 안국사지 석조 여래삼존 입상 등이 대표적입니다. 이 불상들은 고려 지방 문화와 불교 문화의 정수라고 할 수 있습니다.

　　거대한 규모는 비단 고려 지방 문화만의 특징은 아닙니다. 통일신라의 지방 문화도 규모 면에서는 고려의 지방 문화와 다르지 않습니다. 대표적인 것이 당간지주로서, 신라 하대 범일국사梵日國師, 810~889가 조성한 것으로 보이는 강릉 굴산사 터 당간지주는 그 폭만 해도 대략 1미터에 높이가 3~4미터나 되며, 마치 원석을 간단하게 가공해서 땅에 꽂아놓은 듯 투박하면서도 힘찬 모습입니다. 사찰의 위치와 사찰의 각종 법회를 알려주는 깃대의 역할을 한 당간을 받치는 기둥이 바로 당간지주인데, 아마도 사찰에 들어서는 사람들은 이 거대한 당간지주를 보는 순간 압도당할 것입니다.

　　신라 하대부터 등장하기 시작한 2~3미터 규모의 커다란 철불도 지방 문화의 특성을 잘 보여줍니다. 이러한 불상들에서는 그 이전의 불상이나 불탑에서 보이는 세련미와 조형미를 찾아볼 수 없습니다. 흔히 '백제의 미소'라고 불리는 서산 마애여래 삼존상은 코도 오뚝하고 어깨나 뺨의 선에서 양감이 두드러져 대단한 세련미와 조형미를 보여주지만, 신라 하대와 고려의 철불은 조형미보다는 투박함과 역동감을 특징으로 합니다. 균형 잡히지 않은 커다란 몸집은 백제나 신라의 불상들과 비교할 때 그야말로 품위가 없고 기괴해 보이기까지 합니다. 석탑도 고려의 석탑은 예술성은커녕 양식조차 통일되지 않았습니다. 가장 뛰어난 예술성을 지녔다는 통일신라의 석탑은 사각형의 기단에 안정감과 상승감을 동시에 보여주는 3층 석탑으로 양식이 통일되어 있습니다. 그러나 고려의 석탑은 5각형 혹은 8각형의 기단에 5층·7층·9층 등 매우 다양한 형태를 하고 있어 안정감이나 조형미는 커녕 양식의 통일성도 찾아볼 수 없습니다.

이전보다 양식이나 조형미에서 매우 뒤떨어져 보이는 이러한 석불 문화가 나오게 된 배경을 어떻게 설명할 수 있을까요? 이는 고려왕조를 세운 지방세력과 연결지어 이해해야 합니다. 이들은 신라 하대부터 등장한 선종의 후원자들이었습니다. 선종은 9개의 산문山門이 전국에 흩어져 있었는데, 전국 각지의 유력한 지방세력이 이 산문들을 후원한 것이지요. '거대한 불상의 시대'로 대변되는 고려 지방 문화의 융성은 이 세력들과 떼려야 뗄 수 없는 관계에 있습니다.

당시 지방세력은 자신들의 지배 영역 내에서 군주나 마찬가지였습니다. 서양의 봉건영주 같은 존재였다고나 할까요? 그런 그들에게 선종은 단순히 개인의 기복을 위한 신앙만은 아니었습니다. 지역에서 자신들의 힘을 과시할 수단이기도 했습니다. 이들이 민을 동원해 석불·마애불·철불 등의 거대한 불상을 조성한 것은 그 때문입니다. 이들의 후원으로 조성된 거대한 불상은 단순한 종교적 상징을 넘어 지역에서 이들의 힘과 권위를 과시하는 역할을 했던 것입니다. 이 지방세력들이 거대한 불상으로 대변되는 고려 지방 문화의 창조자였던 셈이죠. 이뿐만이 아닙니다. 지방세력들은 영역 안의 민을 교화하고 자신들의 지배력을 유지하기 위해 향도 신앙·성황 신앙 등 각종 종교의 제의를 주관하기도 했습니다.

그동안 우리 미술사학계에서는 통일신라의 석탑 문화와 고려의 청자 문화를 높이 평가해왔습니다. 세련미와 조형미가 돋보여 예술성이 뛰어나다고 평가받는 문화유산에만 주목했기 때문입니다. 이는 외모만을 기준으로 인간의 아름다움을 평가하는 것과 같습니다. 인간의 아름다움은 외모뿐만 아니라 그 사람의 인간적인 품격에서도 찾을 수 있지요. 그런 의미에서 미술사나 예술사는 세련미와 조형미 같은 예술성뿐만 아니라 각각의 문화유산이 지니는 역사성에도 주목해야 합니다. 고려청자가 고려 중기 문벌귀족의 생활과 문화를 보여준다는 역사성을 지닌다면, 거대한 석불은 고려 초기 지방세력의 역할과 지위를 보여준다는 점에서 주목할 만한 가치가 있습니다. 고려의 석불 문화를 주목하면 고려 사회의 특성이나 지방 문화에 대한 이해가 더 깊어질 수 있지요. 지방세력들이 향유한 문화는 이같이 자신들의 존재를 과시하기 위한 힘과 역동성을 지니고 있었고, 이 역동적인 지방 문화와 세련된 중앙 문화가 한데 어우러진 것이 고려 문화의 특징이라고 할 수 있습니다.

고려 건국의 주역인 지방의 호족세력이 향유한 문화는 진골귀족 사회를 뒤집고 새로운 혁명 왕조를 태동시킨 당시 지방사회의 역동성과 투박함을 보여줍니다. 그런 점에서 고려의 지방 문화는 '다양성'이라는 고려 문화의 특성을 잘 보여주는 예가 될 것입니다.

개방성의 상징, 중앙 문화

그동안 고려 문화의 상징처럼 인식되어온 청자·종이·대장경·나전칠기·불화 같은 고려 중앙 문화의 특성은 무엇이라 정의할 수 있을까요? 흔히 이러한 문화는 귀족적인 특성을 지닌 문화귀족 문화라고 하지만, 여기서는 고려의 중앙 문화가 지닌 '개방성'이라는 공통의 특성에 주목하고자 합니다.

원나라의 지배를 받기 이전 약 400년 동안 고려왕조는 대외적으로 송·거란·금나라여진·일본 등이 다각적으로 교류하는 다원적인 국제 질서 속에 놓여 있었습니다. 강력한 중심국가가 존재하지 않는 다원적인 국제 질서는 국가 간에 종속적인 관계보다는 호혜互惠와 선린의 관계를 유지하는 방향으로 전개되었습니다. 또한, 공식 외교 사절 외에 민간 차원에서도 다양한 방식의 교류가 이어질 정도로 개방적인 국제 환경을 조성했습니다. 고려왕조는 이러한 국제 질서에 적극적으로 참여해 선진 문물을 수용함으로써 왕조의 모습을 새롭게 변화시켜 나갔습니다.

거란과의 전쟁이 끝난 1021년현종 12부터 1071년문종 25까지 50년 동안 송나라와 국교를 단절한 상태에서도 고려는 송나라와 상인·승려·학자·기술자 등을 통한 민간 차원의 교류를 활발하게 이어갔습니다. 그리고 이러한 활발한 문화 교류를 통해 자국의 문화 수준을 한 단계 높은 차원으로 발전시켰습니다.

고려왕조는 개방정책을 통해 당시 동아시아 세계의 선진 문물과 접촉함으로써 보편성보편주의을 적극적으로 수용했습니다. 이를 통해 고유문화특수성를 비판적으로 성찰하고 고려 문화의 정체성을 확립하고자 했습니다. 이는 보편성과 특수성을 변용, 융합해 새로운 문화를 창조하는 과정이었습니다. 구체적으로 고려는 송나라의 사상과 문화, 거란의 각종 제조 기술 등을 수용하면서 보편 문화문화 보편성의 실체를 인식했습니다. 또한, 보편주의의 시각에서 고려 문화를 객관적으로 평가하면서 그 정체성을 확립하려 했습니다. 태조의 〈훈요십조〉와 최승로의 〈시무 28조〉에 나타나듯이, 중국의 선진 문물을 '화풍華風', 고려의 전통문화를 '토풍土風 혹은 국풍國風'이라 규정하고 둘 간의 조

선진 문화의 수용과 창조

화와 균형이란 문제를 사상과 문화에서 주요한 쟁점으로 삼았던 사실에서 이를 확인할 수 있습니다. 고려인은 개방과 보편주의의 관점에서 자기 문화의 특수성을 인식하고, 보편과 특수를 결합하여 새로운 문화를 창조하려 노력했던 것입니다.

선진 문화의 적극적인 수용과 변용·창조의 경향은 한국사의 어느 왕조보다 고려왕조에서 두드러집니다. 이는 오늘날 한국의 첨단 기술과 제품이 글로벌 스탠더드global standard를 수용하고 변용과 융합을 통해 기술의 새로운 진보를 이루어냄으로써 세계 시장에서 호평을 받는 것과 같은 이치입니다. 고려인들은 문화와 문명이란 면에서 당대 최고의 수준인 보편성선진성을 추구했습니다. 그 동력이 바로 개방성, 즉 고려인의 개방적인 자세였습니다. 보편성을 외면한 채 특수성·고유성·창조성을 강조하는 것은 우물 안 개구리에 불과하지요. 그러한 노력의 결과 고려의 기술과 제품이 동아시아 여러 나라에 수출되어 고려 문화의 우수성을 알리는 계기가 되었습니다. 고려의 비색청자와 상감청자, 나전칠기, 종이, 불화와 금속활자는 동아시아 여러 나라가 선호하는 제품이 되었습니다. 그야말로 당대의 명품이라 불러도 손색이 없었지요. 특히 두 번에 걸친 대장경 제작은 동아시아의 보편적 지식인 불교 경전에 관한 체계적인 연구와 수준 높은 이해, 세계 최초로 금속활자를 발명할 정도로 높은 수준의 인쇄술이 없었다면 불가능한 일이었습니다. 고려 문화의 국제성과 개방성이 고려왕조를 동아시아 문화 강국의 반열에 올려놓았던 것입니다.

고려청자, 독창적인 기술과 빼어난 아름다움

우리 사회에 '명품名品'이라는 말이 널리 사용된 것은 지구화의 물결이 밀려오기 시작한 1990년대 이후의 일입니다. 명품은 단순히 '뛰어난 물건이나 작품'을 뜻하는 사전 용어를 뛰어넘는, 시대성을 담은 용어가 되었지요. 현대의 명품은 자본주의의 산물이지만, 고려왕조 때 동아시아 주변국들이 크게 선호한 고려의 제품들은 지금의 눈높이에서 보아도 명품의 반열에 올려놓기 부족하지 않습니다. 그러면 고려 문화의 우수성을 보여주는 수공예품과 그 기술적 특성에 대해 살펴보겠습니다. 먼저, 고려청자입니다.

1123년 고려에 사신으로 온 송나라의 서긍은 고려청자에 대해 "도기의 빛깔이 푸른 것을 고려인은 비색翡色이라고 한다. 근년에 만드는 솜씨가 좋아져 빛깔도 더욱 아름다워졌다"라는 기록을 남겼습니다(《고려도경》 권32, 기명器皿, 그릇 3 도준陶尊, 술그릇). 또, 이름이 알려지지 않은 송나라의 한 학자는 "건주建州의 차, 촉蜀의 비단, 정요定窯의 백자, 절강浙江의 차와 함께 고려의 비색〔청자〕은 천하제일이다. 다른 곳에서는 따라 하려고 해도 도저히 할 수 없는 것들이다"라며 고려청자를 극찬했습니다(《수중금袖中錦》). 청자의 종주국인 중국에서도 고려청자는 중국과 다른 고려 독자의 제품이며, 기술과 예술성이 다른 곳에서는 따라 할 수 없는 높은 경지임을 인정받았던 것입니다.

서긍이 언급한 고려청자란 바로 비색청자입니다. 비색청자를 생산하기 위해서는 섭씨 1,200도 이상의 고온을 낼 수 있는 가마 시설과 흙과 유약을 섞어 고온에서 비취색이 감도는 특유의 색깔을 만들어내는 기술이 필요합니다. 잘 알려진 대로 중국은 9세기 무렵부터 청자를

═══ **청자 참외 모양 병**(青磁瓜形瓶) 인종의 능인 장릉(長陵)에서 나왔다고 알려진 자기 중 하나로, 서긍이 다녀간 12세기 전반 개경의 문벌들 사이에서 유행한 비색청자의 대표작이라 할 만하다. 장릉은 《고려사》에 '왕성 남쪽'에 있다고 나와 있으나 정확한 위치는 아직 확인되지 않았다. 19세기 말과 20세기 초에 개경 인근에 있던 여러 왕릉과 고위 관료들의 무덤이 일본인들에 의해 도굴되었는데, 이 비색청자도 조선총독부 박물관에서 이들로부터 사들인 것으로 보인다. 국립중앙박물관 소장.

생산했고 고려가 중국의 청자 기술을 받아들인 것은 10세기 초 무렵이지만, 고려는 11세기 후반과 12세기 초 사이에 독자의 기술을 개발해 비색청자를 생산할 수 있게 되었던 것이지요.

12세기 중반부터는 기술적으로 더 진보한 상감象嵌 기법으로 제작한 상감청자를 생산합니다. 상감은 반건조된 자기의 표면에 무늬를 새기고, 그 위에 흰색과 붉은색 흙을 발라 초벌구이를 한 뒤 유약을 바르고 다시 한번 구워내는 고려만의 독창적인 기법입니다. 비색청자의 푸른색도 아름답지만, 상감청자는 푸른색 바탕에 흰색과 검은색의 문양이 어우러져, 화려하고 장식적인 멋이 두드러지지요. 서긍이 《고려도경》에서 상감청자를 언급하지 않은 것은, 그가 고려를 방문한 12세기 초에는 아직 상감청자가 생산되지 않았기 때문입니다. 비색청자와 상감청자는 고려의 독자 기술로 제작된 자기들로, 이들을 합쳐서 '고려청자'라 합니다.

참고로 상감 기술이 중국에서 전해졌다고 하는데, 다시 생각해볼 여지가 있습니다. 고려는 거란과 전쟁을 끝낸 후 약 50년간 송나라와 국교를 단절했고, 그 상태에서 도자기 등의 제조 기술을 거란으로부터 받아들입니다. "고려에 항복한 거란 포로 수만 명 가운데 10명 중한 명은 기술자인데, 그 가운데 기술이 정교한 자를 뽑아 고려에 머물게 했다. 이들로 인해 고려의 그릇과 옷 제조 기술이 더욱 정교해졌다"라는 기록이 이를 뒷받침합니다(《고려도경》 권19, 공기工技). 상감 기술은 금속 제품이나 나전칠기를 만들 때 금이나 은을 실처럼 잘게자른 뒤 이를 꼬아 문양 주변에 테두리로 두르고, 그 속에 조개껍데기 등을 박아 넣는 '입사入絲 기법'에서 유래한 것입니다. 입사는 거란의

=== **항저우 출토 고려청자 파편** 2013년 6월, 중국 항저우의 남송관요박물관(南宋官窯博物館)에서 전시한 12세기 고려청자 파편이다. 항저우에서 출토된 남송 시기 유물로, 고려와 남송 사이에 교류가 지속되었음을 알 수 있다. 저자 제공.

전통적인 공예 기법으로, 상감 기술은 거란의 이러한 기술과 밀접한 관련이 있지요.

동아시아에
유통된
고려청자

　　송나라가 금나라에 쫓겨 수도를 카이펑에서 남쪽의 항저우로 옮기면서 남송시대1127~1279가 시작됩니다. 고려의 상감청자는 남송시대인 12세기 중반부터 제작되는데, 이때부터 두 나라 간 교류 기록이 《고려사》에 거의 등장하지 않아 남송과 고려 사이에 교류가 사실상 단절된 것으로 이해했습니다. 그런데 근래에 항저우 인근에서 남송 황실의 제의용 물품과 황제의 후비 혹은 황실 궁전의 명칭이 표면에 새겨진 고려청자 파편이 발굴되면서 남송 시기에도 《고려사》에 기록되지는 않았으나 송나라 황실에서 상감청자가 유통될 정도로 두 나라 사이에 교류가 있었음을 알려주고 있습니다. 이뿐만 아니라 일본에서는 고려 초부터 말까지 고려에서 생산된 청자가 전역에서 발굴되었고, 멀리 베트남·필리핀 등지에서도 발굴되고 있습니다. 고려의 청자는 남송은 물론 동아시아 거의 전역에 대량으로 유통, 소비되었을 정도로 당시 동아시아 국가들이 선호한 동아시아의 명품이었던 것입니다.

고려 종이, 종주국 중국을 뛰어넘은 명품

고려에서 생산된 종이를 당시 중국의 문인·학자들은 '고려지高麗紙'라 불렀지요. 종이는 인쇄술·나침반·화약과 함께 중국이 자랑하는 4대 발명품 가운데 하나로, 한나라의 채륜蔡倫이 2세기 무렵 발명했다고 알려져 있습니다. 그런데 그로부터 천년이 지나지 않아 종이의 종주국 중국이 수입해 사용했을 정도로 고려 종이는 중국의 문인과 학자 들이 선호하는 제품이 되었고, 양쯔강 유역의 만족蠻族 사회에까지 널리 유통되었습니다. 오늘날 한국의 가요·영화·드라마에 열광하는 외국의 트렌드를 '한류韓流'라고 하는데, 고려지는 고려판 '한류'를 이끈 또 하나의 명품이었습니다. 조선 후기 역사학자 한치윤韓致奫, 1765~1814은 "고려에서 해마다 종이를 조공했는데, 〔중국에서〕 책을 만들 때 이것을 많이 사용했다"라며 당시 고려지가 중국에서 널리 사용된 사실을 알려주고 있습니다〔《해동역사海東繹史》 권27, 문방류文房類 종이〕. 실제로 관련 사실이 각종 문헌에 많이 나타납니다. 문종 때인 1074년과

1080년에 고려가 송나라에 대지大紙 20부2,000폭를 보냈다는 기록이 있습니다. 몽골이 1221년 고려에서 종이 10만 장을 공물로 가져갔다는 기록도 있습니다. 1263년원종 4 9월과 이듬해 4월에도 몽골은 다량의 고려 종이를 공물로 가져갔다고 하지요. 고려지가 송나라뿐 아니라 몽골원에서도 호평을 받았다는 사실을 보여줍니다.

닥나무와
도침법
동아시아 각국이 이토록 선호한 고려 종이의 특성은 무엇일까요? 서긍은 "〔고려의〕 종이는 닥나무만이 아니라 등나무도 간간이 섞어서 만든다. 다듬이질해서인지 모두 매끈하며, 좋고 낮은 것의 몇 등급이 있다"라고 했습니다〔《고려도경》 권23, 토산土産〕. 서긍의 기록을 보면, 일단 고려지의 재료를 알 수 있습니다. 중국의 종이는 대개 '마麻'를 주재료로 만들어지지만, 고려지는 '닥나무楮'가 주재료입니다. 세계에서 가장 오래된 목판 인쇄물이라 할 수 있는 《무구정광대다라니경無垢淨光大陀羅尼經》도 닥나무로 제작한 종이에 인쇄된 불경입니다. 국내에 남아 있는 가장 오래된 종이인 셈이죠. 고려지의 연원은 이같이 통일신라시대로 거슬러 올라갑니다. 왜 고려지는 닥나무를 주재료로 사용했을까요? 닥나무는 함경도와 제주도를 제외한 한반도 대부분의 지역에서 잘 자라며, 그만큼 구하기도 쉬웠기 때문입니다.

이 흔한 닥나무가 고려의 종이 제조 기술과 만나 명품 종이로 탈바꿈합니다. 고려의 종이 제조 기술은 '도침법'을 핵심으로 하는데, '다듬이질한다'는 의미의 '도침搗砧'이라는 표현에서 알 수 있듯 종이 표면을 두드려 가공함으로써 먹의 번짐을 막는 기술입니다. 도침법은 재료가 닥나무이기에 가능한 기술이기도 합니다. 닥나무는 중국에서 많이 사용된 마나 비단과 달리 매우 단단해서 두드려도 쉽게 찢어지지 않지요. 도침법은 특히 두드려서 면을 고르게 만듦으로써 섬유 사이의 구멍을 메우고 광택을 더하는 종이 가공 기술입니다. 종이에 수분을 적당히 고르게 먹인 다음 큰 망치로 두들기는데, 그 강도와 수를 조절하는 데서 장인의 솜씨가 발휘됩니다. 이러한 공정을 거치면 종이의 결이 치밀해지고 광택이 나며 잔털이 일지 않아 글씨가 깨끗하게 써집니다. 고려지는 종이 위에 먹을 떨어뜨리면 먹이 스며드는 속도가 느릴 뿐 아니라 먹이 옆으로 번지지도 않지요. 이는 신라부터 조선까지 꾸준하게 이어져 내려온 우리 고유의 종이 제조 기술이기도 합니다. 중국에서 고려지를 '표면이 희고 단단한 종이〔백추지白硾紙〕', '표면이 거울처럼 맑고 깨끗한 종이〔경면지鏡面紙〕' 또는 '표면이 솜처럼 부드러운 종이〔견지繭紙〕'라고 표현한 것은 바로 이런 제조 기술 덕분입니다. 도침법 덕에 고려지는 종이의 종주국인 중국에서 호평받을 정도로 경쟁력 있는 수출품이 되었던 것입니다.

나전칠기, 나전 기술과 칠공예 기술의 결합체

고려 문화의 정수를 보여주는 또 다른 명품은 나전칠기입니다. 고려의 나전칠기는 현재 16점이 전하는데, 대부분 외국에서 소장일본 10점, 미국 3점, 유럽 2점하고 있고 우리나라에는 안타깝게도 국립중앙박물관에서 한 점을 보관하고 있을 뿐입니다. 나전칠기는 나전螺鈿 기술과 칠공예漆工藝 기술이 결합된 제품입니다. 그중 자개 조각을 여러 모양으로 박아 넣거나 붙여서 장식하는 공예 기법인 나전 기술은 중국 당나라에서 전해졌지만, 옻나무의 진으로 만든 칠漆로 색을 입히는 칠공예 기술은 청동기시대 유적에서 칠 제품이 출토될 정도로 이른 시기부터 우리나라에서 축적되어왔습니다. 우리나라의 칠공예는 주로 자개를 장식용으로 이용했기 때문에 칠공예에 나전 기술을 결합한 형태로 발전되어온 것입니다. 서긍은 《고려도경》에서 "(고려는) 그릇에 옻칠하는 기술은 정교하지 못하지만, 나전 기술은 세밀하여 귀하다고할 수 있다"라고 했습니다(권23, 토산). 그가 이렇듯 칠공예와 나전 기술을 분리해서 평가한 것은 고려의 나전칠기가 두 기술의 융합으로탄생한 제품이라는 사실을 뒷받침합니다. 게다가 서긍은 고려의 나전기술을 "세밀하여 귀하다"라며 높이 평가했지요.

나전칠기의
특징과 기술
　　두 가지 기술이 융합된 고려의 나전칠기는 제작 기법상 세 가지 특징이 있습니다. 첫째, 고려인들은 조개껍데기를 1센티미터 이내로 가늘게 잘라서 이들을 하나하나 이어서 붙이는 방식으로 문양을 만들었습니다. 이를 '끊음질무늬截文 기법'이라 하는데, 실처럼 가늘게 자른 수많은 조개 조각자개이 모여 문양을 이루기 때문에 각각의 자개에서 나오는 특유의 색감이 어우러져 신비스러울 정도지요. 둘째, 바다거북의 등딱지인 대모玳瑁의 뒷면에 색을 칠해 나전과 함께 옻칠을 한그릇의 표면에 무늬로 박아 넣습니다. 붉은빛으로 채색된 대모와 조개의 색깔이 어우러져 그야말로 환상적인 색감을 뽐내게 되지요. 셋째, 잘게 쪼갠 자개로 꽃이나 넝쿨무늬를 정교하게 새기고 그 주변에철사처럼 가늘게 자른 금이나 은, 동을 꼬아 넣어 식물의 줄기나 덩굴을 선명하게 표현함으로써 무늬 구성에 디자인적 질서를 부여했습니다. 상자의 표면에 무늬를 새긴 다음 그 안을 이 금속 실로 메운다고하여 이를 '입사 기법'이라 합니다. 입사 기법은 금속 표면에 무늬를

깊게 파낸 다음 가느다란 금실이나 은실을 메워 넣는 식으로 금속공예에도 적용되어, 고려 공예 기술의 대표적인 기법으로 발전합니다. 도자기 표면에 문양을 새기고 그 속에 검정·빨강·하얀색 흙을 메운 뒤 구워내는 식으로 특유의 문양을 드러내는 상감 기법으로도 구현되었습니다.

　고려는 칠공예 기술도 그에 못지않게 발달했지요. 자개를 붙이기 전 나무 상자에 삼베를 바르고 그 위에다 옻칠을 하는데, 1,000년이 지난 지금도 옻칠이 떨어지거나 색이 변하지 않을 정도로 뛰어난 칠공예 기술을 보유했습니다. 그래서 고려의 나전칠기 수준은 고려의 고급 문화, 이른바 질의 문화가 어떤 수준인지를 가늠하는 잣대가 됩니다.

===== **나전 국화·넝쿨무늬 경함(蝶鈿菊唐草文經函)** 13세기에 고려에서 제작된 나전 경함이다. 이 경함을 비롯해 현전하는 9점의 경함 대부분이 크기나 형태, 장식된 무늬, 제작 기법에서 거의 차이가 없는 것으로 보아 국가 차원에서 같은 장인들에 의해 만들어진 것이라 추측된다. 이 경함은 뚜껑과 몸체 모든 면에 나전으로 국화와 넝쿨무늬를 표현했고 줄기는 단선의 금속으로 장식했다. 특히 자개를 얇게 간 다음 작은 조각으로 잘라 구성한 국화·넝쿨무늬에서 고려 장인의 세밀함이 드러난다. 영국박물관 소장.

현전하는 고려의 나전칠기 16점 중에는 나전 경함經函이 9점으로 가장 많은 비중을 차지합니다. 경함은 불교의 경문經文을 넣어두는 상자로, 나전칠기가 당시 성행한 불교 문화와 밀접한 관련 속에서 발전했음을 알려줍니다. 1272년원종 13 원나라 황후가 대장경 보관용 나전 상자를 요구했을 때 고려가 전함조성도감鈿函造成都監을 설치했다는 기록도 있습니다. 서긍도 높이 평가한 고려의 나전 기술은 경함처럼 칠을 한 나무 상자뿐만 아니라 다양한 제품에 적용되었습니다. 말안장이나 수레, 하물며 음식을 담는 그릇에도 나전 기술이 사용되었지요.

《고려도경》에는 "기병이 사용하는 안장과 언치안장 밑에 까는 방석는 매우 정교하다. 안장은 나전으로 장식했다"라는 기록이 있고〔권15, 기병마騎兵馬〕,《고려사》에도 고려가 1080년문종 34 7월 송나라에 나전으로 장식한 수레 한 대를 조공했다는 기록이 있습니다.《고려사》고종 32년1245 5월 조에는 무신 권력자 최이가 잔치에서 사용한 그릇이 나전으로 장식되었다는 내용도 있습니다. 이처럼 고려의 공예 기술은 송과 거란, 이후 원나라에서도 호평을 받을 만큼 높은 수준에 도달해 있었습니다.

금속활자, 고려 인쇄술의 결정판

고려왕조는 인류 역사상 처음으로 금속활자로 책을 인쇄할 만큼 최고 수준의 인쇄 기술을 보유했습니다. 고려의 인쇄술을 언급할 때 빠뜨릴 수 없는 인물이 하나 있지요. 바로 무신정권의 최고 권력자 중 한 사람인 '최이'입니다. 최이는 세계 최초의 금속활자본이라 알려진《상정고금예문詳定古今禮文》의 편찬을 주도한 인물로, 이규보의 증언《동국이상국집》후집 권11에 따르면 강화도 천도1232 후 그 공으로 진양후晉陽侯에 봉해진 최이가 금속활자로《상정고금예문》28부를 인쇄해 각 관청에서 보관하게 했다고 합니다. 최이는 1234년고종 21에 진양후에 책봉되고 이규보는 1241년에 사망한 것으로 보아, 최초의 금속활자본은 1234년에서 1241년 사이에 편찬된 것으로 추정됩니다.

애석하게도《상정고금예문》금속활자본은 남아 있지 않지만, 1377년우왕 3에 청주 흥덕사에서 금속활자로 찍어낸《백운화상초록불조직

지심체요절白雲和尙抄錄佛祖直指心體要節》하권이 현재 파리에 있는 프랑스 국립도서관에 보관되어 있습니다. 이 책만 하더라도 독일에서 구텐베르크Johannes Gutenberg, 1397~1468가 처음 금속활자를 만들었을 때 1440년대보다 약 70년을 앞서 제작된 것이니, 현전하는 가장 오래된 금속활자본인 셈입니다.

　금속활자는 사각기둥 모양의 금속 윗면에 글자를 볼록 튀어나오게 새긴 것으로, 글자 한 자당 한 개의 활자가 제작됩니다. 따라서 한번 만들어놓으면 필요할 때마다 활자를 골라 판을 짜면 되므로, 책을 손쉽게 찍어낼 수 있다는 장점이 있습니다. 그러나 활자를 만드는 데 필요한 금속을 주조하는 기술과 활자가 흐트러지지 않게 판을 짜는 조판組版 기술, 금속에 잘 묻는 먹을 제조하는 기술이 뒷받침되어야 실용화할 수 있습니다. 고려왕조는 이런 까다로운 기술들을 개발, 발전시켜 세계 최초로 금속활자로 책을 찍어내는 데 성공했던 것입니다.

고려가 세계 최초로 실용 가능한 금속활자를 제작할 수 있게 된 데에는 몇 가지 이유가 있습니다. 필자는 이를 고려의 기술과 지식 수준이라는 두 가지 차원으로 설명하려고 합니다.

먼저 기술의 차원에서 보면, 통일신라 때부터 축적되어온 인쇄술이 바탕이 되었다고 할 수 있습니다. 751년신라 경덕왕 10에 이미 신라는 세계에서 처음으로 목판에 글자를 새겨 책을 찍어냈습니다. '무구정광대다라니경'으로 알려진 불경이 그것이지요. 그 결과 우리나라는 현재 세계에서 가장 오래된 목판 인쇄물을 보유한 나라가 되었습니다. 고려 때는 초조대장경1011~1087년 제조과 재조대장경1236~1251년 제조을 완성할 정도로 목판 인쇄 기술이 발달했습니다. 고려가 세계 최초로 금속활자를 만드는 데 성공한 나라가 된 것도 이런 식으로 인쇄 기술이 축적되어온 덕분이지요.

지식의 차원에서 보면, 고려인들의 왕성해진 지식욕을 들 수 있습니다. 과거제 시행 이후 유학이 관계官界 진출에 필수적인 학문이 되면서 유학을 가르치는 학교가 많아졌고, 왕실을 위시한 지배층이 불교를 뒷받침하면서 유교나 불교에 대한 고려인들의 지적 욕구가 상승했습니다. 그에 따라 유교 경전이나 불경에 대한 수요가 높아졌는데, 이런 서적들을 보급하기 위해서라도 인쇄술의 발달이 불가피했던 것입니다.

13세기 당시 이렇게 세계 최고 수준이던 고려의 인쇄 기술은 안타깝게도 그 이상 진전을 보지 못했습니다. 무엇 때문일까요? 바로 한자와 한문이 가진 한계 때문입니다. 일단, 한자는 글자 수가 너무 많고 글자의 구조도 복잡해 수천 자를 일일이 주조해야 하는 데다 복잡한 구조 때문에 음각 또는 양각하는 데 기술상의 어려움이 있었습니다. 한자 자체도 대중이 쉽게 쓸 수 없는 복잡한 문자일 뿐만 아니라 한자로 구성된 한문의 난해함은 서적에 대한 수요를 한문 해독 능력이 있는 지식인 계층으로 제한하는 역할을 했지요. 그래서 인쇄술은 지식인 계층을 위한 제한적인 수준에 머무를 수밖에 없었습니다. 한자와 한문이 가진 한계가 결국 지식과 기술의 발전을 지체시켰던 것이지요. 반면, 서양의 알파벳은 글자 수가 적고 글자의 구조도 단순해서 활자를 새기기도 주조하기도 어렵지 않습니다. 근대 이후 지식과 기술의 주도권이 서구로 넘어간 것도 이와 무관하지 않습니다.

고려 불화, 불교 문화의 또 다른 정수

고려 불화는 대장경과 함께 고려 불교 문화의 정수를 보여주는 자랑스러운 문화유산입니다. 불화는 두루마리 형식으로 제작해 벽에 거는 그림인 탱화의 일종으로, 대개는 실내에 걸어 두지만 야외에서 법회를 할 때 사용하기도 했습니다. 12세기 중반 의종 때 이미 불화를 제작해 사용했다는 기록이 있지만, 현재 전하는 고려 불화는 대부분 원 간섭기인 14세기 전반 50년 사이에 제작된 것입니다. 국내에 있는 10여 점을 포함해 약 160점이 전하고 있지요.

불화는 불상이 표현하지 못하는 불교 신앙의 다양한 세계를 시각화하여 누구나 쉽게 깨달음에 이르도록 안내하는 역할을 합니다. 그래서 불교의 보급과 확산에 크게 이바지했지요. 또한, 불상보다 제작에 드는 비용과 노력이 적고, 발원자가 원하는 내용을 쉽게 표현할 수 있다는 장점이 있습니다. 원 간섭기에 새로운 지배층으로 부상한 권문세족은 복을 기원할 요량으로 제작이 어려운 불상 대신 불화를 제작했고, 특정 사찰이나 저택을 원당으로 삼아 이를 안치했습니다. 고려 후기에 불화의 수요가 많아진 것은 이 때문입니다.

고려 불화는 '사경변상도寫經變相圖'에서 그 원형을 찾을 수 있습니다. '사경'은 글자 그대로 '베껴 쓴 경전'을 의미하고, '변상도'는 불교 경전 속 전설이나 설화를 그림으로 표현한 것입니다. 사경변상도는 한마디로 '보는 경전'인 셈이지요. 경전 내용을 대중에게 쉽게 전달하기 위해 제작되었습니다. 불화도 변상도처럼 불교 경전의 내용을 그림으로 형상화한 것이지만, 그 내용을 예술적으로 승화시킨 점에서 변상도와 차이가 있습니다.

• 사경변상도와 불화

고려시대에는 불화 중에서도 관세음보살이 바다에 떠 있는 보타락산에 앉아서 진리를 구하는 선재동자에게 깨달음을 준다는 경전의 내용을 형상화한 '수월관음도水月觀音圖'가 유행했습니다. 그 가운데서도 현전하는 최고의 명품은 충선왕의 비인 숙비淑妃가 발원하여 제작한 것으로, 길이 419.5센티미터, 너비 254.2센티미터원래 크기 500센티미터, 너비 270센티미터짜리 이음새 없는 통비단에 그려진 수월관음도입니다. 이 불화는 크기만으로도 다른 불화를 압도할 뿐만 아니라, 현전하는 고려 불화 가운데 최고의 예술적 가치를 지닌 작품으로 평가받습니다. 이 그림 속에 고려 불화의 아름다움과 특징이 고스란히 담겨 있습니다.

─── **〈수월관음도〉** 충선왕의 총애를 받던 숙비가 발원한 불화로, 1310년 김우문(金祐文) 등 당대 최고의 고려 화가 5명이 제작에 참여했다. 일본 사가현 가가미 신사(鏡神社) 소장.

일단, 관음보살의 머리에서 오른발까지 대각선으로 짜인 구도와 온화한 얼굴, 둥근 어깨, 풍만한 가슴이 우아하고 부드러운 형태미를 보여주지요. 머리에서부터 전신을 감싸고 흘러내리는 투명한 비단 너울과 붉은 비단 치마의 또렷한 주름, 붉은색과 검은색의 필선筆線이 대조를 이루어 유려한 선의 아름다움을 보여줍니다. 보관寶冠에 금으로 그려진 정교하기 짝이 없는 연화·넝쿨무늬蓮花唐草文, 양팔에 걸친 감청색의 비단 끈과 붉은 치마 끝단에 수놓인, 굵고 탐스러운 금색의 넝쿨무늬 등은 화려함과 치밀함의 극치를 보여줍니다.

고려 불화는 비단 위에 광물질로 만든 안료顏料를 사용해 채색했습니다. 광물성 안료는 광물의 원석을 갈아 가루로 만든 뒤, 맑은 아교물을 부어 여러 차례 걸러서 입자를 크기별로 분류합니다. 입자가 큰 안료는 짙은 색, 작은 안료는 옅은 색을 내는 데 사용합니다. 아교阿膠는 동물의 가죽 등에서 추출한 천연 접착제인데, 이를 물에 녹여 농도를 적당히 조절한 후 여기에 안료 가루를 개어 사용합니다.

고려 불화는 '배채법背彩法' 혹은 '복채법伏彩法'이라 불리는 채색 기법을 사용합니다. 바탕천의 뒷면에 색을 칠해 안료가 앞으로 배어 나오게 한 후 앞면에서 다시 채색하여 음영을 보강하는 기법이지요. 이런 식의 채색은 빛깔을 보다 선명하게 하는 동시에 변색을 지연시키고, 두껍게 칠해진 안료가 바탕천에서 떨어지는 것을 막아줍니다. 채색 때는 얼룩을 방지하는 효과도 있지요. 이 배채법 덕분에 고려 불화의 아름다운 모습이 오랫동안 간직될 수 있었습니다.

고도의 예술성을 낳은 소 수공업

지금까지 살펴본, 명품의 반열에 오른 높은 수준의 중앙 문화는 주로 중앙의 문벌귀족들이 향유한 문화입니다. 지방 문화에도 고려 문화의 특성이 잘 드러나 있지만, 적어도 예술적·기술적 측면에서는 지방 문화보다 중앙 문화가 훨씬 앞선 수준을 보여주고 있는 것이 사실이지요. 그러나 우리는 고려청자 같은 중앙 문화의 우수성을 극찬하면서도 이러한 질 높은 문화가 탄생할 수 있었던 기술적인 배경이나 사회적인 배경은 제대로 설명하지 못하고 있는 실정입니다.

중국인도 높이 평가한 고려 수공업 제품의 뛰어난 기술과 예술성은 어떤 사회적 기반에서 나온 것일까요? 고도의 예술성을 보여주는 중앙 문화는 문화의 향유자와 생산자가 분리되어 있고 향유자의 욕구와 취미에 맞게 생산된다는 특징이 있습니다. 조형미와 세련미가 돋보이는 것도 그 때문이지요. 그런데 향유자와 생산자의 분리를 통해 고도의 예술성을 지닌 질 높은 문화를 생산하려면 향유자와 생산자를 연결해주는 제도적 장치가 필요합니다. 그동안 미술사학계에서는 미술 작품 자체의 양식이나 미적인 특성에 주목하느라 이런 문제에 너무 소홀했습니다. 문화의 향유자와 생산자를 연결하는 제도적 장치를 찾는 문제는, 질 높은 문화가 탄생할 수 있었던 배경을 이해하는 데 있어 우선시되어야 할 중요한 사항입니다.

고려청자와 고려지가 당시 동아시아 세계에서 인기를 끈 이유를 단순히 제작 기술의 우수성만으로 설명할 수는 없습니다. 오늘날 우리나라의 선박과 자동차, 핸드폰, 텔레비전 같은 제품이 세계 일류로 평가받는 것은 끊임없는 기술의 개발과 축적을 가능케 한 사회적 생산

시스템이 갖추어져 있기 때문이지요. 이런 시스템은 국가와 사회의 관심과 지원 없이는 불가능합니다. 그런데 고려는 '소所'라는 사회적 생산체제를 갖추고 있었습니다.

> 고려 때 또한 '소'라고 불리는 곳이 있었다. 금소·은소·동소·철소·사소·주소·지소·와소·탄소·염소·먹소·곽소·자기소·어량소·강소로 구분되었으며, 해당 생산물을 공납했다. ─《신증동국여지승람》 권7. 여주목

고려 때 제도화된 '소'는 광산물이나 농수산물, 수공업 제품을 전문적으로 생산한 곳입니다. 여기에서 전문 기술자인 장인과 잡역을 담당하는 소민所民이 함께 수공업 제품을 생산했습니다. 청자·종이·나전칠기 같은 수준 높은 예술품은 이러한 소 제도가 있었기에 탄생할 수 있었습니다. 통일 후 신라에도 고려의 소 제도에 버금가는 '성成' 제도가 있었지요. 통일신라와 고려의 질 높은 문화 뒤에는 성이나 소 같은 사회적 생산 시스템이 있었던 것입니다.

고려청자의 주생산지는 전남 강진과 전북 부안 등 서해안 일대였습니다. 이 지역은 일찍부터 차 마시는 행위를 수행이라 여기는 선종이 유행한 데다 기후와 토양이 차 생산에 유리해 차 문화가 발달했죠. 그런 만큼 다기茶器에 대한 수요가 높았습니다. 게다가 지리적으로 중국의 선진적인 도자기 기술이 유입되기도, 지역의 생산물을 수도 개경으로 보내기도 쉬운 지역이었습니다. 현재 확인된 소 275개 중 절반가량이 전라도와 충청도에 집중되어 있었던 것도 해로를 통해 수요층이 밀집한 개경에 제품을 쉽게 운반할 수 있었기 때문입니다.

통합성의 상징, 고려대장경

고려 문화는 다양성 속에서 통합성을 지향한 문화였습니다. 중앙 문화와 지방 문화, 질과 양의 문화가 동시에 존재하는 다양성을 특징으로 하면서도 이들 문화가 서로 충돌하거나 배척하지 않고 조화를 이루어나갔지요. 바로 이 이질적이고 다양한 문화의 공존과 조화에서 고려 문화의 또 다른 특성인 통합성을 찾을 수 있습니다. 제1부 제1장에서 언급했듯이, 통합성은 다원성혹은 다양성과 함께 문화와 사상 면에서 나타나는 다원사회의 특성입니다. 통합성은 다양한 사상과 문화의 대립과 갈등을 방지하고 조화와 균형을 유지하는 역할은 물론, 다양한 사상과 문화를 융합해 새로운 문화를 창조하는 역할을 했습니다.

고려왕조에서 불교·유교·도교·풍수지리·민간 신앙 등 다양한 사상이 충돌 없이 공존한 것은 바로 이 통합성이 작용하고 있었기 때문입니다. 이는 문화 면에서도 다르지 않았는데, 특히 고려대장경은 인쇄술과 종이 제작 기술, 불교 관련 학문에 대한 높은 이해, 항몽정신 등 기술과 지식, 사상이 만나 융합된 통합성의 산물입니다.

고려의 문장가 이규보는 1237년 재조대장경 제작의 취지를 다음과 같이 밝혔습니다.

재조대장경
제작의 취지

> 그때현종 때나 지금이나 대장경은 한가지고, 그것을 새긴 일도 한가지고, 군신이 함께 하늘에 서원誓願한 것 또한 한가지인데, 어찌 그때만 거란 군사가 스스로 물러가고, 지금의 달단韃靼 몽골은 그렇지 않겠습니까? …… 진실로 지성으로 [서원]하는 것이 그때와 비교해 부끄러울 것이 없으니, 원하건대 제불성현 삼십삼천諸佛聖賢三十三天은 간곡하게 비는 것

을 헤아려 신통한 힘을 빌려주어 완악한 오랑캐가 발길을 거두고 멀리 도망하여 다시는 우리 국토를 밟는 일이 없게 하소서.

—《동국이상국집》권25, 대장각판 군신 기고문大藏刻版君臣祈告文

이규보는 현종 때 대장경을 제작하자 거란이 물러갔듯이 고려가 다시 대장경을 만들면 몽골도 도망갈 것이라고 했습니다. 1232년고종 19에 몽골의 침략으로 불타 없어진 대장경을 1237년에 다시 만들기 시작할 당시 군주와 신하들이 품었던 비장한 뜻이 잘 드러나 있지요.

최씨 정권은 이 사업을 통해 중앙과 지방의 민심을 결집하여 대몽항쟁을 효과적으로 수행하려 했습니다. 그리하여 1236년고종 23 강화도에 대장도감大藏都監을 설치하고, 1243년에는 남해안의 정림사定林寺에 분사대장도감分司大藏都監을 설치해 중앙과 지방에서 동시에 대장경 조판사업을 진행했습니다. 판각된 경판의 수가 8만여 장이라 해서 '팔만대장경'으로도 불리는 재조대장경은 1236년에 판각에 착수하여 15년 만에 완성1251되었다고 합니다. 그러나 재조대장경 경판에 표시된 작성 연대를 검토하면, 실제로는 1237년에 제조가 시작되어 1248년에 완성되었으니, 알려진 기간보다 더 짧은 11년 만에 완성된 것이지요. 재조대장경 판각 중에도 몽골과 두 차례 더 전쟁제3차, 4차 전쟁을 치렀는데, 실제 전쟁이 벌어지는 동안1237~1239, 1247~1248에 판각된 경판은 전체의 16퍼센트에 불과했습니다. 나머지는 대부분 전쟁이 소강 상태를 보이던 1240년과 1247년 사이에 집중적으로 판각되었습니다. 특히 1243년 지방에 분사대장도감이 설치되어 중앙과 지방에서 동시에 판각이 이루어지면서 판각 속도가 빨라졌는데, 1243년20퍼센트과 1244년24.7퍼센트, 1245년10.3퍼센트, 1246년6.6퍼센트 4년 동안에 전체의 약 62퍼센트가 완성되었습니다.

이 작업은 벌목공, 운반공, 목공, 각수 등 수많은 사람이 동원된 대역사大役事였습니다. 특히 글자를 새기는 각수刻手 중에는 전문적인 각수라고 보기 어려운 양반, 향리, 진사, 백정, 노비 등 매우 다양한 신분·계층이 섞여 있었습니다. 재조대장경은 새겨진 글자 수만도 약 5,200만 자나 됩니다. 숙련된 각수가 하루 평균 40자를 새긴다고 가정할 때, 15년 동안 5,200만 자를 새기려면 하루에 최소 240명의 숙련공이 동원되어야 합니다. 이를 연인원으로 계산하면 무려 130만 명의 숙련공이 필요하지요. 이런저런 사정을 고려하면 15년 동안 하루 평균 300~1,000명이 동원되어야 완성할 수 있는 사업이었던 것입니다.

경판 제작에는 주로 산벚나무와 돌배나무가 사용되었습니다. 재질이 너무 단단하지도 너무 연하지도 않아야 글자를 새기기도 쉽고, 쉽게 마모되거나 떨어져 나가지 않기 때문이지요. 무엇보다 길이 68~78센티미터, 폭 약 24센티미터, 두께 2.7~3.3센티미터의 경판 8만 장을 만들기 위해서는 지름 40센티미터 원목일 경우 2만 7,000그루, 지름 50~60센티미터 원목은 1만~1만 5,000그루가 필요합니다. 이렇게 완성된 경판 하나의 무게는 평균 3.4킬로그램으로 8만 장을 합치면 약 280톤에 달합니다. 10톤 트럭 28대 분량이지요. 그리고 8만여 장의 경판을 가로로 눕혀 쌓으면 백두산 높이에 가깝고, 그것을 이으면 약 150리약 59킬로미터가 됩니다. 고려대장경은 그 외형만 보더라도 조성에 얼마나 대단한 노력과 비용을 들였을지 상상하기조차 벅찰 정도입니다.

고려대장경의 진정한 면모는 이게 다가 아닙니다. 대장경은 부처의
설법을 담은 '경장經藏', 그것을 풀이하고 내용을 보완한 '논장論藏',
수행자의 계율을 담은 '율장律藏' 등 불교와 관련된 수많은 경전을 집
대성한 것입니다. 따라서 대장경 제작은 당시 유교와 함께 동아시아
세계 최고의 지식체계이던 불교의 모든 경전에 대한 완전한 이해 없
이는 불가능한 일입니다. 송나라가 972년부터 983년까지 11년에 걸쳐
완성한 것이 한자로 된 최초의 대장경인데, 고려는 송나라에 이어 두
번째로 한역漢譯 대장경 판각 사업에 착수한 나라입니다. 고려는 1011
년현종 2 재차 침입한 거란군에게 개경을 함락당하자, 991년에 입수한
송나라의 대장경을 토대로 내용을 덧붙이고 보완하여 대장경 조판사
업을 시작했습니다. 송나라에서 첫 한역본을 완성한 지 불과 30년도
안 돼 대장경 판각사업을 시작할 정도로 고려인들의 판각 기술, 불교
에 대한 이해와 지식 수준이 매우 높았던 것이지요. 이 대장경은 1087
년선종 4에 완성되었는데, 고려에서는 처음 새긴 것이라 하여 '초조初
彫대장경'이라 합니다. 초조대장경은 앞서 언급했듯이 1232년 몽골군
의 침입 때 불타 없어졌습니다.

고려가 재조대장경 작업을 단기간에 끝낼 수 있었던 이유는 세 가
지입니다. 첫째, 이미 대장경을 제작한 경험이 있었기 때문입니다. 재
조대장경 저본底本의 60퍼센트가 초조대장경인 것으로 보아, 초조대
장경은 불타 없어졌으나 이것을 종이에 인쇄한 인본印本이 많이 남아
있어 제작에 도움이 되었을 것입니다.

둘째, 새로운 불교 경전이 상당량 수집되었고 그에 관한 연구도 충
분했기 때문입니다. 재조대장경의 나머지 40퍼센트는 초조대장경 완

=== **초조대장경《유가사지론(瑜伽師地論)》권 제15** 초조대장경 경판은 1232년에 불타버렸지만, 그 인쇄본이 일본과 우리나라에 상당수 남아 있다. 사진은 그중 《유가사지론》 제15권이다. 11세기 현종 때 닥나무 종이에 인쇄된 상태 그대로, 본문 앞쪽에 감색의 표지가 붙은 채 전하고 있어 초조대장경 인쇄본의 원래 모습을 살필 수 있다. 《유가사지론》은 5세기경 인도의 미륵이 지은 논장으로, 당나라의 현장(玄奘, 602~664)이 한역한 것을 판각했다. 총 100권으로 구성되어 있다. 국립중앙박물관 소장.

성 후 송과 거란에서 새로 수집한 경전을 저본으로 삼았습니다. 즉, 초조대장경을 완성한 1087년 이후 재조대장경 제작에 착수한 1236년까지 약 150년 동안 동아시아에 유통된 수많은 불교 경전을 꾸준히 수집하여 정리했던 것이지요. 이는 당시 고려의 불교 연구와 이해 수준이 동아시아 최고 수준에 도달해 있었다는 증거이기도 합니다. 재조대장경의 독창성과 우수성은 바로 여기에 있습니다. 불교 경전 수집과 정리에는 특히 고려 최고의 학승學僧 대각국사 의천의 역할이 컸지요.

〔선종〕 2년 4월에 왕후王煦, 의천가 두 제자와 함께 비밀리에 송나라 상인의 배를 타고 송나라에 갔다. …… 의천은 사방을 돌아다니며 불법을 배우기를 〔송 황제에게〕 청하여 허락을 받은 뒤 관리를 데리고 오吳 땅의

사찰들을 방문했다. …… 그는 귀국하면서 불교와 유교 경전 1,000권을
[선종에게] 바쳤다. 또 국왕에게 아뢰어 흥왕사에 교장도감教藏都監을 설
치하고 거란과 송에서 사들인 불교 경전 4,000권을 모두 간행했다.

— 《고려사》 권90, 대각국사 왕후 열전

의천이 1085년선종 2 송나라에 가서 여러 사찰을 돌아다니며 불교를
연구했고, 거란과 송나라에서 사들인 수천 권의 불교 경전을 고려에
가지고 돌아와 이를 새로 간행했다는 기록입니다.

셋째, 통일신라 이래 인쇄 기술이 꾸준히 축적되어온 덕분이었습
니다. 대장경은 인쇄술의 발달이라는 기술의 진보가 없었다면 완성될
수 없었습니다. 당시 고려의 인쇄술은 세계 최고의 첨단 기술로서 지
식과 정보의 공유와 전파를 가능케 하는 수단이었습니다. 단순한 기
술을 넘어 인간의 정신과 가치를 전달하는 매체였지요. 그런 만큼 대
장경은 인간의 기술과 정신이 통합되어 피어난 아름다운 꽃이라 할
수 있지요.

고려대장경은 이렇게 고려의 지식 수준과 문화 강국으로서의 모습
을 보여주는 상징적인 문화유산입니다. 나아가 이 작업에 중앙과 지
방의 다양한 계층이 참여했다는 점에서 중앙과 지방 문화, 기술과 지
식을 하나로 묶어 통합성을 추구한 다원사회의 문화적 특성을 보여주
는 대표적인 유산이기도 합니다.

2. 다양한 사상의 공존과 통합

불교 국교설에 대한 재검토

이제 고려의 불교에 관해 살펴보려 합니다. 구체적인 내용을 거론하기에 앞서, 아직도 정설처럼 회자되는 '불교 국교설', 즉 '불교가 고려의 국교國教라는 주장'에 대해 검토해보기로 하지요. 특정 종교가 한 나라의 국교가 되려면 그 종교의 이념과 정신이 나라의 법과 제도에 반영되어 국가의 통치 이념이자 원리가 되어야 하는데, 불교가 고려의 국교임을 당연시하는 글들은 주로 태조 왕건이 작성한 〈훈요십조〉를 그 근거로 인용합니다. 그런 만큼 이 책에서도 〈훈요십조〉를 중심으로 불교 국교설을 검토하기로 하겠습니다.

　〈훈요십조〉 중에서도 제1조와 제6조가 많이 인용됩니다. 제1조의 "고려왕조는 여러 부처가 보호해주는 힘을 입어 건국되었다"라는 구절과 제6조의 "뒷날에 간신들이 두 행사연등회와 팔관회를 더하거나 줄이자고 건의하지 못하게 하라"는 구절이 그것입니다. 특히 제1조의 해당 구절은 고려 왕조 개창에 불교가 커다란 역할을 했음을 알려주는 내용이라 불교 국교설의 유력한 근거로 많이 인용되어왔습니다. 그런데 제1조의 나머지 내용을 보면, 해당 조를 작성한 취지가 뒷날 간신과 승려가 서로 결탁해 사원의 소유권을 빼앗는 등 불교가 낳을 수 있는 폐단을 경계하는 데 있었음을 알 수 있습니다. 제2조 역시 불교를 언급하고 있지만, 결국은 사원을 함부로 짓지 말라는 내용입니다. 제6조의 해당 구절도 연등회와 팔관회를 반드시 시행하라는 태조의 주문일 뿐 불교가 고려의 국교임을 뒷받침하는 근거는 아니지요. 게다가 연등회는 알다시피 고려의 대표적인 불교 행사이지만, 팔관회는 불교는 물론 신라 이래의 낭가사상郎家思想과 민간 신앙을 포함한 전통 사상과 조상 숭배 및 제천 의식을 담은 의례였습니다. 태조가 제6조에서 강조한 것은 불교 의례만이 아니었다는 말입니다.

왕조 개창에 도움을 준 사상은 불교만이 아니었습니다. 태조는 제5조에서 "짐은 삼한 산천의 숨은 도움에 힘입어 대업을 이루었다"라고 했지요. 여기서 '삼한 산천의 숨은 도움'이란 구체적으로 풍수지리사상을 뜻합니다. 제1조에서 건국 당시 불교의 도움을 강조한 것처럼 제5조에서는 풍수지리사상의 도움을 강조한 것입니다. 태조 왕건은 풍수지리사상도 불교와 같이 왕조 건국에 커다란 역할을 한 것으로 인식한 것이지요. 따라서 제1조와 제2조, 제6조에 근거한 불교 국교설은 설득력이 부족합니다.

오히려 태조 왕건은 나라를 통치하는 데 유교 정치 이념이 필요하다고 여겼습니다. 〈훈요십조〉의 다른 조항들에 태조의 이런 인식이 담겨 있습니다. 임금이 신하와 백성의 마음, 즉 민심을 얻기 위해서는 신하의 비판과 충고를 듣고 때에 맞춰 백성을 부리고 부세와 요역을 가볍게 하고 농사짓는 어려움을 알아야 한다는 내용의 제7조와, 군주와 관료는 유교 경전과 역사서를 읽어 통치의 거울로 삼아야 한다고 한 제10조가 그 예입니다. 이 두 조항은 모두 유교 이념에 입각한 정치, 즉 군주의 '어진 정치仁政'를 강조한 것입니다.

이상에서 살펴본 바와 같이, 불교 국교설이 자주 인용하는 〈훈요십조〉의 몇 개 조항은 불교가 고려의 국교라는 근거가 될 수 없습니다. 태조가 〈훈요십조〉에서 불교를 상대적으로 많이 언급한 것은 왕조 개창에 크게 이바지한 불교가 뒷날 일으킬지도 모를 폐단을 경계하려는 뜻이었습니다. 그렇지만 불교가 고려왕조 내내 다른 어느 종교와 사상보다 우위에 있었으며 정치·경제 등 여러 측면에서 커다란 역할을 한 것은 부인할 수 없습니다. 그에 대해 살펴보기로 하겠습니다.

불교의 위상과 지위

불교가 고려의 국교라고 말하기는 힘들지만, 다른 어떤 종교나 사상보다 우월한 지위에 있었던 것만은 분명합니다. 고려에 불교와 승려를 위한 공식적인 기구와 제도가 존재한 사실이 이를 뒷받침합니다.

고려의 과거 시험에는 승려를 위한 승과僧科가 있었습니다. 여기에 합격한 승려는 '대덕大德'이라는 법계法階, 승려의 계급를 받는데, 이후 수행과 덕의 높낮이에 따라 대사大師, 중대사重大師를 거쳐 삼중대사三重大師로 승진할 수 있었습니다. 여기까지는 교종과 선종의 구분이 없었습니다. 그 이상의 법계는 교종 승려의 경우 수좌首座를 거쳐 승통僧統, 선종 승려는 선사禪師를 거쳐 대선사大禪師까지 승진할 수 있었습니다. 승진은 해당 종파의 추천과 법계를 받은 승려들로 구성된 '승록사僧錄司'라는 중앙 관청의 허가를 받아야 가능했습니다. 단, 삼중대사 이상의 법계를 받으려면 국왕의 재가가 필요했지요. 대선사 이하 모든 법계는 상서성에서 제수했습니다. 이렇게 승과에 합격해 법계를 받아야 불교계의 고위직으로 진출할 수 있었습니다. 그중에서도 '왕사'와 '국사'는 최고위직이라 할 수 있지요.

왕사와 국사 제도는 조직으로서의 불교계가 이렇게 세속의 관료체계에 의해 통제되었던 반면, 종교로서 불교의 초超세속적인 권위를 인정하는 제도였습니다. 왕사王師는 글자 그대로 '왕의 스승'이고, 국사國師는 '나라의 스승'입니다. 불교계에서 덕이 높은 자를 왕사, 그보다 덕이 높은 자를 국사로 임명했다고 합니다. 이렇게 보면, 국사가 왕사보다 우월한 지위라고 할 수 있습니다. 물론 관료들과 종단의 의견을 참고하기는 하지만, 왕사와 국사의 임명에는 누구보다 왕실의 의지가 크게 작용했습니다. 왕사나 국사가 새로 임명되면 국왕은 그들에게 아홉 번 절을 합니다. 제자의 예를 취한 것이지요. 이를 통해 적어도 의례상으로는 국왕이 그들의 권위 아래 있음을 알려줍니다. 당시 불교의 위상을 상징적으로 보여주는 예이자, 왕사나 국사가 교권과 왕권의 갈등을 조정하고 해소하는 역할을 했음을 보여주는 장면이라고 할 수 있습니다.

고려시대에는 주요 사원의 주지도 국왕이 임명했습니다. 하지만 후기에는 국왕의 신임을 받는 특정 승려가 주지 임명에 관여하면서 불교 종단 간에 갈등이 생겨나기도 했습니다. 나아가 고위 승직僧職에 임명되려면 국왕을 비롯한 정치권에 인맥이 있어야 했습니다. 이 때문에 승려의 정치 관여가 불가피했다고 할 수 있지요. 고려시대에 불교가 다른 종교나 사상보다 우위에 있을 수 있었던 것은 이렇게 승과나 왕사·국사 같은 제도와 승록사 같은 중앙 기구가 불교를 뒷받침했기 때문입니다.

고려왕조는 불교 행사를 국가적 행사로 장려했습니다. 태조 왕건은 〈훈요십조〉에서 "내가 지극히 원하는 것은 연등과 팔관인데, 연등은 부처를 섬기고 팔관은 천령天靈·오악五嶽·명산名山·대천大川·용신龍神을 섬기는 것"이라며 팔관회와 함께 연등회를 강조했습니다. 연등회는 매년 정월 보름에 주로 열리는 전형적인 불교 행사이며, 팔관회역시 국왕이 사원에 행차하여 부처에게 향불을 올리는 축향祝香 의식으로 행사의 시작을 알릴 만큼 불교와 떼려야 뗄 수 없는 관계에 있었지요.

연등회·팔관회 두 행사 외에도 고려 왕실은 중요한 왕실 행사를 불교 사원에서 거행하곤 했습니다. 국왕의 생일이나 선왕先王의 기일忌日 관련 행사도 사원에서 거행했습니다. 이외 사회의 다양한 계층이 사원에서 개인과 공동체를 위한 다양한 의례를 치렀는데, '향도香徒'라 불리던 기불祈佛 단체는 불사佛事를 준비하거나 불탑을 조성하기도 했습니다. 이같이 고려시대에는 불교가 사회 전반에 깊숙이 침투하여 사람들의 생활과 의식에 큰 영향을 끼쳤습니다. 유교 가치관이 심화된 조선 사회와는 매우 대조적이라 할 수 있습니다.

불교사상의 전개

고려의 불교사상은 종파, 즉 종단을 중심으로 이해하는 것이 편리합니다. 고려 전기에는 선종禪宗·화엄종華嚴宗·법상종法相宗 3대 종단이, 중기에는 여기에 천태종天台宗이 추가됨으로써 4대 종단이 중심이 되어 불교사상을 전개합니다.

선종은 후삼국 통합전쟁 중 고려 태조가 지방세력과 연계된 유력한 선종 승려와 관계를 맺으면서 발달하게 됩니다. 화엄종은 광종 때 왕권 강화 노력과 함께 크게 부상합니다. 광종은 귀법사歸法寺를 창건하고 균여均如, 923~973를 주지로 삼아 화엄종의 여러 종파를 통합하고 법상종까지 융화하는 성상융회性相融會사상을 표방합니다. 광종은 선종인 법안종法眼宗도 후원합니다. 법안종 역시 교선敎禪 일치를 주장하여 화엄종의 성상융회사상과 함께 정치적 대립을 극복하고 왕권을 강화하려는 광종의 정치 이념과 연결됩니다. 이 시기 불교사상도 이같은 시대적 조류에 따라 발전합니다.

현종의 즉위를 도운 법상종단은 현종이 부모를 위해 세운 현화사玄化寺를 중심으로 문종 때까지 크게 발전합니다. 문종 때는 화엄종단이 국왕과 왕실의 지원에 힘입어 흥왕사興王寺를 중심으로 발전하면서 법상종단과 대립하게 됩니다. 이때 법상종은 소현韶顯, 1038~1096, 화엄종은 의천이 각각 중심이 되어 이끌었는데, 소현은 인주 이씨 이자연의 아들이고, 의천은 문종의 넷째 아들입니다. 각각 문벌과 왕실을 대표하는 인물로서, 그들이 이끄는 두 교단 역시 각각의 집단을 대변했습니다.

의천은 선종 때 송나라에 가서 송의 화엄학과 함께 왕안석의 신법

═══ 《대방광불화엄경소(大方廣佛華嚴經疏)》권 제41   의천이 송나라를 방문했을 때 판각을
주문한 것으로, 송나라 승려 정원(淨源)이 화엄경을 쉽게 풀이한 책이다. 판각된 목판은 1087
년(선종 4) 송나라 상인 서전(徐戩)을 통해 고려에 들어왔다. 고려는 이후 필요할 때마다 이를
인쇄했는데, 사진의 인쇄본은 1372년(공민왕 21)에 김사행(金師幸) 등이 원본에 없던 변상도 판
각을 발원하여 인쇄한 것이다. 문화재청 제공.

을 수용하고 돌아와 불교계의 통합을 추진하는 한편, 형인 숙종이 즉
위한 후 숙종의 신법정책을 자문하는 등 문벌세력을 누르고 왕권을
확립하기 위해 노력한 숙종을 정치적으로 뒷받침했습니다. 특히 1097
년숙종 2에 완공된 국청사國淸寺의 주지가 되어 이곳을 중심으로 천태
종을 창립했습니다. 이른바 '삼승三乘을 모아 일승一乘으로 나아간다',
즉 '수많은 부처의 가르침이 있지만 결국은 깨달음이라는 하나의 종
점으로 귀결된다'는 천태종의 회삼귀일會三歸一사상은 불교계 통합의
중요한 사상적 근거가 되었습니다.

　그러나 이후 정치세력에 교단이 휩쓸리면서 법상종과 선종을 비롯
한 각 종단 내부에 갈등이 일어났고, 문벌의 후원을 받은 법상종은 물

론 선종도 크게 세력이 약해집니다. 이러한 경향에 반발하면서 선종이 다시 일어나고 결사 운동이 벌어지기도 합니다. 또한 이자현李資玄, 윤언이尹彦頤 등 정치 현실에 실망한 문벌세력 일부가 거사居士를 표방하면서 선禪에 탐닉하는 거사 불교가 유행하기도 합니다.

무신정권기에는 불교계에 신앙 결사 운동이 유행합니다. 신앙 결사 운동은 선종 승려인 지눌知訥, 1158~1210의 수선사修禪寺, 송광사와 천태종 승려인 요세了世, 1163~1245의 백련사白蓮社가 주도합니다. 지눌은 불교계의 타락상을 목격하고 1190년명종 20 불교 본연의 수행을 목표로 한 '정혜결사定慧結社'를 표방하며 선과 교를 함께 닦는 '정혜쌍수定慧雙修'와 먼저 이치를 깨우치고 번뇌와 나쁜 습관을 차차 제거해나간다는 '돈오점수頓悟漸修'를 내세웁니다. 특히 수선사는 무신 권력자 최이의 지원을 받아 불교 교단의 중심 사찰이 되었고, 지눌 이후 고려 후기까지 16명의 국사와 왕사를 배출했습니다. 요세는 당시 불교계의 분위기에 실망하여 1216년 전남 강진에서 지방 토호세력의 지원을 받아 백련결사를 결성합니다. 요세는 참회와 미타 정토를 강조하여 피지배층 사이에서 지눌보다 더 큰 지지를 얻었습니다.

무신정권기 결사 운동은 불교의 구심점이 중앙의 왕족과 문벌에서 지방의 향리층과 독서층으로 옮아가고, 이들이 역사의 새로운 주역으로 등장하는 계기가 되었습니다. 특히 백련사의 신앙 결사 운동은 불교의 실천성을 강조하여 불교계의 세속화를 막고 사회의 모순을 극복하려 했습니다.

원 간섭기 충렬왕은 천태법화사상에 관심을 가지고 왕실 원당으로 묘련사妙蓮寺를 창건합니다. 이를 계기로 천태종이 불교계의 중심 교단이 됩니다. 그러나 천태종은 충렬·충선·충숙왕을 거치며 점차 권력과 밀착, 귀족 불교의 성격을 띠게 됩니다. 이로써 일반 대중의 지원을 받던 천태종계 백련사의 신앙 운동은 점차 위축됩니다. 불교의 귀족화 경향과 함께 지배층의 부원화附元化 경향마저 심화되자, 승려 무기無寄, 체원體元 등이 나서서 불교계를 정화하려는 노력을 전개합니다. 그러나 이미 귀족화되어버린 불교계에 실망한 일반 대중은 불교계의 정화 노력조차 더는 지지하지 않게 됩니다. 사상계의 주도권이 점차 성리학으로 넘어가게 되는 이유입니다. 무신정권기에 시작된 불교계의 신앙 결사 운동이 고려 말에 성리학이 쉽게 정착하게 된 하나의 배경이 되었던 것입니다.

다양한 신격과 신앙의 공존

고려 사회에는 다양한 신격이 존재했고, 많은 사람이 이를 신앙했습니다. 다원사회의 또 다른 모습이라고 할 수 있지요. 고려인들은 하늘을 주재한 천신天神인 지고신至高神을 신앙했습니다. 태일太一과 천황天皇이 대표적인데, 이들은 중국의 역대 왕조에서 통용되어온, 하늘을 주재하는 절대적 존재였지요. 또한, 고려인들은 지상의 명산과 대천에도 각각 '대왕大王'과 '용왕龍王'으로 불리는 신격이 존재한다고 믿었습니다. 하늘의 지고신과 지상의 신격 사이에는 마치 천자-제후의 관계를 연상케 하는 층위와 서열이 있었습니다.

지상의 신 중에는 대왕과 용왕 외에 군현의 치소와 읍성에서 받드는 제신諸神과 성황신도 있었습니다. 고려 정부는 이런 지상의 여러 신격을 대사大祀·중사·소사로 서열화하여, 국가에서 공식적으로 행하는 각종 제사의 규범이나 규정을 정한 사전祀典체제에 편입했습니다. 그리하여 나라에 큰 경사가 있거나 위기가 닥쳤을 때 이 신들에게 작위를 부여하거나 신들을 제사 지내게 하고, 제사를 위한 토지도 지급했습니다. 여러 신격에 대한 신앙을 공식적으로 인정한 것이지요. 다양한 신격과 신앙의 존재는 1202년신종 5 경주 일대에서 일어난 신라 부흥 운동을 진압하기 위해 이규보가 지은 제문祭文에 잘 드러나 있습니다(《동국이상국집》권38 참조).

고려왕조는 이렇게 중국의 지고신 개념을 도입하여 각종 의례에서 하늘을 주재하는 절대자로 상징화했고, 이를 바탕으로 왕조의 권위를 확립하고 민심의 통합을 이루어냈습니다. 고려 다원사회의 또 다른 모습인 개방성이 신앙에도 작용한 구체적인 증거이지요. 한편 삼국 이래 민간의 개인과 공동체에서 신앙해온 자연 발생 혹은 토착화한 여러 신격을 수용하여 지고신 관념과 충돌 없이 서열화한 후 국가의 사전체제에 포함한 것은, 천황·태일 같은 외래의 신격과 토착 신격이 서로 충돌하지 않고 조화와 균형을 이루면서 고려 특유의 정체성을 확립해나간 구체적인 증거가 됩니다. 국가의 사전체제에 나타난 고려의 개방성과 정체성은 새로운 사상과 종교의 수용과 변용을 가능하게 했으며, 고려인의 종교와 신앙이 다원적인 가치관에 기초하고 있음을 보여주는 좋은 예가 됩니다.

지상의 신격을 받드는 신앙 가운데 민간에서 많이 유행한 향도 신앙과 성황 신앙에 대해 살펴보겠습니다. 향도 신앙은 불교적인 색채가 강한 민간 신앙입니다. 지방의 하층민들은 향나무를 땅에 묻는 매

●
향도 신앙과
성황 신앙

—— **사천 흥사리 매향비**　1387년(우왕 13)에 세워진 비로, 불교 승려들을 중심으로 4,100여 명이 참여하여 계(契)를 조직한 뒤 내세의 행운을 빌고 왕의 만수무강과 나라의 평안을 기원하기 위해 향나무를 묻고 비를 세웠다는 내용이 담겨 있다. 문화재청 제공.

향埋香 행위를 통해 현실의 위기를 극복하고 불안감을 해소하고자 했습니다. 향나무를 땅에 묻으면 언젠가는 미륵불이 나타나서 고난에 빠진 자신들을 구제해준다고 믿었죠. 이처럼 향나무를 묻으며 부처에게 비는 기불 행위를 하는 단체를 '향도香徒'라고 합니다. 이들은 향나무를 묻은 곳에 기원하는 바를 적은 비석을 세웠는데, 이를 '매향비'라 합니다. 여기에는 매향 행사에 참여한 사람들의 숫자도 적혀 있지요. 이 매향비가 발굴되는 지역은 주로 해안가로, 아무래도 해안 지역에 외적의 침입이 잦았기 때문인 듯합니다. 그런데 향도는 이런 매향 활동만이 아니라, 불상이나 석탑을 조성하는 등의 공동 노동 행위를 통해 공동체 의식을 키우기도 했습니다. 예를 들어 현종 때 개심사開心寺 석탑 조성에 향도가 참여했는데, 연인원이 2만 명에 달했다는 기록이 있습니다. 이런 기불 행사를 통해서 마을과 공동체를 유지해나가는 역할도 했던 것입니다.

이런 점에서 요즘 또 주목을 받는 것이 성황 신앙입니다. 향도 신앙이 불교적 색채가 짙은 민간 신앙이라면, 성황 신앙은 그야말로 민간 전래의 고유신앙이라 할 수 있습니다. 성황의 '성城'은 '산성山城'을 뜻하고, '황隍'은 달리 '성지城池'라고도 하는데 성을 방어하기 위해 성 밑에 깊이 파놓은 땅인 호壕에 물을 채워 적이 성안으로 들어오지 못하게 한 방어 시설을 의미합니다. 따라서 성황신은 마을이나 공동체를 지켜주는 일종의 수호신으로, 이러한 신을 믿고 모시는 일을 성황 신앙이라 했던 것이지요. 성황 신앙은 본래 6세기 중국에서 시작된 것으로, 마을을 지키는 영험한 신이 있어 전쟁이나 내란 시에도 마을을 수호해준다고 믿고 제사를 지낸 데서 비롯되었습니다. 고려 때도 군현마다 수호신을 모셨는데, 이 수호신을 모신 곳을 '성황당' 또는 '성황 신사'라고 했습니다. 조선시대에 마을의 수호신을 모시는 곳을 가리키던 '서낭당'도 이 성황당에서 나온 듯합니다. 그런데 지역 단위의 신인 만큼, 지역마다 모시는 성황신이 달랐습니다. 예를 들어 백제 부흥군의 거점 임존성이 있는 충남 예산 대흥 지역에서는 이 지역을 침략했던 당나라의 장군 소정방蘇定方을, 전남 곡성에서는 이 지역 출신의 고려 장군 신숭겸申崇謙을, 경북 의성 지역에서는 이 지역의 유력한 지방세력인 홍술洪述을 수호신으로 모셨습니다. 이는 지방세력들이 자기 지역의 주민을 결속하는 데 성황 신앙이 일정한 역할을 했음을 뜻합니다.

무당을 매개로 하는 무속 신앙 역시 고려 때 주요한 민간 신앙의 하나였습니다. 향도 신앙이나 성황 신앙도 어찌 보면 무속 신앙과 결합하거나 무속 신앙의 바탕 위에서 생겨난 것이라 할 수 있습니다. 조선 초기에는 이와 관련된 신앙 활동을 모두 음사淫邪 행위로 규정해서 금지했지만, 고려시대에는 다양한 형태의 신앙 활동이 지방사회에서 보편적으로 행해졌지요.

물론 12세기 이후 유교가 점차 확산되면서 민간 신앙이 많이 쇠퇴한 것이 사실입니다. 유교적 소양을 갖춘 문인 관료층이 고려 중기 이후 지방관으로 파견되어 민간 신앙 활동을 제한하거나 금지한 사례가 기록에 더러 남아 있습니다. 그러나 고려 정부는 이를 아예 폐지하거나 방치하지 않고 국가 질서 속에 수렴했습니다. 지방사회의 자율성을 인정하면서 한편으로 통일성을 유지하려는 고려 특유의 정치·문화적 풍토가 신앙에도 적용되었던 것입니다.

팔관회, 국가와 사회의 통합을 추구한 제의

앞에서 지식과 기술의 결합을 통해 통합성을 추구한 상징적인 문화로 고려대장경을 살펴봤습니다. 사상과 의례에서도 그와 같이 통합을 추구한 사례가 있는데, 바로 팔관회입니다. 팔관회는 원래 불교에서 재가신도在家信徒, 출가하지 않은 불교 신자가 지켜야 할 '8계八戒', 즉 살생하지 않고不殺生 남의 것을 갖지 않고不與取 음행하지 않고不淫 헛된 말을 하지 않고不妄語 음주하지 않는不飮酒 등 일상에서 지키기 어려운 여덟 가지 계율을 하루만이라도 엄격히 지키려는 뜻에서 개최한 법회였습니다. 신라 진흥왕 12년551 고구려에서 귀화한 승려 혜량법사 惠亮法師가 전사한 군인들의 영혼을 위로하기 위해 법회를 연 것이 팔관회에 관한 첫 기록입니다. 궁예도 900년 양주와 견주를 정벌한 뒤 팔관회를 열었는데, 당시에는 불교 행사였습니다.

고려왕조에서는 이 팔관회가 하늘과 명산, 대천에 제사를 지내는 의식인 제천 행사로 변화합니다. 태조 왕건은 〈훈요십조〉에서 "연등회는 부처를 섬기고, 팔관회는 천령·오악·명산·대천·용신을 섬기는" 행사라고 했습니다. 연등회는 불교 의식, 팔관회는 하늘과 산천에 대한 제의로 규정한 것입니다. 연등회와 팔관회는 "선왕들의 제삿날을 피해 군신이 함께 즐기는 행사가 되어야 한다"라고도 했지요. 나아가 팔관회는 각 지방 단위의 성황 신앙이나 향도 신앙을 하나의 의례로 묶어낸다는 의미도 있었습니다. 종교와 사상의 다양성을 인정하되, 이를 하나의 국가적 행사에 담아 통합성을 추구한 것이지요.

팔관회는 매년 개경과 서경에서 개최되는데, 개경은 11월 15일, 서경은 그보다 한 달 앞선 10월 15일을 전후로 행사를 진행했습니다. 이 중 개경의 팔관회 의식은 소회小會와 대회大會로 나누어 이틀간 진행했습니다. 첫날 행사인 소회에서는 국왕이 태조 왕건의 진영眞影, 초상화에 참배한 뒤 태자를 비롯한 왕족, 중앙 관료와 3경, 동·서 병마사, 4도호부, 8목 지방관들의 인사와 헌수獻壽, 장수를 빌며 술잔을 올리는 것을 받습니다. 이어 격구장에 설치된 무대에서 선랑의 무용과 가무, 포구락 抛毬樂, 공 던지는 놀이과 구장기九張機, 나무타기 놀이 등 기악伎樂 공연이 펼쳐집니다. 이날 참석자들은 국왕이 내린 술과 음식을 들면서 여

═══ 〈**봉수당 진찬(奉壽堂進饌)**〉 1795년(조선 정조 19) 혜경궁 홍씨의 회갑연을 기록한《원행을묘정리의궤(園幸乙卯整理儀軌)》에 기초하여 김득신 등이 그린 〈화성능행도(華城陵幸圖)〉 8폭 병풍 중 하나이다. 포구락은 포구문(抛毬門)을 가운데 놓고 편을 갈라 노래하고 춤추다가 '풍류안(風流眼)'으로 불리는 구멍에 차례로 공을 던져 넣는 놀이로, 고려시대에 송나라에서 당악의 하나로 전해진 후 고려의 팔관회와 연등회, 조선의 각종 국가 행사에서 공연되었다. 화성행궁의 정전인 봉수당 앞마당에서 벌어진 혜경궁 홍씨의 회갑연에서도 포구락이 공연되었다. 하단에 포구문 두 개가 보인다. 국립중앙박물관 소장.

러 공연을 관람합니다. 둘째 날 행사인 대회에서도 국왕은 행향行香, 향을 나눠주는 의식과 작헌酌獻, 신위에 술을 올리는 의식을 행한 후 특별히 송나라 상인들과 여진·탐라·일본인의 인사를 받습니다. 그들은 인사와 함께 공물을 국왕에게 바칩니다. 그런 후 국왕이 하사한 술과 음식을 들면서 공연을 관람합니다. 여기서도 전국 각지의 여러 가지 음악과 춤이 공연되는데, 이 역시 다양한 문화를 아울러 통일성을 추구하려는 고려의 문화적 특성이 드러나는 장면입니다.

팔관회는 고려의 천하관이 드러나는 행사이기도 합니다. 무엇보다 국왕의 의복에서 이 점이 확인되지요. 팔관회에서 고려 국왕은 황제를 상징하는 황포를 입고 왕족을 비롯해 중앙과 지방의 관료, 외국의 상인과 추장으로부터 인사와 장수를 비는 술잔을 받습니다. 이들은 제후 자격으로 천자인 고려 국왕에게 인사를 올리는 것이지요. 지방의 수령들이 국왕에게 표문을 올리는 의식을 행한 것이나 동·서 여진을 변방의 속국을 의미하는 '동서번東西藩'이라 칭한 것도 같은 의미라 할 수 있습니다. 따라서 팔관회는 고려가 천자국임을 내외에 과시하는 한편, 지역과 계층을 막론한 다양한 인간 집단과 그들의 각기 다른 신앙체계를 국가 질서 속에 흡수하여 왕조 국가의 위상을 높이고 지역과 계층 및 사상의 통합을 추구한 고려 특유의 의식이라 할 수 있습니다.

성리학 수용과 사회 변화

전근대에 수용된 외래문화 가운데 우리 역사에 가장 큰 영향을 끼친

세 가지를 들라면, 필자는 4~6세기에 수용된 불교와 고려 초기에 수용된 과거제, 고려 후기에 수용된 성리학을 들겠습니다. 불교는 우리 고대 문화에 큰 영향을 끼쳤고, 과거제는 고려의 정치 질서를 크게 변화시켰지요. 그리고 고려 후기에 수용된 성리학은 본격적인 고려 개혁의 길을 열었을 뿐 아니라, 결국 왕조를 붕괴시키고 조선이라는 새로운 왕조를 여는 일에 사상적 원동력으로 작용했습니다. 이러한 결과를 예견했더라면 당시 고려의 지배층은 성리학이라는 사상을, 지금의 표현대로라면 '반체제 불온사상'으로 매도하여 발도 붙이지 못하게 했을 것입니다.

성리학은 원나라로부터 수용되었습니다. 원 간섭기에 고려와 원 사이에 활발한 교류가 이루어지면서 선진 문물의 중심지인 원나라로 유학 간 다수의 고려 학자와 문인을 통해 성리학이 유입됩니다. 당시 원나라 수도에는 성리학이 발원한 남송 출신의 성리학자들이 관리나 학자로서 머물렀는데, 이들과 교류하며 자연스럽게 성리학을 접한 것이죠. 권부權溥·안향安珦·백이정白頤正 같은 인물이 이들과의 교류를 통해 성리학을 수용한 고려의 학자들입니다. 특히 충선왕이 왕위를 아들 충숙왕에게 물려준 이듬해1314 원나라 수도에 세운 학문 기관 '만권당萬卷堂'이 고려의 성리학 수용에 큰 역할을 했습니다. 충선왕이 이곳에 조맹부趙孟頫·장양호張養浩·원명선元明善·우집虞集 등 남송 출신의 빼어난 성리학자들과 이제현李齊賢 등 고려의 유학자들을 불러들여 학문적인 교류를 하면서 고려 지식인들의 성리학에 대한 이해가 깊어졌지요. 원의 과거 시험도 고려의 성리학 수용에 적잖은 역할을 했습니다. 원나라는 충선왕의 건의로 1313년부터 과거제를 시행했는데, 이때 유학의 사서四書로 불리는 《논어論語》·《맹자孟子》·《중용中庸》·《대학大學》을 주요 시험과목으로 채택했습니다. '사서'는 성리학을 완성한 송나라의 주희朱熹가 기존의 《논어》와 《맹자》, 《예기禮記》의 '중용'과 '대학' 편을 성리학의 관점에서 주석한 '사서집주四書集註'에서 유래한 것으로, 사서를 시험과목으로 채택했다는 것은 주희의 주석서를 읽어야 과거에 응시라도 할 수 있다는 의미였습니다. 그런데 당시 고려의 지식인들은 출세를 위해 고려보다는 원나라에서 시행하는 과거에 응시하는 추세였던 만큼, 이들을 통해 성리학이 자연스럽게 고려에 수용되었던 것입니다.

이렇게 유입된 성리학이 점차 고려에 뿌리를 내리게 됩니다. 이는 무엇보다 성리학이 원 간섭기 이래 개혁 정치의 이념적 동력으로 작용한 때문입니다. 성리학의 어떤 측면이 개혁 정치를 부추기는 요인이 되었을까요? 성리학은 '치자층治者層', 즉 지배층의 수양과 수신을 강조합니다. 치자가 되려면 먼저 자신의 마음을 닦고 몸가짐을 바르게 하는 '수기修己'와 '수양修養'을 해야 한다는 것이죠. 이는 인간의 욕망을 억제하여 하늘과 자연의 질서에 순응하려는 성리학의 우주론에 바탕을 둔 것입니다. 나아가 성리학은 치자층이 올바른 경륜으로 세상을 바로잡고 백성을 구제해야 한다는 '경세제민經世濟民'을 내세웠습니다. 치자층의 도덕성과 함께 책임감을 강조한 것이죠. 원 간섭기 이래 여러 차례 단행된 개혁이 개혁의 주체인 국왕 측근의 부패로 인해 번번이 실패한 상황에서 치자층의 도덕성과 책임감을 강조한 성리학 이념은 그간의 개혁을 성공으로 돌리는 데 적합한 이념이었습니다. 성리학이 당시 지배층 사이에 널리 퍼진 것도 그 때문입니다. 게다가 1340년대에는 고려에서도 주희가 집주한 사서가 시험과목으로 채택되어 성리학이 지배층 안에 본격적으로 뿌리를 내리게 됩니다.

성리학은 고려 말 개혁을 어떠한 방향으로 이끌었을까요? 성리학적 개혁론은 두 가지 방향을 제시했습니다. 하나는 성리학이 강조하듯 도덕성과 책임의식을 갖춘 관료 집단을 양성한다는 것이었습니다. 이를 위해서는 최이 정권 이래 고려의 인사 행정을 전담하다시피 하던 '정방'을 혁파하는 등 올바른 인재 선발을 위한 개혁이 필요했습니다. 다른 하나는 당시 민의 커다란 불만인 권세가의 불법적인 토지 탈점을 저지하고 토지제도를 개혁하여 새로 충원되는 관료 집단의 경제적 기반을 마련하는 것이었습니다. 과전법이 그 방안이었지요. 이 두 가지 방안을 이른바 '택인재 복과전擇人才復科田'이라 합니다. 정도전·조준 등 사대부 세력의 개혁은 이러한 방안을 바탕으로 했습니다. 특히 공민왕 대 성균관이 중영重營된 후로 이곳을 중심으로 이색李穡·정몽주鄭夢周 등 유학자들의 성리학 연구가 본격화되었고, 성리학으로 무장한 젊은이들이 과거를 통해 대거 정계에 진출합니다. 이들이 사대부라는 새로운 정치세력으로 결집하면서 성리학 이념에 입각한 개혁이 본격화됩니다. 결국 이들이 1388년 위화도 회군 이후 이성계 일파와 함께 토지제도 개혁을 비롯한 전면적인 개혁을 추진하면서 고려왕조는 종말을 맞이하고 새로운 왕조 조선이 들어서게 되는 것입니다.

3. 역사 인식과 그 변화

역사 편찬과 사관

고려왕조는 건국 초기인 10세기에 역사서 편찬 기구를 설치했습니다. 이를 '사관史館'이라 합니다. 그 이전 삼국이나 통일신라기에도 역사서 편찬 기구가 존재했는지는 기록이 없어 확인할 수 없습니다. 고려왕조는 개국 이래 중국의 선진 문물을 수용하여 정치·경제·군사 등 여러 면에서 제도와 조직을 새롭게 정비하려 노력했지요. 역사서 편찬 기구인 사관도 이러한 과정에서 도입한 것입니다. 사관은 광종 때 처음 설치되었습니다. 잘 알다시피 광종은 고려 전기에 왕조의 통치 질서를 확립하는 데 크게 이바지한 국왕이지요. 광종은 왕조를 선진화하기 위해 중국계 귀화인을 우대하고 관리로 임용했으며, 그들을 통해 중국의 선진 문물을 수용했습니다. 대표적인 예가 후주 출신 쌍기를 관리로 기용하고 그가 추천한 과거제를 실시한 일입니다. 그 결과 고려의 관리 임용과 정치 질서에 커다란 변화가 초래되었지요. 사관은 당나라 제도를 모태로 송나라 제도를 참작해 마련한 기구로, 광종이 사관을 설치한 것도 반세기에 걸친 후삼국 통합전쟁의 후유증을 극복하고 왕조 교체의 정당성과 새로운 왕조의 정통성을 확립하기 위해 전대의 역사를 정리할 필요성을 절감했기 때문입니다. 참고로, 사관'이라는 명칭은 고려 초부터 충렬왕 때까지 사용되었고, 충선왕 이후에는 '예문 춘추관藝文春秋館' 혹은 '춘추관'으로 불렸습니다. 최고 책임자인 '감수국사監修國史' 이하 '수국사修國史'·'동수국사同修國史'·'수찬관修撰官'·'직사관直史館'으로 구성되었습니다.

광종 때는 사관에서 삼국의 역사를 정리하여 《삼국사三國史》를 편찬했습니다. 지금까지 알려진 바로는 고려왕조의 공식 기구가 처음으로 이전 왕조의 역사를 정리하여 펴낸 책입니다. 김부식의 《삼국사기》가 나온 후로는 구별을 위해 '구삼국사舊三國史' 혹은 '해동삼국사海東三國史'로 부르기도 했습니다. 그런데 현종 원년1010 고려를 재침입한 거란군이 이듬해 궁궐에 불을 질러 서적이 잿더미가 되었을 때 이 책도 함께 불타버린 것으로 보입니다. 《고려사》 황주량黃周亮 열전에 따르면, 현종의 명으로 황주량이 태조 이래 목종까지 국왕 7명의 사적을 문의하고 사료를 거두어들여 《칠대사적七代事蹟》36권을 편찬했다는 기록이 있습니다. 이른바 '7대 실록七代實錄'으로 불리는 이 책은 1013년현종 4 9월 편찬에 착수해 1034년덕종 3에 완성되었다고 하지요. 《고려사》에 황주량이 수국사로 참여했다는 기록이 있는 것으로 보아 국왕의 실록 또한 사관에서 편찬한 것임을 알 수 있습니다.

사관은 역사를 기록, 정리하고 보관하는 임무와 함께 이렇듯 국왕

실록	편찬 시기	편찬자
《7대 실록》	1034년(덕종 3)	황주량
《현종실록》	정종(靖宗) 연간~문종 9년(1055)	최충
《덕종실록》	미상	미상, 이제현의 덕종 사찬(史贊)에 《덕종실록》 인용
정종(靖宗)·문종· 순종·헌종 실록	미상	미상, 《동문선》에 편찬 사실 기록
《선종실록》	미상	정목(鄭穆)
《숙종실록》	예종 말로 추정	이덕우(李德羽)
《예종실록》	1122년(인종 즉위년)	박승중(朴昇中), 정극영(鄭克永), 김부식
《인종실록》	1146년(의종 즉위년)	김부식
《의종실록》	1184년(명종 14) 이전	문극겸(文克謙), 최세보(崔世輔)
《명종실록》	1227년(고종 14)	최보순(崔甫淳), 김양경(金良鏡), 임경숙(任景肅), 유승단(兪升旦), 이규보, 권경중(權敬中)
신종·희종·강종 실록	1267년(원종 8)	이장용(李藏用), 유경(柳璥), 원부(元傅), 김구(金坵), 허공(許珙)
《고종실록》	1277년(충렬왕 3)	김구, 원부
《충헌왕실록》 (고종수정실록)	1309년(충선왕 1)	미상
《충경왕실록》 (원종실록)	1311년(충선왕 3)	미상
충렬·충선·충숙왕 실록	1346년(충목왕 2)	이제현, 안축(安軸), 이곡(李穀), 이인복(李仁復)
충혜·충목·충정왕 실록	1385년(우왕 11)	임견미(林堅味), 이성림(李成林), 정몽주, 이숭인(李崇仁)
공민·우왕·창왕· 공양왕 실록	1392~1398년 (조선 태조 1~7)	정도전, 정총(鄭摠) 등

〈표 5〉 고려 역대 실록의 편찬 시기와 편찬자

* 이상 정구복, 《한국중세사학사(1)》, 집문당, 1999, 136~137쪽 참고하여 재작성

의 실록을 편찬하는 임무를 맡았습니다. 특히 실록 편찬은 새 국왕이 즉위하면 전왕의 사적을 정리하여 편찬하는 일이 관행이 되었습니다. 별도의 실록 편수관을 임명해 편찬한 사례도 있지만, 대체로 공식적인 역사서 편찬 기구인 사관이 편찬을 담당했습니다. 우왕 때도 충혜·충목·충정왕 실록이 편찬되었는데, 이것이 고려왕조가 편찬한 마지막 실록이었습니다. 공민왕을 포함해 왕조의 말년을 이끈 고려 국왕 4명의 실록은 조선 태조 연간에 완성됩니다.

다원주의 역사 인식과 역사서

고려왕조 때는 실록 외에도 다양한 역사서가 편찬되었습니다. 이러한 역사서들에는 유교와 불교, 풍수지리와 도참사상 등 당대에 유행한 많은 사상과 이념이 담겨 있었습니다. 유교 사관과 불교 사관은 물론, 신화와 전설까지 역사 서술에 포함하는 신이神異, 신기하고 이상함 사관이 서로 충돌하지 않고 공존했던 것입니다. 이를 한마디로 정의하면, '다원주의적인 역사 인식이하, 다원주의 역사 인식'이라 할 수 있지요. 다원주의 역사 인식은 원 간섭기 이후 성리학 중심의 역사 인식이 등장할 때까지 이어집니다. 이제 다원주의 역사 인식을 구성한 여러 사관과 역사서에 관한 구체적인 내용을 살펴보겠습니다.

유교 사관과
《삼국사기》

고려시대 역사 인식을 주도한 이념은 한마디로 '보편주의'라 할 수 있습니다. 보편주의는 선진적인 외래 문물과 문화를 수용해 고유문화를 객관적으로 성찰하고 그 정체성을 높여 새로운 문화를 창조하는 역할을 했지요. 고려 건국 초기에는 통일신라·궁예 시대의 여러 제도를 이어받아 왕조를 운영했습니다. 그러나 중국의 5대 및 송나라와 교류하는 과정에서 왕조의 면모를 새롭게 정비하려는 목적으로 당·송의 선진 제도를 수용하게 됩니다. 고려의 정치·군사 제도의 골격을 형성한 3성 6부와 2군 6위 제도는 이때 수용되었습니다. 경제·문화·기술 면에서도 같은 이유로 동아시아의 선진 문물보편성을 적극적으로 수용합니다.

역사 편찬과 역사 인식에서도 마찬가지의 노력이 있었습니다. 역사학에서 보편주의는 유교 가치관에 입각해 역사를 인식하고 서술하려는 '유교 사관'입니다. 중국의 역대 왕조는 유교 사관을 기반으로 지난 왕조의 역사를 정리했습니다. 상대적으로 선진성과 보편성을 지닌 역사 인식체계가 바로 유교 사관이기 때문입니다. 고금을 막론하고 유교 사관보다 체계적인 역사 서술과 인식 체계를 갖춘 사관은 찾기 힘든 것이 사실입니다. 유교 사관은 과거의 역사를 거울鑑삼아 그 속에서 가르침과 교훈訓戒을 얻는 '감계鑑戒주의'를 특징으로 합니다. 국왕을 비롯한 지배층이 과거의 잘못을 되풀이하지 않도록 경계하려는 뜻이지요. 시비와 선악을 판단하여 결정하는 '포폄褒貶주의'도 유교 사관의 한 특징입니다. 개인과 집단의 윤리와 도덕성을 높이기 위한 역사 서술 방법이지요. 여기서 시비와 선악의 기준은 국가에 대한 충성과 가족에 대한 효의 실천 여부입니다. 이른바 '괴력난신怪力亂神', 쉽게 말해 '이성적으로 설명하기 어려운 불가사의한 존재나 현상'은 역사 서술에서 배제하려 했습니다. 따라서 유교 역사학은 신화와 전설을 배제하고 구체적인 사실에 기초해 역사를 인식하고 서술하는 '합리주의'를 또 다른 특징으로 합니다.

인종의 명령을 받아 김부식이 편찬한《삼국사기》는 보편주의 역사학의 상징이나 다름없는 역사서입니다. 김부식은《삼국사기》를 완성하고 올린 다음의 글에서, 이 책의 편찬 목적과 성격을 잘 정의하고 있습니다.

〔고구려, 백제, 신라 3국에 관한〕우리나라 옛 기록은 문장이 졸렬하고 거친 데다 내용이 소략해서 군주의 선악, 신하의 충사忠邪, 충성과 반역, 국가의 안위安危, 인민의 치란治亂, 다스려짐과 혼란함을 모두 드러내 후세에 좋은 일은 권하고 나쁜 일은 경계勸戒하라 할 만하지 못하다.

—《동문선》권44, 진삼국사기표進三國史記表

위의 문장은 인종의 말을 인용한 것인데, 김부식은 이를 통해 자신의 생각을 우회적으로 표현했지요. 즉, 삼국에 관한 옛 기록들은 내용이 빈약해서 교훈을 얻을 만하지 못하므로, 감계와 포폄이 담긴 유교 사관으로 삼국의 역사를 다시 편찬한다고 한 것입니다. 이규보도 〈동명왕편〉 서문에서 "《삼국사기》는 세상을 바로 다스리기 위해 편찬한 역사책〔교세지서矯世之書〕"이라 했지요. 군주와 신하의 선악과 충사, 나라와 백성의 안위에 관한 사실을 드러내 후대에 역사의 교훈을 남겨주기 위해《삼국사기》를 펴낸다는 김부식의 말과 다르지 않습니다. 김부식은 동아시아의 보편 이념인 유교 이념을 기반으로 역사를 평가하여 군주와 지배층에게 효과적으로 나라를 다스릴 방도를 제공하기 위해 삼국의 역사를 새롭게 정리했던 것입니다.

이규보는 고려 초기에 편찬된《삼국사》를 읽고 1193년명종 23 장편

신이 사관의
역사서
〈동명왕편〉과
《편년통록》
●

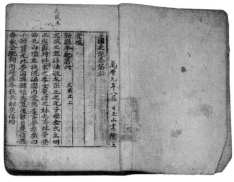

《삼국사기》 인종의 명령에 따라 1145년에 편찬한 기전체 사서. 기전체는 군주의 역사를 기록한 '본기(本紀)'와 신하의 역사를 기록한 '열전(列傳)'이 큰 비중을 차지하는 역사 서술체제이다. 그러나 여러 제도나 문물의 변화를 다룬 '지(志)'와 과거의 사건을 시간순으로 정리한 '연표'와 함께 구성되어 인물을 역사의 씨줄로, 제도의 변화와 사건을 역사의 날줄로 삼아 과거를 체계적이고 촘촘하게 재현해낸다. 김부식은 이 책의 편찬 책임자로서, 본기와 열전에 약 30편의 사론(史論, 서술자의 견해를 담은 글)을 실었다. 문화재청 제공.

서사시 〈동명왕편〉을 지었다고 합니다. 다음은 그 서문의 일부입니다.

> 계축년1193 4월 《구삼국사》를 구해 동명왕 본기를 읽었다. 읽어보니 그 신이한 사적神異之跡이 세상 사람들이 이야기한 것보다 더했다. 처음에는 믿을 수 없어 귀신鬼의 이야기나 허망한 환상幻 속의 이야기로만 생각했다. 그러나 세 번 반복하여 자세하게 읽으면서 깊이 근원에 들어가니, 환상 속의 이야기가 아니라 거룩한 성인聖의 이야기이며, 귀신의 이야기가 아니라 신神의 이야기였다.
>
> ─《동국이상국집》 권3, 고율시古律詩 동명왕편

동명왕주몽의 탄생과 고구려 건국과 관련해서《삼국사》에 등장하는 신비하고 특이한 사건들이 허황한 이야기만은 아니라는 것입니다. 《삼국사》는 현재 전하지 않으나, 이규보의 〈동명왕편〉에 그 일부가 인용되어 있습니다. 이에 따르면,《삼국사》는 유교 사가들이 금기시하는 신화와 전설을 서술에 포함하고 있습니다. '동명왕 본기'라는 표현에서 알 수 있듯이《삼국사》는 유교 사가에게서 비롯한 '기전체'로 쓰인 사서일 가능성이 크지만, 그 내용을 보면 신화와 전설을 역사에 포함하는 신이 사관이 반영된 역사서임이 분명합니다. 이규보는 〈동명왕편〉 서문에서 저술 동기를 "동명왕에 관한 사실은 변화와 신이함으로 사람들의 눈을 현혹하는 게 아니라, 실제로 고구려를 건국한 신성한 자취이다. 이것을 기록하지 않으면 뒷날 무엇을 보겠는가? 이에 시로 지어 우리나라가 본래 성인의 나라我國本聖人之都임을 천하에 알리고자 한다"라고 했습니다. 동명왕의 신성한 행적과 고구려가 성인의 나라임을 세상에 알리기 위해 〈동명왕편〉을 저술했다는 이야기입니다. 그래서《삼국사》에 등장하는 괴력난신을 서술에 포함했으니, 〈동명왕편〉 또한 신이 사관 계열의 역사서인 것이지요.

의종 때 김관의金寬毅가 편찬한《편년통록編年通錄》도 신이 사관 계열의 역사서입니다. 이 또한 전하지 않지만, 고려 왕실의 역사를 담은 《고려사》세계世系에 많이 인용된 관계로 그 내용을 짐작할 수 있습니다. 호랑이로 변신한 산신과 함께 사라졌던 태조 왕건의 6대조 호경虎景이 밤마다 본처 앞에 꿈인 듯 나타나 동침한 후 본처가 강충康忠을 낳았고, 작제건이 서해 용왕의 딸 용녀와 결합해 태조의 부친을 낳았으며, 풍수도참에 밝은 승려 도선이 태조의 출생을 예언했다는 등의 내용이 실려 있지요.《편년통록》에 실린 고려 왕실의 역사 속에는 편찬 당시 전해오던 신화와 전설은 물론 산신·풍수도참·불교·무속 신앙 같은 사상 및 신앙이 반영되어 있습니다. 신이 사관은 신화와 전설만이 아니라 구래의 다양한 사상과 신앙도 역사 이해와 서술의 근거로 포함합니다. 게다가《편년통록》은 당시 국왕 의종에게 바쳐졌다고 하지요. 신이 사관이 반영된 역사서가 국왕에게 바쳐진 사실은 당시 다양한 경향의 역사 인식이 용인되고 공존했음을 보여줍니다.

《해동고승전海東高僧傳》은 무신정권 초엽인 12세기 후반과 13세기 전반에 활동한 화엄종의 고승 각훈覺訓, ?~1230이 왕명을 받들어 1215년고종 2 무렵 편찬한 책입니다. 1215년은《삼국사기》가 편찬된 지 70년이 되는 해이기도 하지요. 이 책은 불교 수용 이후 각훈이 살던 당시까지 약 840년 동안 한반도에서 활동한 고승들의 행적을 기록한 것으로, 우리 불교와 승려에 관한 역사서라고 할 만합니다. 현재는 이 책의 첫 번째 편목篇目, 편명으로 추정되는 '유통流通' 편 일부만 전하고 있어, 전체 분량과 내용은 알 수 없습니다. 유통 편에는 삼국의 불교 수용 과정과 중국이나 서역으로 불법을 공부하러 떠난 구법求法僧 35명의 행적이 기록되어 있는데〔정전正傳에 18명, 방전傍傳에 17명〕, 일연이 1281년에 편찬한《삼국유사》에 많이 인용되었습니다.《해동고승전》은 중국의 양梁·당·송 세 나라에서 각각 편찬한 고승전을 참고한 책이기도 합니다. 중국과 대등한 입장에서 우리 불교 역사의 독자성을 강조하려는 노력이 담겨 있지요. 불교 사관에 따른 역사서가 국왕의 명으로 편찬된 점도 특이합니다.

일연이 편찬한《삼국유사》는 총 9편으로 구성되어 있습니다. 왕력

王曆·기이紀異·홍법興法·탑상塔像·의해義解·신주神呪·감통感通·피은避隱·효선孝善이 각각의 편목인데, '왕력'과 '기이' 편에는 역대 왕의 계보와 고조선부터 삼국까지 열국의 역사, 나머지 편에는 불교 수용 과정과 고승들의 행적 등 주로 불교 관련 사실들이 정리되어 있습니다. 편년체, 기전체 같은 기존의 역사 서술체제에 얽매이지 않고 자유로운 형식으로 서술되었지요. 특히 민간에 전해오는 사료와 이야기를 발굴해 실었는데, 이 때문에 비합리적·초인간적인 사건과 존재가 서술에 포함되었습니다. '신이한 사실을 기록한다'는 뜻의 '기이' 편이 그 구체적인 예입니다. '기이' 편에는 고조선부터 삼한·부여·고구려·백제·신라의 역사가 각국의 건국신화와 함께 소개되고 있지요. '기이' 편 서문을 보겠습니다.

무릇 옛날의 성인은 예악禮樂으로 나라를 일으키고 인의仁義로 가르쳤다. 이 때문에 괴력난신에 대해서는 말하지 않았다. 그러나 제왕帝王이 일어날 때는 부명符命, 하늘이 내린 명령에 응하여 도록圖錄, 예언이 적힌 글을 받았다. 이것이 보통 사람과 다른 점이다. 그래야 큰 변화를 타고서 큰 업적을 이룰 수 있다.

—《삼국유사》 권1, 기이 서문

일연은 여기서 괴력난신의 영웅이 왕조를 창업한다고 했습니다. 일연이 신이한 사실을 역사에 포함한 데는 불교 신앙을 옹호하고 전파하려는 목적도 있었겠지만, 우리 역사를 서술한 글의 첫머리에 이 같은 내용을 언급한 것은 우리 역사의 독자성과 자주성을 강조하려는 노력과 무관하지 않습니다. 그런 점에서 《삼국유사》는 불교 사관만이 아니라 신화와 전설을 역사 서술에 반영하는 신이 사관을 적극적으로 수용한 역사서이며, 따라서 고려시대의 다양한 역사 인식이 반영된 책이라 할 수 있습니다.

다원주의 역사 인식이 집약된 《제왕운기》

고려 정부가 중국의 선진 문물을 수용해 왕조를 새롭게 변화시키려는 노력 속에서 중국에서 들어온 유교 사관이 점차 주류로서 뿌리를 내리게 되는 것이 사실이지만, 고려시대에는 앞서 살펴본 것처럼 신이 사관과 불교 사관이 오랫동안 공존했습니다. 광종 때 신이 사관을 반영한 《삼국사》가 편찬되었고, 12세기에는 《편년통록》 같은 신이 사관 계열의 역사서가 국왕에게 바쳐졌으며, 13세기에도 《해동고승전》 같은 불교 사관의 역사서가 왕명으로 편찬될 정도였습니다. 원 간섭기 이전 고려에는 다양한 이념과 사상 체계에서 기원한 다양한 역사관이 공존했던 것입니다. 이런 다원주의 역사 인식은 원나라가 고려를 지배하는 13세기 후반까지 약 300년 동안 유지되었습니다.

　원 간섭기 이전 다원주의 역사 인식이 집약된 대표적인 역사서는 이승휴가 1287년충렬왕 13에 펴낸 《제왕운기》입니다. 이 책은 제목 그대로 중국과 우리 역대 제왕들의 즉위와 계승, 왕조 흥망의 자취를 상·하 권으로 나누어 총 2,370자의 시로 읊은[운기韻紀, 운문으로 기록] 것이지요. 고구려를 건국한 주몽의 역사를 시로 읊은 이규보의 〈동명왕편〉 같은 영사시詠史詩, 역사적 사실을 소재로 한 시 혹은 서사시 형식의 역사

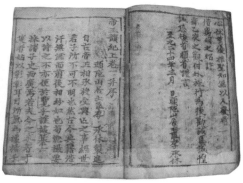

=== **《제왕운기》** 1287년(충렬왕 13) 이승휴가 중국과 우리 역사를 시로 정리한 책이다. 상권은 삼황오제부터 원의 흥기까지 중국의 역사를, 하권은 단군조선부터 이승휴가 살던 고려 충렬왕 때까지 우리의 역사를 다루고 있다. 특히 하권은 고려 왕조를 기점으로 그 이전과 이후로 나누어 집필했다. 이 과정에서 고려 전기 이래의 다양한 역사관은 물론, 원나라의 영향력도 서술에 반영되었다. 고려의 다원주의 역사 인식과 그 변화를 함께 살필 수 있는 책이다. 문화재청 제공.

서입니다.

이승휴는 충렬왕에게 이 책을 바치며 쓴 글(《제왕운기》진정인표進程引表)에서 이를 통해 "좋은 일은 권면하고 나쁜 일은 경계하시기 바란다"라거나, 중국의 역사를 다룬 상권 서문에서 "예로부터 제왕들이 서로 계승하여 주고받으며 흥하고 망한 일은 세상을 경영하는 군자가 제대로 알지 않으면 안 된다"라며 역사를 거울삼아 교훈을 얻는 강계주의를 표방했습니다. 특히 상권의 서문은 "선하여 본받을 만한 것과 악하여 경계로 삼을 만한 것은 모두 《춘추》의 필법을 따랐다"라는 문장으로 마무리되는데, '《춘추》의 필법'이란 감계와 포폄을 드러내는 역사 서술 방식을 말합니다. 이 책이 유교 사관이 반영된 역사서임을 분명하게 보여주는 표현이지요. 이어 중국사를 서술하면서 사마광司馬光, 1019~1086이 북송의 군주에게 교훈을 줄 목적으로 편찬한《자치통감資治通鑑》을 인용한 것도 이를 뒷받침합니다.

한편, 고려 왕실의 역사를 서술하는 부분(《제왕운기》권하, 본조군왕세계연대本朝君王世系年代)에서는 김관의의《편년통록》을 인용했습니다. 특히 첫머리에 "예로부터 천명을 받은 군주는 누구든 그 자질이 비상한 부류가 아닐까마는, 우리 황실의 가계는 이보다 더욱 기이하다"라고 했습니다. 이는 왕조 창업기 군주의 행적에서 괴력난신을 강조한《삼국유사》'기이' 편 서문과 서로 통합니다. 즉, 신화와 전설을 과감하게 역사에 포함하는 신이 사관을 수용한 것입니다. 또한, 단군 조선부터 후삼국 시대까지 우리 역사를 다룬 부분(《제왕운기》권하, 동국군왕개국연대東國君王開國年代) 첫머리에서는 "요동에 또 다른 천지가 있어서, 중국과 구별되어 나뉘어 있다"라며 우리 역사의 독자성을 강조한 바 있지요. 이어 "처음 누가 나라를 열었나, 석제釋帝의 손자 단군이다. (중국의) 요임금과 같은 무진년에 건국했다"라고 하여, 우리 역사의 시원을 단군조선에서 찾았습니다. 나아가 삼한·부여·비류국·남북 옥저와 예맥·삼국으로 이어지는 왕조들은 단군의 후손들이 세운 나라라고 했습니다. 발해도 고구려를 계승한 왕조라며 우리 역사에 포함했지요.《제왕운기》는 이같이 우리 역사의 독자성과 시원을 밝히고, 그 계승 관계를 체계화한 역사책입니다. 그 점에서 비슷한 시기에 편찬된《삼국유사》의 역사 인식과 다르지 않습니다. 두 역사책은 13세기 후반 원나라의 압제에 대항해 '고려의 정체성 강조'라는 목적을 공유하고 있었던 것이 분명합니다.

이 책은 시기적으로 원의 고려 지배 이후 간행되어 원의 영향력이 서술에 반영되기도 했습니다. 14세기에 성리학이 수용된 후로는 성리학적 유교 사관의 비판을 받기도 했지요. 따라서 《제왕운기》는 원 간섭기 이전 고려의 다원주의 역사 인식이 집약된 대표적인 역사서이면서, 원 간섭기와 고려 말 역사 인식의 변화를 읽을 수 있는 책이라 할 수 있습니다.

원의 고려 지배와 역사 인식의 변화

원나라가 고려를 지배하기 시작한 13세기 후반 이후 고려는 역사 인식이란 면에서 커다란 변화를 겪게 됩니다. 먼저, 몽골이 등장한 13세기 초·중반 몽골과 고려의 관계를 중심으로 두 나라의 관계를 새롭게 서술하려는 움직임이 대두합니다. 14세기에 성리학이 본격적으로 수용되기 시작한 뒤로는 기존의 다원주의 역사 인식이 쇠퇴하고, 성리학 중심의 일원주의 역사 인식이 그 자리를 대신합니다. 《제왕운기》를 중심으로 그러한 변화를 살펴보겠습니다.

원의 고려 지배 이후 역사 서술에서 새로운 경향이 나타납니다. 역사가 자신들이 사는 시대의 사실들이 역사 서술에 반영되기 시작한 것입니다. 이를 '당대사當代史'라고 하지요. 《제왕운기》는 그 출발점이었습니다. 이승휴는 1273년원종 14 6월 원나라 황후와 황태자 책봉식을 축하하는 사절단의 일원으로 원나라를 방문합니다. 1년 만인 1274년 6월에는 원종의 승하를 알리기 위해 다시 원나라를 방문하지요. 그의 원나라 사행과 문명 체험이 《제왕운기》에 고스란히 서술되어 있습니

- 원 간섭기 당대사 연구의 성행

다. 그는 이 책에서 원나라를 유사 이래 가장 넓은 영토와 많은 인구를 가진 나라이자, '천하의 모든 나라가 복속할' 정통왕조로 표현했습니다. 고려의 원종은 무신 집권자 임연의 정변으로 폐위되었으나 원나라의 도움으로 복위했고, 충렬왕이 원 황제 쿠빌라이의 딸과 혼인함으로써 고려가 원나라의 부마국이 되어 고려에 평화가 도래했다고도 했습니다. 이승휴는 원종과 충렬왕 대에 관직 생활을 한 사람입니다. 고려가 원의 제후국이 되어 평화를 유지한 사실을 강조하기 위해 자신이 관료로 활동한 시기를 서술에 포함한 것입니다. 이같이 당대사 서술은《제왕운기》의 또 다른 특징이 됩니다. 이승휴의《제왕운기》를 계기로 당대사 서술은 원 간섭기 이후 새로운 역사 인식과 서술의 경향으로 자리 잡게 됩니다.

1274년 고려가 원나라의 부마국이 된 이후 두 나라는 두 차례에 걸쳐 일본 정벌을 함께하면서 관계가 더욱 긴밀해집니다. 충렬왕의 뒤를 이은 충선왕은 재위 원년1309에 죽은 부왕과 조부 원종, 고조부 고종의 시호를 원나라에 요청하고, 이듬해 7월에는 원나라가 부왕에게 충렬왕, 원종에게 충경왕, 고종에게 충헌왕이라는 시호를 내리지요. 이로써 두 나라 사이에 천자-제후의 관계가 수립되면서 새로운 관계를 뒷받침할 새로운 역사 서술과 역사 인식이 필요해집니다. 그 구체적인 모습이 이제현이 저술한《충헌왕 세가忠憲王世家》1342에 담겨 있습니다. 이 책에는 1309년 원에 시호를 요청하기 위해 전달한 충선왕 이전 세 국왕의 공적이 실려 있는데, 고종은 몽골과의 형제 맹약1219, 원종은 쿠빌라이와의 강화1259, 충렬왕은 원 공주와의 혼인과 일본 정벌이 각각 공적으로 기록되어 있습니다. 즉, 1219년 형제 맹약 이후 당시까지 고려와 원 관계에서 형제 맹약, 강화, 원 황실과 고려 왕실의 통혼, 일본 원정을 중요한 사건으로 인식했던 것입니다. 문제는 1231년부터 1258년까지 약 30년 동안 두 나라 사이에 벌어진 전쟁에 관한 인식과 서술이었습니다. 고려는 국가 공식 역사서의 관련 기록을 수정하는 방법을 택합니다. 원나라에 국왕 세 명의 시호를 요청한 1309년, 30여 년 전에 이미 완성한 《고종실록》의 내용을 수정합니다. 대몽항쟁기에 재위한 국왕인 고종의 실록에는 전쟁 관련 기록에 항몽의식이 강조된 터라 이를 수정할 필요가 있었던 것이지요.

원나라도 두 나라 간 전쟁과 관련된 고려 측의 역사 기록에 관심을 가졌습니다. 1325년충숙왕 12 원나라는 칭기즈칸 이래 고려 출신으로서 원나라몽골에 공을 세운 인물의 행적을 역사서에 반영하라고 고려에 요구합니다. 고려와 몽골 두 나라가 함께 거란족을 물리치고 형제 맹약을 체결한 사실을 두 나라 간 관계의 새로운 시작으로 인식하고 형제 맹약의 주인공 김취려의 행적을 기록한 이제현의 《김공 행군기金公行軍記》는 이때 저술된 것입니다. 두 나라가 서로를 천자국과 제후국으로 인정하게 되면서 두 나라의 지나온 관계를 새롭게 인식하려는 노력이 역사 연구에서 당대사 서술로 나타난 것입니다. 이제현이 저술한 《충헌왕 세가》와 《김공 행군기》는 역사 인식과 서술 면에서 그러한 변화를 상징하는 역사서이지요. 두 책은 형제 맹약 이후 100년간 두 나라 간의 역사를 새롭게 조명한, 그야말로 '고려판 현대사 연구서'라 할 수 있는 역사서입니다. 이런 변화는 《고려사》의 몽골, 원 관련 서술에도 반영되었습니다. 《고려사》에 고려와 몽골의 전쟁에 관한 기록이 풍부하지 않은 것은 이 때문이지요. 그런데 성리학이 본격적으로 도입되는 14세기 이후 고려인들의 역사 인식에 또 한 번의 변화가 일어납니다.

송나라 주희朱熹, 1130~1200는 주렴계周濂溪, 장횡거張橫渠, 정명도程明道, 정이천程伊川을 계승하여 성리학을 집대성합니다. 그는 불교와 도교의 철학에 대항할 새로운 철학 이론을 제시하면서 약 1,000년 전에 사상의 주도적 위치를 상실한 유학의 학문적·사상적인 위상을 회복시키지요. 성리학은 '성명·의리의 학性命義理之學'을 줄인 말로서, 공자와 맹자의 유교 사상을 '성리性理'·'의리義理'·'이기理氣' 등의 형이상학 체계로 해석한 것입니다. 성리학은 공자와 맹자를 도의 전승자인 '도통道統'으로 삼고 도교와 불교는 실질 없는 공허한 교설虛無寂滅之敎을 주장한다며 이단으로 배척했지요. 주희는 역사에도 깊은 관심을 가져 사마광이 편찬한 역사서《자치통감》이 무원칙하다고 비판하고, 1172년에《자치통감강목資治通鑑綱目》을 편찬했습니다.《자치통감강목》은 성리학의 가치, 즉 성리학의 역사 인식이 담긴 대표적인 역사서입니다.

14세기
성리학 중심의
유교 사관

성리학은 14세기 이후 고려에 수용되기 시작했습니다. 그런데 성리학이 불교와 도교를 공허한 사상과 신앙으로 비판하듯이 성리학 중심의 유교 사관은 불교 사관과 신이 사관을 역사 서술에서 철저하게 배제하려 했지요. 또한, 공자와 맹자를 도통으로 삼는 도통론道統論을 내세워 역사 서술에서 의리와 명분을 중시하는 정통론과 명분론을 강조했습니다. 그에 입각한 역사 서술체제가 바로 주희의《자치통감강목》에서 비롯된 '강목체綱目體'입니다. 강목체는 성리학적인 도덕을 평가의 기준으로 삼아 역사를 평가하고 서술하는 체제입니다. 역사적 사실을 시간의 순서에 따라 기록하는 편년체 형식을 따르면서 성리학적 기준에서 더 중요하다고 여겨지는 사실은 '강綱'에 배치하고, 덜 중요하다고 판단되는 사실과 강에서 언급한 사실을 해설 혹은 보완할 내용은 '목目'의 항목에 배치하여 서술하는 방식입니다. 즉, 명분과 의리를 강조하기에 적절한 사실을 중요도에 따라서 각각 강이나 목의 항목에 나누어 서술하는 방식이지요. 역사 서술에서 유교적인 가치와 그에 입각한 평가를 특별히 강조한 것이 강목체입니다. 이 때문에 서술의 원칙을 담은 이른바 '의례義例' 혹은 '범례凡例'를 역사서의 첫머리에 자세하게 소개하고, 그것에 따라 역사를 서술하는 것을 특징으로 합니다.

성리학 중심의 유교 사관을 지닌 역사가 이제현은 이승휴의 《제왕운기》에 드러나는 역사 인식을 비판했는데, 이를 통해 다원주의 역사 인식이 성리학 중심의 일원주의 역사 인식으로 변화해나가는 모습을 볼 수 있습니다.

이승휴는 "덕종은 어찌해서 [재위 기간이] 4년에 그쳤는가? 봉황이 날아와 상서로운 기운을 바쳤는데"라며, 상서로운 조짐의 봉황이 날아올 정도로 정치가 순조로웠는데 덕종이 4년밖에 재위하지 못했다며 덕종의 이른 죽음에 대해 아쉬움을 표현했지요. 이제현은 이에 대해 "[고려]실록을 살펴보니 그러한 일은 보이지 않고, 다만 봉황이 위봉문에 날아와서 춤을 추었더니 까마귀 떼가 따라 지저귀어 봉황이 마침내 날아가버렸다는 말만 민간에 전한다. ……《제왕운기》의 기록은 근거가 없는 것 같다"(《고려사》 권5, 덕종 3년 이제현 사론)라며, 민간에 전하는 이야기를 역사서에 반영한 이승휴를 비판했습니다. 또한,

1277년(충렬 3) 5월	《고종실록》 편찬
1278년(충렬 4) 7월	원나라가 고려에 고려의 역사, 원에 간 사신의 명단, 국왕 친조 연월을 보고하라 요구
1281년(충렬 7)	일연, 《삼국유사》 편찬
1284년(충렬 10) 6월	원부·허공·한강(韓康), 《고금록(古今錄)》 편찬
1287년(충렬 13)	이승휴, 《제왕운기》 편찬
1294년(충렬 20) 5월	원나라 황제가 고려에 고려가 원나라에 귀부한 연월을 물음.
1295년(충렬 21) 3월	임익(任翊) 등이 원 세조의 행적을 담은 《선제사적(先帝事跡)》 편찬
연대 미상(충렬왕 대)	임익(任翊), 《선원록(璿源錄)》과 《원세조사적(元世祖事跡)》 편찬 정가신(鄭可臣), 《천추금경록(千秋金鏡錄)》 편찬 민지(閔漬), 《세대편년절요(世代編年節要)》 편찬
1309년(충선 1) 2월	《충헌왕실록(忠憲王實錄)》(고종수정실록) 편찬
1311년(충선 3) 11월	《충경왕실록(忠敬王實錄)》(원종실록) 편찬
1314년(충숙 1) 1월	민지·권부(權溥), 국왕의 명으로 태조 이래 실록을 약찬(略撰)
1317년(충숙 4) 4월	민지, 《편년강목(編年綱目)》 편찬
1325년(충숙 12) 12월	원나라가 고려에 칭기즈칸 이후 원에 공을 세운 고려인의 역사를 정리하라고 요구
1331년(충혜 1) 9월	《충경왕실록(忠敬王實錄)》(원종수정실록) 편찬을 명함.
1343년(충혜후 4) 5월	원이 고려에 사신 파견하여 송·요·금 3국의 사적(事蹟) 구함.
1346년(충목 2) 10월	《충렬왕실록》·《충선왕실록》·《충숙왕실록》 편찬
1357년(공민 6) 9월	이인복, 《고금록(古今錄)》 편찬
1371년(공민 20) 5월	이인복과 이색, 《본조금경록(本朝金鏡錄)》 증수(增修)
연대 미상(공민왕 대)	《고려사》 이제현 열전에 따르면, 정확한 연대는 알 수 없으나 공민왕이 이제현, 백문보, 이달충에게 국사(國史) 편찬을 명하자 이제현이 태조에서 숙종, 백문보와 이달충이 예종 이하 역대 왕의 기록을 분담하여 편찬하기로 함. 이후 이제현은 완성했으나 백문보는 예종과 인종의 기록을 초고만 완성했고 이달충은 집필하지 못함. 홍건적의 침입 때 모두 없어지고, 이제현의 '태조기년(太祖紀年)'만 남음.

〈표 6〉 원 간섭기와 고려 말의 역사서 편찬 기록

이승휴는 《편년통록》에서 '예로부터 성인은 원래 집안의 성씨本宗와 관계없이 자신의 덕德에 따라 새로 성씨를 만들었다. …… 지금 또한 마찬가지 아닌가?'라고 했다"(《제왕운기》권하, 본조군왕세계연대)라 면서 《편년통록》을 근거로 왕씨 성이 왕건의 출생을 계기로 정해졌다 고 했습니다. 이 주장에 대해서도 이제현은 《고려실록》과 왕실 족보 등 이른바 정사正史에 근거해, "아버지가 살아 계신데도 아들이 성을 고쳤다면 천하에 어찌 그런 이치가 있겠는가? 아아! 우리 태조께서 이것을 하였다고 여기는가?"(《고려사》세계)라면서 《편년통록》과 이 를 인용한 《제왕운기》를 비판했습니다. 이는 《편년통록》에 근거해 역 사를 서술한 이승휴의 역사 인식을 간접적으로 비판한 것이자, 고려 전기 이래 다원주의 역사 인식을 비판한 것입니다. 이제현은 이같이 성리학적 역사 인식을 근거로 《제왕운기》의 역사 인식을 고루한 습속 에서 벗어나지 못한 낡은 인식으로 규정했습니다. 《고려사》를 편찬한 조선 초기 역사가들도 《고려사》 '세계'에서 이제현의 견해에 동조했 습니다. 성리학 중심의 일원주의 역사학이 다원주의 역사학을 대신해 조선 건국 후 역사학의 주류로 뿌리내리는 모습을 보여주는 좋은 예 이지요.

4. 가족과 혼인, 호주와 상속제도

일본 연구자들의 고려사 이해

현재 고려사를 이해하는 기본적인 틀은 전후 일본인 연구자들이 만들어놓은 것입니다. 한국사 연구에 일본인 연구자들이 얼마나 큰 영향을 미쳤는가를 잘 보여주죠. 그중에서도 하타다 다카시旗田巍는 오늘날까지도 고려사 연구에 큰 영향을 끼치고 있는 일본인 연구자입니다. 그는 1950년대 후반부터 고려사에 관한 본격적인 연구를 시작했는데, 그를 포함한 일본인 연구자들의 책을 읽다 보면 1960년대에 한국과 일본이 국교를 정상화한 후 물밀듯 들어오기 시작한 일본산 전자제품을 처음 접했을 때와 비슷한 느낌을 받게 됩니다. '경박단소輕薄短小'로 표현되는 일본산 전자제품은 산뜻한 디자인과 편리한 휴대성, 뛰어난 성능으로 한때 우리뿐만 아니라 세계를 사로잡았지요. 그런데 그들의 연구 성과를 접할 때도 매력적인 일본산 전자제품을 접할 때의 느낌을 받게 된다는 것이지요. 실제로 국내 고려사 연구자들의 연구 방법론이나 연구 주제 중에는 일본인 연구자들의 방법론이나 주제와 매우 유사하거나 심할 경우 모방한 것이 적지 않습니다. 그만큼 그들의 이론이 알게 모르게 국내의 고려사 연구자들에게 영향을 끼친 것이죠. 그러나 1980년대 이후 국내 연구자들의 고려사 연구가 본격화되면서 일본인 연구자들이 내세운 이론의 한계와 결함이 여러 차례 지적되었고, 지금은 거의 극복된 상태입니다.

일본인 연구자들은 그간 '고려 전기 고대사회론'을 주장해왔습니다. 한국사에서 중세 사회는 고려 무신정권 이후에 시작되며, 그 이전 고려 전기 사회는 고대 사회라는 것이지요. 식민지시대 일본인 연구자들은 의도적으로 우리 역사의 발전 속도와 단계를 늦추어 잡는 것으로 자신들의 지배를 정당화하려 했는데, 전후 일본인 연구자들도 이러한 틀에서 벗어나지 못했습니다. 연구 대상이나 구사하는 방법론만 달라졌을 뿐 연구의 관점은 이전의 식민사학자들과 마찬가지였던 것입니다. 특히 여기에서 살펴볼 가족과 친족, 상속제도 등에서 그들의 편견과 오해가 많이 나타납니다.

●
고려 전기
고대사회론
일본인 고려사 연구자들이 고려 전기 사회를 고대 사회라고 주장하는 근거는 두 가지입니다. '토지의 적장자 단독 상속론'과 '군현제의 신분적 편성론'이 그것인데, 특히 '토지의 적장자 단독 상속론'은 고려의 가족제도와 상속 및 혼인 문제를 해석하는 데 이용되었습니다. 구체적으로 고려 전기에 토지는 적장자嫡長子, 적법한 배우자 소생의 맏이에게 단독 상속되었고, 여자와 다른 남자 형제들에게는 상속되지 않았다는 것입니다. 그러면서 개인의 사적인 소유는 성립될 수 없다고 주장합니다. 여러 형제 가운데 적장자에게 단독 상속되었지만, 그것은 적장자 개인의 소유가 아니라는 것이지요. 가족 또는 혈연 집단의 대표로서 적장자에게 상속된 것에 불과하다는 의미입니다. 일본인 연구자들은 이러한 상속 형태를 집단적·단체적 상속이라 했습니다. 또한, 토지의 적장자 단독 상속은 재산이 적장자 한 사람에게 집중되어 여러 형제가 그를 중심으로 한 집안에서 동거할 수밖에 없으므로, 자연히 고려 전기의 가족 형태는 적장자 중심 혹은 부계 중심의 대가족 형태였다고 주장했습니다. 나아가 고려 전기 사회의 기초 단위가 이렇게 적장자를 중심으로 한 혈연 공동체이기 때문에 중앙정부가 지방 사회를 지배하는 형태도 혈연 공동체들의 장長이라 할 수 있는 호족을 통한 간접 지배였다고 했지요. 그리고 호족세력의 크기에 따라 대호족의 거주지는 주州나 부府, 중소 호족의 거주지는 군이나 현으로 편제했는데, 이들 지역의 거주민은 신분상 양인이었고 천민은 따로 편제된 부곡 지역에 집단으로 거주했다고 했습니다. 고려의 지방제도에 신분적 성격이 가미되었다고 보는 것이지요. 이것이 '군현제의 신분적 편성론'의 요지입니다. 두 이론은 이렇게 내용상 밀접한 관련이 있지요.

'고려 전기 고대사회론'은 조선이 대가족 중심의 혈연 공동체에 기초한 사회였기 때문에 사회의 발전 속도가 지체되었다는 식민사학의 정체성 이론을 떠올리게 합니다. 사실 고려시대에 대가족이 일반적인 가족 형태였다는 주장은 일제시대 식민사학자들이 한목소리로 제기한 것으로, 전후 일본인 고려사 연구자들은 이를 다시 세련된 형태로 정리한 데 지나지 않습니다.

식민사학 청산을 부르짖는 한국의 역사학자 중에도 알게 모르게 이들의 이론에 젖어 있는 사람이 적지 않습니다. 고려 사회에서 호족의 역할을 과대평가하면서 이들을 중심으로 고려사를 이해하려 한다거나, 공전 4분의 1, 사전 2분의 1의 과다한 수취율 때문에 개별 농민 혹은 소가족 단위의 사적인 토지 소유가 일반적인 토지 소유 형태로 자리 잡지 못했다거나, 지방제도에서 국가의 지배력을 과소평가한다거나, 무신정권의 성립을 고려사의 중요한 분수령으로 보려는 등의 국내 고려사 연구 동향은 크게 보면 일본인 연구자들의 영향을 받은 것입니다. 그들의 산뜻하게 정리된 이론과 사료 이용 방식에 우리 연구자들이 비판 없이 빠져든 탓입니다. 그러나 1980년대 이후 연구자의 증가와 다양한 역사 이론 수용으로 우리 역사 연구의 수준이 크게 높아지고 일본인들의 연구가 가진 한계를 인식하게 되면서 한국사 연구에도 진전이 있었습니다. 고려의 가족제도나 상속 문제에 관한 연구는 그 구체적인 예가 됩니다.

일부일처의 소가족 제도

고려시대 묘지명에 관한 연구에 따르면, 가족 관계를 확인할 수 있는 220점의 묘지명에서 산출한 한 가족의 평균 자녀 수는 3.97명이고, 한 쌍의 부부와 3~4명의 자녀로 구성된 단혼單婚 소가족이 일반적인 가족 형태였습니다. 요즘 식으로 표현하면 '핵가족'이지요. 고려의 가족 규모는 부부를 포함한 5~6명이 일반적이었습니다. 이와 달리 조선시대에는 평균 자녀 수가 5~6명으로 고려 때보다 많은 데다, 한 집에서

3세대 혹은 4세대가 함께 거주하는 사례가 많았습니다. 가족 구성원이 적게는 6명, 많게는 20명이 넘는 가호가 전체의 64퍼센트를 차지했다고 하니, 조선시대에는 대가족 곧 확대가족이 일반화된 가족 형태였던 것이죠.

고려시대에는 일부일처제가 오랜 관행이었습니다. 충렬왕 때 박유朴楡가 왕에게 제안한 내용을 보면 이를 확인할 수 있습니다.

우리나라는 본래 남자가 적고 여자가 많은데도 지금 신분의 고하를 막론하고 처가 한 사람뿐이며 자식이 없는 사람들조차 감히 첩을 두지 못합니다. 그런데 외국인이 와서 인원에 제한 없이 처를 두니, 이대로 두었다가는 인물이 모조리 그들이 있는 북쪽으로 흘러가게 될까 우려됩니다. 청컨대 대소신료의 축첩畜妾, 첩을 두는 일을 허락하되 품계에 따라 첩의 수를 줄여서 서인庶人, 관직에 있지 않은 일반인은 1처 1첩을 둘 수 있게 하고, 첩에게서 낳은 아들도 본처가 낳은 아들처럼 벼슬을 할 수 있게 하십시오. 이렇게 한다면 홀아비와 홀어미가 줄어들고 인구도 늘것입니다.

—《고려사》 권106, 박유 열전

박유는 여기서 인구 증가를 위해 관료는 물론 서민들에게도 고려에 온 외국인몽골인들처럼 축첩을 허락하자고 합니다. 몽골과 오랫동안 전쟁을 해온 탓에 실제로 고려의 남성 인구가 감소했고, 원 간섭기에 원과 활발하게 교류하면서 일부다처의 몽골 풍습이 고려에도 영향을 미치고 있던 상황을 보여줍니다. 무엇보다 이러한 제안을 했다는 것 자체가 일부일처가 고려의 오랜 관행임을 방증하지요. 그의 제안이 여성들의 반대로 실현되지 못했다는 사실도 당시 일부일처가 하나의 관행이었음을 알려줍니다.

서류부가혼과 자녀 균분 상속

고려시대 가족의 형태나 규모가 일부일처제를 기반으로 한 단혼 소가족이었던 이유는 무엇일까요? 직접적인 해답은 될 수 없지만, 이는 고려의 혼인 풍습과 관련이 있는 것으로 보입니다. 앞의 제1부 제2장에서 고려 왕실에 근친혼이 성행한 사실을 지적한 바 있는데, 일반인은 그렇지 않았습니다.

일반인의 혼인 풍습을 정의하자면, 한마디로 '서류부가혼壻留婦家婚'입니다. '서류부가壻留婦家'란 '남편이 아내의 본가에 머문다'는 뜻인데, 신랑이 신부의 집으로 가서 결혼식을 올린 후 둘 사이에서 태어난 자식이 장성할 때까지 처가에서 거주한다는 의미입니다. 이를 달리 남자가 여자 집에 의탁한다는 뜻으로 '남귀여가혼男歸女家婚'이라고도 하지요. 고려 중기의 문장가 이규보도 장인의 제문祭文에 "사위가 되어 밥 한 끼와 물 한 모금을 다 장인에게 의지했다"라고 써서 결혼 후 처가에서 생활했음을 알려줍니다. 이런 상황인 만큼 첩을 두고 싶어도 둘 수가 없었겠지요? 서류부가의 풍습은 일부일처의 단혼 소가족이 유지된 사회적 조건이기도 했습니다.

서류부가의 혼인 풍속은 재산 상속의 관행과도 관련이 있습니다. 남편이 처가에서 자식이 장성할 때까지 머무를 수 있었던 것은 아내에게 경제력이 있었기 때문입니다. 일본인 연구자들은 토지의 적장자 단독 상속을 주장하며 노비만 아들딸 구분 없이 균등하게 상속되었다고 주장했습니다. 이에 따르면 재산이 적장자 한 사람에게 집중되어 여러 형제가 한 집안에서 동거할 수밖에 없으므로 자연히 부계 중심의 대가족이 일반적인 가족 형태로 자리 잡게 되지요. 하지만 최근의 연구들은 고려시대에 노비뿐만 아니라 토지도 자녀에게 균등하게 상속되었음을 알려주고 있습니다. 이를 '자녀 균분 상속子女均分相續'이라 합니다. 자녀 균분 상속은 성별이나 태어난 순서와 관계없이 자녀 모두가 부모의 재산을 균등하게 상속받아 각자 독립된 가계를 이루기 때문에 자연히 가족 형태도 한 쌍의 부부가 중심이 되는 단혼 소가족 형태로 자리 잡을 가능성이 크다고 할 수 있습니다. 자녀 균분 상속으로 여자도 재산을 상속받아 남자가 여자 집으로 가서 거주할 수 있는 경제적 기반이 마련되어 있었기 때문에 남자가 혼인 후 아내의 집에 머무는 서류부가의 혼인 풍습이 가능했던 것이지요. 부모의 입장에서 딸에게 상속된 재산이 사돈집 차지가 되는 것을 방지하려는 뜻도 있었을 것입니다.

조상에 대한 제사도 장자가 독점하는 것이 아니라 아들딸이 번갈아 가며 지냈습니다. 이를 '윤행봉사輪行奉祀'라고 합니다. 재산의 균분 상속이 서류부가의 혼인 풍습과 윤행봉사를 경제적으로 뒷받침한 셈이죠. 일부일처의 단혼 소가족이 일반적인 가족 형태로 자리 잡을 수 있었던 것도 그 때문이라고 할 수 있습니다.

서류부가혼과 윤행봉사는 대체로 조선 전기까지 유지되었다고 합니다. 조선시대에는 이러한 가족 형태 속에서 점차 장자 상속이 주류를 이루게 되어 고려와 큰 차이가 있었습니다. 장자 상속은 장자가 조

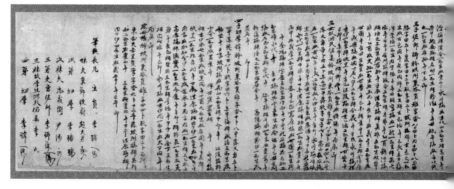

━━━ 〈이이 남매 화회문기(李珥男妹和會文記)〉 1566년(조선 명종 21) 5월, 신사임당(申師任堂)과 이원수(李元秀)의 일곱 남매가 부모 사후 재산을 나누어 가지면서 작성한 문서이다. 주로 경기도 파주에 있는 논밭과 전국에 흩어져 사는 노비를 남녀 구분 없이 고르게 분배하였으며, 분재 순서 또한 성별과 관계없이 태어난 순서에 따랐다. 문서 말미에 분재 내용에 동의한다는 뜻으로 나이순으로 이름을 적고 수결했다. 고려에 이어 조선 전기까지도 자녀 균분 상속의 관행이 계속되었음을 알 수 있다. 문화재청 제공, 건국대학교박물관 소장.

상의 제사를 독점하는 관습과 연결됩니다. 조선 후기에 동족 마을이 발달하고 《주자가례朱子家禮》가 널리 보급되면서 장남이 제사를 도맡는 '장자봉사長子奉祀'가 관행으로 굳어지게 되고, 그에 따라 남아선호 사상이 자리를 잡으면서 가족 규모도 자연스럽게 커지게 되지요. 이 점에서 고려와 조선 후기 사회는 분명히 다른 사회였습니다.

여성이 호주가 되는 사회

고려시대의 호적은 현재 전하는 것이 없으나, 국가가 호적 작성의 기초 자료로 쓰기 위해 호별로 호구 상황을 작성해서 관에 제출하게 한

호구단자戶口單子가 몇 건 전하고 있습니다. 여기에는 호주의 직역과 가계, 배우자의 가계 및 소생 자녀 등이 기록되어 있는데, 이 중에는 여성이 호주로 기록된 단자도 있습니다. 고려의 호주제는 조선, 아니 십여 년 전까지 남아 있던 우리의 호주제와 비교해도 놀랍습니다.

먼저 조선시대의 호구단자나 호적을 보면, 호주는 예외 없이 남성이며 노비도 남성인 호주의 소유로 등재되어 있습니다. 그러나 고려의 호구단자에는 노비의 소유주를 어머니 쪽과 아버지 쪽으로 구분하여 기록하고 있습니다. 여성도 남자 형제와 다름없이 부모로부터 균등하게 노비를 포함한 재산을 상속받았고, 이 재산이 결혼 후에도 남편과 시댁에 귀속되지 않고 본인의 재산으로 유지되었음을 보여주는 것이지요. 이런 사실은 족보에도 반영되었습니다. 조선 후기 족보에는 자녀를 기록할 때 대체로 딸의 이름은 생략하고 대신 사위의 이름을 기록합니다. 그러나 고려시대에는 딸아들 구분 없이 출생한 순서대로 기록했습니다. 고위 관료나 공이 있는 관료의 자손에게 관직 진출의 특혜를 베푸는 음서제를 적용할 때도, 아들이 없는 관료의 경우 딸의 자손에게도 음직蔭職이 계승되었습니다. 여성이 재산 상속·호주·제사의 주체가 될 수 있는 사회였기에 가능했던 일이었지요.

2008년부터 호적법이 폐지되고 '가족 관계의 등록 등에 관한 법률'이 시행되면서 남성과 부계 위주의 관행에 많은 변화가 나타났습니다. 출생 자녀는 아버지의 성과 본관을 따른다는 부성주의父姓主義 원칙이 수정되어, 혼인 당사자가 협의할 경우 어머니의 성과 본관을 따를 수 있게 되었고, 부모가 청구하고 법원이 허가하면 자녀의 성과 본관을 중간에 변경할 수도 있습니다. 호주제도 폐지되어 출생·혼인·사망 등의 신분 변동 사항이 가족 단위의 호적이 아니라 개인 단위의 가족 관계 등록부에 기재됩니다. 이는 출생과 동시에 개인별로 하나의 신분 등록부를 만든 뒤 모든 신분 변동 사항을 개인 중심으로 기록한다는 '1인 1적一人一籍'의 원칙에 기초합니다.

여전히 명절이면 고속도로를 비롯한 모든 도로가 초만원이 되지요. 여기에는 흩어져 사는 부모 형제가 고향을 찾아서 한자리에 모인다는 의미뿐만 아니라 조상에게 제사를 지내기 위해 부모님이나 종손이 있는 집으로 찾아간다는 조상 숭배의 뜻도 담겨 있습니다. 그런데 고려 때처럼 딸아들을 가리지 않고 돌아가며 제사를 지낸다면 귀성길의 번잡함과 피곤함도 조금은 덜어지지 않을까요?

다양한 문화와 전통이 공존한 고려

현종, 중단된 팔관회를 되살리다

1010년현종 1 10월 1일, 고려 조정은 거란의 침입이 임박했음을 감지하고 강조康兆를 최고 사령관인 행영도통사行營都統使로 삼아 30만 군사를 이끌고 통주通州, 평북 선천에 나가 진지를 구축하게 합니다. 10월 8일, 예상대로 거란에서 침략을 통고하자 고려는 두 명의 사신을 보내 화의를 요청합니다. 그러나 11월 1일 거란은 '황제 성종이 직접 고려를 공격할 것'이라고 답합니다. 11월 16일 그들 말대로 거란의 성종이 직접 보병과 기병 40만을 거느리고 압록강을 건넜고, 11월 24일에는 강조의 30만 대군이 통주에서 거란군에게 참패를 당하고 말죠. 이후 거란군이 곽주郭州, 평북 곽산와 숙주肅州, 평남 숙천, 서경을 우회하여 남하하자 12월 28일 현종이 남쪽으로 피란을 떠납니다. 그리고 사흘 뒤인 1011년 1월 1일, 수도 개경이 함락됩니다.

이상은 거란의 제2차 침입 당시의 긴박한 상황이 묘사된《고려사》의 기록입니다. 눈에 띄는 것은 거란이 압록강을 건너기 하루 전인 11월 15일, 고려 현종이 개경에서 팔관회를 열고 직접 관람했다는 사실입니다. 고려는 약 30년 전인 981년성종 즉위년 11월, 허황하고 번잡하다는 이유로 국왕이 팔관회에서 공연되는 잡기를 모두 없애버렸습니다. 987년성종 6에는 아예 팔관회를 폐지해버렸죠. 그런데 현종이 20여년 만에 팔관회를 부활시킨 것입니다. 현종은 왜 팔관회를 되살렸을까요? 그것도 전쟁 전야의 긴박한 상황에서 말입니다.

팔관회 행사가 폐지된 지 6년 만인 993년성종 12 10월, 고려는 처음으로 거란의 침입을 받았습니다. 당시 조정에서는 "거란에 고려의 땅을 떼어주고 항복하자"라는 할지론이 팽배했지요. 문신 이지백李知白은 할지론에 반대하며 다음과 같이 주장했습니다.

경솔히 토지를 떼어 적국에 주기보다 선왕태조이 강조한 연등·팔관·선랑仙郎 등의 행사를 다시 시행하고 다른 나라의 법을 본받지 않는 것이 나라의 보전과 태평을 이루는 길입니다. 그렇다고 여기신다면 먼저 하늘에 고한 뒤 싸울 것인가 화해할 것인가를 임금께서 결단해야 합니다.

— 《고려사》 권94, 서희 열전

연등회와 팔관회 같은 전통 행사를 되살려 민심을 결집하자고 한 것이지요. 이로부터 17년이 지났지만, 현종이 팔관회를 부활시킨 것도 이지백의 말처럼 민심을 결집하고 국가와 사회를 통합하려는 의도였습니다.

또 하나의 전통, 고려 문화

《논어》에는 '일이관지一以貫之'라는 말이 있습니다. 학문에서 하나의 이치를 깨닫게 되면 다른 모든 것을 꿰뚫을 수 있다는 뜻이지요. 역사 공부를 할 때도, 고대사나 현대사 등 여러 분야를 공부하지만 어떤 분야이건 역사학이 지향하는 궁극적인 진리는 하나일 수밖에 없습니다. 모든 분야를 통달하지 않아도 한 분야에서 전문가의 경지에 도달하면 결국 진리라는 하나의 길목에 이르게 되는 것이지요. 그것을 일이관지의 경지라 할 수 있습니다.

고려와 조선 사회를 비교한다면 조선은 유교, 구체적으로 성리학 이념이라는 하나의 원리에 의해서 모든 것이 움직이는 사회라고 할 수 있습니다. 성리학의 원리나 그것이 지향한 가치를 잘 이해하면 조선 사회를 어렵지 않게 이해할 수 있지요. 앞에서도 언급했듯이 조선 사회는 '일이관지'의 사회이기 때문입니다. 그러나 고려 사회는 하나의 원리가 아니라 다양한 원리가 복합된 다원적인 사회였습니다. 고려 사회는 다양한 사상과 문화가 어우러져 하나로 통일되어가는 과정에 있는 사회, 따라서 여러 가지 원리를 함께 이해해야 본질을 꿰뚫을 수 있는 사회입니다. 다양성과 통일성을 특성으로 하는 사회라고 할 수 있지요.

조선은 '여필종부女必從夫'라는 남성 우위의 성리학적 가치관이 지배하는 사회, 성리학 질서가 모든 가치평가의 기준이 되는 사회, 종속의 원리가 관통하는 사회였습니다. 반면 고려 사회는 재산 상속과 제사의 관행에서 남녀가 동등한 권리와 의무를 행사하고, 불교와 유교, 도교와 풍수지리사상이 동등한 위치에서 공존하는, 평행의 원리가 관통하는 사회였습니다. 이 점에서 고려와 조선 사회는 분명히 달랐습니다. 흔히 '전통문화' 하면 조선의 그것을 연상합니다. 그러나 고려 사회를 새롭게 이해하면 우리 역사에서 엄연히 500년간 이어진 또 하나의 전통과 마주하게 됩니다. 이제는 베일 속에 가려져 있던 고려의 사회와 문화의 다양성·개방성·통합성을 새롭게 이해함으로써 우리 전근대 사회와 문화의 폭과 깊이에 대해 새로운 안목을 가질 필요가 있습니다.

3장

역동적인 하층민의 삶과
사회 진출

1. 민의 세계와 존재 형태

민의 존재와 유형

고려의 민民과 그들의 세계에 대해 살펴봅시다. 전근대 시대의 민은 그 자신이 생산자이면서 국가의 지배를 받는 피치자被治者들로, 오늘날의 '민중民衆'에 비유할 수 있는 존재입니다. 사실 '민중'이라는 개념은 근대 이후에 형성된 것입니다. 근대 이후 민족주의가 발달하면서 세계 각지에서 민족 운동이 활발하게 전개되었는데, 이 민족 운동의 주체로서 민을 가리키는 용어로 사용하기 시작했지요. 학자에 따라서는 '민족'도 근대 이후에 형성된 개념으로 간주합니다. 제국주의 침략이 본격화되자 침탈당한 지역민들 사이에서 '같은 민족'이란 의식이 형성되었다는 것이지요. 그리고 이들이 침략자에 맞서 자기 민족의 권리를 되찾으려는 운동을 전개하면서 이 민족 운동의 중심세력을 '민중'이라고 일컬었다는 것입니다. 그런 점에서 전근대 사회인 고려나 조선 사회의 생산자이자 피지배층인 이들을 민중이라고 부르는 것에 대해서는 회의적입니다. 대신 고려왕조를 포함해서 근대 이전의 피지배층을 의미할 때는 흔히 '민'이라는 용어를 사용합니다. 기록에는 '인민人民'이라는 용어가 가장 많이 등장하죠.

오늘날의 민중은 노동자와 농민처럼 그 자신이 생산자이자 피치자인 사람들을 가리키는 용어임은 물론, 이들과 마찬가지로 지배 질서에서 소외되어 있다는 면에서 학생과 지식인을 포함하기도 합니다. 그런 점에서도 전근대의 '민'과 근대의 '민중'은 다른 개념이라고 할 수 있습니다. 이 책에서는 피지배층이라는 제한된 뜻으로 '민'이라는 용어를 사용하겠습니다.

고려를 포함한 전근대 사회에서는 인간 집단을 크게 사·농·공·상의 네 계층으로 구분합니다. 이는 신분·계층과 종사하는 일을 아우른 용어로서, 네 계층을 흔히 '사민四民'이라고 합니다. 사민 가운데 '사士'는 전·현직 관료를 가리키지만, 넓은 의미에서는 관료 경험은 없으나 유교적인 지식과 소양을 가진 독서층, 주로 향촌 사회의 여론을 주도한 지식인층을 포함합니다. 한마디로 최상위 지배층을 가리키는 용어입니다.

'사'를 제외한 농·공·상에 해당하는 계층이 고려시대 피지배층인 민의 구체적인 모습입니다. 사민을 '사서士庶'라고 표현하기도 하는데, 사민을 다시 지배층과 피지배층으로 구분하는 용어로서 농·공·상이 피지배층인 '서'에 속하지요. 한편으로 민은 '사'보다 지위가 낮은 계층, 곧 하층민이라 할 수 있습니다. 따라서 이 책에서는 때로 '하층민'을 '민'과 같은 뜻으로 사용하기도 했습니다.

피지배층 가운데 농업에 종사하는 농민과 각종 수산물의 채취 및 가공을 업으로 하는 어부는 사민 중 '농農'에 속합니다. '공工'은 각종 재화와 물품 생산 활동, 주로 수공업에 종사하는 사람들로서, 이들을 '공장工匠'이라 합니다. 고려와 조선의 사서에는 '식화食貨'라는 용어가 많이 등장하는데, 이는 일종의 경제 용어로 '식食'은 땅에서 나는 농산물, '화貨'는 강과 바다에서 나는 수산물과 수공업을 통해 생산되는 각종 물품을 가리킵니다. 이 '식화'라는 용어를 통해 전근대 사회에서 이들을 생산하는 계층, 즉 농민과 공장장인을 중시했다는 사실을 확인할 수 있습니다. 마지막으로 '상商'에 속하는 상인은 농수산물과 수공업 제품, 즉 '식화'를 판매·유통하는 일에 종사하는 계층을 뜻하지요. 서술의 편의상 장인과 상인에 대해 먼저 살펴보겠습니다.

수공업 발달과 장인

고려시대 수공업 생산의 주체는 장인匠人입니다. '식화' 중 '화'에 해당하는 재화의 대부분을 충당하는 수공업은 '백공百工'·'공장'·'공기工技'·'공인工人' 등 다양한 호칭으로 불리는 장인들이 생산 활동에 참여하면서 발달하지요. 한편 수공업과 이에 종사하는 장인들에 관한 제도가 정비되면서, 장인들 간에 위계와 서열이 생겨났습니다. 적잖은 고려 유물에 '상대장上大匠'·'삼대장三大匠'·'대장大匠' 같은 표현들이 등장하는데, 국가 소속 장인을 가리키는 용어입니다. 전문 기술을 가진 상층 장인의 경우 기술 수준과 공로에 따라 '지유指諭'에서 '부장副匠'에 이르는 직위를 갖고 일반 장인을 지휘했지요. 당시 장인들 사이에 위계와 서열이 존재했다는 것은 그만큼 수공업이 발달했다는 증거입니다.

고려의 범종·금고金鼓 혹은 반자飯子·향로 같은 불교 의식용 금속제 도구에 기록된 문자銘文는 고려시대 다양한 장인의 존재를 알려주는 대표적인 자료이지요. 현재 문자가 기록된 불교 의례용 금속제 유물은 모두 201점이 전하고 있는데, 이 중 71점에 유물을 직접 제작한 장인이 기록되어 있습니다. 《고려사》에도 중앙의 10개 관청 소속 67개 작업장에서 57종의 수공업 제품 생산에 종사한 장인 97명의 이름이 등장합니다. 이들은 최고 기술을 지닌 상층 장인들로 판단됩니다〔《고려사》권80, 식화 3 녹봉 조 참고〕.

고려왕조는 장인을 국가에 등록시켜 이들을 통해 국가가 필요로 하는 각종 제품을 생산했습니다. 장인들은 무슨 물품을 생산하는지에 따라 해당 물품을 관리하는 중앙과 지방의 여러 관청에 이름이 등록되었습니다. 이들의 이름이 등록된 장부를 '공장안工匠案'이라 하는데, 국가는 이 공장안을 통해 각종 장인의 거주지와 수를 파악하고 이들에게 역을 부과했습니다. 성종 연간981~997과 현종 5년1014 두 차례에 걸쳐 공장안이 작성되었다는 기록이 있습니다.

공장안에 등록된 장인은 거주지에 따라 중앙의 '경공장京工匠'과 지방의 '외공장外工匠', 관청 소속 여부에 따라 '관장官匠'과 '사장私匠 혹은 민간장民間匠'으로 구분되었습니다. 앞에서 거론한, 10개 중앙 관청에서 57종의 수공업 제품 생산에 종사한 97명의 장인은 경공장일 것입니다. 이들은 최고 기술을 지닌 상층 장인으로 왕실과 귀족의 사치품이나 생활용품, 대외 조공품 등 고급 제품을 생산했을 것입니다. 물

═══ **'정우(貞祐)'가 새겨진 청동 금고**　금고는 쇠로 만든 북이다. 주로 공양 시간을 알리는 데 사용되었다. 사진의 금고는 충청북도 영동에서 출토된 것으로, 측면에 정우 12년(1224, 고종 11) 이의사(利義寺)의 승려 현진(玄津)의 주도로 호장, 호정 등 향리들의 후원을 받아 대장(大匠) 인천주부(仁天住夫)가 제작했다는 내용이 새겨져 있다. 국립중앙박물관 소장. 이 외에 죽주(竹州, 경기도 안성) 봉업사(奉業寺)에서 출토된 정우 5년명 반자에는 '상대장 부금(夫金), 대장 아각(阿角), 삼대장 경문(景文)'이라는 글자가 새겨져 있어 제작 연도(1217)와 함께 당시 장인의 위계와 서열을 짐작할 수 있다.

론 이들이 경공장의 전부는 아니고, 그 밑에는 이들의 지시와 통제를 받는 일반 장인들이 있었을 것입니다.

《고려사》 식화지에 따르면, 경공장은 1년에 300일 이상 근무할 경우 그 대가로 녹봉을 받았습니다. 이를 '별사別賜'라 하는데, 작업의 중요도에 따라 쌀은 최고 20섬부터 최하 6섬, 벼는 최고 15섬부터 최하 7섬까지 지급되었습니다(《고려사》 권80, 식화 3 녹봉 조 참조). 또한, 문종 21년1067에 제정된 전시과에 의하면 대장·부장·잡장인雜匠人 등이 무산계를 받으면 17결의 수조지가 지급되었습니다(《고려사》권78, 식화 1 전시과 조 참조). 대장·부장은 관청 소속 상층 장인이며, 잡장인은 중앙 관청 소속 일반 장인입니다. '무산계武散階'란 향리·노병·공장·악인樂人 등과 탐라·여진의 추장 등에게 내린 관계官階를 의미합니다.

지방에 거주한 외공장에는 군현에 속한 장인과 소 생산체제에서 수공업에 종사한 소 소속 장인들이 있었습니다. 특히 소 생산체제 속에는 특별한 기술 없이 광물의 채굴 같은 단순한 고역에 동원되는 소 주민도 있었지만, 원료를 가공하여 완성품을 제작하는 전문 장인들도 있었습니다. 이들은 일정 기간 역에 동원되고 나면, 나머지 기간은 개인적으로 수공업 제품을 생산해 판매했을 것입니다. 종이 등 각종 제품을 생산·판매하는 사원寺院에 소속된 장인들도 외공장의 주요한 부분을 차지했을 것입니다. 공사 기간만 무려 20여 년이었다는 개경의 나성 축조 과정에 동원된 8,450명의 장인 중 상당수도 지방에 거주한 외공장으로 판단됩니다.

고려 정부는 공장과 상인의 자제가 관직에 나아가는 것을 금지하는 조치를 마련하기도 했습니다(《고려사》권75, 선거選擧 3 전주銓注 한직限職 조 참조). 역을 자손에게 세습하여 그 업을 유지하게 만들고 그들이 가진 기술력을 국가가 통제하기 위한 방법이었습니다. 그런데 12세기 이후 무신정변과 농민항쟁, 몽골의 침입 등으로 국가의 통제력이 약해지자, 중앙과 지방의 관청에 소속된 장인들이 무거운 역 부담에서 벗어나기 위해 다른 지역으로 이주하기 시작합니다. 이러한 현상은 고려왕조가 멸망할 때까지 계속되었는데, 관청 수공업과 소

생산체제의 붕괴가 장인의 이탈을 가속화했지요. 이러한 현상의 배후에 장인에 대한 신분적 차대가 작용한 것도 사실입니다. 그럼에도 장인의 외방 이주는 수공업 제품 생산지와 장인의 거주지가 점차 확산되는 효과를 낳았고, 지방의 토착 장인들이 새로운 기술을 습득하는 기회가 되었습니다. 동아시아 여러 나라에서 호평을 받아온 상감청자·고려지·나전칠기 같은 명품 생산이 줄어들고 일반 민의 기호에 맞는 소박하고 단순한 실용품 제작이 활발해지는 등 수공업 생산의 변화도 뒤따랐습니다.

상업 발달과 상인

상업의 발달은 재화의 생산에 달려 있다고 해도 과언이 아닙니다. 물론 농산물도 상거래 대상에 포함되지만, 주요 대상은 재화였지요. 재화의 대부분은 수공업을 통해 생산됩니다. 따라서 상업의 발달은 수공업의 발달과 밀접한 관련을 갖습니다. 고려 정부는 상업을 국가 재정의 주요한 원천으로 여기고 상업을 통해 부를 증대하려는 노력을 게을리하지 않았습니다. 고려 태조 왕건의 집안이 해상 교역을 통해 성장한 만큼, 고려 정부는 건국 초부터 상업을 적극적으로 장려하는 정책을 추진했습니다. 수도 개경에 시전市廛을 설치하여 도시의 상업을 활성화했지요.

고려의 상업은 크게 도시와 지방으로 구분하여 볼 수 있습니다. 도시의 상업은 시전과 관영 상점, 장시場市로 이루어졌는데, 개경의 시전은 관청과 귀족들이 주로 이용했습니다. 시전은 개경 주민의 사적인 수요와 왕실·관청 등의 공적인 수요를 충당하고, 쓰고 남은 물품을 처분하기 위해 나라에서 설치한 시장입니다. 종이를 파는 지전紙廛, 종이의 원료이기도 한 닥나무를 파는 저시楮市, 각종 기름을 파는 유시油市, 말이 거래되는 마시馬市가 형성되어 있었고, 다점茶店이나 쌍화점雙花店 같은 찻집이나 음식점도 있었습니다. 개경의 시전은 전국 각지에서 사람이 몰려드는 만큼 각종 물품의 유동량이 많았습니다. 그래서 고려 정부는 가치가 유동적이고 들고 다니기도 힘든 쌀·콩·조 같은 곡식이나 삼베·모시 같은 옷감으로 값을 치르는 대신 표준화되고 휴대하기도 편한 화폐를 만들어 유통시키려 했습니다. 성종 때 처음으로 '건원중보乾元重寶'라는 철전鐵錢을 만들었고, 숙종 때는 '해동통보海東通寶'를 비롯한 여러 주화를 만들었지요. 성종은 화폐를 유통시키기 위해 정책적으로 차·술·음식 등을 파는 점포들을 설치하기도 했습니다. 숙종 때도 귀천을 막론하고 거리 양쪽에 각기 점포를 열도록 권장하고 주현에도 술집과 음식점을 개설하도록 했습니다. 특히 화폐 유통책을 적극적으로 추진한 숙종은 "사민이 각기 그 생업을 잘 닦아야 실로 나라의 근간이 된다"라면서 상업을 적극적으로 권장했습니다(고려사 권79, 식화 2 시고市估 조 참조).

개경·서경·동경 등 큰 도시에는 시전 외에 관영 상점이 있었습니다. 특히 개경의 시전과 관영 상점은 공무역과 사무역에서 거래되는 상품의 공급 기지이자 외래 상인들의 주요 거래처였습니다. 장시는 도시 거주민이 일용품을 구매하는 비상설 시장으로, 규모는 영세하지만 주민 생활과 밀접한 관련이 있어 도시의 상업에서 중요한 비중을 차지했습니다.

===== **해동통보** 고려는 996년(성종 15) 처음으로 규격화된 화폐인 건원중보를 주조했으나 이는 가벼운 구리로 만든 동전이 아닌 무거운 쇳덩어리로 된 철전인 데다 문벌들의 반대로 찻집이나 술집, 식당 등으로 사용이 제한되는 등 제대로 유통되지 못했다. 해동통보는 1102년(숙종 7)에 만들어져 본격적으로 유통된 최초의 동전이다. 국립중앙박물관 소장.

지방에는 주로 관아 근처에 인근의 농민, 수공업자, 관리 등이 물품을 거래하는 향시鄕市가 있었습니다. 부상負商, 등짐장수·선상船商, 배에 물건을 싣고 다니며 파는 사람 같은 행상들이 전국을 돌며 장사를 했지요. 지방에서는 특히 사원이 종교적 지위와 권력을 이용해 활발한 상업 활동을 했고, 사원이 주도하는 고리대가 매우 성행했습니다. 사원은 자체 생산한 술이나 농산물, 수공업 제품을 판매했으며, 직접 교역 장소가 되어 지방의 상업을 주도했습니다. 소유한 말을 이용해 숙박 시설인 '원院'을 운영하며 전국의 유통망을 장악한 사원도 있었습니다. 그러나 적잖은 수의 사원이 권력과 경제력, 종교적 지위를 이용해 강제 매매와 인적 수탈을 자행한 탓에, 사원의 상행위는 늘 개혁론자들의 입에 오르내렸지요. 불법적인 강매를 시도하는 지방관 역시 적지 않았습니다. 이들은 부임할 때 구입한 물품을 비싼 값에 강매해 이익을 챙겼습니다. 사원의 지위를 이용한 강매와 판매와 유통 장악은 지방의 자유로운 유통 경제의 발달을 저해했습니다.

고려시대에는 해상 무역도 발달했습니다. 강이나 바다를 이용한 상업 활동으로 크게 성장한 지방의 호족세력들이 해상 무역에 적극적이었습니다. 예성강 하구의 정주 유씨와 나주와 목포 지역의 나주 오씨, 당진의 복지겸卜智謙과 박술희朴述熙 등 왕건의 후삼국 통일에 큰 도움을 준 세력들이 대표적이지요. 고려는 배를 이용한 교역의 이익[주즙지리舟楫之利]을 중시했습니다. 또한, 국내 상업이 발달함에 따라 점차 도성 밖 예성강 하구의 후서강後西江·벽란도·전포 등으로 상업 권역이 확대되었습니다. 그중에서도 조세와 공물이 모이는 벽란도가 무역과 상업의 중심지로 성장했습니다. 벽란도는 국제 무역항으로서 국가 행사 때가 되면 세계 각국에서 온 상인들로 붐볐습니다. 개경에도 영빈관 같은 외국인 전용 숙소가 10여 곳이나 생겼을 정도로 한꺼번에 수백 명의 외국 사신이나 상인이 모여들었습니다. 특히 외국의 상인들은 겨울에 열리는 팔관회에 참석하여 공물을 바치고 문물을 교환하며 함께 주연을 베풀기도 했지요.

고려는 주로 나전칠기·도자기·옷감·붓·먹·부채·무기·마구류를 수출했습니다. 북송의 수도 카이펑에서는 고려의 비단과 도자기·종이·먹·부채가 명물로 인기가 높았다고 합니다. 송나라는 고려 사신이나 상인을 위해 고려관高麗館을 따로 지어 편의를 제공하며 융숭히 대접했습니다. 고려 상인들은 송에서 관세 혜택도 받았습니다. 다른 외국 상인들은 상품 가격의 15분의 1을 관세로 냈는데, 고려 상인들은 그보다 적은 19분의 1을 냈다고 합니다. 왕안석의 신법에 반대한 소식蘇軾, 1036~1101이 접대의 부담과 기밀 누설, 서적 유출 등의 이유를 들어 "[송은] 조그마한 이익도 없는데 고려는 큰 이익을 얻는다"라고 불만을 털어놓을 정도였습니다.

고려 말에는 성리학에 대한 이해가 깊어지면서 말본론末本論이 점차 힘을 얻게 됩니다. 농업이야말로 천하의 근본이라고 여기는 말본론에 의하면 상업 활동은 생산하는 것 하나 없이 중간에서 농간을 부려 이익을 취하는 천한 행위, 이른바 "본을 버리고 말을 쫓는 행위"였지요. 이에 따라 상업 활동에 제약이 가해지고 전업적인 상인의 관직 진출을 제한하는 등 공상천예工商賤隸, 공장·상인·천민·노예를 하나로 묶어 신분적 차별을 강조하는 분위기가 형성되면서 고려시대 상업 발달의 조건이 조선으로 이어지지 못했습니다.

백정과 잡척 농민의 삶

이제 고려의 민, 즉 하층민의 다수를 차지한 농민에 대해 살펴보겠습니다. 고려시대 일반 농민을 흔히 '백정'이라 합니다. 대개 백정이라고 하면 도축업에 종사하는 조선의 천민을 떠올리지만, 고려의 백정은 주로 농사를 짓는 일반 민을 뜻합니다. 이들은 군현 지역에 거주하면서 국가에 조세와 역역을 부담한 일반 농민입니다. 백정 중에는 자기 소유의 토지를 경작해서 가계를 꾸리는 자영自營 농민과 소유 토지가 부족해 남의 토지를 빌린 뒤 이를 경작해서 가계의 수입을 보충하는 전호佃戶 농민이 있었습니다.

백정白丁의 '백白'은 '희다'는 뜻도 있지만 '없다'는 뜻도 있죠. 고려의 백정은 '일정한 직역이 없는 양인'으로서 주로 농사짓던 사람들입니다. 도축업에 종사하는 조선의 백정과는 전혀 다른 계층이죠. 구체적으로 국가 운영에 필요한 공적 업무, 즉 직역을 갖지 않은 계층으로, 직역 부담자인 정호와 대비되는 존재입니다. 말하자면 조선의 양인 농민층과 같은 존재입니다. 고려시대에는 이같이 계층에도 직역과 관련된 이름을 붙였습니다. 백정은 직역을 부담하지 않는 대신 수확물에 대한 조세를 바쳐야 했고, 특산물을 공납해야 했으며, 성을 쌓거나 도로를 건설하는 등의 토목공사에 무상으로 노동력을 제공해야 했습니다. 이를, '삼세三稅'라고 하지요. 삼세는 당나라의 조·용·조租庸調와 같은 개념으로, 고려시대에는 이를 '조·포·역租布役'이라고도 했는데, 전세田稅·공물貢物·요역徭役의 형태로 부담했습니다. 고려의 백정은 이처럼 민전을 경작하며 삼세를 부담하던 계층입니다.

그런데 백정도 정호처럼 지배세력의 일원이 될 수 있었을까요? 이들이 조선에 살았다면 그럴 가능성이 고려 때보다 훨씬 더 컸을 것이라고 할 수 있습니다. 조선시대에는 양인이면 누구나 과거에 응시할 수 있을 정도로 과거의 문호가 열려 있었고, 합격 가능성도 고려 때보다 높았습니다. 이에 비해 고려시대에는 과거 응시가 보편적인 일이 아니었으며, 조선보다 응시 자격도 제한적이었습니다. 특히 고려 초에는 아버지가 최소한 부호정 이상의 향리층이라야 과거에 응시할 자격이 주어졌지요. 고려 중기부터 백정도 과거 응시가 가능해졌지만, 문제는 과거 공부가 가능한 교육 기관이 조선에 비해 적고 과거 시험에 필요한 학문인 유학이 보편화하지 못해 일반 양인인 백정은 과거를 준비하는 것 자체가 어려운 일이었다는 데 있습니다. 백정이 지배층의 일원이 될 방법은 따로 있었습니다. 바로 군인이 되어 군공을 세우는 것이었죠. 드문 일이지만 백정 출신이 국왕의 눈에 띄어 관료나 군인 등으로 발탁되는 사례도 있었습니다.

잡척도 고려시대 농민을 구성하는 계층 중 하나였습니다. 공해전·둔전 같은 국가 소유의 토지를 경작하는 데 동원된 향·부곡의 주민, 각종 수공업 제품과 농수산물 생산에 동원된 소의 주민, 장처전을 경작해서 궁원宮院과 사원에 조세를 바치는 장莊과 처處의 주민이 바로 잡척입니다. 나루터津나 역驛에서 역을 부담한 주민들도 잡척에 포함됩니다. 그런데 잡척의 하나인 소 주민은 수공업 제품 생산에 동원되는 기간을 제외하고 평상시에는 주로 농업에 종사했습니다. 그러니 그들 역시 농민층으로 볼 수 있지요. 다시 말해 잡척은 기본적으로 백정 농민처럼 농사를 지어 생계를 꾸리며 국가에 삼세를 부담한 농민이었습니다. 그러나 이상에서와 같이 수공업 제품 생산 같은 특정의 역을 추가로 부담해야 했기 때문에 백정 농민보다 사회·경제적으로 열악한 처지에 있는 최하층 양인 농민이라 할 수 있습니다.

고려시대 민의 세계를 이해하기 위해 이들의 생활을 구체적으로 살펴봅시다. 고려시대의 대표적인 민인 백정 농민은 평균 1결의 농지를 소유했습니다. 고려 전기 농지 1결은 대체로 1,200평, 6마지기 정도였지요. 고려 후기에는 결의 측정 기준을 토지의 면적이 아닌 수확량으로 바꾸고 20석을 그 기준으로 삼았습니다. 그러니까 1년간 20석가량의 곡식을 수확하는 땅을 가진 농민이 고려 후기의 평균적인 민이라 할 수 있지요. 이에 비해 고려 전기 토지 1결의 생산량은《고려사》기록에 따르면 최소 10석에서 최대 18석으로 평균 14석입니다. 1결의 수확량이 고려 후기보다 다소 적었지요. 백정 농민의 주 수입원인 이

●
농민의 삶과
경제 활동

토지는 보통 부부와 3~4명의 자녀로 이루어진 가족이 함께 경작했는데, 이 가족을 기준으로 고려 전기 농민의 한 해 수지를 살펴보겠습니다.

당시 성인 한 사람의 식량 소비량은 하루 1되, 1년에 약 2.4석 정도였다고 합니다. 따라서 자녀 1명의 소비량을 성인의 반으로 가정하면 5인 가족에게 1년간 필요한 식량은 9.6석이라는 계산이 나옵니다. 최저치인 10석을 수확할 경우 수확한 곡식을 모두 가족의 식량으로 소비할 수 있다면 굶주림은 면할 수 있었겠지요. 그런데 나라에 바쳐야 할 것들이 있었죠. 한 해 수확량의 10분의 1인 조세와 기타 요역과 공물 비용이 그것입니다. 조세는 수확량에 따라 최저 1석에서 최대 1.8석을 내야 하고, 요역과 공물 비용으로는 포 3~4필을 바쳐야 하는데 포 1필이 쌀米 2두이므로 약 3석이 필요하지요. 여기에 이듬해 생산을 위한 비축분인 종자곡 0.5~1석과 빌린 돈이나 기타 경비 2~3석을 합하면, 가족이 소비할 식량을 제외한 한 가족의 1년 경비는 수확량에 따라 최소 6.5석에서 최대 8.8석입니다.

고려 전기 1결의 농지에서 최대치인 18석을 수확한다 해도 이 8.8석을 빼고 나면 9.2석이 남게 되므로, 가족이 먹을 1년치 식량9.6석조차 부족합니다. 경조사비 같은 예상 밖의 지출은 그대로 부채로 떠안을 수밖에 없지요. 더욱이 수확량이 10석에 지나지 않는 경우, 조세와 요역, 공물 비용으로 내야 할 몫을 제외하고 나면 6석밖에 남지 않아 종자곡을 빼두기는커녕 끼니조차 걸러야 합니다. 고려시대의 농민 1가호家戶는 최대치를 수확해도 자기 가족의 기본 생활비조차 충당하기 힘든, 요즘식으로 표현하면 최저 생계비도 마련할 수 없는 처지였던 것이죠. 자식을 팔아 빚을 갚는 사례들이 기록에 자주 등장하는 것은 이 때문입니다.

적자를 메우는 가장 일반적인 방법은 개간을 통해 소유 농지를 늘려가는 것이었습니다. 이는 당시 고려 정부가 적극적으로 장려한 방법이기도 합니다. 하지만 기존 땅에 농사를 짓는 데만도 온 가족이 힘을 보태야 했는데, 여기에 개간까지 하려면 보통 고된 일이 아니었을 것입니다. 이외에 돼지·닭 등 가축을 기르거나, 채마밭을 일구거나, 남의 토지를 빌려 경작하거나, 땔감이나 약초·나물을 채취하는 등의 방법으로 부족한 생계를 보충해나갔습니다. 사실 이들에게 가장 고통스러운 일은 권력자나 지주의 토지를 빌려 농사를 짓거나 자기가 경작하는 토지가 전시과 토지로 묶일 경우, 지대나 조세를 내는 과정에서 받는 경제 외적인 강제였습니다.

이렇게 민 가운데 가장 평균적인 존재인 백정 농민들도 적자를 면치 못했음을 볼 때, 특정한 역을 추가로 부담해야 하는 잡척의 가계 수지가 얼마나 열악했을지는 짐작하고도 남음이 있습니다.

농민의 삶을 전해주는 기록들

당시 민의 처지를 알려주는 시 몇 편을 소개하겠습니다. 먼저, 의종 때 지어진 시로, 이인로의 《파한집》에 실려 있는 것입니다.

온종일 뙤약볕 아래 농사를 지어도 終日曝背耕
한 말의 조를 얻을 수 없구나 而無一斗粟

바꾸어 조정에 있기만 하면 換使坐廟堂

앉아서 만 섬의 곡식을 먹을 수 있구나 食穀至萬斛

— 이인로, 《파한집》 권하

　무신정변이 일어나기 직전, 의종이 민심의 동향을 파악하기 위해 전국의 역과 원에서 수집한 시들 가운데 하나입니다. 농민은 종일 농사를 지어도 조 한 말을 얻기 힘든데, 관리가 되면 앉아서도 1만 섬의 곡식을 얻을 수 있다고 했지요. 농민들에게서 거두어들이는 세금만으로도 관리들은 넉넉하게 생활하는데, 정작 농사를 짓는 농민은 궁핍한 현실을 한탄하는 내용이지요. 무신정변 직전 어려운 농민의 처지가 잘 표현되어 있습니다.

　다음은 문장가 이규보의 시로, 무신정권 초반인 1190년대에 지어진 것들입니다.

햇곡식은 푸릇푸릇 아직 논밭에 자라는데 新穀靑靑猶在畝

아전들은 벌써 세금 걷는다고 야단이네 縣胥官吏已徵租

힘써 밭 갈아 나라 부강하게 하는 일 우리에게 달렸는데 力耕富國關吾輩

어찌 이다지도 괴롭히며 살갗마저 벗겨 가는가 何苦相侵剝及膚

—《동국이상국집》 권1, 농부를 대신하여 읊은
두 편의 시〔代農夫吟二首〕중 두 번째 시

알몸을 짧은 삼베옷으로 가리고 하루에도 몇 이랑씩 밭을 갈아야 하고

赤身掩短褐一日耕幾畝

벼이삭이 파릇파릇 돋아나면 힘들게 잡초도 뽑아야 한다오

才及稻芽靑辛苦鋤稂莠

풍년이 들어 천 섬을 거둔다 해도 헛되이 관가의 차지가 될 뿐이라

假饒得千種徒爲官家守

어쩔 수 없이 빼앗기고 돌아오면 하나도 가진 것이 없게 된다오

無何遭奪歸一介非所有

— 《동국이상국집》 권1, 농부의 청주와 쌀밥 섭취를 금한다는
명을 듣고〔聞國令禁農餉淸酒白飯〕

두 편의 시 모두 가혹한 세금 수취 때문에 농민의 삶이 궁핍하다고
지적하고 있지요. 지금까지 소개한 총 세 편의 시는 12세기 농민의 처
지를 잘 표현하고 있어, 12세기에 시작된 하층민의 유망과 봉기의 배
경을 이해하는 데 도움이 됩니다. 물론 이 시들이 고려 농민의 상황을
완벽하게 대변하는 시라고 말할 수는 없습니다. 고려 농민이 항상 이
같은 절박한 상황에 놓여 있던 것만은 아니니까요.

다음은 고려 말의 기록으로, 그 속에 보이는 농민의 생활상은 오늘
날 우리가 볼 수 있는 순박한 농민의 생활상과 별반 다르지 않습니다.
1375년우왕 1 전라도 나주 거평居平 부곡에 있는 소재동消災洞에서 2년
간 유배 생활을 한 정도전이 묘사한 민의 모습입니다.

〔소재동에〕 사는 사람들은 순박하고 꾸밈이 없으며 힘써 농사짓는 일을
업으로 삼았다. 그중에서도 황연黃延은 더욱 그러했다. 집에서 술 빚는
것을 좋아했는데 황연은 마시는 것도 좋아해서 매번 술이 익으면 반드시

═══ **《동국이상국집》** '동국이상국집(東國李相國集)'이란 '고려 이씨 재상의 문집'이란 뜻이다. 1241년에 전집(全集) 41권, 그 이듬해에 후집(後集) 12권이 간행되어 모두 53권 13책으로 구성되었다. 본문에 실린 시 두 편은 모두 후집 제1권에 실린 시들이다. 특히 '농부의 청주와 쌀밥 섭취를 금한다는 명을 듣고'란 제목의 시는 흉년이 들면 농가의 쌀 소비를 금지하곤 하던 당시의 관행을 알려준다. 이규보는 1231년(고종 18) 가뭄이 들었다는 이유로 나라에서 농부들이 낸 세금으로 호의호식하는 벼슬아치가 아니라 쌀 생산의 주체인 농부의 청주와 쌀 소비를 금한다는 소식을 듣고 이의 부당함을 지적한 것이다. 국립중앙도서관 소장.

나에게 먼저 잔을 청했다. 손님이 오면 항상 술을 내놓았고, 오래 사귈수록 더욱 공손했다. 김성길金成吉이란 자는 제법 글을 알았다. 그 아우 천天은 함께 대화할 수 있을 정도였다. 형제 모두 술 마시기를 좋아했고, 한 집에서 살았다. 서안길徐安吉이란 자는 늙어서야 중이 되었는데, '안심安心'이라 불렸다. 코가 높고 얼굴이 길어 용모가 기괴했다. 온갖 사투리方言와 비속어俚語, 마을의 세세한 일들까지 모조리 기억했다. 김천부金千富와 조송曺松이란 자도 김성길이나 황연과 술 마시는 게 비슷했다. 날마다 나를 찾아와 놀았다. 철마다 토산물이라도 얻는 날에는 반드시 술과 된장을 갖고 나에게 와서 한껏 즐기다가 돌아갔다.

— 《삼봉집三峯集》 권4, 소재동기

정도전의 글에는 힘써 농사짓고 여가에는 수확한 곡식으로 술을 빚어 이웃과 나눠 마시며 어울리는 농민의 일상이 잘 묘사되어 있습니다. 이처럼 당시 농민들은 글도 읽고 세상사에 대해 자기 견해를 내세우며 마을의 시시콜콜한 일까지 자기 일같이 챙기고 참견하면서 정을 나누고 살았습니다.

조세보다 무거운 군역과 요역

고려의 민은 토지 경작자로서 조세와 지대를 부담했지만, 가호마다 관에 바쳐야 할 공물의 양도 적지 않았습니다. 공물로는 주로 포를 짜서 바쳤는데, 포 짜는 일은 전적으로 여성들의 몫이었습니다. 당시에는 화폐가 사용되지 않아 포가 화폐의 기능을 대신하기도 했습니다. 공물로 바치는 것 외에 조세를 내거나 시장에서 물건값을 계산할 때도 포로 대신하는 일이 많았지요. 포는 생활 경제의 주요한 부분이었습니다. 더욱이 부족한 가계를 보충하는 데도 유용했습니다.

민은 조세나 공물 외에 군역과 요역도 부담해야 했습니다. 16세에서 59세까지의 남성이 그 대상이었지요. 군역은 3년마다 한 번씩 돌아왔고 그때마다 1년가량 복무해야 했습니다. 군역을 지는 동안에는 군인전을 받아 여기서 나오는 수입으로 군복이나 양식, 무기에 드는 비용을 충당했습니다. 요즘과 달리 군인 스스로가 군역에 필요한 비용을 조달한 것이지요. 대신 군인전은 경작하는 사람이 따로 있었습니다. 군역을 지지 않고 군인전을 경작하여 그 소출로 군역을 부담하는 군인의 양식 등 여러 비용을 대는 이 사람들을 '양호養戶'라 했지요. 요역은 1년에 약 20일가량 궁궐이나 성의 수축, 도로 보수 작업 등에 동원되었습니다. 그때도 양식은 스스로 마련해야 했습니다. 다음은 의종 때 '중미정衆美亭'이라는 왕실의 정자를 짓는 공사에 동원된 한 역졸과 그 부인의 이야기입니다.

> 정자〔중미정〕를 지을 때 역졸들은 각자 식량을 가져왔다. 어떤 역졸은 집 안이 가난해 양식을 가져올 수 없어서 다른 사람들이 한술씩 덜어준 밥으로 끼니를 때웠다. 어느 날 그 처가 음식을 차려와서, "친한 분들을 모셔 함께 식사하세요"라고 했다. 그 역졸이 "가난한 살림에 어떻게 음식을 준비했소? 다른 사람과 정을 통해서 얻은 것이오, 아니면 훔친 것이오?"라고 추궁했다. 처가 말하기를, "얼굴이 추한데 누가 나와 정을 통하겠으며, 겁이 많은데 어찌 도적질을 할 수 있겠소? 머리카락을 팔아 준비한 것입니다"라고 하면서, 깎은 머리를 보여주었다. 역졸이 울면서 음식을 먹지 못했다. 듣는 사람도 다들 슬퍼했다.
>
> ─《고려사》권18. 의종 21년(1167) 3월

양식을 준비하지 못해 같이 일하는 사람들에게서 밥 한술씩 얻어먹다가, 하루는 아내가 자기 머리카락을 팔아 마련한 음식으로 주위 사람들과 나누어 먹었다는 이야기입니다. 이런 일화를 통해 당시 요역의 실상과 어려운 민의 처지를 조금이나마 이해할 수 있습니다.

고려 민의 어려운 처지는 사실 무거운 조세나 역역 부담, 지배층의 수탈만으로는 충분히 설명되지 않습니다. 조세나 역역의 과중함이나 지배층의 수탈은 조선시대에도 별반 다르지 않았으니까요. 게을러서라거나 농사에 무지해서는 더더욱 아니었습니다. 근본적인 원인은 사회의 전반적인 생산력 수준에서 찾을 수 있습니다. 당시 농업 기술 수준은 휴경 없이 매년 같은 땅에 농사를 지을 수 있는 상경화 단계에 있었습니다. 하지만 지력을 북돋우는 시비 기술이 충분히 발달하지 않은 데다 수리 시설 정비 기술도 그다지 좋지 않아 자연재해가 잦으면 농민이 농사짓기를 포기하는 일이 많았지요. 이로 인해 경작지가 묵은 땅으로 바뀌는 진전화陳田化 경향이 심했습니다. 그러니까 고려의 상경 수준은 아직 불완전한 단계라 농업 생산량이 해마다 일정하지 못하고 수확량 자체도 많지 않았습니다. 고려 조정에서는 묵은 땅을 다시 경작하거나 새로 토지를 개간한 농민에게 일정 기간 조세를 면제해주는 방식으로 농민의 생산 의욕을 북돋우고자 했습니다. 지방관을 권농관勸農官으로 삼아 지방의 일반 행정보다 농업 장려에 더욱 힘을 쏟으라 명하기도 했습니다. 이같이 고려 민의 어려운 처지는 수탈이나 조세 행정의 불합리함과 함께, 근본적으로는 사회 전체적으로 낮은 생산력 탓이었습니다.

고려 사회의 전반적인 생산력 수준은 민의 가계와 삶뿐만 아니라, 민이란 존재 자체와 사회 조직에도 영향을 끼쳤습니다. 고려시대 민의 한 축인 잡척은 후삼국 통합전쟁 과정에서 고려왕조에 반기를 든 지역을 향·부곡·소로 편제하는 과정에서 생겨난 존재인 한편, 국가가 필요한 생산물의 공급이나 미개간지 경작을 위해 의도적으로 편성한 집단이기도 합니다. 이런 식의 편성은 사회의 생산력 수준이 전반적으로 낮아 지역 간 발전 격차가 컸기 때문에 이 격차를 줄이려던 것이기도 합니다. 조선과 다른, 고려 민의 다양한 계층 구성과 고려의 복합적이고 차별적인 지방 행정 구역도 사실은 사회의 전반적인 생산력 수준과 밀접한 관련이 있는 것입니다. 그러나 고려 중기 이후 생산력이 점차 높아지고 그로 인해 토지나 생산물에 대한 사유 관념이 발달하면서 고려의 민은 차별적인 사회 구조를 바꾸기 위해 한국사의 어느 때보다도 약동하는 존재로 성장하게 됩니다. 흔히 인간의 역사는 해방의 역사라고 하는데, 그런 모습이 우리 역사 속에서 가장 선명하게 드러나는 장면이 바로 고려 중기 이후 민이 만들어내는 장면들입니다.

2. 무신정권기 민의 동향

버려야 할 편견과 편향된 역사 인식

1980년대 후반 이후 한국사 연구에서 눈에 띄는 특징 중 하나가 바로 '민중 사학'의 대두입니다. 민중 사학은 '민중이 역사 발전의 주체'라는 전제하에 각 시대의 모순을 분석하고 민중이 이 모순을 극복해나가는 과정을 중심으로 역사를 연구하고 서술합니다. 그런 만큼 지배층의 입장에서만 역사를 해석해온 그간의 단조로운 관점에서 벗어나 피지배층의 생활과 사회적 역할에 주목함으로써 역사 인식의 지평을 넓힌 공로가 있지요. 그러나 우리 주류 역사학계는 민중이 우리 역사에서 정권을 장악한 적도 정치를 주도한 적도 없다며 이를 외면하거나, 민중 사학은 계급투쟁을 통해 현재의 자본주의 체제를 전복시키고자 하는 사회주의자들의 유물사관에서 비롯되었다며 이념을 구실로 이를 아예 배척해왔습니다. 정치적 저의가 있는 만큼 순수한 학문으로 인정할 수 없다는 것이죠. 우리 사회의 많은 사람이 지난 반세기 동안 반공 이데올로기에 익숙해져버린 상황인 것은 사실이지만, 냉정하고 객관적이어야 할 역사학자들까지 이런 이념적 편견에 사로잡혀 민중 사학의 실체를 제대로 이해하려는 노력조차 하지 않는 것은 유감스러운 일입니다.

개인적으로 '민중 사학'이라는 용어가 탐탁지 않지만, 이를 표방한 역사 연구가 30년 이상 계속되어왔으며 상당한 성과가 있었다는 점을 인정해야 한다고 생각합니다. 민중 사학은 관성적으로 지배층의 시각에서 역사를 해석해온 그간의 경향에 대해 반성을 불러일으켰으며, 현재 우리 사회가 당면한 과제를 분석하고 그 해결 방안을 모색한다는 관점에서 역사에 접근함으로써 역사 연구와 해석의 지평을 넓혔다는 의의가 있습니다. 특히 우리 사회가 당면한 두 모순, '민족 모순'과 '계급 모순'을 극복하려는 노력의 연장으로 현대사 연구를 크게 활성화하는 계기가 되었습니다. 나아가 현실과 유리된 연구를 지양하고 과거와 현재를 일체화함으로써 역사에 대한 대중의 관심을 크게 환기한 공로가 있습니다. 역사는 단순히 과거 사실에서 지식을 얻는 죽은 학문이 아니라, 현재에도 끊임없이 영향을 주는 살아있는 학문이라는 사실을 깨닫게 한 것입니다. 따라서 민중 사학에 대한 이념적 편견을 버린다면, 민중 사학을 우리 역사에 대한 신뢰와 역사적 상상력을 높여준 계기로 평가할 수 있을 것입니다. 그동안 도외시해온 민의 생활과 집단으로서의 움직임을 역사 서술 범위에 포함함으로써 역사의 내용을 풍부하게 한 것도 민중 사학의 성과라 할 수 있습니다. 민중 사학이 오직 민만을 역사 서술의 중심에 두고 다른 집단의 역할은 도외시한다는 오해에서도 벗어날 필요가 있습니다. 도리어 그간 잊히고 외면받았던 또 다른 인간 집단인 피지배층의 생활과 문화를 역사 서술 범위에 포함함으로써 지배층 중심이던 기존의 역사 서술을 보완하고 역사학의 내용을 풍부히 한다는, 민중 사학의 긍정적 역할을 인정해야 합니다. 새가 좌우 두 날개로 나는 것처럼, 우리 역사학도 이념적 편견 없이 보수와 진보란 두 수레바퀴가 함께 움직일 때 무거운 짐도 쉽게 옮길 수 있을 것입니다.

12, 13세기 민의 동향에 대해 본격적으로 살피기에 앞서 이번에는 민의 동향과 관련된 역사용어 하나를 지적하고자 합니다. 바로 '민란民亂'이라는 용어입니다. 우리 역사책에서는 민의 저항을 대개 '민란'이라고 표현합니다. 이는 사실 지배층의 입장에서 사용한 용어입니다. 지배층의 입장에서 '백성이 사회 질서를 어지럽혔다, 소란스럽게 했다'라는 뜻이지요. 이처럼 어느 일방의 입장만을 반영한 용어는 역사용어로서 적합하지 않습니다. 객관적이지 않지요. 오히려 당대의 기록에는 무언가에 맞서 벌떼처럼 일어났다는 의미의 '봉기蜂起', 혹은 무언가와 맞서 싸운다는 뜻의 '항쟁抗爭'이라 표현한 예가 많습니다. 이런 용어를 쓰면 자연스레 맞서려 한 상대나 이런 일이 발생한 배경을 논할 수밖에 없다는 점에서 민란보다 객관적인 역사용어라 할 수 있습니다.

역사적인 사건을 가리키는 용어에는 사용하는 사람의 역사 인식이 반영됩니다. 용어를 통해 간접적으로나마 그 사람의 역사 인식이 드러나는 것이지요. 예를 들어 3·1 민족 운동의 경우 당시 일제는 '소요搔擾사태'라고 표현했습니다. '소요'는 시끄럽고 떠들썩하다는 뜻으로, 3·1운동을 그야말로 일본의 식민지 지배에 그리 큰 영향을 주지 못한 단순한 사건으로 역사적 의미를 깎아내리려 한 것이지요. 1980년 5월 18일 이후 광주에서 벌어진 사건도 당시 정권을 장악한 신군부 세력은 '광주 사태' 또는 '광주 소요사태'라고 부르면서 시위에 참여한 사람들을 폭도로 규정했습니다. 이 사건의 공식 명칭은 현재 '5·18 광주 민주화 운동'이지요. 이처럼 어떤 사건을 지칭하는 용어에는 해당 사건에 대한 인식이 반영됩니다. 따라서 역사적 평가가 제대로 이루어지지 못했거나 좀 더 새롭게 평가할 여지가 있는 경우 되도록 가치 중립적이고 객관적인 용어를 사용할 필요가 있습니다. 그런 의미에서 여기서는 '민란' 대신 '항쟁'이나 '봉기'라는 용어를 사용하겠습니다.

민의 유망과 항쟁

고려 중기 이후 민은 한국사의 어느 시기보다 약동했고, 역사 전개에도 커다란 영향을 끼쳤습니다. 필자는 이를 '분출하는 민의 힘'으로 표현하고자 합니다. 그 힘의 원천은 민이 생산력의 한계와 자신들에게 가해진 사회적 규제의 부당함을 자각하고, 새로운 사회에 대한 희망을 품기 시작한 데서 찾을 수 있습니다.

고려 중기 이후 민의 약동은 두 가지 모습으로 나타납니다. 하나는 '유망과 항쟁'이고, 다른 하나는 '지배층 진출'입니다. 먼저 12세기부터 무신정권이 붕괴하는 13세기 후반까지 민의 전형적인 모습을 보여주는 '유망과 항쟁'에 대해 살펴봅시다.

조선의 민은 지주나 국가로부터 수탈을 당하면 일차적으로 자치기구인 민회民會를 통해 의사를 집약해서 관청에 요구 조건을 전달하고, 그것이 수용되지 않으면 항쟁의 형태로 저항했습니다. 그러나 고려의 민은 항쟁에 앞서 '유망'을 합니다. 유망은 자기 거주지를 벗어나 다른 지역으로 도망하는 소극적인 형태의 저항이라고 할 수 있습니다. 다음의 기록을 살펴봅시다.

> 예종 3년1108 2월에 [국왕은] 조서에서, "경기의 주현은 상공常貢 외에도 요역이 번거롭고 무거워 백성들이 고통스러운 나머지 날마다 도망치고 흩어지고 있다. 이와 관련된 관청은 계수관界首官, 주현에 속한 읍 가운데 규모가 큰 읍에 파견된 지방관에게 물어 그 공물과 요역의 많고 적음을 잘 헤아려 결정한 뒤 시행하라. [특히] 구리·철·자기·종이·먹을 생산하는 여러 소에 별공別貢을 지나치게 징수하여 장인들이 도망하고 있다"라고 했다.
> ─《고려사》 권78, 식화1 공부貢賦

위의 기록은 개경 일대인 경기의 주현에서 유망이 늘고 있으며, 주현에 속한 소에서 특히 유망이 심했다고 전합니다. 예종 초부터 시작된 유망은 주로 속현에서 시작되었는데, 소 같은 부곡 지역도 요역과 별공 등 과중한 세稅 부담 때문에 유망 현상이 나타나고 있었던 것이지요. 상공과 별공은 국가에서 수취하던 공물로, 상공은 액수가 정해져 매년 정기적으로 수취하는 공물이고, 별공은 액수가 고정되지 않은 별도의 공물을 말합니다.

왜 고려의 민은 조선의 민처럼 자신들의 의사를 국가나 지주에게 전달하는 대신 유망을 택했을까요? 앞에서 설명한 대로 구조적으로는 본관제의 특성인 영역에 대한 규제 때문이고, 현실적으로는 과중한 세 부담 때문입니다. 특히 속현과 부곡 지역은 지방관이 파견되지 않아 향리들이 조세와 공물을 수취했는데, 이들이 지방관의 감시를 피해 주민들에게 과중한 부담을 지웠던 것입니다. 특정의 역을 추가로 부담한 부곡 지역도 앞의 기록과 같이 과중한 공물 수취 때문에 유망이 속출했던 것이지요. 뒤에서 언급하겠지만, 이들 지역이 유망뿐만 아니라 항쟁의 중심 지역이 되는 이유도 과중한 세 부담 때문이었습니다.

반면, 하층민이 결혼이나 재력을 이용해 양인으로 신분 상승하는 사례도 드물지 않았습니다. 무신집권기인 명종 때 재상 김영관金永寬의 가노家奴 평량平亮은 견주경기도 양주에 살면서 상당한 재산을 축적했습니다. 더욱이 권세가에게 뇌물을 주고 노비 신분에서 벗어나 양인이 되었고 관직까지 얻었습니다. 그의 아들과 처남은 양반의 딸과 혼인했지요. 그러나 이로 인해 모든 것을 잃게 됩니다. 사연은 다음과 같습니다.

어느 날 같은 노비 출신인 아내의 옛 주인 왕원지王元之가 가세가 기울자 개경을 떠나 가족과 함께 평량의 집에 의탁하려 합니다. 그 과정에서 평량이 양인이 되어 벼슬까지 얻은 사실을 알게 되지요. 다른 사람들에게도 이 사실을 들킬까 두려워진 평량은 음모를 꾸밉니다. 가족과 함께 개경으로 돌아가라며 왕원지를 회유한 뒤 개경으로 향하는 왕원지의 가족을 도중에 모두 죽여버린 것이지요. 결국은 죄상이 드러나 평량은 유배되고, 그의 가족은 도망을 칩니다. 무신정권기 이후 하층민의 유망과 함께 고려의 신분제가 이완되는 현상을 구체적으로 보여주는 사례입니다. 그 결과 유망은 농민봉기로 발전하게 됩니다.

조위총의 봉기

고려시대의 농민봉기는 1174년명종 4 9월 서경 지역에서 무신정변의 주모자 정중부와 이의방 타도를 부르짖은 '조위총趙位寵의 봉기'를 계기로 본격화되었습니다. 조위총이 봉기하자 당시 서북 지역 40여 성이 호응했습니다. 이 봉기는 1176년 2월에 진압되었으나, 이듬해 조위총의 남은 무리 500여 명이 다시 봉기했고, 1179년 2월에는 조위총의 '유종遺種'이 봉기했습니다. 조위총의 봉기가 진압된 후에도 이같이 남은 무리가 계속 봉기하는 바람에 서북 일대에서 봉기가 5년 이상 계속되었지요. 조위총 외에 강축康蓄·조충曹忠·김단金旦 등이 주도한 봉기도 이 지역에서 일어났으며, '서적西賊'이라 표현된, 주모자를 알 수 없는 수많은 봉기도 이 일대에서 일어났습니다. 이로 인해 서북 일대는 한때 왕조 정부가 통제할 수 없는 지경에 이르렀습니다. 이 지역에서 일어난 봉기는 30여 년 전 서경에서 일어난 묘청의 난1135, 인종 13과도 연관이 있습니다.

묘청의 난은 고려 초 이래 이념적·군사적으로 중시되어온 서경 지역이 고려 중기 이후 점차 소외되자, 이 지역의 민심이 개경 중심의 문벌 정치를 부정하게 된 데서 비롯되었습니다. 조위총의 봉기에 그 일대 40여 성이 곧바로 호응한 것도, 이 지역의 소외의식이 그만큼 뿌리 깊었기 때문입니다. 서북민의 소외감이 봉기의 확산에 적지 않게 작용한 것이죠. 서북 지역 농민봉기의 특성은 여기에서 찾을 수 있습니다.

조위총의 봉기가 조위총이 내세운 명분으로 인해 갓 성립한 무신정권에 큰 타격을 주자, 무신정권은 봉기를 진압하는 데 전력을 다했습니다. 봉기 진압에 큰 공을 세운 이의민李義旼과 최충헌崔忠獻이 1184년명종 14과 1196년명종 26에 차례로 최고 권력자의 자리에 올랐던 사실에서 이를 알 수 있지요. 한 가지 재미있는 점은 묘청의 난을 진압할 때 윤언이가 김부식의 막료로 참여해 공을 세웠는데, 윤언이의 아들 윤인첨尹鱗瞻도 조위총의 봉기 등 서북 지역 봉기 진압에 사령관으로 참여했다는 것입니다. 윤언이의 아버지 윤관도 두 차례나 최고 사령관으로 여진 정벌에 참여했으니, 3대가 대외 정벌과 내란 진압에 관여한 셈이지요. 파평 윤씨坡平尹氏 가문은 이를 계기로 고려의 명문가로 발돋움했습니다.

망이·망소이 봉기와 신라 부흥 운동

무신정변 이후 시작된 농민항쟁은 서북 지역에서 점차 중남부 지역으로 확대되었습니다. 1176년명종 6 1월, 공주의 명학소鳴鶴所, 대전광역시 탄방동 일대에 살던 망이亡伊·망소이亡所伊 형제가 봉기를 일으켰습니다. 이 봉기는 이해 9월 예산현禮山縣, 충남 예산, 이듬해 2월 황려현黃驪縣, 경기도 여주과 진주鎭州, 충북 진천, 4월에는 청주 관내의 모든 군현을 점령하는 등 오늘날의 충청도와 경기도 일대를 휩쓸었다고 할 정도로 규모가 커졌습니다. 이해 3월에 망이·망소이 형제는 사람을 시켜 개경에 다음과 같은 편지를 보냅니다.

우리 고향을 현으로 승격시키고 수령을 보내 우리를 편안하게 다루다가 어느새 군사를 풀어 토벌하고 나의 어머니와 아내를 붙잡아 가두니 그 저의가 어디에 있는가? 차라리 칼날 아래 죽을지언정 저들에게 항복하여 노예가 되지는 않을 것이다. 반드시 서울로 쳐들어간 뒤에야 그만둘 것이다.

— 《고려사》 권19, 명종 7년(1177) 3월

《고려사절요》에는 봉기가 일어난 그 해에 개경의 군인들이 붙인 방의 내용이 기록되어 있습니다.

제 영諸領의 군사가 익명의 방을 붙여 말하기를, "시중 정중부와 그 아들 승선承宣 균筠과 그 사위 복야僕射 송유인宋有仁이 권세를 마음대로 하고 방자했다. 남적南賊이 일어남은 이로 말미암음이니 만약 군사를 내어 치려면 반드시 먼저 이 무리를 제거한 뒤에 하는 것이 옳다"라고 하므로, 이를 듣고 두려워한 〔정〕균이 해직을 빌며 여러 날 동안 나오지 않았다.

— 《고려사절요》 권12, 명종 6년(1176) 8월

당시 개경의 군인들이 동요할 정도로 봉기의 규모가 컸음을 알려줍니다. 망이·망소이 형제가 이끈 명학소의 봉기는 1177년 7월에 결국 진압되었으나, 서북 지역의 항쟁과 함께 무신정권에 커다란 충격을 준 1170년대의 대표적인 농민항쟁으로 기록되고 있지요. 중남부에서는 명학소의 봉기 외에도 경상도에서 1176년 가야산의 손청孫淸에 이어 1177년 이광李光, 전라도에서 1177년 익산의 미륵산적彌勒山賊이 봉기했습니다. '남적南賊'이라 표현된, 주체를 알 수 없는 봉기도 같은 무렵에 일어났습니다.

1182년명종 12 2월에는 관성현管城縣, 충북 영동과 부성현富城縣, 충남 서산의 민이 봉기하여 현령을 감금하고 관아를 점령했습니다. 이어 3월에는 전주에서 기두旗頭·죽동竹同 등이 봉기하여 관노官奴를 살해하고 관아를 점령했습니다. 이 봉기는 4월에 진압되었습니다. 1187년에는 다시 서북 지역인 순주順州, 평남 순천 귀화소歸化所에 안치된 무리 수백 명이 봉기했습니다. 이같이 1180년대에는 이전보다 봉기의 규모는 줄었지만, 봉기가 점차 남부 지역으로 옮겨지는 양상을 보여주고 있습니다.

1190년대와 1200년대에는 무신정권기 농민항쟁 가운데 가장 규모가 크고 조직적인 항쟁이 남부 지역을 중심으로 전개되었습니다. 1190년명종 20 지금의 경주 지역인 동경東京에서 시작된 농민봉기가 1193년 7월 운문雲門, 경북 청도의 김사미金沙彌와 초전草田, 경남 밀양의 효심孝心의 봉기로 이어졌습니다. 이 봉기들은 1194년 2월에 김사미가 항복하고 12월에 효심이 생포됨으로써 진압되었습니다. 그러나 이해 4월 밀성密城, 경남 밀양 저전촌楮田村에서 벌어진 전투에서 농민군 7,000여 명이 전사했다는 기록으로 미루어 보아 그 규모가 엄청났다는 것을 알 수 있지요.

1199년신종 2 2월에는 김순金順이 이끄는 경주의 농민군이 삼척과 울진을 함락한 명주溟州, 강원도 강릉의 농민군과 연합하여 근 한 달 동안 강원도와 경상도의 동해안 일대를 장악했습니다. 1202년신종 5 12월에는 경주 사람 배원우裵元祐가 전라도 고부에 유배된 장군 석성주石成

柱를 왕으로 옹립하고 신라 부흥 운동을 일으켰습니다. 비슷한 시기 패좌孝佐와 이비利備가 이끄는 경주의 농민군은 울진·운문·초전의 농민군과 연합하여 '정국병마正國兵馬'를 칭하며 인근의 주·군을 공격했습니다. 이 봉기는 이듬해 1월 멀리 기양현基陽縣, 경북 예천과 기계현杞溪縣, 경북 포항으로 확산될 정도로 호응하는 지역이 넓었습니다. 그러나 신라 부흥 운동은 최충헌 정권의 강압적인 진압책에 의해 1204년신종7 5월에 결국 사그라졌습니다.

이 무렵에는 노비들도 봉기를 일으켰습니다. 1198년신종1 개경에서 최충헌의 사노 만적萬積은 노비들을 불러다놓고 다음과 같이 호소하며 봉기를 부추겼습니다.

> 무신정변 이후 천한 무리가 고관대작에 오르는 일이 많아졌다. 장군이나 재상의 씨가 따로 있는 것이 아니다. 때가 오면 누구나 할 수 있다. 어찌 우리만 고달프게 일하면서 주인의 회초리에 시달려야 하는가?
>
> —《고려사》 권129, 최충헌 열전

노비 만적의 봉기는 당시 신분 질서가 근본적으로 동요하고 있었음을 잘 보여줍니다. 1200년 4월에는 진주晉州에서 공·사 노비가 봉기하여 주리州吏를 살해합니다. 그런데 이를 수습하는 과정에서 이곳의 향리 정방의鄭方義가 행정권을 장악하자, 이에 저항하기 위해 진주민이 봉기에 합세했고, 합주陝州, 경남 합천의 노올奴兀 부곡민과 연합했습니다. 같은 해 밀성의 관노官奴 50여 명이 봉기하여 운문의 농민군에 투항했습니다.

대몽항쟁기의 농민봉기

1204년 경주 지역에서 일어난 신라 부흥 운동이 진압된 후로도 농민들의 봉기는 계속되지만, 예전 같은 규모와 양상이 아니었습니다. 대외 정세가 급변했기 때문입니다. 잘 알려진 대로 금나라의 지배 아래 있던 거란족이 몽골군의 금나라 공격을 틈타 반란을 일으켰다가 몽골군에 쫓겨 1216년에서 1218년 사이에 고려로 들어옵니다. 그런데 1216년고종3 9월 최충헌의 기생과 순천사順天寺 주지의 수탈에 반발하여 봉기한 흥화진興化鎭의 양수척揚水尺이 이 거란족의 길잡이 노릇을 했습니다. 같은 해 12월과 이듬해 1월에는 이 거란족을 섬멸하기 위해 출동한 전주의 군인들과 개경의 종군 승려들이 각각 봉기했지요. 1217년 1월에는 진위현振威縣, 경기도 평택 사람 이장대李將大가 '정국병마사靖國兵馬使'를 자칭하고 자신의 무리를 '의병'이라 주장하며 봉기했고, 같은 해 5월에는 서경 지역의 최광수崔光秀가 고구려 부흥 운동을 일으켰습니다.

1231년고종 18 몽골군의 본격적인 고려 침입이 시작되고 고려가 이듬해 강화도로 천도하여 장기 항전의 태세를 갖춘 이후의 농민봉기는 한편으로는 몽골군, 다른 한편으로는 고려 정부군과 싸우는 형태로 전개됩니다. 그런데 대외 정세의 변동이 농민항쟁의 기세를 크게 누그러뜨려, 예전처럼 대규모가 아닌 산발적인 봉기만 계속됩니다. 그런 와중에도 1237년고종 24에는 전남 담양에서 이연년李延年이 백제 부흥 운동을 일으켰습니다.

몽골군과의 전투가 한창이던 1250년대에는 봉기한 농민군이 몽골군의 앞잡이가 되어 정부에 저항하는 사태가 벌어집니다. 이를 '투몽

投蒙'이라 하는데, 왜곡된 형태의 봉기라고 할 수 있습니다. 예를 들어 1253년고종 40 양근성楊根城, 경기도 양평 소재 주민이 봉기하여 관리들을 죽이고 몽골군에 투항한 후 이들의 앞잡이가 되었습니다. 1256년 입암산성笠巖山城, 전남 장성 소재 주민, 1257년 청천강 하류 위도葦島에 들어간 박주博州, 평안도 박천의 주민, 광복산성廣福山城, 강원도 이천 소재에 들어간 주민들도 투몽한 봉기군입니다. 이들의 투몽은 무신정권이 강화도로 천도하면서 민심이 크게 이반한 탓이었습니다.

농민봉기의 두 가지 특징

고려 농민봉기의 특징 가운데 하나는 몇몇 봉기가 고려왕조를 부정하고 옛 삼국을 재건하려는 삼국 부흥 운동의 형태를 띠었다는 점입니다. 1190년대 경주 지역에서 전개된 신라 부흥 운동, 1217년 서경 지역의 고구려 부흥 운동, 1237년 전남 담양에서 일어난 백제 부흥 운동은 모두 옛 삼국의 중심지에서 일어난 봉기로, 고려왕조를 부정하고 새로운 왕조를 건설하자는 이른바 '신국가 건설 운동'의 형태를 띠었습니다. 이는 농민봉기가 최고 단계에 이르렀을 때 나타날 수 있는 현상으로, 한국사의 농민봉기 중에서도 왕조 질서 자체를 부정한 가장 급진적이고 변혁적인 성격의 봉기였습니다. 조선왕조에서 일어난 가장 큰 규모의 농민봉기라 할 수 있는 동학농민봉기 때도 이러한 모습은 찾을 수 없습니다. 동학 농민군이 내세운 '보국안민輔國安民'과 '척양척왜斥洋斥倭'의 기치는 조선왕조의 사회 모순을 바로잡아 백성을 안정시키는 데 목적이 있었습니다. 다시 말해 동학 농민군에게 조선왕조를 부정하려는 의도는 없었습니다. 이들은 '서양과 일본의 침략을 배격'한다는 민족의식은 갖고 있었지만, 조선이란 왕조 국가 자체를 부정하지는 않았습니다.

다른 하나의 특징은 봉기가 주로 속현이나 부곡 지역 등 차별받은 지역을 중심으로 전개되었다는 점입니다. 앞에서 언급했지만, 12세기 초 예종 때 중앙에서 약 70개 속현에 감무를 파견한 것은 농민의 유망을 막으려는 조치였습니다. 이는 속현 지역이 당시 유망 현상의 중심지였음을 알려줍니다. 비슷한 시기 경기 지역에서도 유망하는 주민이 속출했는데, 그 가운데 특정 물품의 생산을 전담한 소 주민의 유망이 가장 심했다고 합니다. 또한, 1176년명종 6 공주 명학소의 망이·망소이 형제가 봉기한 것이나 1200년신종 3 봉기한 진주민이 합주의 노올 부곡민 계발計勃·광명光明의 무리와 합세한 사실 등은 부곡 지역이 항쟁의 중심지였음을 알려주는 구체적인 예가 됩니다. 차별적이고 불합리한 군현제도가 속현이나 부곡 지역에 거주하는 주민의 불만을 불러와 그곳이 유망과 항쟁의 중심지가 되었던 것이지요. 나아가 당시의 농민봉기가 왕조의 질서를 부정하고 새로운 왕조의 건설을 목표로 한 '신국가新國家 건설 운동'으로 나타나게 된 것입니다.

12세기 초 유망에서 비롯된 12세기 후반의 농민항쟁은 신라 하대인 9세기와 조선 후기인 19세기의 농민항쟁과 함께 한국사의 3대 농민항쟁 중 하나로 평가됩니다. 항쟁의 지속성과 규모 면에서는 첫 번째로 꼽히지요. 이 항쟁은 무신정권이 성립한 직후부터 무신정권이 종식될 때까지 약 1세기간 이어졌으며, 최고조에 달했을 때는 앞서 보았듯이 지역 간 연합을 이루어 신국가 건설 운동으로 발전하기도 했습니다.

이는 한국사의 하층민 운동에서 유례를 찾을 수 없을 정도로 매우 주목할 만한 현상입니다. 바로 고려 민의 약동하는 모습이 드러나는 장면들이지요.

농민봉기의 직접적 원인

무신정권기 농민봉기는 주현과 속현, 군현 영역과 부곡 영역이라는 차별적인 군현 구조의 모순에서 비롯되었습니다. 이 구조적인 모순을 전제로 하면서, 당시 농민봉기가 일어난 보다 직접적이고 구체적인 원인을 살펴보기로 하겠습니다.

먼저, 수령으로 파견된 무신 권력자의 측근이 자행한 과다한 수탈이 원인 중 하나였습니다. 다음의 기록이 그러한 사실을 잘 보여주지요.

> 〔사신史臣 권경중權敬中이 말하기를〕 "경인·계사년의 정변무신정변 이후 시정에서 짐승 잡고 술 팔던 무리와 활을 당기던 군사들 가운데 부당하게 외직의 수령에 임명된 자가 많았다. …… 〔이들이〕 하루아침에 한 고을의 수령이 되어 주고 빼앗는 권한을 가지게 되었으니, 재물을 몹시 탐내고 이익을 취하는 것은 당연한 일이었다. 아아, 논과 기장밭에 소와 말을 놓아두고 꿩과 토끼가 있는 곳에 매와 사냥개를 풀어놓고서 그 짐승들이 뜯어먹고 물어뜯는 것을 금하고자 하면 그것이 되겠는가?"라고 했다.
> —《고려사절요》 권13, 명종 16년(1186) 8월

이 기록은 무신정권기 무신 권력자들이 측근인 장사치와 군인들을

지방관으로 파견해 조세와 공물을 불법 수취하는 방식으로 재산을 축적하려 한 사실을 보여주고 있습니다. 당시 《명종실록》 편찬에 참여한 역사가 권경중은 이 지방관들을 논과 기장밭에 들어간 소와 말, 꿩과 토끼가 있는 곳에 풀린 매와 사냥개에 비유했지요. 이 자격 없는 지방관들이 자행한 횡포가 어떠했는지를 실감 나게 표현하고 있습니다. 이같이 조세와 공부 등에 대한 지방관의 과다한 수탈이 농민봉기의 원인을 제공했던 것입니다.

권세가들의 토지 탈점도 봉기의 원인 중 하나였습니다. 명종 18년 1188 3월의 교서 내용을 보지요.

> 모든 군현에는 경기와 지방의 양반과 군인이 소유한 가전家田, 집안 대대로 소유해온 토지과 영업전永業田이 있는데, 간사한 관리吏民들이 권세가에게 〔이 토지를 경작이 중지되어 주인이 없어진〕 한지閑地라고 함부로 속여서는 권세가의 소유로 만들었다. 권세가들도 이 땅을 자기네 가전이라고 주장하며 관련 공문서公牒를 얻기 위해 심부름꾼을 보내 서신으로 청탁하니, 해당 주현의 관리들은 그들의 청탁을 거절하지 못하고 사람을 시켜 조세를 징수하는데, 한 토지에 두세 번을 거듭 징수하는 지경에 이르렀다. 고통을 이기지 못한 백성들은 호소할 곳조차 없으니, 그들의 원망과 분노가 하늘을 찌르고 있다. 재앙과 혼란灾沴이 여기에서 비롯하니, 화의 근원이 바로 여기에 있다.
>
> ―《고려사》 권78, 식화 1 전시과 명종 18년 3월

위의 기록에 따르면, 권세가들은 지방관이나 향리와 결탁하여 개인

의 사유지인 가전은 물론 국가에서 지급한 토지인 영업전까지 탈점했습니다. 이로 인해 토지를 빼앗긴 백성의 원망과 분노가 하늘을 찔렀으며, 그것이 '화禍', 즉 농민봉기의 원인이었다고도 했습니다. 고려의 차별적인 군현체제가 농민봉기의 구조적인 원인이었다면, 이상과 같이 지방관의 불법적인 조세 수탈과 권세가들의 토지 탈점은 항쟁의 직접적인 원인이 되었다고 할 수 있습니다.

3. 원 간섭기 하층민의 진출

측근 정치와 폐행 집단

1258년 3월 집권자 최의가 김준과 임연에게 피살되면서 최씨 무신정권이 붕괴하고, 몽골과의 전쟁도 몽골에 왕세자의 입조를 약속하면서 사실상 끝이 납니다. 이후에도 김준·임연·임유무 같은 무신들이 차례로 권력을 장악했지만, 1270년 임유무가 피살된 것을 계기로 원종이 개경 환도를 선언하면서 왕정이 완전히 회복됩니다. 고려는 이때부터 원으로부터 정치적·군사적인 간섭을 받게 되는데, 원은 특히 고려 국왕을 통해 내정에 간섭했습니다. 이 시기에 고려 왕자는 원에서 교육을 받고 원의 공주와 혼인한 후 국왕으로 책봉되면 고려에 돌아와 고려를 다스렸습니다. 이런 구조는 원종 대에 왕세자충렬왕가 원나라 공주와 혼인한 이래 공민왕이 즉위할 때까지 계속됩니다. 따라서 새로 즉위한 국왕은 국내에 정치적 기반이 취약할 수밖에 없었고, 이를 만회하기 위해 원에 있을 때 자기를 도와주던 시종 신료들을 가까이에 두고 정치를 하게 됩니다. 그들이 원 간섭기 고려 국왕의 정치적인 기반이 되었던 셈이지요. 이러한 정치 형태를 '측근 정치' 또는 '총신제寵臣制'라고 합니다.

조선 초기 역사가들은 《고려사》를 편찬하면서 이러한 정치 형태를 비판했습니다. 원 간섭기 국왕을 보좌한 측근을 '폐행嬖幸'이라 규정하고, 이들의 행적을 따로 모아 《고려사》 폐행 열전에 실었지요. 폐행은 '왕의 총애를 받아 권력을 휘두른 측근 신하'라는 뜻입니다. 조선 초기 역사가들의 눈에 이들은 과거 합격은커녕 최소한의 유교적인 소양도 갖추지 못한 어중이떠중이에 불과했지요. 그럼에도 조선 초기 역사가들이 이들의 행적을 열전에 실은 것은 이들이 원 간섭기 정치에 끼친 영향이 결코 작지 않았기 때문입니다. 그래서 이들의 행적을 열전에 싣되, 임금의 총애만 믿고 권력을 휘두른 '폐행'으로 따로 분류한 것이지요. 그러나 지금 우리는 이들의 행적에서 오히려 원 간섭기 약동하는 민의 모습을 읽을 수 있습니다.

식민지 시기 조선인 역사가 안확安廓, 1886~1946은 1923년에 저술한 《조선문명사朝鮮文明史》에서 고려시대를 '근고近古 귀족정치시대'로 규정하고, 고려의 귀족 정치를 움직인 세 집단으로 승려·무신·폐신嬖臣을 꼽았습니다. 그리고 그 가운데 폐신 집단이 원 간섭기 이후 귀족 정치를 주도했다고 주장했습니다. 그가 언급한 '폐신'이 바로 조선 초기 역사가들이 '폐행'으로 규정한 사람들입니다. 안확은 고려 초기 이래 세 차례의 '노예 운동'을 통해 정계에 진출한 미천한 출신 중 하나인 이들이, 원과의 관계를 틈타 노비법을 개정하고 관리와 관직을 축소함으로써 지배층으로 진출했다고 했습니다.

안확은 조선 초기 역사가들이 폐행으로 규정한 집단을 최초로 주목한 근대의 역사가입니다. 그의 저술이 엄밀한 연구 성과에 근거한 것은 아니지만, 폐행 집단의 등장을 고려 초기 이래 하층민의 운동에서 찾은 것이나, 이들이 고려 후기 정치를 주도했다고 지적한 것은 오늘날의 역사가들에게도 매우 신선한 견해라고 할 수 있습니다.

안확이 지적한 폐행 집단의 행적을 담은 자료가 앞서 말한 《고려사》 폐행 열전권123~124입니다. 모두 55명이 등장하는데, 그중 출신이 밝혀진 인물은 42명입니다. 그 가운데 문무 관료 출신은 5명이고, 일반 양인 출신은 15명, 노비와 하층민 출신이 10명, 상인이 2명, 승려가 3명, 외국인이 7명입니다. 문무 관료 출신 5명을 제외하면, 출신이 확인된 사람 중 외국인을 포함한 90퍼센트가 미천한 신분 출신인 셈이죠. 고려 사회의 하층민 출신들이 '측근 정치'라는 원 간섭기 특이한 정치 구조의 틈새를 비집고 대거 지배층으로 진출한 것입니다. 고려 전기에는 유학자나 문벌 출신이 과거나 음서를 통해 지배층을 형성·재생산했고, 국가 유공자 혹은 학식 높은 인사들이 국왕의 천거를 통해 지배세력에 편입되었습니다. 그러나 국가에 공을 세웠거나 공부를 많이 했더라도 천민이나 하층 양인 출신은 결코 지배층에 편입될 수 없었습니다. 그런데 고려 후기에 이른바 신분상 흠이 있는 하층민이 대거 지배세력으로 진출했다는 사실은 지배세력 충원 방식에서 무언가 틀을 깰 만한 큰 변화가 있었다는 증거이니, 주목할 만한 현상이라 할 수 있습니다.

사회 밑바닥 사람들이 국왕의 측근이 되거나 지배층으로 진출하는 일은 신분제 사회에서 상상조차 할 수 없는 일입니다. 그런 까닭에 조선 초기 역사가들에게 원 간섭기는 수치스러운 시기로 비쳤을 것입니다. 오늘날의 한국인 중에도 비슷한 생각을 가진 사람이 적지 않을 것입니다. 그런데 식민지 시기의 역사가 안확은 원 간섭기에 하층민들이 대거 지배층으로 진출한 사실에 주목했으니, 역사가로서 안목이 실로 놀랍다고 할 만하지요. 억압과 규제만 받아온 당시 하층민들에게 원 간섭기는 도리어 기회와 희망의 시기였다고 생각했는지도 모릅니다.

다양한 출세의 사다리

앞에서도 지적했지만 원 간섭기 이후 지배세력 충원은 과거나 음서를 통해 이루어지지 않았습니다. 몽골어에 익숙한 역관譯官, 일본 원정 등에서 공을 세운 군인, 원나라에서 생활하는 고려 왕족을 가까이에서 보필한 시종 신료, 원 황실에서 환관이 되거나 공주가 된 고려인들의 가족이나 친인척이 고려에서 지배세력으로 많이 진출했습니다. 학문적 능력보다는 원 황실에 공을 세우거나 고려 국왕의 측근이 되는 편이 권력과 가까워지는 데 유리했던 것이지요. 자연히 가계에 흠이 있거나 신분이 미천한 사람에게도 지배세력이 될 수 있는 길이 열렸습니다. 국왕의 총애를 받은 폐행들이 그러한 경로로 출세한 전형들입니다.

　역관 출신으로 출세한 대표적인 인물은 부곡인 유청신柳淸臣, ?~1329입니다.

> 역관이나
> 군인 출신

유청신의 처음 이름은 비庇다. 장흥부長興府에 소속된 고이 부곡高伊部曲 출신으로, 그 선대는 모두 부곡리部曲吏, 부곡에 소속된 하급 관리를 지냈다. …… 나라 제도상 부곡리는 공을 세워도 5품 이상 승진할 수 없는데, 유 청신은 출중한 몽골어 실력을 바탕으로 여러 차례 원나라에 사신으로 가 서 일을 잘 처리했기 때문에 충렬왕의 사랑을 받아 낭장郎將, 정6품 무관직 에 임명되었다. 충렬왕은 특별히 교서를 내려, "유청신은 조인규를 수행 해 힘을 다해 공을 세웠다. 출신을 따지자면 그는 5품에 머물 수밖에 없 으나, [앞으로] 특별히 3품까지 승진을 허락한다"라고 했다. 또 그의 출 신지 고이 부곡을 고흥현高興縣으로 승격했다.

— 《고려사》 권125, 유청신 열전

고려시대 이직吏職의 하나인 부곡리는 큰 공을 세운다 해도 5품 이 상의 관직에 오를 수 없었습니다. 그러나 유청신은 원의 일본 원정과 1287년충렬왕 13 원나라 황족 나얀乃顔의 반란 때 통역 업무를 잘 처리 한 공을 인정받아 3품인 대장군으로 승진합니다. 1297년충렬왕 23에는 놀랍게도 재상의 자리에 올랐지요. 유청신은 충선왕의 세자 시절 세 자를 보필하며 함께 원나라 황제 쿠빌라이를 알현하고 정치 현안을 논의할 정도로 황제의 총애를 받았습니다. 세자가 즉위한 후에는 왕 을 대신해 국내 정치를 전담하기도 했습니다. 그뿐만 아니라 아들 유 유기柳攸基와 손자 유탁柳濯까지 3대가 모두 재상 자리에 오를 정도 로 그의 집안은 고려 말 신흥 명문가가 되었지요. 유탁의 아들 유습柳 濕도 이성계에게 발탁되어 조선 개국 직후 상장군의 자리에 올랐습니 다. 같은 몽골어 역관 출신인 조인규趙仁規, 1237~1308는 충렬왕 때 딸이

——— 《노걸대(老乞大)》 고려 후기부터 조선 말까지 역관들이 중국어(북경어) 학습을 위해 읽던 책이다. 노걸대의 '노(老)'는 경칭, '걸대(乞大)'는 중국 또는 중국인을 뜻하는 북방 민족들의 말을 한자로 옮긴 것이다. 합치면 '중국(인) 어른' 정도로 풀이할 수 있다. 고려 상인 3명이 특산물을 팔러 원의 대도(베이징)에 갔다가 원의 물건들을 사서 돌아오는 여정을 담았다. 그러나 여행지와 그곳 시장이나 상점에서 실제로 오갈 수 있는 대화들을 담고 있어 회화책으로 손색이 없다. 사진의 《노걸대》는 16세기에 순한자로 인쇄된 것이다. 조선시대에는 문장 또는 구절별로 국역을 첨가한 언해본도 여러 차례 간행되었다. 국립중앙박물관 소장.

세자빈이 되었고, 사위충선왕가 즉위한 후에는 재상이 되어 왕의 측근으로 활동하면서 집안이 명문가로 발돋움했습니다. 그의 증손자가 바로 위화도 회군 후 사전 개혁을 주도한 조준입니다.

군인 출신으로 고위직에 오른 대표적인 인물은 역시 부곡인 출신인 박구朴球, ?~1289입니다.

박구는 울주蔚州. 경남 울산 소속의 부곡인이다. 조상은 부유한 상인이었으며, 그 역시 큰 부자로 알려졌다. 원종 때 상장군무반 최고직. 정3품이 되었다. …… 원나라 세조가 일본을 정벌할 때 사령관 김방경金方慶과 함께 고려군 부사령관으로 참전하여 공을 세웠다. 그 후 [재상직인] 동지밀직 사사同知密直司事, 종2품가 되어 합포合浦, 경남 마산를 지켰다. 찬성사贊成事, 정2품를 지내다 죽었다. 박구는 별다른 재주는 없었으나 전쟁에서 공을 세워 높은 벼슬에 올랐다.

—《고려사》 권104, 박구 열전

원종 때 무반 최고직에 오른 박구는 1274년충렬왕 즉위년 원나라 공주충렬왕의 비가 고려에 올 때 공주의 호위를 맡았을 정도로 충렬왕과 가까웠습니다. 박구는 같은 부곡인 출신인 유청신보다 먼저 재상 자리에 오른 인물로, 1281년충렬왕 7 5월 고려군 부사령관으로서 제2차 일본 원정에 참여한 뒤 재상이 되었습니다. 이처럼 우리 역사에서 하층민 출신이 재상이 된 예는 고려 때밖에 없습니다. 통일신라 때는 진골, 조선시대에는 사대부만이 재상 자리에 오를 수 있었습니다. 이 점에서 고려 후기는 어떻게 보면 하층민들에게는 희망과 기회의 시대였다고 할 수 있지요.

환관 출신과 기황후

부곡인 출신이지만 원나라 황실의 환관이 되어 출신지를 군현으로 승격시킨 인물도 있었습니다.

1335년충숙왕 복위 4 원나라에 다녀온 상호군上護軍 안자유安子由 등이 고려 국왕에게 [원나라] 황후의 명령을 전했다. "영주永州, 경북 영천의 이지 은소利旨銀所는 옛날에는 현이었는데, 고을 사람들이 나라의 명령을 어겨 폐현되고 은을 세금으로 바치는 은소가 되었다. 그러나 지금 그 지역 출신인 나수那壽와 야선불화也先不花가 어려서부터 〔원나라〕 궁궐에서 환관으로 있으면서 심부름하는 노고를 많이 했으니, 그 공에 보답하는 뜻에서 그들의 고향을 다시 현으로 승격하겠다"라고 했다.

—《졸고천백拙藁千百》권2, 영주 이지은소 승위현비永州梨旨銀所陞爲縣碑

원나라 황실의 환관이 된 이지은소 출신 나수와 야선불화가 원나라 황후에게 청해 고향 이지은소를 현으로 승격시켰다는 내용입니다. 이 글은 당대 최고의 문장가 최해崔瀣가 지은 승격 기념비문이기도 하지요. 환관은 원 간섭기 하층민이 지배층으로 진입하는 가장 중요한 통로였습니다. 고려 출신 환관 중에는 원나라 황실의 총애를 받는다는 이유로 고려의 고위직에 오른 인물도 많았습니다.

국왕이 원나라에 요청할 일이 있으면 먼저 〔고려 출신〕 환관에게 의지했다. 이 때문에 충렬왕 때 이미 군君의 작위를 받은 환관도 있었다. 충선왕은 오랫동안 원나라 수도에 머물면서 세 궁전무종·인종·황후의 궁을 자주 드나들었고 그로 인해 환관들과 친해졌다. 황제에게 요청할 일이 있으면 충선왕은 〔황제가〕 더 가까이에서 총애하는 환관을 택해 군君에 봉하고 벼슬을 주었다. …… 이로 말미암아 옛 법과 제도가 모두 무너져, 거세한 자리에 아직 딱지도 앉지 않은 자가 본국고려을 우습게 여겼다. 임백안독고사任伯顏禿古思·방신우方臣祐·이대순李大順·우산절禹山節·이삼진李三眞·고용보高龍普 등은 모두 주인에게 짖는 개처럼 고려 국왕을 헐뜯고 화를 불러일으켰다. 가슴 아픈 일이다.

—《고려사》권122, 환자宦者 열전 서문

원나라 황실에 요청할 일이 있을 때마다 고려 국왕은 황실 사정을 잘 아는 고려 출신 환관을 이용해 원 황실에 접근했으며, 이로 인해 국왕과 연결된 환관 가운데 고위직에 오른 인물이 많았다는 기록입니다.《고려사》환자宦官 열전에 실린 14명 중 12명이 원 간섭기 이후 원나라 궁정에서 활동한 환관입니다. 대표적인 환관은 위 기록에도 등장한 임백안독고사와 방신우입니다.

임백안독고사?~1323는 원래 고려의 고위 관료 주면朱冕의 노비였습니다. 비인현庇仁縣, 충남 서천군 비인면 출신으로 스스로 거세한 뒤 원의 환관이 되었고, 원나라 영종英宗 시절 충선왕을 유배 보내는 일에 가담할 정도로 권력을 얻었습니다. 방신우1267~1343는 상주 중모현中牟縣의 향리 출신입니다. 1289년충렬왕 15 원나라 출신인 충렬왕비를 따라 원에 갔다가 유성황태후裕聖皇太后, 원나라 성종의 모후의 눈에 띄어 태후를 보필하는 환관이 됩니다. 성종·무종 등 7명의 황제와 유성황태후에 이어 무종의 모후인 수원황태후까지 섬겼습니다. 1332년 귀국할 때까지 40여 년간 원나라 궁정에서 환관으로 지내면서 황실의 신임을 얻었고 황실로부터 많은 보화와 땅을 받고 상당한 부를 축적했습니다. 또한, 원나라에서 고위직으로 승진했습니다. 수원황태후 때 영록대부榮祿大夫, 정2품 평장정사平章政事에 임명될 정도로 고려 출신 환관 가운데 원에서 가장 출세한 인물입니다.

원나라에서 황후나 공주가 된 고려 여인들도 있었습니다. 기황후奇皇后가 대표적인데, 원래는 원나라에 바쳐진 공녀貢女였습니다. 기황후는 원나라 마지막 황제 순제順帝, 재위 1333~1370의 제2황후를 거쳐 1365년에 정후正后, 제1황후가 됩니다. 그사이에 아들 애유식리달랍愛

獻識理達臘은 황태자에 책봉1353되었지요. 그녀의 일족도 자연히 원나라 황실의 일원이 되었습니다. 기황후의 사망한 부친 기자오奇子敖는 제후의 지위인 영안왕榮安王에 추증되었고, 모친 이씨는 영안왕대부인榮安王大夫人에 봉해졌습니다. 기황후의 모친 이씨는 공식 석상에서 공민왕과 마주 앉을 정도로 고려 국왕과 같은 제후왕으로 대우받았고, 기씨 일족은 고려 안에서 왕족에 버금가는 지위를 누렸지요. 기황후는 고려 내정에도 깊숙이 관여했습니다. 원나라에서 기황후의 정적인 연첩목아燕帖木兒가 실각했을 때는, 연첩목아의 후원 속에 즉위한 충혜왕이 물러나야 할 정도였지요. 충혜왕은 부왕 충숙왕 사후 복위1339하지만, 1344년 결국 기황후의 측근인 환관 고용보의 손에 체포되어 원나라로 압송된 후 유배형에 처해집니다. 유배 도중에 비참한 죽음을 맞았죠.

부곡인의 사회 진출과 부곡 집단의 해체

나수 등 고려의 소 출신 환관들이 자신들의 고향을 현으로 승격해달라고 원나라 황후에게 요청한 데는 출세한 만큼 출신도 바꾸고 싶은 욕망이 있었기 때문이겠지요. 하지만 그들의 출신지가 현으로 승격되면 그곳 주민들도 고된 추가 역 부담에서 벗어날 수 있었습니다. 유청신의 고향 고이 부곡민들도 자기 지역이 고흥현으로 승격한 후 역 부담을 덜 수 있었을 것입니다. 이밖에도 고려 후기에는 원이나 고려 내에서 출세한 부곡인 출신들의 고향이 군현으로 승격한 사례가 드물지 않습니다.

충렬왕 때 가야향加也鄕 출신으로 군인이 된 김인궤金仁軌가 공을 세워 그의 고향이 춘양현春陽縣으로 승격되었다. 충선왕 때 경화옹주敬和翁主의 고향 덕산 부곡德山部曲은 재산현才山縣이 되었다. 충혜왕 때 환관 강금강姜金剛이 원나라에서 수고한 공을 높이 사 그의 고향 퇴관 부곡退串部曲을 나성현奈城縣으로 승격했다.

— 《고려사》 권57, 지리 2 안동도호부

안동부에 소속된 향과 부곡의 주민들이 고려와 원나라에서 군인·옹주·환관 등으로 출세한 뒤 그들의 출신지가 군현으로 승격되었다는 내용입니다. 이 역시 나수 등의 사례에서 본 바와 같이 그들이 기댄 권력자의 입김이 작용한 덕분일 것입니다. 부곡 지역 출신들은 출세에 만족하지 않고 이런 식으로 부곡 출신이라는 딱지를 떼어내려 했던 것입니다. 그러나 그 덕분에 출신지 주민들은 과중한 역 부담에서 벗어날 수 있었겠지요.

유청신이나 박구처럼 고려 내에서 고위직에 오르거나 원나라에서 출세하여 미천한 신분 출신이라는 굴레에서 벗어난 인물들이 기록에 나타나는 것은 결코 우연도 드문 일도 아닙니다. 임백안독고사처럼 스스로 거세한 뒤 원나라의 환관이 되어 출세한 노비 출신도 있었지요. 이들의 숫자가 적지 않았던 만큼, 원 간섭기 이후 시작된 부곡 집단 해체에 이들이 끼친 영향도 작지 않았을 것입니다.

부곡 지역 출신의 지배층 진출과 부곡 집단의 해체 같은 하층민 사회의 변화는 왜 이렇게 고려 후기에 집중되었을까요? 고려 후기 사회는 무신정권의 수탈, 몽골과의 전쟁, 원나라의 지배로 이어지며 정치·

경제·사회 분야에서 엄청난 변화를 겪었습니다. 부곡인 등 하층민은 그런 변화에 편승하여 신분적 제약을 넘어서려 했던 것입니다. 또한, 개인의 출세에서 멈추지 않고 출신지의 격을 높여 결과적으로 주민들을 오랜 차별에서 벗어나도록 했습니다. 지금도 역사서들은 이런 사실을 잘 다루지 않습니다. 역사 서술이 지배층 중심의 정치사나 제도사에 편중되다 보니 자연스럽게 언급의 대상에서 제외되었던 것입니다. 국왕의 잦은 교체로 폐행 인사가 자주 바뀌었고, 그러다 보니 폐행이 하나의 정치 집단으로 유지되지 못했던 것도 이들이 오늘날 역사 서술에서 제외된 이유라 할 수 있습니다.

구조 변동과 새로운 역사 인식

고려 후기에 하층민 출신들이 이렇게 지배세력에 편입된 것은 무신정권 수립 이후 하층민의 동요와 항쟁, 그에 따른 의식의 성장과 관련이 있습니다. 물론 원 간섭기의 측근 정치도 하층민의 진출을 북돋운 계기가 되었지요. 하지만 고려 중기에 시작된 밑으로부터의 거대한 구조 변동과 지배층의 동요야말로 고려 후기 하층민이 대거 지배층으로 진출한 진짜 원인이었습니다. 무신정권 수립 이래 분출하기 시작한 민의 에너지가 고려 후기 하층민이 지배층으로 편입되는 결과를 낳았다고 해석할 수 있지요.

이제 한 걸음 더 나아가 무신정권 이후 민이 고려 사회의 변화에 커다란 역할을 하게 된 근본적인 원인을 살펴봅시다. 현재 연구자들은 12세기 이후 유망 등 기층사회의 동요와 변화에 따른 지배층의 위기의식이 이자겸의 난·묘청의 난·무신정변 등 지배층의 동요와 지배세력의 교체로 나타났다고 해석합니다. 상·하층민 사회의 변동이 지배 질서의 토대를 이루고 있던 부곡제의 해체 같은 군현 구조의 변화와 본관제의 붕괴로 나타났다는 것입니다.

12세기 이후 거대한 사회 구조의 변동은 외형적으로 민의 유망과 지배층의 위기의식에 따른 잦은 정치적 변란으로 나타났지만, 구조의 변동을 초래한 좀 더 근본적인 원인은 사회·경제적 변화에 있었습니다. 12세기 예종·인종 대에 이르면 상당한 정도로 개간이 진척되는 등 농경지의 확대와 함께 생산력이 크게 향상됩니다. 중국인 서긍의 《고려도경》을 보면 당시 산지까지 농지로 개간되어, 그 모습이 마치 사다리 계단 같았다고 합니다. 12세기 무렵이면 적어도 평지는 거의 개간이 완료되고, 개간지가 산지로 확대되고 있음을 보여주는 기록이지요. 습지나 해안 지역 개간 활동도 그에 못잖았습니다. 이같이 평지에서 점차 산지·습지로 개간이 확대되면서 하층민의 토지 소유가 보편화하고 그와 함께 토지 사유 관념도 강화됩니다. 고려 중기 이후 생산력의 발전은 본관제하의 민이 경제의 주체임을 자각하고 기존의 불합리한 지배 질서에 불만을 품는 계기로 작용하게 됩니다.

12세기 이후 생산력의 발전은 민의 토지 소유 증가와 지역 간 발전 격차의 감소를 불러왔습니다. 이에 따라 민 내부에서 백정과 잡척 간 사회·경제적 격차가 거의 해소되면서 고려 전기의 본관제도 사실상 기능을 상실하게 됩니다. 그러나 왕조 정부는 이런 현실을 외면한 채 군현 지역과 부곡 지역이라는 계서적階序的·차별적인 지배 구조를 고수했지요. 따라서 민에게는 이런 지배 구조 자체가 질곡과 모순으로 작용합니다. 즉, 제도와 현실 간 괴리와 모순이 불합리한 수취와 토지 탈점으로 나타났고, 그 결과 민이 본관을 이탈해 유망하고 결국 봉기를 일으키게 된 것입니다. 나아가 원 간섭기에는 측근 정치라는 파행적인 정치 구조 속에서 지배층으로 대거 진출하게 된 것입니다.

요컨대 고려 정부와 지배층이 12세기 이후 정치·경제·사회의 모순으로 인한 하층민의 불만과 요구를 제대로 수습하지 못한 결과 유망과 항쟁이 발생했고, 무신정변으로 지배층마저 교체되면서 고려 사회는 커다란 변동의 와중에 놓이게 됩니다. 고려 중기 이후 거대한 사회 변동의 밑바탕에는 활발한 하층민의 움직임이 자리 잡고 있었고, 끝내는 원 간섭기라는 어려운 시기에 하층민이 지배층으로 진출하는 계기가 되었습니다. 이같이 고려시대 하층민의 활동은 한국사의 어느 시대보다도 역사와 사회 변동에 커다란 역할을 했습니다. 고려 중기 이후 하층민의 동향에 주목해야 하는 까닭은 바로 여기에 있습니다.

신분제의 변동과 양인 제일화 정책

고려 초기 양천제에 기초한 신분제도는 지역 간 발전 격차를 해소하고 중앙정부가 지방세력의 도움을 얻어 지방사회를 효과적으로 통치하는 데 어느 정도 합리적인 제도였다고 할 수 있습니다. 다양한 계층이 다양성을 유지하면서 공존하고 다원사회를 유지하는 데도 일정하게 이바지했습니다. 그중에서도 다양한 계층으로 구성된 양인은 각 계층이 고유한 역을 세습하거나 학문적 성취, 나아가 왕실과의 혼인 등을 통해 특권적 지위를 세습하려는 경향이 강했고, 계층에 따라 거주지 이동이 제한되는 등 계층 간 이동이 상대적으로 엄격했습니다. 그런 점에서 고려의 신분제는 조선의 신분제보다 폐쇄성이 강하다고 할 수 있습니다.

그러나 고려 중기 이후 정치와 사회 면에서 여러 가지 변화가 나타나면서 신분제에도 변화와 동요가 일어나기 시작합니다. 먼저, 개방정책으로 인해 다양한 종족 및 국적의 주민이 고려로 유입되면서 계층 간 이동이 촉진되었습니다. 무신정권기에는 잦은 농민봉기와 몽골과의 전쟁이 활발한 신분 이동과 함께 신분제의 변동을 촉진했지요. 이 때문에 고려는 어느 왕조보다 신분의 이동과 유동성이 큰 왕조로 평가됩니다. 신분제의 폐쇄성과 신분의 유동성이라는 서로 모순되는 현상이 병존하고 충돌하는 과정에서 고려 후기 신분 질서의 동요가 나타났던 것입니다. 특히 신분제의 동요는 왕조 멸망의 원인이 될 정도로 심각했습니다.

조선 초기의 지배층은 고려 말 권세가들이 탈점한 토지를 회수하고 강제로 노비가 된 사람을 찾아내 양인 신분으로 회복시키는 등 국가의 조세원인 토지와 양인을 확보하려 노력했습니다. 고려 중기 이래 과중한 수탈에 시달려온 주민이 도망해 기능이 상실된 향·부곡·소 등의 특수 행정 구역도 군현에 병합하거나 해체했습니다. 또한, 그 주민인 부곡인들을 '신분은 양인인데 부담하는 역이 천하다'는 의미의 '신량역천身良役賤'으로 규정해 보충군補充軍에 편입한 뒤 일정 기간 군역을 마치면 양인으로 만들어주었지요. 이를 '양인 신분의 제일화齊一化 정책'이라고 말합니다. 이로 인해 향·부곡·소 등의 특수 행정 구역과 '잡척'이라 불리던 부곡인들이 소멸하기 시작합니다. 조선 건국을 계기로 고려의 지배층이던 정호층도 해체됩니다.

이러한 정책을 펴게 된 것은 고려 후기 몽골과의 전쟁, 홍건적과 왜구의 침입으로 인해 양인을 정호·백정·잡척으로 구분하여 묶었던 본관제가 사실상 해체되면서 신분 질서가 심각하게 동요한 때문이었습니다. 그리하여 조선 초기에는 중앙집권체제를 강화하고 양천제를 축으로 신분 질서를 바로잡기 위해 정호·백정·잡척의 다양한 계층으로 구성되었던 고려의 양인 신분을 단일화하는 정책을 마련했던 것입니다. 이렇게 조선 초기 신분제의 변화를 통해서도 고려 신분 구조의 특성을 간접적으로나마 알 수 있습니다.

부록

고려 왕실 세계도

( ) 이름, _{재위년}
생몰년   ‖ 배우자   — 직계   … 방계

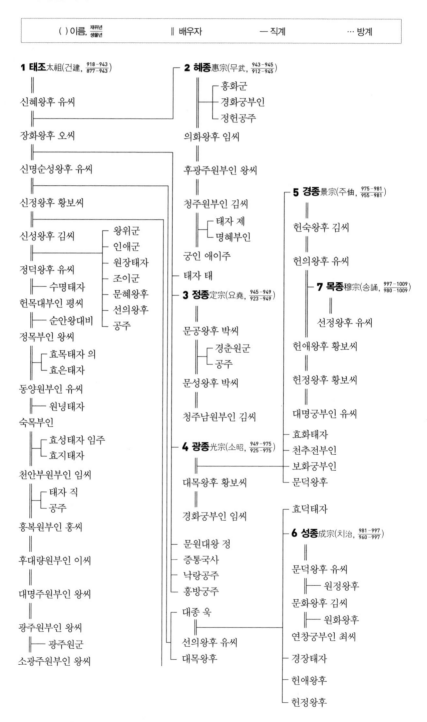

1 태조太祖(건建, 918-943 / 877-943)

신혜왕후 유씨

장화왕후 오씨

신명순성왕후 유씨

신정왕후 황보씨

신성왕후 김씨 ┬ 왕위군
├ 인애군
├ 원장태자
├ 조이군
├ 문혜왕후
├ 선의왕후
└ 공주

정덕왕후 유씨 ├ 수명태자

헌목대부인 평씨 ├ 순안왕대비

정목부인 왕씨 ├ 효목태자 의
└ 효은태자

동양원부인 유씨 ├ 원녕태자

숙목부인 ├ 효성태자 임주
└ 효지태자

천안부원부인 임씨 ├ 태자 직
└ 공주

홍복원부인 홍씨

후대량원부인 이씨

대명주원부인 왕씨

광주원부인 왕씨 ├ 광주원군

소광주원부인 왕씨

2 혜종惠宗(무武, 943-945 / 912-945)

├ 흥화군
├ 경화궁부인
└ 정헌공주

의화왕후 임씨

후광주원부인 왕씨

청주원부인 김씨 ├ 태자 제
└ 명혜부인

궁인 애이주

├ 태자 태

3 정종定宗(요堯, 945-949 / 923-949)

문공왕후 박씨 ├ 경춘원군
└ 공주

문성왕후 박씨

청주남원부인 김씨

4 광종光宗(소昭, 949-975 / 925-975)

대목왕후 황보씨

경화궁부인 임씨

├ 문원대왕 정
├ 증통국사
├ 낙랑공주
└ 흥방궁주

├ 대종 욱
├ 선의왕후 유씨
└ 대목왕후

5 경종景宗(주伷, 975-981 / 955-981)

헌숙왕후 김씨

헌의왕후 유씨

7 목종穆宗(송誦, 997-1009 / 980-1009)

선정왕후 유씨

헌애왕후 황보씨

헌정왕후 황보씨

대명궁부인 유씨

├ 효화태자
├ 천추전부인
├ 보화궁부인
└ 문덕왕후

├ 효덕태자

6 성종成宗(치治, 981-997 / 960-997)

문덕왕후 유씨 ├ 원정왕후

문화왕후 김씨 ├ 원화왕후

연창궁부인 최씨

├ 경장태자
├ 헌애왕후
└ 헌정왕후

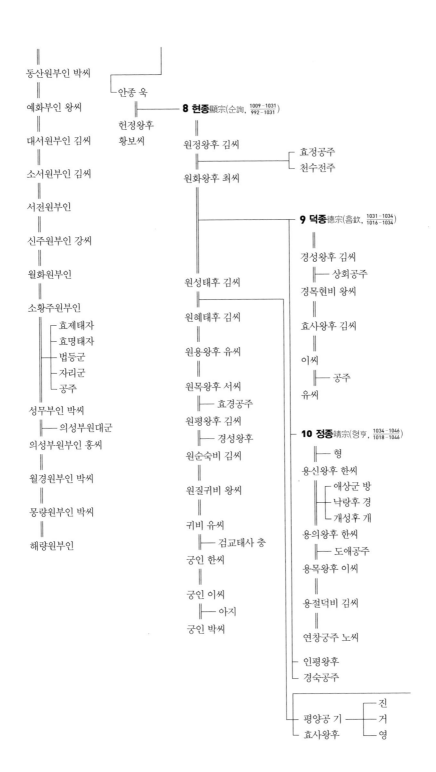

동산원부인 박씨

예화부인 왕씨

안종 욱

대서원부인 김씨

헌정왕후
황보씨

소서원부인 김씨

서전원부인

신주원부인 강씨

월화원부인

소황주원부인

┌ 효제태자
├ 효명태자
├ 법등군
├ 자리군
└ 공주

성무부인 박씨
├ 의성부원대군
의성부원인 홍씨

월경원부인 박씨

몽량원부인 박씨

해량원부인

8 현종顯宗(순詢, 1009~1031 / 992~1031)

원정왕후 김씨
┌ 효정공주
└ 천수전주

원화왕후 최씨

원성태후 김씨

원혜태후 김씨

원용왕후 유씨

원목왕후 서씨
├ 효경공주

원평왕후 김씨
├ 경성왕후

원순숙비 김씨

원질귀비 왕씨

귀비 유씨
├ 검교태사 충

궁인 한씨

궁인 이씨
├ 아지

궁인 박씨

9 덕종德宗(흠欽, 1031~1034 / 1016~1034)

경성왕후 김씨
├ 상회공주
경목현비 왕씨

효사왕후 김씨

이씨
├ 공주
유씨

10 정종靖宗(형亨, 1034~1046 / 1018~1046)
├ 형
용신왕후 한씨
┌ 애상군 방
├ 낙랑후 경
└ 개성후 개
용의왕후 한씨
├ 도애공주
용목왕후 이씨

용절덕비 김씨

연창궁주 노씨

─ 인평왕후
└ 경숙공주

┌ 진
평양공 기 ─┼ 거
└ 효사왕후   └ 영

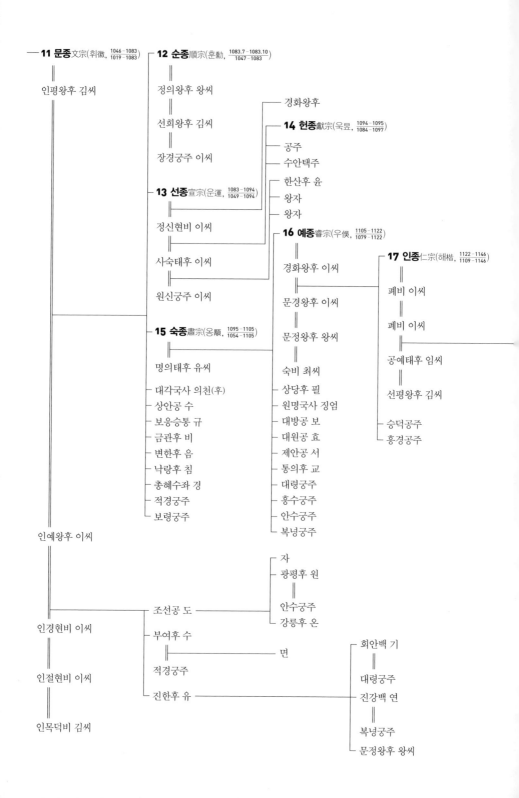

11 문종文宗(휘徽, $\frac{1046-1083}{1019-1083}$)　**12 순종**順宗(훈勳, $\frac{1083.7-1083.10}{1047-1083}$)

인평왕후 김씨

정의왕후 왕씨

　　　　　　　　　　　　경화왕후

선희왕후 김씨　　　　　　　　**14 헌종**獻宗(욱昱, $\frac{1094-1095}{1084-1097}$)

　　　　　　　　　　　　공주
장경궁주 이씨　　　　　　　수안택주

　　　　　　　　　　　한산후 윤
13 선종宣宗(운運, $\frac{1083-1094}{1049-1094}$)　왕자

　　　　　　　　　　　왕자
정신현비 이씨　　　　**16 예종**睿宗(우俁, $\frac{1105-1122}{1079-1122}$)

　　　　　　　　　　　　　　17 인종仁宗(해楷, $\frac{1122-1146}{1109-1146}$)
사숙태후 이씨　　　경화왕후 이씨

　　　　　　　　　　　　　　폐비 이씨
원신궁주 이씨　　　문경왕후 이씨

　　　　　　　　　　　　　　폐비 이씨
15 숙종肅宗(옹顒, $\frac{1095-1105}{1054-1105}$)　문정왕후 왕씨

　　　　　　　　　　　　　　공예태후 임씨
명의태후 유씨　　　숙비 최씨

대각국사 의천(후)　상당후 필　선평왕후 김씨
상안공 수　　　　원명국사 징엄
보응승통 규　　　대방공 보
금관후 비　　　　대원공 효　승덕공주
변한후 음　　　　제안공 서　흥경공주
낙랑후 침　　　　통의후 교
총혜수좌 경　　　대령궁주
적경궁주　　　　흥수궁주
보령궁주　　　　안수궁주
　　　　　　　　복녕궁주

인예왕후 이씨

　　　　　　　　자
　　　　　　　　광평후 원

조선공 도　　　안수궁주
인경현비 이씨　　강릉후 온
부여후 수　　　　　　　면　　회안백 기

인절현비 이씨　적경궁주　　　　　　대령궁주
진한후 유　　　　　　　　　　진강백 연

인목덕비 김씨　　　　　　　　　　복녕궁주
　　　　　　　　　　　　　　문정왕후 왕씨

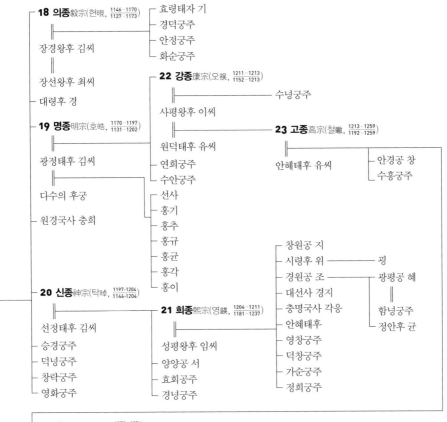

18 의종毅宗(현眼, 1146~1170 / 1127~1173)
┃┃
장경왕후 김씨
├ 효령태자 기
├ 경덕궁주
├ 안정궁주
└ 화순궁주

장선왕후 최씨
─ 대령후 경

19 명종明宗(호晧, 1170~1197 / 1131~1202)
┃┃
광정태후 김씨

22 강종康宗(오祦, 1211~1213 / 1152~1213)
┃┃
사평왕후 이씨
── 수녕궁주

원덕태후 유씨
├ 연희궁주
└ 수안궁주

23 고종高宗(철皞, 1213~1259 / 1192~1259)
┃┃
안혜태후 유씨
├ 안경공 창
└ 수흥궁주

다수의 후궁
─ 원경국사 충희

├ 선사
├ 홍기
├ 홍추
├ 홍규
├ 홍균
├ 홍각
└ 홍이

20 신종神宗(탁晫, 1197~1204 / 1144~1204)
┃┃
선정태후 김씨
├ 승경궁주
├ 덕녕궁주
├ 창락궁주
└ 영화궁주

21 희종熙宗(영韺, 1204~1211 / 1181~1237)
┃┃
성평왕후 임씨
├ 양양공 서
├ 효회공주
└ 경녕궁주

├ 창원공 지
├ 시령후 위 ──── 굉
├ 경원공 조 ──── 광평공 혜
├ 대선사 경지
├ 충명국사 각응
├ 안혜태후
├ 영창궁주   ├ 함녕궁주
├ 덕창궁주   └ 정안후 균
├ 가순궁주
└ 정희궁주

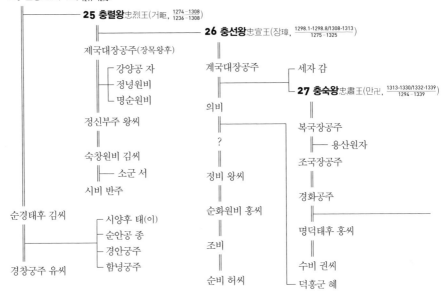

24 원종元宗(식植, 1259~1274 / 1219~1274)

25 충렬왕忠烈王(거昛, 1274~1308 / 1236~1308)
┃┃
제국대장공주(장목왕후)
├ 강양공 자
├ 정녕원비
└ 명순원비

26 충선왕忠宣王(장璋, 1298.1~1298.8/1308~1313 / 1275~1325)
┃┃
계국대장공주
├ 세자 감
└ **27 충숙왕**忠肅王(만卍, 1313~1330/1332~1339 / 1294~1339)

의비
│
?

정신부주 왕씨

숙창원비 김씨
└ 소군 서
시비 반주

정비 왕씨
┃┃
순화원비 홍씨
┃┃
조비
┃┃
순비 허씨

복국장공주
┃┃
용산원자
조국장공주

경화공주

명덕태후 홍씨

순경태후 김씨
├ 시양후 태(이)
├ 순안공 종
├ 경안궁주
└ 함녕궁주

경창궁주 유씨

수비 권씨
└ 덕흥군 혜

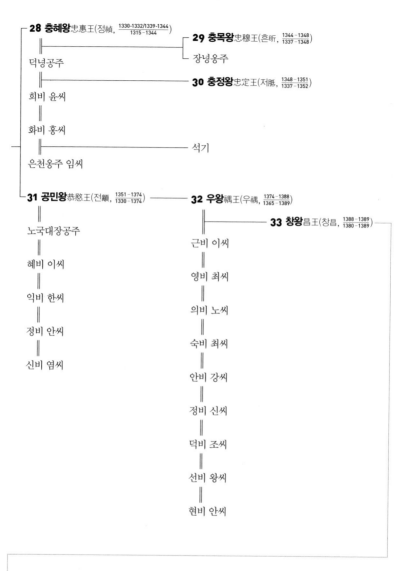

28 충혜왕忠惠王(정정, $\frac{1330\text{-}1332/1339\text{-}1344}{1315\text{-}1344}$)

29 충목왕忠穆王(흔昕, $\frac{1344\text{-}1348}{1337\text{-}1348}$)

┃┃
덕녕공주

장녕옹주

30 충정왕忠定王(저胝, $\frac{1348\text{-}1351}{1337\text{-}1352}$)

┃┃
희비 윤씨

┃┃
화비 홍씨

석기

┃┃
은천옹주 임씨

31 공민왕恭愍王(전顓, $\frac{1351\text{-}1374}{1330\text{-}1374}$) ──── **32 우왕**禑王(우禑, $\frac{1374\text{-}1388}{1365\text{-}1389}$)

33 창왕昌王(창昌, $\frac{1388\text{-}1389}{1380\text{-}1389}$)

┃┃
노국대장공주

┃┃
근비 이씨

┃┃
혜비 이씨

┃┃
영비 최씨

┃┃
익비 한씨

┃┃
의비 노씨

┃┃
정비 안씨

┃┃
숙비 최씨

┃┃
신비 염씨

┃┃
안비 강씨

┃┃
정비 신씨

┃┃
덕비 조씨

┃┃
선비 왕씨

┃┃
현비 안씨

34 공양왕恭讓王(요瑤, $\frac{1389\text{-}1392}{1345\text{-}1394}$)

┃┃
순비 노씨

세자 석
숙녕궁주
정신궁주
경화궁주

고려사 연표

연도(년)	사건
891 신라 진성여왕 5	승려 출신 궁예, 죽주(안성)의 호족 기훤(箕萱)에게 의탁
892 진성여왕 6	궁예, 북원(원주)의 호족 양길에게 의탁 상주의 호족 견훤, 군사를 모아 무진주(전남 광주) 점령
896 진성여왕 10	송악(개성)의 호족 왕건, 궁예에게 귀부
898 효공왕 2	궁예, 철원에서 송악(개성)으로 천도하고 11월에 팔관회 거행
900 효공왕 4	견훤, 완산주(전주)에서 후백제 건국
901 효공왕 5	궁예, 송악에서 후고구려 건국(국호 '고려') 견훤, 신라의 대야성 공격(8월)
904 효공왕 8	궁예, 국호를 고려에서 마진(摩震)으로 변경하고 광평성을 설치하는 등 중앙 정치 조직 정비
905 효공왕 9	궁예, 송악에서 철원으로 재천도
909 효공왕 13	궁예, 왕건을 해군대장군으로 임명, 진도와 고이도 점령
910 효공왕 14	왕건, 나주에서 견훤의 백제군에 승리
911 효공왕 15	궁예, 국호를 마진에서 태봉(泰封)으로 변경
916 신덕왕 5	거란족 야율아보기(耶律阿保機), 여러 부족을 통합하고 거란 건국
918 고려 태조 1	왕건, 홍유(洪儒)·배현경(裵玄慶)·신숭겸 등과 함께 궁예 축출 후 즉위(고려 건국)
919 태조 2	고려, 송악에 도읍
926 태조 9	거란, 발해 멸망시키고 후진으로부터 연운 16주 획득
927 태조 10	견훤, 신라의 금성(경주)을 점령하고 경애왕 자살케 한 후 경순왕 옹립, 팔공산 전투에서 고려군 대파
930 태조 13	왕건, 고창(안동) 전투에서 후백제군 대파
934 태조 17	왕건, 운주(홍성) 전투에서 후백제군에 승리. 공주 이북 30여 성이 고려에 귀부 발해 세자 대광현이 수만 명을 이끌고 고려에 귀부
935 태조 18	견훤, 아들 신검의 반란으로 금산사에 유폐(3월) 견훤, 금산사에서 탈출하여 고려에 귀부(6월) 신라 경순왕, 고려에 투항(11월)
936 태조 19	견훤, 왕건에게 아들 신검 공격 요청(6월) 왕건, 일리천 전투에서 신검의 후백제군 대파하고 후삼국 통일(9월)

940 태조 23	토성분정 실시, 군현 명칭 개정, 역분전제 시행
942 태조 25	거란이 고려에 사신을 보내 낙타 50필을 주자, 고려는 거란 사신 30명을 섬에 귀양보내고 낙타는 만부교 아래에서 굶겨 죽임.
943 태조 26	왕건, 〈훈요십조〉를 유훈으로 남김.
945 혜종 2	태조의 장인 왕규, 혜종 살해 시도(왕규의 난)
947 정종 2	거란, 국호를 요(遼)로 개칭
956 광종 7	후주인 쌍기 귀화 노비안검법을 시행해 불법적으로 노비가 된 양인을 본래의 신분으로 되돌림.
958 광종 9	쌍기의 건의로 과거제 실시
960 광종 11	백관의 공복 제정 개경을 황도(皇都), 서경을 서도(西都)로 개칭 후주 출신 조광윤(趙匡胤), 송나라 건국하고 카이펑에 도읍
962 광종 13	송에 처음으로 사신 파견
976 경종 1	전시과 제정(경정 전시과)
982 성종 1	최승로, 성종에게 〈시무 28조〉 상소
983 성종 2	전국에 12목 설치하고 처음으로 지방관 파견 각 관청의 경비 충당을 위한 공해전시법 제정 거란, 송·고려와 교류하던 압록강 하류의 여진 토벌(~984)
985 성종 4	송, 고려에 한국화를 보내 거란 협공을 제의
986 성종 5	정안국, 거란에 의해 멸망
987 성종 6	노비환천법(奴婢還賤法)을 실시해 노비안검법으로 해방된 양인 중 일부를 노비로 되돌림. 팔관회와 연등회 폐지
992 성종 11	국자감 설치를 명함.
993 성종 12	거란의 제1차 고려 침입(8월) 서희, 거란 소손녕과 화약 체결(강동 6주 획득, 10월)
994 성종 13	거란이 압록강 양안에 성을 쌓고 통로 열자고 제의, 고려가 거란의 연호를 사용하며(2월) 거란에 사신 파견(4월) 고려가 송에 거란 협공을 제의했으나 송이 거절, 고려는 이를 빌미로 송과 국교 단절(6월) 서희, 여진 축출하고 장흥진·귀화진·곽주·귀주에 축성
995 성종 14	서희, 여진 축출하고 안의진·흥화진에 축성
996 성종 15	건원중보 주조
998 목종 1	전시과 개정(개정 전시과)
1009 목종 12	강조, 군사를 일으켜 현종을 옹립하고 목종 시해(강조의 정변)

1010 현종 1	거란, 강조의 정변을 구실로 고려 재침입(거란의 제2차 침입) 팔관회와 연등회 부활 현종이 나주로 피란 후 거란에 화의 요청
1011 현종 2	거란, 개경의 태묘와 궁궐을 불태운 후 현종의 친조를 조건으로 군대 퇴각(1월) 현종이 개경의 수창궁으로 환궁(2월) 초조대장경 조판 시작
1012 현종 3	고려가 국왕의 병을 핑계로 거란의 친조 요구를 거절하자 거란이 이를 빌미로 강동 6주의 반환을 요구
1013 현종 4	거란, 강동 6주 반환을 재요구
1014 현종 5	거란, 보주성 점령(6월) 고려, 송에 관계 회복 제의(8월) 거란, 강동 6주 반환 요구(9월) 거란이 통주 공격하자 흥화진 장군 정신용과 별장 주연이 격퇴(10월)
1015 현종 6	고려, 보주성을 공격했으나 실패(1월) 거란, 흥화진에 이어 통주 공격(1월) 거란, 선화진(宣化鎭)·정원진 함락 후 축성(11월) 고려, 곽원을 송나라에 보내 거란의 침입을 알리고 구원 요청(11월)
1018 현종 9	고려, 안무사 폐지하고 4도호·8목·56지주군사·2진장·20현령 설치 고려, 거란에 화의 요청(10월) 거란의 소배압이 10만 대군을 이끌고 고려 재침입(거란의 제3차 침입), 고려는 강감찬을 상원수, 강민첨을 부원수로 임명, 고려군이 흥화진에서 거란군 격퇴, 이후 개경으로 향하는 거란군도 자주(慈州, 평남 자산)에서 격퇴(12월)
1019 현종 10	강감찬, 귀주에서 거란군 대파(2월)
1029 현종 20	발해 후손 대연림, 흥요국 건국(8월) 곽원, 보주성 공격했으나 실패(9월)
1030 현종 21	흥요국, 거란에 패망(8월)
1031 덕종 즉위년	고려, 거란에 사신을 보내 거란 흥종의 즉위를 축하하고 보주성 반환을 요구(10월) 고려, 거란에서 돌아온 사신이 거란의 보주성 반환 거부 사실을 보고하 자 사신 파견을 중단하고 거란 성종의 연호만 사용하기로 결정(11월)
1032 덕종 1	고려, 거란 사신의 입국을 거부(1월)
1033 덕종 2	천리장성 축조 시작
1034 덕종 3	황주량 등이 《7대 실록》 완성
1035 정종 1	거란, 고려에 관계 재개 요구(5월)

1039 정종 5	고려, 거란에 보주성 철거 요구(2월) 거란, 고려인의 보주성 주변 경작 허용(4월)
1044 정종 10	천리장성 완공
1054 문종 8	거란, 보주성 동쪽 들판에 전투용 방벽과 사격용 궁구 설치(7월)
1055 문종 9	고려, 거란에 보주성 인근에 설치한 군사 시설 철거 요구(7월) 씨족록에 등록되지 않은 자의 과거 응시 금지(10월)
1062 문종 16	거란, 보주성에 매매원(賣買院, 무역장) 설치 요구
1071 문종 25	고려가 송나라에 표문과 예물을 바침으로써 50년간 중단되었던 고려와 송의 외교 관계 재개(3월)
1075 문종 29	거란, 고려에 압록강 동쪽 국경 획정 요구(7월)
1076 문종 30	전시과 재개정(양반 전시과)으로 전시과 제도 완결
1078 문종 32	고려, 거란에 압록강 이동 지역 반환 요구(4월)
1086 선종 3	고려, 거란에 무역장 설치 중지 요구(5월) 대각국사 의천의 요청에 따라 흥왕사에 교장도감 설치
1088 선종 5	고려, 거란의 무역장 설치에 대비해 귀주에 군사 파견(2월) 거란, 무역장 설치 취소 통보(11월)
1096 숙종 1	6촌 이내의 친족 간 혼인을 금지
1097 숙종 2	화폐 주조를 위해 주전도감(鑄錢都監) 설치
1102 숙종 7	주전도감에서 해동통보 주조
1104 숙종 9	윤관, 여진 정벌에 실패(제1차 여진 정벌)한 후 별무반 설립
1107 예종 2	윤관, 여진 정벌에 성공(제2차 여진 정벌, 12월)
1108 예종 3	예종, 이자겸의 딸(문경왕후)과 혼인(1월) 윤관, 정벌한 여진 지역에 9성 수축(1107년 12월~1108년 2월) 후 공험진에 비석을 세워 국경으로 삼음(2월).
1109 예종 4	고려, 여진에 9성 지역 반환(7월)
1115 예종 10	여진족, 금나라 건국 고려, 거란의 금나라 협공 제의 거부
1116 예종 11	금나라, 거란의 보주성 공격(3월) 고려, 거란 연호 사용 중지(4월) 고려, 금나라에 보주성 반환 요구(8월)
1117 예종 12	거란이 금나라의 공격으로 보주성을 포기하자 고려가 보주성 점령 후 의주로 개칭(3월)
1123 인종 1	송나라 서긍, 《선화봉사고려도경》 완성

1124 인종 2	이자겸의 셋째 딸을 왕비로 맞음(8월).
1125 인종 3	이자겸의 넷째 딸을 왕비로 맞음(1월). 거란, 금에 의해 멸망
1126 인종 4	이자겸의 난(2~5월) 송이 고려에 금나라 협공 제의, 고려가 거절(7월) 금, 송의 수도 변경(카이펑) 함락(9월)
1127 인종 5	금, 송의 휘종과 흠종을 금으로 압송(4월) 송의 고종, 남경(항저우)에서 즉위(5월, 남송 시작)
1129 인종 7	서경에 대화궁 낙성, 인종이 서경에 행차(1월) 묘청 등이 칭제건원(稱帝建元) 건의(2월)
1132 인종 10	묘청·정지상 등이 서경 천도 건의
1135 인종 13	묘청, 서경에서 반란을 일으키고 대위국(大爲國) 선포(1월, 묘청의 난) 김부식, 묘청의 난 진압(2월)
1145 인종 23	김부식, 《삼국사기》 편찬
1170 의종 24	정중부, 이의방 등 무신들이 문신을 살해(8월, 무신정변) 의종 폐위, 명종 즉위(9월)
1173 명종 3	동북면병마사 김보당, 의종 복위를 명분으로 동계에서 군사를 일으킴 (8월, 김보당의 난). 이의민, 경주에서 의종 살해(10월)
1174 명종 4	서경유수 조위총이 정중부·이의방 타도를 명분으로 봉기하자 인근 40여 성이 호응(9월), 조위총의 봉기
1176 명종 6	공주 명학소의 주민 망이·망소이 봉기, 공주 함락(1월) 조위총의 난 진압(2월) 공주 명학소를 충순현으로 승격(6월)
1177 명종 7	망이·망소이, 개경에 내항. 곡식을 하사받고 귀향(1월) 망이·망소이, 재봉기(2월) 충순현을 다시 명학소로 격하(5월)
1179 명종 9	경대승이 정중부를 죽이고 집권, 도방(都房) 설치(9월)
1182 명종 12	기두·죽동 등, 전주 지역의 관노와 농민을 이끌고 봉기(전주 관노의 난, 3월)
1183 명종 13	경대승 사망(7월)
1184 명종 14	이의민 집권(2월)
1190 명종 20	경주에서 농민들 봉기(1월). 이해 지눌이 〈정혜결사문〉 발표
1193 명종 23	경상도 운문의 김사미와 초전의 효심이 봉기(7월) 이규보, 〈동명왕편〉 지음.

1196 명종 26	최충헌, 이의민 살해 후 집권(최씨 무신정권 시작)
1197 명종 27	최충헌, 명종 폐위하고 신종 옹립(9월)
1198 신종 1	최충헌의 사노 만적이 개경 노비들을 이끌고 봉기(5월)
1199 신종 2	경주의 농민군이 명주(강릉)의 농민군과 연합전선을 형성해 강원도와 경상도의 동해안 일대 장악(2월)
1200 신종 3	진주에서 공·사 노비 봉기(4월) 최충헌, 도방 재설치(12월)
1202 신종 5	경주 지역에서 신라 부흥 운동 전개
1209 희종 5	최충헌, 교정도감 설치
1211 희종 7	최충헌, 희종 폐하고 강종 옹립
1216 고종 3	몽골에 쫓기던 거란족 수만 명이 고려 공격(8월)
1217 고종 4	서경에서 최광수 봉기, 고구려 부흥 운동 전개
1219 고종 6	고려와 몽골이 강동성의 거란족 격퇴 후 형제 맹약 체결(1월) 최충헌 사망, 최이(최우) 집권(9월)
1225 고종 12	몽골 사신 저고여 피살, 몽골이 고려와 단교(1월) 최이, 정방 설치(6월)
1231 고종 18	살리타이가 이끄는 몽골군이 고려 공격(8월, 몽골의 제1차 고려 침입) 몽골과 강화(12월)
1232 고종 19	충주 관노와 승려 봉기(1월, 이후 8월에 재봉기) 강화 천도(6월) 몽골, 제2차 고려 침입(12월)
1234 고종 21	금속활자로《상정고금예문》간행
1235 고종 22	몽골, 제3차 고려 침입(~1239)
1236 고종 23	강화도에 대장도감 설치 후 팔만대장경 판각 착수(~1251) 대장도감에서《향약구급방》간행
1237 고종 24	담양에서 이연년이 봉기, 백제 부흥 운동 전개
1241 고종 28	이규보의《동국이상국집》간행
1247 고종 34	몽골, 제4차 고려 침입(~1248)
1249 고종 36	최이 사망, 최항 집권
1253 고종 40	몽골, 제5차 고려 침입(~1254년 1월) 양근성 주민이 몽골군에 투항(10월)
1254 고종 41	몽골, 제6차 고려 침입(7월~1259년 4월)

1257 고종 44	최항 사망, 최의 집권
1258 고종 45	김준, 최의 죽이고 집권(3월, 최씨 무신정권 붕괴) 몽골, 쌍성총관부 설치
1259 고종 46	고려 태자, 강화 요청 위해 몽골로 출발(4월) 고종 사망(6월)
1260 원종 1	쿠빌라이, 몽골의 대칸에 즉위, 고려 태자 개경에 도착(3월) 고려 태자, 국왕(원종)에 즉위(4월)
1268 원종 9	임연, 김준 제거
1269 원종 10	임연, 원종을 폐하고 안경공 창을 옹립(6월) 몽골의 압박으로 원종 복위(11월)
1270 원종 11	몽골 쿠빌라이가 임연의 입조를 요구, 임연 사망, 임유무 집권(2월) 임유무 피살(5월) 삼별초, 승화후 온을 옹립하고 항쟁에 돌입(6월) 삼별초, 진도로 이동(8월)
1271 원종 12	김방경의 고려군, 몽골군과 함께 진도 함락, 삼별초군 제주로 이동(5월) 몽골, '원'으로 국호 변경
1273 원종 14	김방경, 제주에서 삼별초 진압
1274 충렬왕 즉위년	제1차 일본 원정
1278 충렬왕 4	원, 고려 역대 역사 및 원에 파견한 사신의 명단과 고려 국왕 친조 연월 보고 요구
1280 충렬왕 6	원, 고려에 정동행성 설치
1281 충렬왕 7	제2차 일본 원정
1287 충렬왕 13	이승휴, 《제왕운기》 지음.
1298 충렬왕 24	충렬왕, 충선왕에게 양위(1월) 정방 폐지(4월) 관제 복구(7월) 충렬왕 복위(8월)
1308 충렬왕 34	충렬왕 사망, 충선왕 복위
1320 충숙왕 7	원, 충선왕을 토번으로 귀양 보냄(12월).
1325 충숙왕 12	원, 칭기즈칸 이후 원에 공을 세운 고려인의 행적 정리 요구 이제현, 《김공 행군기》 지음.
1330 충숙왕 17	충숙왕, 충혜왕에게 양위
1332 충혜왕 2	충숙왕 복위
1339 충숙왕 복위 8	충숙왕 사망, 충혜왕 복위

1340 충혜왕 복위 1	고려인 기씨, 원의 제2황후에 책봉
1343 충혜왕 복위 4	원, 고려에 사신을 파견해 송·요·금 3국의 사적(事跡)을 구함.
1344 충혜왕 복위 5	충혜왕이 악양에서 사망, 충목왕이 원에서 즉위
1350 충정왕 2	왜구 침입 시작
1351 충정왕 3	원이 충정왕 퇴위시킴(10월). 공민왕 즉위(12월)
1356 공민왕 5	기철 등 제거, 정동행성 폐지, 쌍성총관부 수복(5월)
1359 공민왕 8	홍건적 침입, 서경 함락(12월)
1360 공민왕 9	안우(安祐)와 이방실(李芳實) 등이 홍건적 격파(2월)
1361 공민왕 10	홍건적 재침입(10월) 공민왕 파천, 개경 함락(11월)
1363 공민왕 12	공민왕 환궁(2월) 원, 덕흥군을 고려 국왕으로 책봉(5월)
1364 공민왕 13	원, 공민왕을 복위시킴(9월).
1365 공민왕 14	기황후, 원의 제1황후에 책봉 노국대장공주 사망(2월) 신돈, 국정 참여 시작(5월)
1366 공민왕 15	전민변정도감 설치하고 신돈을 판사로 임명(5월)
1371 공민왕 20	신돈 실각(7월)
1374 공민왕 23	공민왕 시해(9월)
1376 우왕 2	최영, 홍산에서 왜구 대파(홍산대첩, 7월)
1377 우왕 3	금속활자로《직지심체요절》인쇄(청주 흥덕사)
1380 우왕 6	이성계, 황산(남원)에서 왜구 격파(황산대첩, 9월)
1388 우왕 14	최영을 문하시중에, 이성계를 문하수시중에 임명(1월) 우왕과 최영이 요동 공격 논의(2월) 명나라 사신이 철령위 설치를 통고하자 요동 정벌 개시(3월) 이성계, 위화도 회군으로 실권 장악(5월) 이성계, 우왕 폐하고 창왕 옹립(6월)
1389 창왕 1/공양왕 1	이성계, 우왕 복위 사건을 빌미로 창왕 폐위, 공양왕 옹립(11월)
1390 공양왕 2	윤이·이초 사건(5월) 공·사전의 전적(田籍)을 소각(9월)
1391 공양왕 3	과전법 제정(5월) 정도전, 나주 거평 부곡에 유배됨(10월).
1392 공양왕 4/ 조선 태조 1	정몽주 피살(4월) 배극렴 등, 이성계를 왕으로 추대, 공양왕 폐위, 이성계 즉위(7월)

참고문헌

1부 다원사회 고려를 만들다 — 정치·경제·외교 편

1장 시대 개관과 왕조의 특성

1. 고려왕조 건국과 역사 전개

- 김당택, 《원간섭하의 고려정치사》, 일조각, 1998.
- 김명진, 《통일과 전쟁, 고려 태조 왕건》, 혜안, 2018.
- 김상기, 《신편 고려시대사》, 서울대학교출판부, 1985.
- 도현철, 《고려말 사대부의 정치사상연구》, 일조각, 1999.
- 도현철, 〈고려 말의 사회변동과 왕조교체〉, 한국사연구사 편, 《새로운 한국사 길잡이》상, 지식산업사, 2008.
- 박용운, 《고려시대사》(수정증보판), 일지사, 2008.
- 박종기, 〈12세기 고려 정치사 연구론〉, 《한국사학논총: 택와허선도선생정년기념》, 일조각, 1992.
- 박종기, 〈예종대 정치개혁과 정치세력의 변동〉, 《역사와 현실》9, 1993.
- 박종기, 〈정치사의 전개와 고려사회 성격론〉, 한국사연구사 편, 《새로운 한국사 길잡이》상, 지식산업사, 2008.
- 14세기고려사회성격연구반, 《14세기 고려의 정치와 사회》, 민음사, 1994.
- 이병도, 《한국사-중세편》, 을유문화사, 1962.
- 이익주, 〈고려·원관계의 구조와 고려후기 정치체제〉, 서울대학교 박사학위논문, 1996.
- 채웅석, 〈고려사회의 변화와 고려중기론〉, 《역사와 현실》32, 1999.
- 채웅석, 〈고려시대의 사회성격과 역사적 위상〉, 한국중세사학회 편, 《고려시대의 역사》, 혜안, 2018.
- 하현강, 〈고려 의종대의 성격〉, 《동방학지》26, 1981.
- 한국중세사학회 편, 《고려시대의 역사》, 혜안, 2018.
- 홍영의, 《고려말 정치사 연구》, 혜안, 2005.

2. '다원사회' 고려의 특성

- 김상기, 《동방사논총》, 서울대학교출판부, 1974.
- 김성규, 〈10~12세기 동아시아의 국제환경〉, 《중국학보》59, 2009.
- 남인국, 〈고려전기의 투화인과 그 동화정책〉, 《역사교육논집》8권 1호, 1986.

- 노명호,《고려국가와 집단의식》, 서울대학교출판문화원, 2009.
- 박경안,〈고려전기 외래인의 문화적 특성과 정착과정〉,《한국중세사연구》 42, 2015.
- 박옥걸,《고려시대의 귀화인 연구》, 국학자료원, 1996.
- 박종기,〈민족사에서 차지하는 고려의 위치〉,《역사비평》 45, 1998.
- 박종기,〈고려 다원사회의 형성과 기원〉,《한국중세사연구》 36, 2013.
- 박종기,《고려사의 재발견》, 휴머니스트, 2015.
- 박종기,〈고려 다원사회론의 과제와 전망〉,《한국중세사연구》 45, 2016.
- 박종기,〈고려왕조와 다원사회〉,《내일을 여는 역사》 71·72, 2018.
- 신채호,《조선사연구초》, 조선도서, 1929.
- 윤영인,〈몽골 이전 동아시아의 다원적 국제관계〉,《만주연구》 3, 2005.
- 윤영인,〈10~13세기 동북아시아 다원적 국제관계에서의 책봉과 맹약〉,《동양사학연구》 101, 2007.
- 이정훈,〈고려시대 '고려세계'에 대한 기록과 인식〉,《역사와 현실》 104, 2017.
- 이진한,《고려시대 송상왕래 연구》, 경인문화사, 2011.
- 이진한,《고려시대 무역과 바다》, 경인문화사, 2014.
- 이진한,〈고려시대 외국인의 거류와 투화〉,《한국중세사연구》 42, 2015.
- 채웅석 편저,《고려의 다양한 삶의 양식과 통합 조절》, 혜안, 2019.
- 채웅석,〈고려전기 사회적 분업 편성의 다원성과 신분·계층질서〉,《한국중세사연구》 45, 2016.
- 채웅석,〈고려전기 지방지배체제의 다원성과 계서성〉,《한국중세사연구》 47, 2016.
- 한정수,〈고려전기 이방인·귀화인의 입국과 해동천하〉,《한국중세사연구》 50, 2017.
- 허인욱,〈《고려세계》에 나타나는 신라계 설화와《편년통록》의 편찬의도〉,《사총》 56, 2003.
- 홍영의,〈고려 수도 개경의 위상〉,《역사비평》 45, 1998.

2장 다원사회의 기초가 된 조직과 제도

1. 사회 통합의 모델, 본관제

- 강은경,〈고려시대 본관에서의 정주와 타향으로의 이동〉,《사학연구》 81, 2006.
- 구산우,《고려전기 향촌지배체제연구》, 혜안, 2003.
- 김갑동,《나말여초의 호족과 사회변동연구》, 고대민족문화연구소출판부, 1990.
- 김수태,〈고려 본관제도의 성립〉,《진단학보》 52, 1981.
- 박종기,〈고려시대 촌락의 기능과 구조〉,《진단학보》 64, 1987.
- 박종기,〈고려 태조 23년 군현개편에 관한 연구〉,《한국사론》 18, 1988.

- 박종기, 《지배와 자율의 공간 고려의 지방사회》, 푸른역사, 2002.
- 이수건, 《한국중세사회사연구》, 일조각, 1984.
- 채웅석, 〈고려 전기 사회구조와 본관제〉, 《고려사의 제문제》, 삼영사, 1986.
- 채웅석, 《고려시대의 국가와 지방사회》, 서울대학교출판부, 2000.
- 채웅석, 〈고려의 중앙집권과 지방자치, 본관제를 통한 지배〉, 《역사비평》 65, 2003.

2. 중앙과 지방을 연결한 지배 조직, 군현제와 부곡제

- 구산우, 《고려전기 향촌지배체제 연구》, 혜안, 2003.
- 김갑동, 《나말여초의 호족과 사회변동 연구》, 고대민족문화연구소출판부, 1990.
- 김용덕, 〈부곡의 규모 및 부곡인의 신분에 대하여(상·하)〉, 《역사학보》 88·89, 1980·1981.
- 김일우, 《고려초기 국가의 지방지배체계 연구》, 일지사, 1998.
- 노명호 외, 《한국고대중세 지방제도의 제문제》, 집문당, 2004.
- 박종기, 〈고려시대 군현 지배체제와 구조〉, 《국사관논총》 4, 1989.
- 박종기, 《고려시대 부곡제 연구》, 서울대학교출판부, 1990.
- 박종기, 〈고려시대 외관 속관제 연구〉, 《진단학보》 72, 1992.
- 박종기, 〈14세기 군현구조의 변동과 향촌사회〉, 14세기고려사회성격연구반 편, 《14세기 고려의 정치와 사회》, 민음사, 1994.
- 박종기, 〈고려후기 부곡제의 소멸과 그 원인〉, 《한국 고대·중세의 지배체제와 농민》, 지식산업 사, 1996.
- 박종기, 〈고려시대의 지방관원들: 속관을 중심으로〉, 《역사와 현실》 24, 1997.
- 박종기, 〈군현제와 부곡제〉, 한국중세사학회 편, 《고려시대사 강의》, 늘함께, 1997.
- 박종기, 《지배와 자율의 공간, 고려의 지방사회》, 푸른역사, 2002.
- 박종기, 〈조선초기 부곡의 규모와 존재 형태〉, 《동방학지》 133, 2006.
- 박종기, 〈한국 고대의 노인과 부곡〉, 《한국고대사연구》 43, 2006.
- 박종기, 《고려의 부곡인, 〈경계인〉으로 살다》, 푸른역사, 2012.
- 박종진, 《고려시기 지방제도 연구》, 서울대학교출판문화원, 2017.
- 윤경진, 〈고려 군현제의 구조와 운영〉, 서울대학교 박사학위논문, 2000.
- 이수건, 〈고려시대 '읍사' 연구〉, 《국사관논총》 3, 1989.
- 정은정, 《고려 개경·경기 연구》, 혜안, 2018.
- 채웅석 편저, 《고려의 중앙과 지방의 네트워크》, 혜안, 2019.
- 채웅석, 〈군현제와 향촌사회〉, 한국역사연구회 엮음, 《한국역사입문》 2 중세편, 풀빛, 1996.
- 하현강, 《고려지방제도의 연구》, 한국연구원, 1977.

• 한기문, 《고려시대 상주계수관 연구》, 경인문화사, 2017.

3. 분할적인 재정·경제 구조

• 강진철, 《고려토지제도사연구》, 고려대학교출판부, 1983.
• 강진철, 《한국중세토지소유연구》, 일조각, 1989.
• 김기섭, 〈고려전기 농민의 토지소유와 전시과의 성격〉, 《한국사론》 17, 1987.
• 김기섭, 《한국 고대·중세 호등제 연구》, 혜안, 2007.
• 김기섭, 〈토지소유권과 토지분급제도〉, 한국중세사학회 편, 《고려시대의 역사》, 혜안, 2018.
• 김성범, 〈중국 봉래수성 출토 고려선〉, 《한국중세연구》 27, 2009.
• 김용섭, 《한국중세농업사연구》, 지식산업사, 2000.
• 김재명, 〈고려 세역제도사 연구〉, 한국정신문화연구원 박사학위논문, 1994.
• 김태영, 《조선전기 토지제도사연구》, 지식산업사, 1983.
• 문경호, 〈태안 마도 1호선을 통해 본 고려의 조운선〉, 《한국중세연구》 31, 2012.
• 문경호, 《고려시대 조운제도 연구》, 혜안, 2014.
• 박종진, 〈고려전기 중앙관청의 재정구조와 그 운영〉, 《한국사론》 23, 1990.
• 박종진, 《고려시기 재정운영과 조세제도》, 서울대학교출판부, 2000.
• 박종진, 〈고려시기 조세제도 연구의 쟁점과 과제〉, 《울산사학》 11, 2004.
• 박종진, 〈재정운영과 조세제도〉, 한국중세사학회 편, 《고려시대의 역사》, 혜안, 2018.
• 백남운, 《조선봉건사회경제사》, 개조사, 1937.
• 안병우, 《고려전기의 재정구조》, 서울대학교출판부, 2002.
• 위은숙, 〈12세기 농업기술의 발전〉, 《부대사학》 12, 1988.
• 위은숙, 《고려후기 농업경제연구》, 혜안, 1998.
• 윤용혁, 《한국 해양사 연구》, 주류성, 2015.
• 이경식, 《고려전기의 전시과》, 서울대학교출판부, 2007.
• 이인재, 〈고려 중·후기 수조지탈점의 유형과 성격〉, 《동방학지》 93, 1996.
• 이정희, 《고려시대 세제의 연구》, 국학자료원, 2000.
• 이종봉, 《한국중세 도량형제 연구》, 혜안, 2001.
• 임경희, 〈태안선 목간의 새로운 판독〉, 《해양문화재》 4, 2011.
• 임경희·최연식, 〈태안 마도 수중 출토 목간 판독과 내용〉, 《목간과 문자》 5, 2010.
• 정요근, 〈고려·조선초의 역로망과 역제 연구〉, 서울대학교 박사학위논문, 2008.
• 한정훈, 《고려시대 교통운수사 연구》, 혜안, 2013.

3장 다원적 국제 질서 속의 고려왕조

1. 왕조건국기 국제 정세와 연구 시각

• 김상기,《동방사논총》, 서울대학교출판부, 1974.

• 김상기,《신편 고려시대사》, 서울대학교출판부, 1985.

• 김성규,〈10~12세기 동아시아의 국제환경〉,《중국학보》59, 2009.

• 김순자,〈고려와 동아시아〉, 한국역사연구회 엮음,《한국역사입문》2 중세편, 풀빛 1996.

• 박종기,〈고려시대의 대외관계〉,《한국사》6, 한길사, 1994.

• 윤영인,〈몽골 이전 동아시아의 다원적 국제관계〉,《만주연구》3, 2005.

• 윤영인,〈10~13세기 동북아시아 다원적 국제관계에서의 책봉과 맹약〉,《동양사학연구》101, 2007.

• 윤영인,〈동아시아 다원적 국제질서의 범위와 성격에 대한 새로운 접근〉,《만주연구》20, 2015.

• 전해종,《한중관계사 연구》, 일조각, 1970.

• 채웅석,〈고려전기의 다원적 국제관계와 문화인식〉,《한국중세사연구》50, 2017.

• 최종석,〈국제관계의 성격과 변화〉, 한국중세사학회 편,《고려시대의 역사》, 혜안, 2018.

2. 영토 분쟁과 실리 외교: 송·거란·금과의 관계

• 구산우,〈고려 성종대 대외관계의 전개와 그 정치적 성격〉,《한국사연구》78, 1992.

• 김상기,《동방문화교류사논고》, 을유문화사, 1948.

• 김상기,《동방사논총》, 서울대학교출판부, 1974.

• 김위현,《고려시대 대외관계사 연구》, 경인문화사, 2004.

• 박경안,〈고려전기 다원적 국제관계와 국가·문화 귀속감〉,《동방학지》129, 2005.

• 박종기,〈고려중기 대외정책의 변화에 대하여〉,《한국학논총》16, 1994.

• 박종기,〈11세기 고려의 대외관계와 정국운영론의 추이〉,《역사와 현실》30, 1998.

• 박종기,〈고려와 거란의 영토분쟁과 그 의미〉,《정치와 평론》7, 2010.

• 박종기,《고려사의 재발견》, 휴머니스트, 2015.

• 박한남,〈고려의 대금외교정책 연구〉, 성균관대학교 박사학위논문, 1994.

• 이미지,《태평한 변방》, 경인문화사, 2018.

• 이정신,〈강동6주와 윤관의 9성을 통해 본 고려의 대외정책〉,《군사》48, 2003.

• 이정신,《고려시대의 정치변동과 대외정책》, 경인문화사, 2004.

• 이진한,〈고려전기의 국제관계와 교류〉, 한국중세사학회 편,《고려시대의 역사》, 혜안, 2018.

• 장동익,《고려시대 대외관계사 종합연표》, 동북아역사재단, 2009.

• 정수아,〈고려중기 개혁정책과 그 사상적 배경-북송 '신법'의 수용에 관한 일시론〉,《한국사학

논총: 수촌 박영석교수화갑기념》상, 1992.

• 채웅석, 〈11세기 후반~12세기 전반 동북아시아 국제정세와 고려〉, 역사학회 편, 《전쟁과 동북아의 국제질서》, 일조각, 2006.

• 채웅석, 〈고려전기의 다원적 국제관계와 문화인식〉, 《한국중세사연구》 50, 2017.

• 허인욱, 〈고려·거란의 압록강 지역 영토분쟁 연구〉 고려대학교 박사학위논문, 2012.

3. 대몽항쟁, 무신정권의 붕괴와 강화

• 고병익, 《동아교섭사의 연구》, 서울대학교출판부, 1970.

• 김광철, 《원간섭기 고려의 측근정치와 개혁정치》, 경인문화사, 2018.

• 김순자, 〈고려시대 대중국 관계사 연구의 현황〉, 《역사와 현실》 43, 2002.

• 김순자, 《한국 중세 한중관계사》, 혜안, 2007.

• 김호동, 《몽골제국과 고려》, 서울대학교출판부, 2007.

• 박종기, 〈고려시대의 대외관계〉, 《한국사》 6, 한길사, 1994.

• 신안식, 〈고려 최씨무인정권의 대몽강화교섭에 대한 일고찰〉, 《국사관논총》 45, 1993.

• 윤용혁, 《고려대몽항쟁사 연구》, 일지사, 1991.

• 윤용혁, 《삼별초의 대몽항쟁》, 일지사, 2000.

• 윤용혁, 〈대외관계〉, 한국사연구사 편, 《새로운 한국사 길잡이》 상, 지식산업사, 2008.

• 윤용혁, 《여몽전쟁과 강화도성 연구》, 혜안, 2011.

• 이강한, 《고려와 원제국의 교역의 역사》, 창비, 2013.

• 이강한, 〈몽골과의 전쟁과 교류〉, 한국중세사학회 편, 《고려시대의 역사》, 혜안, 2018.

• 이명미, 《13~14세기 고려·몽골 관계 연구》, 혜안, 2016.

• 이익주, 〈고려 대몽항쟁기 강화론의 연구〉, 《역사학보》 151, 1996.

• 이익주, 〈고려·원관계의 구조와 고려후기 정치체제〉, 서울대학교 박사학위논문, 1996.

• 이익주, 〈14세기 후반 원·명 교체와 한반도〉, 역사학회 편, 《전쟁과 동북아 국제질서》, 일조각, 2006.

• 이형우, 〈고려 말 원·명 교체와 홍건적, 왜구〉, 한국중세사학회 편, 《고려시대의 역사》, 혜안, 2018.

• 장동익, 《고려후기외교사연구》, 일조각, 1994.

• 주채혁, 〈몽골-고려사 연구의 재검토〉, 《국사관논총》 8, 1989.

1장 고려를 통치한 사람들

1. 국왕의 삶과 위상

- 김기덕, 〈고려전기 왕실의 구성과 근친혼〉, 《국사관논총》 49, 1993.
- 김기덕, 〈고려의 제왕제와 황제국체제〉, 《국사관논총》 78, 1997.
- 김기덕, 《고려시대 봉작제 연구》, 청년사, 1998.
- 김기덕, 〈고려시대의 왕〉, 《역사비평》 54, 2001.
- 김용선, 〈고려 귀족의 결혼·출산과 수명〉, 《한국사연구》 103, 1998.
- 김용선, 《고려 금석문 연구》, 일조각, 2004.
- 노명호, 〈고려시대의 다원적 천하관과 해동천자〉, 《한국사연구》 105, 1999.
- 노명호, 〈동명왕편과 이규보의 다원적 천하관〉, 《진단학보》 83, 1997.
- 박재우, 《고려 국정운영의 체계와 왕권》, 신구문화사, 2005.
- 박종기 외, 《왕은 어떻게 나라를 다스렸는가》, 휴머니스트, 2011.
- 심재석, 《고려국왕 책봉 연구》, 혜안, 2002.
- 이태진, 〈김치양 난의 성격〉, 《한국사연구》 17, 1977.
- 이태진, 〈고려후기의 인구증가 요인 생성과 향약의술 발달〉, 《한국사론》 19, 1988.
- 정용숙, 《고려왕실 족내혼연구》, 새문사, 1988.
- 정용숙, 《고려시대의 후비》, 민음사, 1992.

2. 다양한 층위의 관료 집단

- 강은경, 《고려시대 호장층 연구》, 혜안, 2002.
- 김갑동, 《고려전기 정치사》, 일지사, 2005.
- 김광수, 〈고려시대의 동정직〉, 《역사교육》 11·12, 1969.
- 김광수, 〈고려시대의 서리직〉, 《한국사연구》 4, 1969.
- 김광수, 〈중간계층〉, 국사편찬위원회 편, 《한국사》 5, 국사편찬위원회, 1975.
- 김병인, 《고려 예종대 정치세력 연구》, 경인문화사, 2003.
- 김용선, 《고려음서제도연구》, 일조각, 1991.
- 김재명, 〈고려 내시제의 성립〉, 《정신문화연구》 29권 2호, 2006.
- 남인국, 《고려 중기 정치세력 연구》, 신서원, 1999.
- 민현구, 《고려정치사론》, 고려대학교출판부, 2004.
- 박경자, 《고려시대 향리연구》, 국학자료원, 2001.

• 박용운, 《고려시대 대간제도 연구》, 일지사, 1980.

• 박용운, 《고려시대 음서제와 과거제 연구》, 일지사, 1990.

• 박용운, 《고려시대 중서문하성재신 연구》, 일지사, 2000.

• 박용운, 《고려시대 중추원 연구》, 고려대학교 민족문화연구원, 2001.

• 박용운, 《고려사회와 문벌귀족가문》, 경인문화사, 2003.

• 박재우, 《고려전기 대간제도 연구》, 새문사, 2014.

• 박종기, 〈고려시대 외관 속관제 연구〉, 《진단학보》 74, 1992.

• 박종기, 〈고려시대의 지방관원들: 속관을 중심으로〉, 《역사와 현실》 24, 1997.

• 박창희, 《한국사의 시각》, 영언문화사, 1984.

• 변태섭, 《고려정치제도사연구》, 일조각, 1971.

• 이기백, 《고려귀족사회의 형성》, 일조각, 1990.

• 이우성, 〈고려조의 '리'에 대하여〉, 《역사학보》 23, 1964.

• 이정훈, 《고려전기 정치제도 연구》, 혜안, 2007.

• 이진한, 《고려전기 관직과 녹봉의 관계 연구》, 일지사, 1999.

• 이진한, 〈고려의 지배체제〉, 한국사연구회 편, 《새로운 한국사 길잡이》 상, 지식산업사, 2008.

• 채웅석, 〈고려 문종대 관료의 사회적 위상과 정치운영〉, 《역사와 현실》 27, 1998.

• 채웅석, 〈고려 중간계층의 존재양태〉, 연세대학교 국학연구원 편, 《고려-조선전기 중인연구》, 신서원, 2001.

• 채웅석, 〈고려중기 외척의 위상과 정치적 역할〉, 《한국중세사연구》 38, 2014.

• 최정환, 《고려 정치제도와 녹봉제 연구》, 신서원, 2002.

• 한충희, 《조선초기의 정치제도와 정치》, 계명대학교출판부, 2006.

• 허흥식, 《고려 과거제도사 연구》, 일조각, 1981.

• 홍승기, 《고려정치사연구》, 일조각, 2001.

2장 다양성과 개방성이 조화를 이룬 문화와 사상

1. 다양성과 개방성을 간직한 문화

• 구만옥, 〈고려시대 문화와 과학기술〉, 한국사연구회 편, 《새로운 한국사 길잡이》 상, 지식산업사, 2008.

• 국립중앙박물관 편, 《고려불화대전》, 국립중앙박물관, 2010.

• 김갑동, 〈고려시대의 성황신앙과 지방통치〉, 《한국사연구》 74, 1991.

• 남권희, 《고려시대 기록문화 연구》, 청주고인쇄박물관, 2002.

- 남권희, 〈증도가자의 발견과 《남명천화상송증도가》의 연구〉, 《서지학보》 36, 2010.
- 문명대, 〈한국 괘불화의 기원문제와 경신사장 김우문필 수월관음도〉, 《강좌미술사》 33, 2009.
- 박상진, 《나무에 새겨진 팔만대장경의 비밀》, 김영사, 2007.
- 박종기, 〈고려시대 종이 생산과 소 생산체제〉, 《한국학논총》 35, 2011.
- 박종기, 《고려사의 재발견》, 휴머니스트, 2015.
- 안휘준, 《한국 미술사 연구》, 사회평론, 2012.
- 유홍준, 《유홍준의 한국미술사 강의》 2, 눌와, 2012.
- 이난영, 〈고려시대의 금속공예〉, 《대고려국보전》, 삼성문화재단, 1995.
- 이정신, 《고려시대의 특수행정구역 所 연구》, 혜안, 2013.
- 이종민, 〈고려초 청자생산 중심지의 이동과정 연구〉, 《역사와 담론》 58, 2011.
- 임재완, 〈종이의 전래와 고려인쇄술의 발전〉, 《대고려국보전》, 삼성문화재단, 1995.
- 장남원, 《고려중기 청자 연구》, 혜안, 2006.
- 장남원, 〈조운과 도자생산, 그리고 유통〉, 《미술사연구》 22, 2008.
- 장남원, 〈10~12세기 고려와 요·금 도자의 교류〉, 《미술사학》 23, 2009.
- 정은우, 《고려후기 불교조각 연구》, 문예출판사, 2007.
- 천혜봉, 〈세계 초유의 창안인 고려주자인쇄〉, 《규장각》 8, 1984.
- 천혜봉, 《한국금속활자 인쇄사》, 범우, 2011.
- 청주고인쇄박물관 편, 《직지와 금속활자의 발자취》, 청주고인쇄박물관, 2002.
- 최연주, 《고려대장경 연구》, 경인문화사, 2006.
- 최영호, 《강화경판 〈고려대장경〉의 판각사업 연구》, 경인문화사, 2008.
- 최영호, 《강화경판 〈고려대장경〉의 조성기구와 판각공간》, 세종출판사, 2009.
- 한성욱, 〈강진 청자의 생산과 유통〉, 《문화사학》 34, 2010.
- 한혜선, 《고려 도기 연구》, 역락, 2019.

2. 다양한 사상의 공존과 통합

- 김갑동, 《고려의 토속신앙》, 혜안, 2017.
- 김기덕, 〈한국 중세사회에 있어 풍수·도참사상의 전개과정〉, 《한국중세사연구》 21, 2006.
- 김인호, 〈원간섭기 이상적 인간형의 역사상 추구와 형태〉, 《역사와 현실》 49, 2003.
- 김일권, 〈고려시대 국가 제천의례의 다원성 연구〉, 윤이흠·김일권·최종성, 《고려시대의 종교문화》, 서울대학교출판부, 2002.
- 김일권, 〈고려시대의 다원적 지고신 관념과 의례사상사적 배경〉, 《한국문화》 29, 2002.
- 김종명, 《한국 중세의 불교의례》, 문학과 지성사, 2001.

• 김철웅,《한국중세 국가제사의 체제와 잡사》, 한국연구원, 2003.

• 김철웅,《한국중세의 길례와 잡사》, 경인문화사, 2007.

• 김철웅,《고려시대의 도교》, 경인문화사, 2017.

• 김철웅, 〈도교와 전통신앙〉, 한국중세사학회 편,《고려시대의 역사》, 혜안, 2018.

• 김충렬,《고려유학사》, 고려대학교출판부, 1984.

• 김호동,《한국 고·중세 불교와 유교의 역할》, 경인문화사, 2007.

• 도현철,《고려말 사대부의 정치사상연구》, 일조각, 1999.

• 도현철, 〈원간섭기《사서집주》이해와 성리학 수용〉,《역사와 현실》49, 2003.

• 도현철, 〈유교와 유교의례〉, 한국중세사학회 편,《고려시대의 역사》, 혜안, 2018.

• 박용진,《의천》, 혜안, 2011.

• 박윤진,《고려시대 왕사·국사 연구》, 경인문화사, 2006.

• 박종기, 〈원간섭기 유교지식인의 사상적 지형〉,《역사와 현실》49, 2003.

• 박종기,《고려사의 재발견》, 휴머니스트, 2015.

• 박종기, 〈고려시대 지고신의 존재와 신격의 다층위성〉,《한국중세사연구》50, 2017.

• 변동명,《고려후기성리학수용연구》, 일조각, 1995.

• 안지원,《고려의 국가 불교의례와 문화》, 서울대학교출판부, 2005.

• 이민홍, 〈고려조 팔관회와 예악사상〉,《대동문화연구》30, 1995.

• 이병도,《고려시대의 연구》, 아세아문화사, 1980.

• 이병희, 〈불교와 유교·풍수도참〉, 한국사연구회 편,《새로운 한국사 길잡이》상, 지식산업사, 2008.

• 이병희,《고려후기 사원경제 연구》, 경인문화사, 2008.

• 이익주, 〈14세기 유학자의 현실인식과 성리학 수용과정의 연구〉,《역사와 현실》49, 2003.

• 이정신, 〈고려시대 경주민의 항쟁과 제사〉,《신라문화》32, 2008.

• 이희덕,《고려시대 천문사상과 오행설연구》, 일조각, 2000.

• 정옥자, 〈여말 주자성리학의 도입에 대한 시고: 이제현을 중심으로〉,《진단학보》51, 1981.

• 조명제,《고려후기 간화선 연구》, 혜안, 2004.

• 채상식,《고려후기불교사연구》, 일조각, 1991.

• 채웅석 편저,《고려의 국제적 개방성과 자기인식의 토대》, 혜안, 2019.

• 채웅석, 〈고려시대 향도의 사회적 성격과 변화〉,《국사관논총》2, 1989.

• 채웅석, 〈여말선초 향촌사회의 변화와 매향활동〉,《역사학보》173 2002.

• 채웅석, 〈원간섭기 성리학자들의 화이관과 국가관〉,《역사와 현실》49, 2003.

• 한국종교사연구회 편,《성황당과 성황제》, 민속원, 1998.

• 한기문, 《고려사원의 구조와 기능》, 민족사, 1998.

• 한기문, 〈불교와 불교의례〉, 한국중세사학회 편, 《고려시대의 역사》, 혜안, 2018.

• 한정수, 《한국 중세 유교정치사상과 농업》, 혜안, 2007.

• 한준수, 〈고려전기 연등회·팔관회의 기능과 의례적 특징〉, 《한국중세사연구》 50, 2017.

• 허흥식, 《고려불교사연구》, 일조각, 1986.

• 허흥식, 《한국중세불교사연구》, 일조각, 1994.

• 허흥식, 《고려의 문화전통과 사회사상》, 집문당, 2004.

• 홍윤식, 〈불교행사의 유형과 전개〉, 《한국사》 16, 국사편찬위원회, 1994.

3. 역사 인식과 그 변화

• 김성준, 〈고려 7대 실록 편찬과 사관〉, 《민족문화논총》 1, 1981.

• 김인호, 〈이승휴의 역사인식과 현실비판론의 방향〉, 《한국사상사학》 9, 1997.

• 김인호, 〈이제현의 정치활동과 역사인식〉, 《역사와 실학》 19·20, 2001.

• 김철준, 〈익재 이제현의 사학에 대하여〉, 《동방학지》 8, 1967.

• 김철준, 《한국사학사연구》, 서울대학교출판부, 1990.

• 박종기, 〈유교사가 이규보의 역사학〉, 《한국사학사연구》, 나남출판, 1997.

• 박종기, 〈원 간섭기 역사학의 새 경향〉, 《한국중세사연구》 31, 2011.

• 박종기, 〈원 간섭기 김취려상의 형성과 당대사 연구〉, 《한국사상사학》 41, 2012.

• 변동명, 〈이승휴의 《제왕운기》 찬술과 그 사서로서의 성격〉, 《진단학보》 70, 1990.

• 윤은숙, 〈대원 사행을 통해 본 이승휴의 현실 인식〉, 《인문과학연구》 36, 2013.

• 이기백, 《한국사학사론》, 일조각, 2011.

• 이승휴, 김경수 옮김, 《제왕운기》, 역락, 1999.

• 이승휴, 진성규 옮김, 《동안거사집》, 지식을 만드는 지식, 2009.

• 이우성·강만길 편, 《한국의 역사인식》 상, 창작과 비평사, 1976.

• 이정훈, 〈고려시대 '고려세계'에 대한 기록과 인식〉, 《역사와 현실》 104, 2017.

• 이형우, 〈13세기 고려 지식인 이승휴의 대원인식〉, 《한국중세사연구》 34, 2012.

• 정구복, 〈이제현의 역사의식〉, 《진단학보》 51, 1981.

• 정구복, 《한국중세사학사》 1, 경인문화사, 2002.

• 정구복, 〈이승휴의 역사관〉, 《한국사상사학보》 21, 2010.

• 조동걸·한영우·박찬승, 《한국의 역사가와 역사학》 상, 창작과 비평사, 1994.

• 채웅석, 《《제왕운기》로 본 이승휴의 국가의식과 유교관료정치론〉, 《국학연구》 21, 2012.

• 최봉준, 〈이승휴의 단군 중심의 역사관과 다원문화론〉, 《한국사상사학》 52, 2016.

- 하현강, 〈이승휴의 사학사상 연구〉, 《동방학지》 69, 1990.
- 허인욱, 《《고려세계》에 나타나는 신라계 설화와 《편년통록》의 편찬의도〉, 《사총》 56, 2003.

4. 가족과 혼인, 호주와 상속제도

- 권순형, 〈고려의 가족제도와 여성의 생활〉, 《국사관논총》 95, 2000.
- 권순형, 《고려의 혼인제와 여성의 삶》, 혜안, 2006.
- 김두헌, 《한국가족제도 연구》, 서울대학교출판부, 1969.
- 노명호, 〈고려의 오복친과 친족관계 법제〉, 《한국사연구》 33, 1981.
- 노명호, 〈고려사회의 양측적 친족조직 연구〉, 서울대학교 박사학위논문, 1988.
- 노명호, 〈고려시대의 토지상속〉, 《중앙사론》 6, 1989.
- 노명호, 〈가족과 여성〉, 한국사연구회 편, 《새로운 한국사 길잡이》 상, 지식산업사, 2008.
- 박종기, 〈고려 전기 사회사 연구동향〉, 《역사와 현실》 2, 1989.
- 이우성, 〈고려시대의 가족〉, 《동양학》 5, 1968(이우성, 《한국의 역사상》, 창작과 비평사, 1989 재수록).
- 이정란, 〈고려시대의 혼인형태에 대한 재검토〉, 《사총》 57, 2003.
- 이종서, 《고려·조선의 친족용어와 혈연의식》, 신구문화사, 2009.
- 이종서, 〈가족과 친족〉, 한국중세사학회 편, 《고려시대의 역사》, 혜안, 2018.
- 장병인, 〈고려시대 혼인제에 대한 재검토〉, 《한국사연구》 71, 1990.
- 장병인, 《조선전기 혼인제와 성차별》, 일지사, 1997.
- 최재석, 〈고려조에 있어서 토지의 자녀균분상속〉, 《한국사연구》 35, 1981.
- 최재석, 《한국가족제도사연구》, 일지사, 1983.
- 최홍기, 《한국호적제도사 연구》, 서울대학교출판부, 1975.
- 한국역사연구회 편, 《고려시대 사람들은 어떻게 살았을까?》 1·2, 청년사, 1997.
- 허흥식, 《고려사회사연구》, 아세아문화사, 1981.
- 旗田巍, 〈高麗時代における土地の嫡長子單獨相續と奴婢の子女均分相續〉, 《東洋文化》 22, 1957(旗田巍, 《朝鮮中世社会史の研究》, 東京; 法政大学出版局, 1972 재수록).

3장 역동적인 하층민의 삶과 사회 진출

1. 민의 세계와 존재 형태

- 강진철, 〈농민과 촌락〉, 《한국사》 5, 국사편찬위원회, 1975.
- 김난옥, 《고려시대 천사·천역양인 연구》, 신서원, 2001.

- 김난옥, 〈신분과 계층〉, 한국중세사학회 편, 《고려시대의 역사》, 혜안, 2018.
- 김현라, 《고려후기 신분변동 연구》, 혜안, 2018.
- 박용운 외, 《고려시대 사람들 이야기》 1~3, 신서원, 2001~2003.
- 박용운, 《고려시대 사람들의 의복식 생활》, 경인문화사, 2016.
- 박용운, 《고려시대 사람들의 식음 생활》, 경인문화사, 2019.
- 박종기, 〈고려 부곡인의 신분과 신분제 운영원리〉, 《한국학논총》 13, 1990.
- 박종기, 《고려시대 부곡제연구》, 서울대학교출판부, 1990.
- 박종기, 〈고려시대 민의 존재양태와 사회의식의 성장〉, 《역사비평》 20, 1992.
- 박종진, 〈고려시대 수취구조와 농민생활〉, 《한국사》 5, 한길사, 1994.
- 박진훈, 〈여말선초 노비정책 연구〉, 연세대학교 박사학위논문, 2005.
- 서성호, 〈고려전기 수공업 연구〉, 서울대학교 박사학위논문, 1997.
- 서성호, 〈고려시기 개경의 시장과 주거〉, 《역사와 현실》 38, 2000.
- 오일순, 《고려시대 역제와 신분제 변동》, 혜안, 2000.
- 유승원, 《조선초기신분제연구》, 을유문화사, 1987.
- 이정호, 《고려시대의 농업생산과 권농정책》, 경인문화사, 2009.
- 채웅석, 〈고려시대 향촌지배질서와 신분제〉, 《한국사》 6, 한길사, 1994.
- 채웅석, 〈고려 후기 유통경제의 조건과 양상〉, 《한국 고대·중세의 지배체제와 농민》, 지식산업사, 1996.
- 채웅석, 〈고려 '중간계층'의 존재양태〉, 연세대학교 국학연구원 편, 《고려-조선전기 중인연구》, 신서원, 2001.
- 하일식 편, 《고려시대 사람들의 삶과 생각》, 혜안, 2007.
- 한국역사연구회, 《개경의 생활사》, 휴머니스트, 2007.
- 한국역사연구회, 《고려시대 사람들은 어떻게 살았을까?》 1·2, 청년사, 1997.
- 한정수, 《한국 중세 유교정치사상과 농업》, 혜안, 2007.
- 한정훈, 〈수공업과 상업〉, 한국중세사학회 편, 《고려시대의 역사》, 혜안, 2018.
- 홍승기, 《고려귀족사회와 노비》, 일조각, 1983.
- 홍승기, 《고려사회사연구》, 일조각, 2001.
- 홍영의, 〈상업과 시장, 상인〉, 한국역사민속학회 엮음, 《한국역사민속학강의》 1, 민속원, 2010.
- 홍영의, 〈고려 금속제 불구류 명문에 보이는 경외 장인의 제작활동〉, 《한국중세사연구》 46, 2016.

2. 무신정권기 민의 동향

- 김갑동 외, 《고려 무인정권과 명학소민의 봉기》, 다운샘, 2004.
- 김호동, 〈고려 무인집권시대 재지세력과 농민항쟁〉, 《한국중세사연구》 1, 1994.
- 김호동, 《고려 무신정권시대 문인지식층의 현실대응》, 경인문화사, 2003.
- 민현구, 〈고려중기 삼국부흥운동의 역사적 의미〉, 《한국사 시민강좌》 5, 1989.
- 박종기, 〈무인집권기 농민항쟁 연구론〉, 《한국학논총》 12, 1989.
- 박종기, 〈12, 13세기 농민항쟁의 원인에 대한 고찰〉, 《동방학지》 69, 1990.
- 박종기, 〈무인정권하의 농민항쟁〉, 《한국사 시민강좌》 8, 1991.
- 박종기, 〈고려시대 민의 존재양태와 사회의식의 성장〉, 《역사비평》 18, 1992.
- 박종기, 〈12, 13세기 농민항쟁의 배경과 원인〉, 《한국사》 6, 한길사, 1994.
- 변태섭, 〈농민·천민의 난〉, 《한국사》 7, 국사편찬위원회, 1973.
- 신안식, 《고려 무인정권과 지방사회》, 경인문화사, 2002.
- 신안식, 〈고려중기 삼국부흥운동의 '지역성'과 '저항성'〉, 《한국중세사연구》 47, 2016.
- 이정신, 《고려 무신정권기 농민·천민항쟁연구》, 고대민족문화연구소출판부, 1991.
- 채웅석, 〈12, 13세기 향촌사회의 변동과 '민'의 대응〉, 《역사와 현실》 3, 1990.
- 채웅석, 〈향촌사회의 농민·천민의 항쟁〉, 한국역사연구회 편, 《새로운 한국사 길잡이》 상, 지식산업사, 2008.

3. 원 간섭기 하층민의 진출

- 김당택, 《원간섭하의 고려정치사》, 일조각, 1998.
- 김창현, 《고려후기 정방연구》, 고려대학교 민족문화연구원, 1998.
- 김창현, 〈원간섭기 고려의 사회변동〉, 《진단학보》 91, 2001.
- 김현라, 《고려후기 신분변동 연구》, 혜안, 2018.
- 박종기, 《고려 열전》, 휴머니스트, 2019.
- 박창희, 〈고려후기의 신분제 동요〉, 《국사관논총》 4, 1989.
- 백인호, 《고려후기 부원세력 연구》, 세종출판사, 2003.
- 유승원, 《조선초기 신분제연구》, 을유문화사, 1987.
- 채웅석, 〈여말선초 향촌사회의 변화와 매향활동〉, 《역사학보》 173, 2002.
- 홍승기, 《고려귀족사회와 노비》, 일조각, 1983.
- 홍승기, 〈양인·천인의 신분이동〉, 《한국사》 20, 국사편찬위원회, 1994.

찾아보기

ㅋ · ㅌ · ㅍ

ㅎ

새로 쓴 오백년 고려사

역사학자 박종기의 정통 고려 역사

1판 1쇄 발행일 2020년 3월 2일
1판 3쇄 발행일 2023년 6월 19일

지은이 박종기

발행인 김학원
발행처 (주)휴머니스트출판그룹
출판등록 제313-2007-000007호(2007년 1월 5일)
주소 (03991) 서울시 마포구 동교로23길 76(연남동)
전화 02-335-4422 **팩스** 02-334-3427
저자·독자 서비스 humanist@humanistbooks.com
홈페이지 www.humanistbooks.com
유튜브 youtube.com/user/humanistma **포스트** post.naver.com/hmcv
페이스북 facebook.com/hmcv2001 **인스타그램** @humanist_insta

편집주간 황서현 **편집** 최인영 신영숙 **디자인** 한예슬
조판 이희수com. **용지** 화인페이퍼 **인쇄** 청아디앤피 **제본** 민성사

ⓒ 박종기, 2020

ISBN 979-11-6080-324-2 03910